要件事実の基本問題

橋本昇二 著

成文堂

はしがき

　本書は，2009年から2017年にかけて東洋大学法科大学院の紀要である『白山法学』に掲載された論文の一部に，未発表の2論文（第7章「建物退去土地明渡請求について」，補論「因果関係の基本について」）を加えたものである。なお，本書では，既発表の論文について，誤字脱字を改め，引用文献について統一をはかり，また，若干の修正をした。

　序論「要件事実論におけるパラダイムの転換に向けて」は，主に，第1章から第7章及び補論に登載された各論文を要約したものである。序論によって，第1章以下の各論文の要旨及びその各論文が作成される過程で使用された舞台装置となる思考方法の概要を知ることができる。

　第1章「要件事実という言葉の多義性について」は，要件事実についての法律実務家の標準的な定義が，「要件事実とは，一定の法律効果を発生させる法律要件に該当する具体的事実である」というものであるところ，実際には，要件事実という言葉がその定義とは異なる意味で使用される場合があること，そして，要件事実という言葉の多義性を分析的に認識しないことから種々の不必要な議論が発生していること，最終的には，要件事実の標準的な定義として，「要件事実とは，一定の法律効果を発生させるために必要かつ十分な具体的事実である」とすべきことを提示している。

　第2章「契約の拘束力の根拠について」は，その根拠についての従前の法律実務家の見解として，主に，法規説及び合意説があるところ，そのいずれの説も相当ではなく，合理的規範説が相当であることを提示している。

　第3章「実体法的性質の5分類説について」及び第4章「実体法的性質の5分類説の金銭消費貸借契約への適用について」は，従前の法律実務家の多数見解が，要件事実の実体法的性質について発生，障害，消滅，阻止の4つに分類できるという説を採用しているところ，この4分類説では説明できない契約類型があることから，5分類説が相当であることを提示している。

　第5章「物権的請求権における返還請求権について」は，通説が，物権的請求権について，返還請求権，妨害排除請求権，妨害予防請求権の3つに分

類しているところ，その返還請求権については，引渡請求権と呼称すべきことを提示している。

　第6章「建物収去土地明渡請求及び建物退去土地明渡請求について」及び第7章「建物退去土地明渡請求について」は，これらの請求についての種々の論点を取扱い，建物退去土地明渡請求については，1960年代に藤井正雄論文及び高橋欣一論文が提示した考え方（非占有説）が相当であることを補強して論じている。

　補論「因果関係の基本について」は，要件事実論，民法及び刑法の解釈論，法哲学，哲学の各分野において論じられている因果関係について，その基本的な考え方を整理したものである。

　本書は，1976年当時司法研修所教官として要件事実論を教えていただいた牧野利秋裁判官，東洋大学大学院法務研究科において研究教育に携わる機会を与えていただいた岡部喜代子裁判官，研究会の席上などでフランクなご意見を示していただいた京都大学の潮見佳男教授・山本敬三教授をはじめ多くの方々の導きがなければ成ることができなかった。そして，株式会社成文堂の阿部成一社長には，本書を出版する機会を与えていただき，編集部の篠崎雄彦さん・小林等さんには，本書の校正などいろいろとお世話をしていただいた。

　ここに，これらの方々に厚く謝意を表する次第である。

　2018年2月11日

東洋大学大学院法務研究科教授・弁護士

橋　本　昇　二

目　　次

はしがき
初出一覧
凡例

序　論　要件事実論におけるパラダイムの転換に向けて………………1
- 一　はじめに……………………………………………1
- 二　舞台装置としての思考方法………………………2
  - 1　パラダイム (2)
  - 2　カテゴリー・ミステイク (3)
  - 3　アナロジー・ミステイク (4)
  - 4　オッカムの剃刀 (5)
  - 5　言葉の多義性, 恣意性, サピア・ウォーフ仮説, 仮象問題 (5)
  - 6　疑問文と説明言明との関係 (5)
- 三　要件事実という言葉の多義性について（第1章）…………6
  - 1　要件事実の標準的な定義（第2節）(6)
  - 2　類型的事実説との関係（第2, 第3節）(6)
  - 3　対抗要件の抗弁との関係（第4節）(7)
  - 4　主張責任と立証責任との乖離との関係（第5節）(8)
- 四　契約の拘束力の根拠について（第2章）……………10
  - 1　基本（第1節）(10)
  - 2　分析結果のまとめ（第5節）(11)
- 五　実体法的性質の5分類説について（第3, 第4章）………12
  - 1　実体法的性質の4分類説 (12)
  - 2　4分類説の不具合 (13)

3　5分類説の提唱 *(14)*
　　4　5分類説による金銭消費貸借契約の要件事実の解析 *(15)*
　六　物権的請求権における返還請求権を引渡請求権と
　　　称すべきことについて（第5章）……………………………16
　　1　通説的見解 *(16)*
　　2　不具合 *(16)*
　　3　アナロジー・ミステイク *(17)*
　　4　抵当権に基づく建物明渡請求権 *(17)*
　　5　まとめ *(17)*
　七　おわりに ……………………………………………………18
　八　追補 …………………………………………………………19

第1章　要件事実という言葉の多義性について……23

第1節　はじめに……23
　1　言葉が多義的であること *(23)*
　2　言葉の多義性の理由 *(23)*
　3　言葉の多義性の問題と便利さ *(23)*
　4　要件事実という言葉の多義性について *(24)*
　5　本稿の課題と方法 *(25)*

第2節　要件事実の多様な定義……26
　1　原初的な定義 *(26)*
　2　標準的な定義 *(27)*
　3　少数説の定義 *(29)*
　4　標準的な定義に論理的な整理をした定義——論理的定義 *(33)*
　5　権利主張をも包括する定義——権利主張包括定義 *(35)*
　6　まとめ *(36)*

第3節　具体的事実説と類型的事実説……36

第4節　対抗要件についての解釈問題……37
　1　対抗要件が問題となる事項及び本稿で課題とする事項 *(37)*

2　基本条文と基本的な解釈　(40)
　　3　対抗要件の訴訟上の配置　(40)
　　4　対抗要件についての通常の要件事実解釈　(43)
　　5　対抗要件の抗弁についての3説の評価　(44)
　　6　要件事実の定義からの検討　(45)
第5節　主張立証責任の分離の有無についての問題 ………… 46
　　1　主張責任及び立証責任の定義　(46)
　　2　主張責任と立証責任との一致　(47)
　　3　主張責任と立証責任とが一致しないこともあると指摘する説　(47)
　　4　履行遅滞による遅延損害金支払請求権の問題　(48)
　　5　まとめ　(56)
第6節　まとめ ……………………………………………………… 57

第2章　契約の拘束力の根拠について …………………… 63

第1節　はじめに ……………………………………………………… 63
第2節　検討のための事前準備作業 ……………………………… 64
　　1　根拠探求型疑問文における根拠説明言明に関する一般法則の
　　　　観点からの検討　(65)
　　2　契約の拘束力に関する3つの意味　(68)
　　3　契約の拘束力に関する説明の視点　(70)
第3節　法規説，合意説その他の説の概要と検討 …………… 71
　　1　法規説　(71)
　　2　合意説　(78)
　　3　大島説　(89)
　　4　大村説　(90)
第4節　合理的規範説 ……………………………………………… 93
　　1　基本　(93)
　　2　法律に規定されていなくても合理的であるといえる規範の
　　　　類型的特徴　(94)

3　合理的規範のうちの基本的な又は中核的な部分 (97)
　第5節　まとめ……………………………………………………102
　　1　ある学生との対話 (102)
　　2　ある研究者との対話 (103)
　　3　本問題の核心 (103)
　　4　まとめ (105)
　　5　追補――拡張された合理的規範説と要件事実 (106)

第3章　実体法的性質の5分類説について……………119

　第1節　はじめに…………………………………………………119
　　1　要件事実の性質の類型の4区分 (119)
　　2　要件事実の性質の類型の4区分の意味 (122)
　　3　要件事実の性質の類型の区別 (124)
　　4　要件事実の性質の類型の4区分に関するいくつかの検討課題 (127)
　第2節　債務不履行を理由とする契約解除の性質…………128
　　1　権利発生障害事由説と権利消滅事由説 (128)
　　2　両説の理由 (129)
　　3　意思表示の取消しとの対比 (129)
　　4　検討 (130)
　　5　まとめ (133)
　第3節　占有権原の抗弁の性質………………………………134
　　1　占有権原のあることが抗弁となること (134)
　　2　占有権原＝権利発生障害事由説 (136)
　　3　占有権原＝権利行使阻止事由説 (136)
　　4　両説の概要 (136)
　　5　検討 (137)
　　6　まとめ (138)

第 4 節　建物建築請負契約における建物の完成の事実についての見解 …………………………………… *139*

1　請負代金支払請求権の発生要件として必要か否かについての両説　(*139*)
2　建物の完成が請求原因事実となること　(*142*)
3　建物の完成＝権利行使可能要件説　(*143*)

第 5 節　権利行使可能要件の他の事例についての検討 ……*145*

1　賃貸借契約に基づく賃料支払請求権における期間の経過など　(*145*)
2　雇用契約に基づく賃金支払請求権における就労の事実　(*146*)

第 4 章　実体法的性質の 5 分類説の金銭消費貸借契約への適用について …………………… *151*

第 1 節　はじめに ……………………………………………… *151*

1　実務における重要性　(*151*)
2　条文　(*151*)
3　訴状の請求原因事実として記載すべき事実　(*153*)
4　解釈の多様性　(*154*)

第 2 節　司法研修所民事裁判教官室の新旧見解と私見の概要 ……………………………………… *155*

1　司法研修所民事裁判教官室の旧見解の概要　(*155*)
2　司法研修所民事裁判教官室の新見解の概要　(*157*)
3　私見の概要　(*159*)
4　検討の方針　(*160*)

第 3 節　我妻説 ………………………………………………… *161*

1　金銭消費貸借契約の成立要件　(*161*)
2　貸金返還請求権の発生要件　(*162*)
3　貸金返還請求権の行使可能要件　(*163*)
4　まとめ　(*164*)

第4節　判　例 …… 165
1　金銭消費貸借契約の成立要件　(165)
2　貸金返還請求権の発生要件　(165)
3　貸金返還請求権の行使可能要件　(167)
4　まとめ　(167)

第5節　「債権と請求権」及び「履行期限と停止期限」 …… 167
1　債権と請求権　(167)
2　履行期限と停止期限　(170)

第6節　事柄の分析 …… 171
1　金銭消費貸借契約の成立と貸金債権の発生の有無　(171)
2　貸金債権（貸金返還請求権）の発生の判断基準　(172)

第7節　司法研修所民事裁判教官室の旧見解の問題点 …… 173
第8節　司法研修所民事裁判教官室の新見解の問題点 …… 174
第9節　まとめ …… 175

第5章　物権的請求権における返還請求権について …… 181

第1節　はじめに …… 181
1　法と言語　(181)
2　サピア・ウォーフ仮説　(181)
3　日本語における「みどり」と「あお」　(183)

第2節　返還請求権 …… 185
1　占有権に基づく請求権　(185)
2　本権である所有権に基づく請求権　(186)

第3節　返還請求権と引渡請求権 …… 186
1　占有権に基づく返還請求権　(186)
2　所有権に基づく引渡請求権　(187)
3　補足　(188)

第 4 節　所有権に基づく引渡請求権という表現が適切な事例 …………………………………………… 189

1　新築マンションを購入した場合　(189)
2　中古マンションを購入した場合　(189)
3　賃貸動産を購入した場合　(190)
4　まとめ　(190)

第 5 節　地上権に基づく引渡請求権 …………………………… 190

第 6 節　抵当権に基づく返還請求権と引渡請求権 ………… 192

1　抵当権に基づく返還請求権　(192)
2　抵当権に基づく引渡請求権　(192)

第 7 節　抵当権に基づく引渡請求権の具体的検討 ………… 194

1　検討の切り口　(194)
2　基本設例その 1 ── 山林所有者による立木の伐採の場合と抵当権　(194)
3　基本設例その 2 ── 第三者による立木の伐採の場合と抵当権　(195)
4　大審院昭和 7 年 4 月 20 日判決・法律新聞 3407 号 15 頁の事案　(196)
5　最高裁昭和 57 年 3 月 12 日判決・民集 36 巻 3 号 349 頁の事案　(197)
6　最高裁平成 3 年 3 月 22 日判決・民集 45 巻 3 号 268 頁の事案　(199)
7　最高裁平成 11 年 11 月 24 日判決・民集 53 巻 8 号 1899 頁の事案　(201)
8　最高裁平成 17 年 3 月 10 日判決・民集 59 巻 2 号 356 頁の事案　(204)

第 8 節　まとめ …………………………………………………… 207

第 6 章　建物収去土地明渡請求及び建物退去土地明渡請求について …………………………… 215

第 1 節　はじめに ………………………………………………… 215

1　定義　(215)
2　実務上の事案件数など　(215)
3　問題点の概要　(216)

第2節　建物収去土地明渡請求の概要……216
1　請求の趣旨 *(216)*
2　訴訟物——3つの請求権 *(218)*
3　請求原因 *(219)*

第3節　建物収去土地明渡請求権の訴訟物の
　　　　　個数及び性質……221
1　これまでの考え方の整理 *(221)*
2　私見の概要 *(222)*
3　物権的請求権の3分類 *(224)*
4　返還請求権についての民事執行法上の取扱い *(224)*
5　占有の態様及びこれに対応した執行方法をも加味した
　　返還請求権 *(225)*

第4節　建物退去土地明渡請求の概要……229
1　請求の趣旨 *(229)*
2　請求原因 *(236)*
3　抗弁 *(237)*

第5節　建物買取請求権が行使された場合……238

第7章　建物退去土地明渡請求について……241

第1節　はじめに……241

第2節　典型事案，必要性，退去の意味……241
1　典型事案 *(241)*
2　Y2に対する請求の必要性 *(242)*
3　退去の意味 *(243)*

第3節　建物退去請求と建物退去土地明渡
　　　　　請求との関係……244
1　基本 *(244)*
2　執行法の観点から *(244)*
3　実体法の観点から *(247)*

第4節　請求原因事実について……………………………………252
1　基本　(252)
2　補足説明　(253)
第5節　抗弁事実について………………………………………254
1　非占有説の見解　(254)
2　占有説の見解　(254)
3　限定的占有説の見解　(256)
第6節　再抗弁以下の事実，とりわけ，X・Y1間の
合意解除の場合について…………………………………256
1　再抗弁事実としてありうるもの　(256)
2　賃貸期間満了，債務不履行解除の場合　(256)
3　合意解除の場合　(257)
第7節　建物買取請求権が行使された場合について………258
1　応用問題の提示及び結論　(258)
2　建物買取請求権行使の結果が請求に及ぼす影響について　(259)
3　建物収去土地明渡請求権と建物退去土地明渡請求権の
違いについて　(261)
4　裁判所の釈明権の行使について　(262)
第8節　まとめ………………………………………………………262

補　論　因果関係の基本について………………………………269

第1節　はじめに……………………………………………………269
1　法律の世界において因果関係が必要とされていること　(269)
2　本稿での課題　(269)
第2節　事前準備としての3人の哲学者の見解………………270
1　アリストテレス　(270)
2　ヒューム　(272)
3　ラッセル　(274)

第 3 節　論点の整理 …………………………………………… 276
　1　因果関係の定義及び性質　(276)
　2　因果関係の構造　(288)
　3　『あれなければこれなし』公式の不適切性　(295)
　4　択一的原因競合に関する議論　(308)
　5　不作為と因果関係　(312)
　6　法的因果関係　(319)
　7　論理学的因果関係及び哲学的因果関係　(343)

第 4 節　まとめ ………………………………………………… 348
　1　因果関係についての検討の経緯　(348)
　2　まとめ　(348)

初出一覧

序　論　要件事実論におけるパラダイムの転換に向けて
　　　　白山法学第13号・2017年　表題同じ
第1章　要件事実という言葉の多義性について
　　　　白山法学第10号・2014年「要件事実原論ノート第6章」
第2章　契約の拘束力の根拠について
　　　　白山法学第12号・2016年「要件事実原論ノート第7章」
第3章　実体法的性質の5分類説について
　　　　白山法学第7号・2011年「要件事実原論ノート第3章」
第4章　実体法的性質の5分類説の金銭消費貸借契約への適用について
　　　　白山法学第8号・2012年「要件事実原論ノート第4章」
第5章　物権的請求権における返還請求権について
　　　　白山法学第9号・2013年「要件事実原論ノート第5章」
第6章　建物収去土地明渡請求及び建物退去土地明渡請求について
　　　　白山法学第6号・2010年「要件事実原論ノート第2章」
第7章　建物退去土地明渡請求について
　　　　書き下ろし
補　論　因果関係の基本について
　　　　書き下ろし

凡　例

(肩書)
　引用した文献の著者の肩書は，研究者の場合には，博士号の取得の有無を問わず，教授，准教授などとし，実務家の場合には，現在の職業あるいは執筆当時の職業によらず，主な経歴によるものとした。

(引用文献略語)
『注釈民法（○○）』，『新版注釈民法（○○）』
　　『注釈民法（○○）』，『新版注釈民法』（有斐閣）については，編著者，発行年を省略し，巻数のみを示した。
『判例解説○○年度』
　　『最高裁判所判例解説民事篇』（法曹会）については，編集者，発行年を省略し，登載判例の年度のみを示し，上中下巻がある場合には，その旨を示した。
『要件事実第 1 巻』
　　司法研修所編『増補民事訴訟における要件事実　第一巻』（法曹会・1986 年）
『要件事実第 2 巻』
　　司法研修所編『民事訴訟における要件事実　第二巻』（法曹会・1992 年）
『設例 15 題』
　　司法研修所編『問題研究　要件事実』（法曹会・2003 年）
『設例 15 題』改訂版
　　司法研修所編『改訂　問題研究　要件事実』（法曹会・2006 年）
『設例 13 題』
　　司法研修所編『新問題研究　要件事実』（法曹会・2011 年）
『紛争類型別の要件事実』
　　司法研修所編『紛争類型別の要件事実』（法曹会・1999 年）
『紛争類型別の要件事実』改訂版
　　司法研修所編『改訂　紛争類型別の要件事実』（法曹会・2006 年）
『30 講』第 3 版
　　村田渉・山野目章夫編著『要件事実論 30 講　第 3 版』（弘文堂・2007 年）
『考え方と実務』第 3 版
　　加藤新太郎・細野敦『要件事実の考え方と実務　第 3 版』（民事法研究会・2014 年）
『要件事実マニュアル 1』第 4 版
　　岡口基一『要件事実マニュアル第 1 巻　第 4 版』（ぎょうせい・2013 年）
『要件事実マニュアル 2』第 4 版
　　岡口基一『要件事実マニュアル第 2 巻　第 4 版』（ぎょうせい・2014 年）

序論　要件事実論におけるパラダイムの転換に向けて

一　はじめに

　民事訴訟における要件事実（以下「要件事実」という。）についての考察は，文献上は，第2次世界大戦前の1942年に発表された村松俊夫裁判官の「民事事件の実務的研究―借地借家事件を中心として―」（法曹会雑誌第20巻6―7号・1942年）『民事裁判の諸問題』（有信堂・1953年・205頁以下に所収）に始まる（田尾桃二「法学・法曹教育における要件事実論」『民事要件事実講座1巻』（青林書院・2005年）344頁以下参照）。

　そして，第2次世界大戦後における司法研修所民事裁判教官室における検討の積み重ねを経て，1986年に発行された司法研修所編『増補　民事訴訟における要件事実　第一巻』（法曹会・1986年）によって，要件事実に関する考え方が体系的に整理されたといえる。

　その後，要件事実に関する種々の検討・研究がされ，多くの書籍・論文が発表されてきた。

　要件事実に関する考え方が体系的に整理されたことによって，要件事実を考察し，取り扱う方法に関して，多くの命題から構成される思考の枠組みともいうべきパラダイム[1]が成立したということができる。

　しかし，そのパラダイムを構成する多くの概念あるいは命題には，厳密に検討すると，疑問を禁じえないものがある。

　私は，2009年から2016年まで合計8回にわたり（ただし1回は，要件事実を考察するに当たって間接的には関係あるものの，直接的には関係のない問題をテーマとした。），1年に1回というペースで，東洋大学法科大学院の紀要である『白山法学』に，その疑問についての論考を発表してきた。

その論考群は，要件事実に関する基本的な概念あるいは命題の検討であったが，これが積み重ねられることによって，いつしか，要件事実を考察する際のパラダイムの転換に向けられたものとなっていたように思われる。

本稿は，その論考群を振り返って，そのポイントを要約し，要件事実論におけるパラダイムの転換の必要性を確認するものである。

二　舞台装置としての思考方法

私の論考群の背後には，舞台装置となる思考方法がある。ここでは，そのいくつかのものをまとめてみる。

1　パラダイム

⑴　定義

パラダイムとは，広辞苑第5版によれば，「プラトンでは事物の範型としてのイデアを意味するが，後には一時代の支配的な物の見方のこと。特に，科学上の問題を取り扱う前提となるべき，時代に共通の思考の枠組。天動説や地動説。クーン[2]に始まる用語。範例。」というものである。

要するに，パラダイムとは，物事を認識・考察する際の伝統的な方法であり，その方法を転換することによって，新たな物事の認識・考察が可能となるようなものである。

⑵　パラダイムの転換の具体例

パラダイムの転換として有名なものとしては，①天動説から地動説への転換，②ニュートン力学が前提とする絶対的時空概念から，アインシュタインが提示した相対的時空概念への転換，③ウィトゲンシュタインなどに始まる哲学における言語論的転回[3]などがある。

これらのパラダイムの転換は，認識・考察の根本的な変革を迫るものであり，このパラダイムの転換によって，現代の諸科学が成立している。

パラダイムの転換は，実証的な観察・実験の方法の発達によって従前のパラダイムでは適切に説明できない事象が見いだされたことから始まるといっ

てよい。
　要件事実論においても、そのようなパラダイムの転換が必要となっているように思われる。

(3) 私の論考群におけるパラダイムの転換に関するもの

　私の論考群において、要件事実論におけるパラダイムの転換に向けられている主なものは、次のとおりである。いずれも、実証的な観察という方法に加えて、設例の検討という実験に相当する方法から生まれたものであるが、その内容は、各論考に触れられている。そして、本稿で、その概要を示すことにする。

① 要件事実の概念の多義性を明らかにすること
　（第1章）
② 契約によって拘束力が発生する根拠を明らかにすること
　（第2章）
③ 実体法の性質を4分類ではなく、5分類とすること
　（第3, 4章）
④ 物権的請求権における返還請求権を引渡請求権と称すべきこと
　（第5章）

2　カテゴリー・ミステイク

(1) 定義・具体例

　カテゴリー・ミステイクとは、異なるカテゴリー（範疇）に属する概念を、同じカテゴリーに属する概念として取り扱うことによって生ずる誤りである。

　カテゴリー・ミステイクとして有名なものとしては、① 心身二元論、② オックスフォード大学の組織と建物に関するもの、③ 法人実在説・擬制説に関するものなどがある。

　カテゴリー・ミステイクを論じた有名な文献として、『心の概念』[4]がある。

　上記の①についていえば、身体は物理的実在であるが、心は物理的実在ではなく、心は身体という物理的実在の機能としてあるにもかかわらず、この

2つを同種の「実在」というカテゴリーに属する概念と考えることから誤りが発生する。上記②についていえば，オックスフォード大学は，個々の建物ではなく，複数の建物群，その敷地及び教授・学生という人群並びにこれらを組織するシステムであるから，物理的に見ることができないにもかかわらず，これを物理的に見ることができるものと考えることから誤りが発生する。上記③についていえば，法人は，自然人と同様に「実在」するものではないにもかかわらず，これを自然人と同様の意味で「実在」するものか否かを論ずるところから誤りが発生する。

(2) 私の論考群におけるカテゴリー・ミステイクの指摘

建物収去土地明渡請求権について，(a)物権的請求権の3分類説（物権的請求権を，返還請求権，妨害排除請求権及び妨害予防請求権の3つに分類する説）を前提として，①返還請求権としての土地明渡請求権であるという一元説（多数説），②返還請求権（土地明渡部分）と妨害排除請求権（建物収去部分）の2つから構成されるという二元説（少数説），そして，(b)物権的請求権について3分類説ではなく，4分類説（3分類に加えて，4つ目のものとして建物収去土地明渡請求権があるとする説）を提示する新一元説（少数説）がある。

これらは，いずれも，カテゴリー・ミステイクを犯している（第6章）。

3 アナロジー・ミステイク

アナロジー・ミステイクとは，ある事象について成立する事柄を，別の事象についてもそのまま妥当すると速断することによって生ずる誤りである。

占有権について占有という侵害態様によって発生する請求権は，返還請求権でよいが，本権である物権について占有という侵害態様によって発生する請求権は，返還請求権ではなく，引渡請求権とすべきである。このアナロジー・ミステイクを修正しないと，後述のサピア・ウォーフ仮説が作用し，種々の問題が発生する（第5章）。

また，停止期限付き解除の意思表示の要件事実論的解析に当たって「法律の規定と同一内容の合意又は意思表示は要件事実上無意味である。」という法則を適用する場面があり，これは正当であるが，これを，期限の利益喪失

約款の要件事実論的解析に適用することは，正当ではなく，アナロジー・ミステイクに該当する（本書には登載されなかった「要件事実原論ノート」cinii articles 参照）[5]。

4 オッカムの剃刀

オッカムの剃刀とは，要するに，物事を認識し，記述するに当たって，不必要な言葉を使用することは問題を混乱させるものであり，そのような言葉を除去すべきであるという考え方である[6]。

要件事実の標準的な定義として，「要件事実とは，一定の法律効果を発生させる法律要件に該当する具体的な事実である」というものがあるが，この定義にある「一定の法律効果を発生させる」という言葉と「法律要件」という言葉は，重複した意味を抱える表現であって（なぜならば，法律要件とは，一般的には，一定の法律効果を発生させる要件と定義されている。），この事態が，主張責任と立証責任との乖離の可能性を引き出す出発点となっている（第1章）。

5 言葉の多義性，恣意性，サピア・ウォーフ仮説，仮象問題

基本的な言葉は，多義的であることが普通である[7]。
そして，言葉が世界を切り分ける仕方は，恣意的である[8]。
さらに，言葉は人の思考に影響する（サピア・ウォーフ仮説）[9]。
また，言葉は，ときに，仮象問題を発生させる[10]。
これらの言葉に関する知見は，要件事実を考察するうえで，有用な視点であるといえる。

6 疑問文と説明言明との関係

理由探求型疑問文に対する解としての理由説明言明あるいは根拠探求型疑問文に対する根拠説明言明は，その疑問文の構造を適切に解析すること，そして，その解を示す説明言明のあり方を適切に解析することによって，適切な解を提示できる。

逆の言い方をすると，これらの疑問文及び説明言明の適切な解析がない限り，適切な解を得ることができない（理由探求型疑問文については，本書に登載され

なかった「要件事実原論ノート特別章その1」cinii articles 参照[11]。根拠探求型疑問文については第2章）。

理由探求型疑問文（例えば，どうして人を殺してはいけないのですか？）については，そもそも，その疑問文が適切であるか否かを実証的に検証することを前提課題としなければならない。

根拠探求型疑問文（例えば，契約が拘束力を有する根拠は何か？）については，これに対する適切な解は，単純で具体的な文言であることができず，抽象的で多義的な解釈の余地のある文言にせざるをえないことがある。

三　要件事実という言葉の多義性について（第1章）

1　要件事実の標準的な定義（第2節）

要件事実とは，標準的には，「一定の法律効果を発生させる法律要件に該当する具体的事実である」と定義されている[12]。これを，要件事実についての標準的な定義ということにする。

2　類型的事実説との関係（第2，第3節）

しかし，要件事実とは，「一定の法律効果を発生させる法律要件に該当する『類型的事実』である」と定義すべきであるという考え方もある。

要件事実についての標準的な定義は，要件事実という言葉を，訴訟を典型例とするところの具体的な紛争を解決するという実践的な要求のある場面で使用する場合には，適切である。なぜならば，訴訟における実際的な場面では，主張立証の対象，そして相手方の認否の対象としては，具体性がなければならないから，具体的な事実でなければならず，類型的な事実とすることは不適切であるからである。

これに対し，法科大学院における授業や法律の教科書における記述などを典型例とするところの法律の考え方の基本を一定程度包括的にあるいは概念的に理解しようとする場面で使用する場合には，具体的な事実で論ずるよりも，類型的な事実で論ずる方が簡明かつ適切である。

したがって，要件事実の定義について，具体的な事実とすべきであるのか類型的な事実とすべきであるのかは，その使用する場面における適切さによって決定されるものであって，いずれが正しいのかという問題ではない。

3 対抗要件の抗弁との関係（第4節）

(1) 対抗要件の抗弁に関する3つの見解

対抗要件の抗弁については，① 事実抗弁説（権利取得を争う者が権利者において対抗要件を具備していない事実を主張立証すべきであるとする説），② 第三者抗弁説（権利取得を争う者において自己が対抗要件の欠缺を主張するについて正当な利益を有する第三者であることを基礎づける評価根拠事実を主張立証すべきであり，それのみで足りるとする説），③ 権利抗弁説（権利取得を争う者において自己が第三者抗弁説のいう第三者であることを基礎づける評価根拠事実を主張立証すべきであるほか，権利取得者において対抗要件を具備するまではその権利取得を認めない旨の主張をすべきであるとする説）の3つの説がある。

事実抗弁説は，対抗要件の「不存在」について，権利取得を争う者において主張立証すべきであるとするものであるところ，この説は，民法177条を典型例とする対抗要件を定めた条文の文言にも沿わないし，特段の事由がないのに対抗要件の「不存在」の主張立証責任を認めるものであって，相当ではないとされている。

第三者抗弁説は，民法研究者の多くが採用する見解であるといわれている。

権利抗弁説は，実務が一般的に採用している見解であるといわれている。

そして，かつての司法研修所民事裁判教官室は，権利抗弁説が正当であるとしていたが[13]，最近の同教官室は，第三者抗弁説について許容的な姿勢を示している[14]。

(2) 分析

この問題は，権利抗弁説でいうところの「権利取得者において対抗要件を具備するまではその権利取得を認めない旨の主張」（以下「本主張」という。）が一体どのような性質のものであるのかの解析に依存する。

すなわち，要件事実についての標準的な定義では，「要件事実とは，一定の

法律効果を発生させる法律要件に該当する具体的事実である」が，本主張は，そのような定義に合致する性質のものではない。

　端的にいえば，本主張は，実体法上の具体的な事実の主張ではないし（具体的な事実の主張ではないから，その主張者は，立証責任を負わないし，相手方の認否も不必要である。），実体法上の権利の主張でもなく（民法177条などの対抗要件に関する法規は，権利取得を争う者において本主張をすることによってはじめて実体法上の法律効果が発生するとは，定めていない。），訴訟の進行管理上の主張に過ぎない。すなわち，訴訟の進行管理上，権利取得を争う相手方において，権利取得者が対抗要件の具備を主張立証しない限りその権利取得を認めないという態度を明らかにし，権利取得者において対抗要件の具備の主張立証をしなければ敗訴する可能性があることを指摘する旨の主張であるということになる。

　本主張を要件事実の概念に含めようとすると，要件事実は，標準的な定義とは異なる定義をしなければならないことになり，「要件事実とは，民事訴訟において，一定の法律効果が発生するために必要かつ十分な事実又は主張である」という権利主張をも包括する定義としなければならない。

　実務では，権利取得を争う者が対抗要件の抗弁を主張する意思があるか否かを明確にする必要のあることがあり，この実務上の必要性を考慮すると，権利抗弁説が妥当であるということになるが，権利抗弁説が妥当であるとするためには，要件事実の概念を拡張しておく必要があるということになる。

4　主張責任と立証責任との乖離との関係（第5節）

(1)　基本

　主張責任及び立証責任の対象となる要件事実は，一致するという考え方が，論理的であり，実務の多数説は，この見解を採用している。

　しかし，その主張責任と立証責任とが乖離することがあるという考え方がある。

　そして，その最も典型的な例としてあげられているのが，履行遅滞による損害賠償義務の発生に関するものである。すなわち，原告が被告に対して民法415条によって履行遅滞による損害賠償請求をする場合には，原告としては，被告に履行遅滞があったことについて主張責任を負うが，その立証責任

は負わず，被告が債務を履行したことの立証責任を負うという考え方がある。

(2) 分析

しかし，履行遅滞があったという事実は，具体的な事実ではなく，いわば語りえないもの（証拠によって証明できないもの，債権者が具体的に主張できないもの）であり，語りえないものについては沈黙すること[15]（標準的な定義にかかる要件事実とはしないこと）が科学的態度である。

確かに，民法415条は，「債務者がその債務の本旨に従った履行をしないときは，債権者は，これによって生じた損害の賠償を請求することができる。債務者の責めに帰すべき事由によって履行をすることができなくなったときも，同様とする。」と定めている。

しかし，上記条文は，自然言語で記述されているものであり，自然言語は，必ずしも論理的なものではない。

そして，自然言語は，必要のない否定条件について必要であるかのような記述をすることがある[16]。

民法の他の条文でいえば，同法167条は，「債権は，十年間行使しないときは，消滅する。」と定めているが，債権についての消滅時効を援用しようとする者は，「債権者が債権を行使できる日から十年間経過したこと」を主張立証する必要があるが，「債権者が債権を行使できる日から十年間行使しなかったこと」を主張立証する必要はない。つまり，同条は，「債権は，これを行使できる日から十年間経過した場合には消滅する。ただし，その間に債権者がこれを行使したときはこの限りでない。」という文言にすることが主張立証責任を考慮した正確な記述ということになるが，自然言語では，現行法のとおりの記述が分かりやすいといえる。

主張責任と立証責任との乖離があるとする考え方の誤りは，「要件事実とは，一定の法律効果を発生させる法律要件に該当する具体的事実である」と定義することから生まれてくるようにも思われる。

すなわち，「一定の法律効果を発生させる」という文言と「法律要件に該当する」という文言とは，概念の重複があり，その重複を除去すると，つまり，ここで，オッカムの剃刀を使用すると，「要件事実とは，一定の法律効果を発

生させるために必要かつ十分な具体的事実である」ということになり、このオッカムの剃刀を使用した後の論理的な定義によれば、自然言語で記述された「法律要件」から解放された正しい認識に到達することができる。

四　契約の拘束力の根拠について（第2章）

1　基本（第1節）

「契約の拘束力の根拠は何か。」という問題（以下「本問題」という。）がある。本問題は、「契約に基づいて権利（請求権）が発生する根拠は何か。」という問題と同趣旨のものとされる。

そして、要件事実論においては、ある人（訴訟でいえば原告）が他の人（訴訟でいえば被告）に対して契約に基づく請求をする場合に、請求権の発生行使を可能とする具体的な事実（訴訟でいえば、訴状に記載すべき請求を理由づけるものとしての請求原因事実）として何が必要かつ十分であるかが問題とされ、その基準として、大枠でいえば、法律か合意かという議論があり、これに対応して、法規説と合意説とがある。

法規説とは、「契約の拘束力の根拠も、契約に基づいて権利が発生する根拠も、法律である。」という説であり、合意説とは、「契約の拘束力の根拠も、契約に基づいて権利が発生する根拠も、法律の有無にかかわらない合意である。つまり、契約自由の原則に基づく意思表示（あるいは、私的自治の原則又は自己決定権に基づく意思表示）が、契約当事者を拘束し、契約当事者間に権利義務関係が発生する根拠である。」という説である。

しかし、結論的にいえば、上記法規説も、合意説も、本問題に対する適切な解とはいえない。そして、その適切な解は、合理的規範説とでもいうべきものである。

合理的規範説とは、要約すると、「契約の拘束力の根拠も、契約に基づいて権利が発生する根拠も、その契約が合理的規範の定める要件を充足することにある。」という考え方であり、これを多少詳しく説明すると、「契約の拘束力も、契約に基づく権利の発生も、その契約が法律の規定する要件を充足す

る場合のほか，法律の規定する要件を充足しないときであっても合理的規範の定める要件を充足する場合にも認められる。法律の規定は合理的規範の一つであるといえる。しかし，法律の規定のみが合理的規範であるというものではなく，法律の規定していない合理的規範（例えば，ファイナンス・リース契約，諾成的代物弁済契約，諾成的消費貸借契約）も，実在する。法律の規定ではないが権利の発生を肯定できる合理的規範の種類・内容は，民事実体法の解釈の課題であり，有権的には裁判所の判断によって明らかにされる。したがって，裁判所において，その契約が合理的規範の定める要件を充足すると判断できるときは，その契約には拘束力があるし，その契約に基づいて権利が発生するといえる。」という説である。

2　分析結果のまとめ（第5節）

(1)　法規説について

　法規説は，「契約の拘束力の根拠は何か。」あるいは「契約に基づいて権利が発生する根拠は何か。」という問題について，「法律である。」と答える。そして，法規説のいう「法律」とは，「法（法規範）」でも「合理的規範」でもなく，「制定法である法律」あるいは「法律の規定」であることを指し示している。

　しかし，そうであるとすれば，そのような答えは，直感的に誤りであると分かる。

　なぜならば，「制定法である法律」あるいは「法律の規定」は，人が作るものであるがゆえに成立した時点で既に不完全である蓋然性が否定できないとともに，時の経過に従って社会の実情にそぐわなくなりうるがゆえに不完全である。すなわち，およそ，「制定法である法律」あるいは「法律の規定」によっては権利発生根拠となりうる契約類型のすべてを書き出すことはできない。そして，社会は，時の経過に従って，権利発生根拠となりうる契約類型を次々と生み出してしまう。それゆえに，「契約に基づいて権利が発生する根拠は何か。」という問題について，「制定法である法律」あるいは「法律の規定」を指し示すものとしての「法律」であるとすることは，リアリズムの観点から，明らかに誤りである。

(2) 合意説について

　合意説は，同じ問題について，「合意である。」と答える。しかし，この答えも，直感的に誤りであると分かる。

　なぜならば，現実にある合意は，多様であり，およそ権利発生を認めることができないような合意がある。また，そもそも，「権利」とは，国による強制力を発動しうるものであるから，「私人間の合意」によって直ちに国による強制力を発動しうるものとする社会制度設計はありえないものであり，「権利」は，「私人間の合意」が前提となるとしても，「国の認める規範」の枠組みに適合するものでなければならないものである。それゆえに，同じ問題について，「合意」であるとすることは，リアリズムの観点から，明らかに誤りである。

(3) 合理的規範説について

　合理的規範説は，同じ問題について，「合理的規範に適合することである。」と答える。この答えは，リアリズムの観点から肯定しうる。

　なぜならば，権利発生根拠を人の作る「制定法である法律」あるいは「法律の規定」に限定するときは，リアリズムに反することになるところ，合理的規範説は，「制定法である法律」あるいは「法律の規定」に語られなかった規範をも権利発生根拠として認めることによってリアリズムの観点に立つことができ，また，合意のすべてが国による強制力を発動しうるものであるとすることはリアリズムに反することになるところ，合理的規範説は，合意が合理的規範に適合することを条件としてはじめて権利発生根拠として認めることができるとすることによってリアリズムの観点に立つことができるものである。

五　実体法的性質の５分類説について（第3，4章）

1　実体法的性質の４分類説

　要件事実とは，標準的には，一定の法律効果を発生させる法律要件に該当

する具体的事実であるといわれる。

そして，法律効果の性質は，一般に，①発生，②障害，③消滅，④阻止の４つの類型に区分できるといわれ，それゆえに，要件事実の性質も，上記法律効果の性質の類型の区分に平仄を合わせて，この４つの類型に区分されている[17]。

これを以下，４分類説ということにしよう。

この４分類説が，要件事実論における基本命題の一つであり，この基本命題を基礎として，各種の個別の契約などの要件事実の分析がされる。すなわち，この基本命題が，要件事実論におけるパラダイムとなっている。

2　４分類説の不具合

しかし，建物建築請負契約においては，請負契約の成立と同時に請負代金（報酬）支払請求権が発生すると解するのが通説・判例であるが，請負代金支払請求訴訟においては，請求原因事実として，請負契約の成立の事実のみならず，「建物の完成」の事実が必要であるとするのが実務である。

上記の解釈及び実務の取扱いが正当であることは，第３章で述べたとおりであるので，これを参照されたい。

そうすると，建物建築請負契約に基づく請負代金支払請求の訴えにおいて，請求原因事実として必要とされる「建物の完成」という事実は，実体法的性質の４区分のうちのいずれにも該当しないことになり，説明に窮することになる。

大江忠弁護士は，通説・判例の解釈を採用せず，請負代金支払請求権の発生のためには，請負契約の成立の事実のみならず建物の完成の事実も必要であるとする少数説を主張するが[18]，その意図は，上記の不具合を回避することにある。しかし，多くの建物建築請負契約において，請負契約の締結と同時に請負代金の３分の１が支払われ，棟上げ時に同３分の１が支払われ，完成引渡時に同３分の１が支払われるという約定があり，それが実行されているという社会実態にかんがみると，請負代金支払請求権は請負契約の成立と同時に発生しているという解釈の方が自然であり，通説・判例に反する解釈を採用することは相当ではない。

大島眞一裁判官は，建物建築請負契約の成立によって請負代金支払請求権が発生するという通説・判例の解釈を認めたうえ，仕事の完成が報酬の支払より先に履行すべきものであるから[19]，「建物の完成」は，「権利行使の要件」であるとし，請求原因事実として必要であると述べる[20]。しかし，同裁判官は，4分類説を採用し，「民事訴訟で審理する権利または法律関係の存否は，この「発生」「障害」「消滅」「阻止」という法律効果の組合せによって判断される。」[21]，「要件事実を考える際も，基本的には，権利の発生原因事実については，それを主張する者がその要件事実の主張・立証責任を負い，権利の発生障害，消滅，阻止に関する事実については，権利の存在ないし行使を否定しようとする者が主張・立証責任を負うことになる。」[22]と述べているから，建物建築請負契約に関して突然に「権利行使の要件」を持ち出すのは，体系的な一貫性がない。

岡口基一裁判官も，建物建築請負契約の成立によって請負代金支払請求権が発生するという通説・判例の解釈を認めたうえ，「請負報酬請求権は請負契約成立時に発生するが，仕事の完成が報酬支払よりも先履行であることから，同請求権の行使要件として」仕事の完成が「要件事実になる。」[23]と述べる。しかし，同裁判官も，4分類説を採用し，「あらゆる規定は，①権利発生規定，②権利発生障害規定，③権利排斥規定，④権利消滅規定に分類され，かかる規定の性質によって証明責任が分配される。原告は，このうち，①の権利発生規定に該当する事実の立証責任を負うと共に，弁論主義により，この事実の主張責任を負う。」[24]と述べているから，建物建築請負契約に関して突然に「行使要件」を持ち出すのは，やはり，体系的な一貫性がない。

3　5分類説の提唱

そこで，建物建築請負契約における「建物の完成」の実体法上の性質区分として，これを「請求権の行使可能要件」であると分類し，これを，同契約固有のものではなく，一般的なものとして整理すると，実体法上の性質区分として，権利（請求権）という法律効果についていえば，①発生要件，②行使可能要件，③発生障害要件，④消滅要件，⑤行使阻止要件の5つの区分をすべきことになり，訴訟においては，上記①及び②が請求原因に配置される

ことになり，③ないし⑤が抗弁に配置されることになり，抗弁に対する③ないし⑤が再抗弁に配置され，以下，再々抗弁，再々々抗弁などが同様に配置されることになる。

これが，5分類説ということになる。

4　5分類説による金銭消費貸借契約の要件事実の解析

金銭消費貸借契約に基づく貸金返還請求をするに当たって主張立証しなければならない請求原因事実は，問題を簡明にするために弁済期が確定日と約定されている場合とすると，①返還約束，②金銭の交付，③弁済期の約定，④当該弁済期の到来の4つである。この4つの事実が請求原因事実として必要であることは，実務上，争いがない。

そして，4分類説では，上記4つの事実のいずれもが貸金返還請求権の発生要件とせざるをえない。

しかし，5分類説によれば，上記①及び②の事実が貸金返還請求権の発生要件であり，上記③及び④の事実がその行使可能要件であると整理することができる。

債権譲渡契約における債権の発生，保証契約における主たる債務の発生，抵当権設定契約における被担保債権の発生のために必要な要件事実は，金銭消費貸借契約に基づく貸金返還債権（請求権）又は債務についていえば，上記①及び②の事実のみで足りるとすることが自然であろう。そうすると，上記③及び④の事実は，債権（請求権）の行使可能要件と整理する5分類説が自然であることになる。

なお，債権と請求権の概念区別及びその言葉の使用方法には，難しいものがあるが，その区別は，慣習的なものであり，その発生要件を検討するに当たっては，その区別はできないものとするのが理論的である。

六　物権的請求権における返還請求権を引渡請求権と称すべきことについて（第5章）

1　通説的見解

　通説・判例は，所有権を典型例とする本権である物権に基づく物権的請求権として，①返還請求権，②妨害排除請求権，③妨害予防請求権の3つがあることを肯定する。

　そして，①返還請求権とは，他人の占有によってその物権が侵害されている場合，②妨害排除請求権とは，他人の占有以外の方法によってその物権が侵害されている場合，③妨害予防請求権とは，他人の行為によってその物権が侵害されるおそれのある場合に，それぞれ発生するものであると区別している。

2　不具合

(1) **所有権について**

　AがBから500万円の宝石（特定物）を購入しながら，AがBからその宝石の引渡しを受けていない場合に，AはBに対し，売買契約に基づいてその宝石の引渡しを求めることができるし，所有権に基づいて「引渡し」を求めることもできる。

　この後者のときに，所有権に基づいて「返還」を求めることができるとは言わない。

(2) **地上権について**

　AがBからその所有する土地について地上権の設定を受けながら，AがBからその土地について引渡しを受けていない場合に，AはBに対し，地上権に基づいてその土地の「引渡し」を求めることができる。このときに，地上権に基づいて「返還」を求めることができるとは言わない。

3　アナロジー・ミステイク

　占有権が他人の占有によって侵害されている場合には,「返還」請求権が発生する。なぜならば, 占有権は,「占有」をすることによって発生する権利であり, その「占有」が他人の「占有」によって侵害されれば,「返還」請求権が発生するというのは, 言葉の適切な用法による表現といえる。

　しかし, 所有権, 地上権などの本権である物権は,「占有」することによって発生する権利ではないから, その物権が他人の「占有」によって侵害されても,「返還」請求権が発生するのではなく,「引渡」請求権が発生するというのが, 言葉の適切な用法による表現であるといえる。

　占有権に返還請求権が認められる以上, 所有権を典型例とする本権である物権にも返還請求権が認められるというのは, アナロジー・ミステイクである。

4　抵当権に基づく建物明渡請求権

　抵当権者が今まさに抵当権を実行しようとする段階において, 抵当物件である建物を不法に占有している者がいてその抵当権の実行が妨害されている場合に, 抵当権者はその建物占有者に対してその建物の明渡しを請求できる。

　これは, 抵当権に基づく「引渡」請求権であると言えば, 言葉上の抵抗がないであろう。しかし, これを抵当権に基づく「返還」請求権であると言えば, 言葉上の抵抗があるであろう。また, これを抵当権に基づく「妨害排除」請求権であると言うのは, 最初の定義と平仄が合わない。なぜならば,「返還請求権」と「妨害排除請求権」との区別は, 前者が占有の方法による侵害に対し使用される言葉であり, 後者が占有以外の方法による侵害に対して使用される言葉であると定義しているからである。

5　まとめ

　所有権, 地上権及び抵当権などの本権である物権が占有という方法によって侵害されている場合に, 所有者, 地上権者及び抵当権者などの本権である物権を有する者が占有者に対して有する物権的請求権は,「返還」請求権では

なく,「引渡」請求権であるという呼称を使用することが相当である。

「返還」請求権という呼称が抵当権者の抵当物に対する引渡請求権を素直に肯定することができなかった障害となっていたといえる。これは,まさに,サピア・ウォーフ仮説がすなわち「言葉は思考に影響する」という仮説が作用した実例といえる。

したがって,アナロジー・ミステイクを修正するならば,物権的請求権のうち,占有という方法によって物権が侵害されている場合に,物権を有する者が取得する請求権は,「返還」請求権ではなく,「引渡」請求権と呼称すべきである。

七　おわりに

　要件事実に関する基本的な概念あるいは命題の検討は,これに尽きるものではない。

　しかし,既にここに概要として示されたところのその検討は,要件事実論におけるパラダイムの転換の必要性を肯定するについて十分なもののように考えられる。

　要件事実に関する検討をする過程で,私は,言葉について考察をする必要に迫られてきた。それは,結局のところ,知らず知らずのうちに,舞台装置としての思考方法を整理することにつながっていった。

　この舞台装置としての思考方法は,要件事実論にのみ有効なものではなく,他の事柄についても有効な汎用性がある。

　本書に掲載されなかった「要件事実原論ノート特別章その1」は,「どうして人を殺してはいけないのですか？」という問題について検討したが,これは,この舞台装置としての思考方法を要件事実論以外の場面において適用したものの一つである。

　第2章は,「契約の拘束力の根拠は何か。」という問題について検討したが,同章で使われた舞台装置としての思考方法は,「弁論主義の根拠は何か。」という問題についても適用しうるものであるほか,法律の問題に限定されない適用領域を有するものであるといえる。

この舞台装置としての思考方法を,「因果関係論」という問題に適用して論じたものが, 補論「因果関係の基本について」である。
　因果関係は, 民事事件においても刑事事件においても, 発生した損害を特定の人の行為に結びつけることによって, その特定の人の法的責任を肯定するために必要な概念であり, その存否の判定は, 法的な課題ではあるが, それに尽きないものがある。
　今後は, 要件事実についての考察を通じて得られた舞台装置としての思考方法を深化させる方向で, 新たで多様な課題に取り組みたいと考えている。

八　追補

　補論「因果関係の基本について」は, 要件事実論, 民法及び刑法の解釈論, 法哲学, 哲学の各分野において論じられている因果関係について, 思弁的・観念的にではなく, 実証的・現実的に考察するための基本を整理するものである。
　その結論の概要は, 次のとおりである。
　① 因果関係という概念は, 厳密な科学においては不必要なものであるが(バートランド・ラッセルの見解), 日常生活, 厳密でない自然科学及び社会科学, 法律学には必要なものである。② その因果関係は, 事実ではなく, 評価である(デイヴィッド・ヒュームの見解)。③ その因果関係の有無の評価に当たっては, 作用因にのみ着目するのではなく, 形相因, 質量因, 目的因をも考慮すべきである(アリストテレスの見解)。④ その因果関係の有無の評価は, 蓋然的評価である。すなわち, 原因は結果との関係において, 必要条件となるものでも十分条件となるものでもなく, 蓋然的条件となるものである。⑤ 因果関係の有無の判断公式とされている「あれなければこれなし公式」(csqn 公式) は, 実際的にも, 理論的にも, 限界があるものであって, この公式をそのまま適用することができない場合がある。むしろ, この公式は, 原因を結果との関係において必要条件と理解する思考方法を基底とするものであり, 理論的に妥当ではない。⑥ 択一的原因競合事案(P及びQがそれぞれワイングラスに致死量の毒を入れ, そのワインを飲んだVが死亡したような事案)について,「あれなければ

これなし公式」を適用することは，その公式の理論的な妥当性はさておき，その公式の適用対象領域を超えるものであって不適切である。⑦ 不作為の因果関係は，問題なく肯定できる。⑧ 法律家は，ときに，哲学的因果関係あるいは論理学的因果関係という言葉を使用することがあるが，その言葉に対応する概念はない。

⑴　パラダイムという言葉については，第2節の1で触れる。
⑵　トーマス・クーン（中山茂訳）『科学革命の構造』（みすず書房・1971年。原著1962年），野家啓一『パラダイムとは何か』（講談社・2008年）参照
⑶　ルートヴィヒ・ウィトゲンシュタイン（藤本隆志ほか訳）『論理哲学論考』（法政大学出版会・1968年。原著1921年），同（藤本隆志訳）『ウィトゲンシュタイン全集8　哲学探究』（大修館書店・1976年。原著1953年）
⑷　ギルバート・ライル（坂本百大ほか訳）『心の概念』（みすず書房・1987年。原著1949年）
⑸　本書に登載されなかった「要件事実原論ノート」白山法学第5号（東洋大学法科大学院・2009年）27頁以下は，「期限の利益喪失約款」についての要件事実論的解析をしたものである。なお，この論文は，cinii articlesに掲載され，ダウンロード可能となっている。
　　この論文は，要件事実論における最も難解な問題の解析をしたものであり，要件事実の基本問題とはいい難いところから本書に登載されなかった。しかし，この要件事実論的解析に興味のある方は，cinii articlesからダウンロードされて参照されたい。
　　なお，この論文を補足するものとして，「法律の規定と同一内容の合意又は意思表示と要件事実」笠原俊宏編『日本法の論点　第3巻』（文眞堂・2013年）57頁以下がある。こちらの論文の方が，期限の利益喪失約款の要件事実論的解析に関して分かりやすいので，興味のある方は，こちらも参照されたい。要件事実論的解析の難解さ，技術的性質，危うさ，美しさ，そして正しい認識に到達する解析過程の楽しさ及びその認識に到達できたときの喜びというものを実感できるであろう。
⑹　清水哲郎『オッカムの言語哲学』（勁草書房・1990年）
⑺　野矢茂樹・西村義樹『言語学の教室　哲学者と学ぶ認知言語学』（中央公論新社・2013年）
⑻　フェルディナン・ド・ソシュール（小林英夫訳）『一般言語学講義』（岩波書店・1972年。原著1916年）
⑼　サピア・ウォーフ仮説。エドワード・サピーア（泉井久之助訳）『言語』（紀伊国屋書店・1957年。原著1921年）
⑽　ハンス・ライヘンバッハ（市井三郎訳）『科学哲学の形成』（みすず書房・1954年。英語版原著1951年），碧海純一『法と言語』（日本評論社・1965年），太田知行『当事者間における所有権の移転』（勁草書房・1963年）
⑾　本書に登載されなかった「要件事実原論ノート　特別章その1」白山法学第11号（東洋大学法科大学院・2015年）23頁以下は，「どうして人を殺してはいけないのですか？」という問題について論じたものである。なお，この論文も，cinii articlesに掲載され，ダウンロード可能となっている。

この論文は，要件事実論における多くの問題において，「思考が言葉を使用してされるものであるために錯誤に陥ること」があることを確認するとともに，要件事実論とは異なる領域で問題となっているこの問題についても，同様な錯誤が発生しているとして，その理論的な解析をしたものである。この論文は，要件事実の基本問題とは直接に関係のあるものではないので，本書に登載されなかった。
　しかし，この問題についての正しい認識に到達する解析過程の楽しさ及びその認識に到達できたときの喜びというものは，要件事実論的解析と同様のものがあるであろう。
　その論旨の概要は，次のとおりである。
　① 「どうして人を殺してはいけないのですか？」という理由探求型疑問文は，「人を殺してはいけない。その理由は何か」という構造の疑問文である。② しかし，「人を殺してはいけない」という命題は，実際的・現実的には，正当防衛のような場合，例えば，強盗に殺されそうになったときに反撃として強盗を殺してしまうような場合には，妥当しない命題である。③ 実際的・現実的ではない命題について，解を得ようとすると，その解は，必然的に，観念的になるか，誤りとなる。④ したがって，この理由探求型疑問文は，「人を殺してもよい場合がある。その場合とはどのような場合か。その理由は何か」，「人を殺してはいけない場合がある。その場合とはどのような場合か。その理由は何か」という２つの理由探求型疑問文に変換することにより，実際的・現実的な解を得ることができるものとなる。⑤ 「人を殺してはいけない」という命題は，規範的命題であり，規範的命題については，その妥当領域を適切に選択しないと，議論が成立しない。⑥ 規範的命題の妥当領域としては，個人の決断，個人の道徳，社会の道徳，日本の刑法，他国の刑法，国際法など種々のものがありうる。⑦ 規範的命題の妥当領域として，個人の決断，個人の道徳，社会の道徳を選択すると，解釈が通用性を有しないし，他国の刑法や国際法を選択すると，解釈が多様になりうるので，実際的・現実的なものとして，日本の刑法を選択する。⑧ 日本の刑法においては，人を殺してもよい場合として，議論の余地がないではないものの，正当防衛の場合，安楽死の場合，死刑執行の場合，外国からの侵略があった場合などがある。これらは，違法性阻却事由がある場合ということができる。⑨ そして，日本の刑法においては，人を殺してはいけない場合とは，違法性阻却事由がない場合ということになり，違法性阻却事由がない場合について刑法が語ることはないが，それを敢えて語ることとすれば，社会的な現実に求めるほかなく，その社会的現実というのは，人間の社会共同体の維持・存続・発展のためには他人を殺すことを禁止する必要があるということになる。
　この問題に興味のある方，あるいは，理由探求型疑問文（例えば，「どうして悪いことをしてはいけないのですか？」）の解析方法に興味のある方は，この論文を参照されたい。

⑿　『設例15題』改訂版6頁，『設例13題』5頁
⒀　『要件事実第1巻』247頁以下，『設例15題』改訂版80頁
⒁　『設例13題』74頁
⒂　ルートヴィヒ・ウィトゲンシュタイン前掲『論理哲学論考』200頁
⒃　「債務者が債務の本旨に従った履行をしないとき」という否定条件を含む文節は，多様な事象を包含したものである。履行遅滞の場合には，債権者は履行期の到来についての主張立証責任を負うものの，「履行をしないこと」の主張立証責任を負わない。しかし，不完全履行の場合には，債権者は「不完全履行」の主張立証責任を負う。また，

債務の性質が引渡債務である場合には，債権者は債務者において「引渡しをしないこと」の主張立証責任を負わないが，その性質が不作為債務である場合には，債権者は債務者において不作為債務に違反した「作為をしたこと」の主張立証責任を負う。このように，「債務者が債務の本旨に従った履行をしないとき」という否定条件を含む文節は，多様な事象について一括してまとめた表現をしているため，事象に応じた取扱いの差異を発生させているといえる。

(17) 『要件事実第1巻』6頁，『設例15題』改訂版5頁，『設例13題』5頁，『30講』第3版6頁，吉川愼一「要件事実論序説」司法研修所論集第110号136頁
(18) 大江忠『第3版要件事実民法(4)』（第一法規・2005年）444頁
(19) 大審院大正13年6月6日判決・民集3巻265頁
(20) 『完全講義 民事裁判実務の基礎［第2版］上巻』（民事法研究会・2013年）441頁
(21) 同74頁
(22) 同76頁
(23) 『要件事実マニュアル2』第4版112頁
(24) 『要件事実マニュアル1』第4版9頁

第1章　要件事実という言葉の多義性について

第1節　はじめに

1　言葉が多義的であること

　言葉[(1)]は，一般に，ほとんどのものにおいて，一つの意味しかないのではなく，多くの意味を有している。すなわち，一義的ではなく，多義的[(2)]である[(3)]。
　とりわけ，基本的な言葉は，一般に多義的であることが広く知られている[(4)]。
　例えば，法学にあっては「法」という言葉が多義的であること[(5)]，法哲学にあっては「法哲学」という言葉が多義的であること[(6)]は，法律家にとっても，広く知られているところである。以下，言葉が多義的であることを，言葉の多義性という。

2　言葉の多義性の理由

　言葉の多義性は，基本的には，言葉が自然言語[(7)]の構成単位であることに由来する。すなわち，自然言語には多様な役割・機能があるが[(8)]，その最も基本的なものは，人と人との間の情報の伝達にあるところ，現実に存在する事象は，ほとんど無限に多様であるのに対し，一般的に使用される言葉は日本語でいえば多くても何十万語程度であり[(9)]，日常用語は何千語程度であるから，ほとんど無限に存在する事象を有限の言葉で表現し，伝達するためには，言葉は多義的とならざるをえない[(10)]。

3　言葉の多義性の問題と便利さ

　言葉を使用して事柄を記述する社会科学にあっては，言葉の多義性は，多

くの問題を発生させる。第1に、その言葉の意味する内容を確定する解釈が必要となる。第2に、その言葉の意味する内容を確定しないまま、ある論者はAの意味で使用し、別の論者はBの意味で使用するという事態が発生し、無用の議論となる。

しかし、言葉の多義性は、情報伝達のためには、便利なところもある。多様な事柄を一つの文章にまとめて記述することができるからである。

制定法としての法律は、言葉の多義性を活用している。すなわち、わが民法には、わずか1044条しかないが[11]、市民社会の基本的な私法関係をわずか1044条で規定することは、言葉の多義性を利用しなければ不可能といえる。不法行為法についてみれば、わが民法は、わずか16条しか設けていないが、ほとんど無限に多様な—そして、民法制定時には予見できないような類型もある—不法行為について、わずかな法条で対処できるようにするには、言葉の多義性を活用するしかない。

4 要件事実という言葉の多義性について

要件事実という言葉も、やはり、多義的である。

要件事実の意味について、多くの実務家は、ほとんど暗黙に共通認識を形成しているように思われ、要件事実の定義を確認する必要は余り感じられない[12]。

しかし、あらためて、要件事実の定義を厳密にしようとすると、実務家の間であっても、見解の相違のあることが分かる[13]。

また、研究者の間では、多くの実務家が暗黙に形成している共通認識よりは広いニュアンスの差異をもって、要件事実の意味を認識し、ひいては要件事実の定義をしているように思われる[14]。

この要件事実の意味又は定義の多様性の理由は、要件事実という言葉、そして、その言葉の意味するもの(＝概念)が、そもそも、要件事実が問題となる領域[15]及び状況[16]に応じて多様であることにあると考えられる。

しかし、それゆえに、実務家又は研究者が要件事実について議論するに当たって、その議論が実りあるものとなるためには、要件事実の意味についての共通認識を形成しておく必要があるといえる。その議論において使用され

る要件事実の定義を明確にしておかなければ，要件事実を論ずる共通の基盤がないことになるからである。

5 本稿の課題と方法

(1) 課題

本稿は，要件事実という言葉の多義性を明らかにするとともに，これによって，いくつかの法律問題について言語分析の観点から解明することを課題とする。その法律問題とは，第1には，要件事実は具体的事実かそれとも類型的事実かという問題であり，第2には，対抗要件についての各説（とりわけ権利抗弁説，第三者抗弁説）のいずれを妥当とするのかという問題であり，第3には，債務不履行（とりわけ履行遅滞）による損害賠償請求権（とりわけ遅延損害金支払請求権）の発生についての主張責任と立証責任との不一致があるか否かという問題である。

(2) 方法

かつて哲学は，思弁的なものであった。しかし，言語の分析を通じて，哲学は，科学的なものとなることができた。誤謬の分析は，言語の分析に始まる[17]。

法の正しい解釈は，言語の分析に尽きるものではないし，むしろ，社会的な事実に基づく社会全体の在り方の考察に依拠すべきものである。しかしながら，法の解釈の中には，言語の分析を通じて解決できる問題もある。そして，そのような問題であるならば，言語の分析を通じて解決することこそが必要であり，かつ，適切である。語りえるものについて語り，語りえないものについては，沈黙すること[18]が，科学的な態度である。

要件事実に関する問題には，仮象問題と称すべきものがある。仮象問題とは，文法的構造上一見真正な問題であるようにみえるが，厳密に分析してみると，原理上それに対する解答がみいだされえないような言葉の組合せによって提示されるものである[19]。本稿では，前記の課題とした要件事実についての問題について，言語分析という方法によって，その問題が仮象問題であることを明らかにする。

第2節　要件事実の多様な定義

1　原初的な定義

(1)　**基本**
　要件事実の原初的な定義は，次のようなものである。
　すなわち，「要件事実とは，法律要件に該当する（具体的）事実である。」という定義である。
　要件事実の定義として，法律「要件」に該当する「（具体的）事実」であるというのは，いかにも，素朴で，原初的なものである。教師の質問に対し，学生が，「要件事実とは，法律要件に該当する（具体的）事実である。」と答えたとすれば，「落馬するとは，馬から落ちることである。」という答えと同様に，説明として単純であり，適切な解答とはいいがたいという評価を受けることになろう。

(2)　**伊藤滋夫裁判官の著書中の記述**
　しかし，要件事実についての大家である伊藤滋夫裁判官の著書中の記述に，「要件事実はある法律要件に該当する具体的事実である」というものがある[20]。もう少し長く引用すると，「以上のように，要件事実はある法律要件に該当する具体的事実である，といっても，その内容を正確に理解するためには，様々な問題がある。」という記述である。

(3)　**大江忠弁護士の論文中の記述**
　また，やはり要件事実についての大家である大江忠弁護士の論文中の記述に，「要件事実は法律要件に該当する具体的事実である。」というものがある[21]。もう少し長く引用すると，「権利の発生，障害，消滅等の各法律効果が肯定されるかどうかは，その発生要件に該当する具体的事実の有無にかかる。この事実を一般に「要件事実」という。つまり，要件事実は法律要件に該当する具体的事実である。」という記述である。

(4) 上記両氏の記述の意味

　伊藤滋夫裁判官も大江忠弁護士も，要件事実という言葉について多様な定義をしている。つまり，原初的な定義をしている文章もあるし，必要に応じて，もう少し詳しい定義をしている文章もある。したがって，両氏の以上のような文章は，その前後の文脈の関係では，正しい文章である。

(5) まとめ

　このように，要件事実という言葉の定義として，「要件事実とは，法律要件に該当する(具体的)事実である。」というものは，原初的ではあるが，否定されるべきものではない。すなわち，要件事実の定義の出発点にある定義として，前後の文脈の関係から，許容できる定義であるといえる。
　しかし，「落馬とは，馬から落ちることである。」という定義がいかにも単純なように，「要件事実とは，法律要件に該当する（具体的）事実である。」という定義は，説明に乏しく，このままでは，定義として標準的なものとはいえない。

2　標準的な定義

(1) 標準的な定義

　要件事実の標準的な定義は，次のようなものである。
　すなわち，「要件事実とは，一定の法律効果を発生させる法律要件に該当する具体的事実である。」という定義である。
　この定義は，近時の司法研修所民事裁判教官室が作成している文献の中で採用している定義であって，標準的なものといえる[22]。
　ところで，「法律要件」とは，「一定の……法律効果を生ずる生活関係」[23]，あるいは，「権利義務関係の発生原因として定められた一定の社会関係」[24]であり，要するに，「一定の法律効果を生ずる要件」ということになる。
　したがって，上記の標準的な定義は，「法律要件」という言葉を具体的に説明し，原初的な定義に「一定の法律効果を発生させる」という説明を付加しているところに特徴がある。

(2) 標準的な定義の補足事項

なお、標準的な定義では、次の点に留意すべきであるとされている。

第1に、「一定の法律効果を発生させる」という言葉のうちの「発生」には、「発生」のみならず、法律効果の発生を障害する「障害」（錯誤無効、通謀虚偽表示無効など）、発生した法律効果を消滅させる「消滅」（弁済、代物弁済、時効消滅など）、発生した法律効果に基づく権利の行使を阻止する「阻止」（同時履行の抗弁、売買代金についての期限の合意など）を含むという点である[25]。また、このように一定の法律効果の種類として「発生」「障害」「消滅」「阻止」があるという説明は、その法律効果が、実体法上のものであることを黙示的に示していることになる。すなわち、標準的定義は、「要件事実とは、実体法上の一定の法律効果を発生させる法律要件に該当する具体的事実である。」ということになる。

第2に、「具体的事実」であって、「類型的事実」ではないという点である[26]。この具体的事実というのは、証拠によって証明可能な程度に具体的な事実ということになる。そして、民事訴訟における主要事実は、一定の法律効果を発生させる法律要件に該当する具体的事実であるから、標準的な定義では、要件事実と主要事実とは一致することになる[27]。

第3に、「所有権」については、理論的には「具体的事実」ではないが、訴訟上の取扱いとしては、争いのない場合には「具体的事実」と同様に取り扱うという点である[28]。

(3) 標準的な定義のヴァリエーション

標準的な定義のヴァリエーションとして、次のようなものがある。いずれも、言葉使いに微妙にニュアンスを異にするところがあるが、大局的な分類としては、標準的な定義と同様のものと考えて差し支えない。

「要件事実とは、法律効果を生じるために必要な実体法（裁判規範としての民法）の要件に該当する具体的事実である。」[29]

要件事実とは、「ある法律効果の発生要件に該当する具体的事実である。」[30]

「要件事実は、法律効果の発生要件に該当する具体的事実である」[31]

「裁判規範としての民法の要件に該当する具体的事実を要件事実とい

う。」[32]

「要件事実とは、裁判規範としての民法の要件に該当する具体的事実をいう」[33]

3 少数説の定義

(1) 少数説の定義

要件事実についての少数説の定義[34]は、次のようなものである。

すなわち、「要件事実とは、一定の法律効果を発生させる法律要件に該当する類型的事実である。」という定義である。

この定義は、標準的定義のうちの「具体的事実」という部分を「類型的事実」とするものである。

(2) 少数説の具体的な説明

少数説の説明を山木戸克己教授の論文によってみると、次のとおりである[35]。

「民事裁判は、訴訟において確定された事実に法規を適用して判断するという構造をもっている。そして法規は、論理的に「もし一定の事実（T1 T2…）が存在するならば、一定の効果（R）が生ずる」という仮言的判断の形式をとって存在する。法規の前件命題で要求されている事実の全体が法律要件であり、それを構成する各個の事実が要件事実（法律事実）である。裁判所は、確定された具体的事実が適用されるべき法規の要件事実に該当するか否かを判断して、事件について裁判する。ここで、法規の要件事実に該当する具体的事実を主要事実（直接事実）といい、この主要事実の存否を推認させるのに役立つ別個の事実を間接事実という。要件事実は一般的生活関係に妥当する類型的事実であって、これを示す概念は法的概念である。」

「これに対して、主要事実や間接事実は現実の生活関係における具体的事実であって、これを示す概念は事実的ないし経験的概念である。ただ、後に述べる規範的要件事実は別として、一般の要件事実においては、とくに事実関係の細部を問題とする必要がない限り、主要事実を示すのに法規上要件事実を示す概念がそのまま使用されるのが普通であるので、要件事実と主要事

実とが同視され易い。しかしこの区別は明確に認められなければならない。また間接事実は主要事実の存否を推認させる別個の具体的事実であるが、従来一般に、「過失」や「正当事由」のような規範的要件事実に関して、これを主要事実とし、これに該当する具体的事実は間接事実である、と解されていたけれども、それが適切でないことは近時指摘されているところである。このような誤解は、主要事実と要件事実の同視にもとづくものと思われる。」

「具体的事実（主要事実）が法規上の要件事実に該当するか否かの判断すなわち「法的あてはめ」は、事実の法的評価であり法的判断であって、裁判所の任務である。これに対応して、当事者のなすべきことは、適用されるべき法規上の要件事実に該当する具体的事実を主張し、相手方が争えば、これを証明することである。訴訟における主張および証明の対象は具体的事実であり、主張責任（弁論主義のもとにおいて）および挙証責任はこれについて認められる。」

(3) 少数説の要約

少数説の考え方は、これを要約すると、次のようなものであろう。

第1に、要件事実と法律要件との関係について、「法規の前件命題で要求されている事実の全体が法律要件であり、それを構成する各個の事実が要件事実（法律事実）である」とする。売買契約でいえば、民法555条は、「売買は、当事者の一方がある財産権を相手方に移転することを約し、相手方がこれに対してその代金を支払うことを約することによって、その効力を生ずる。」と定めているところ、これが法律要件であり、この法律要件を構成する「当事者の一方」「財産権」「移転することを約する」「相手方」「代金」「支払うことを約する」が法律事実であり、要件事実であるということであろう。

第2に、それゆえに、要件事実は、「一般的生活関係に妥当する類型的事実であって、これを示す概念は法的概念である」とする。

第3に、それゆえに、要件事実は、具体的事実である主要事実とは異なり、法律要件と具体的事実である主要事実との中間に位置する概念であるとする。

(4) 少数説の合理性

少数説に立脚すると，実際に，要件事実について文献において記述する際にも，教室などで議論する際にも，具体的事実ではなく，類型的事実であるとするから，例えば，所有権に基づく返還請求権が発生するための要件事実は，「1　原告の所有」「2　被告の占有」という類型的事実で足りる。

標準的な定義では，これを，例えば，「1　原告は別紙物件目録記載の甲土地を平成10年1月1日に元所有者であるAから売買代金1235万円で買い，もって，所有していること」「2　被告は平成25年1月1日現在甲土地上に別紙自動車目録記載のトラックを駐車し，もって占有していること」などという具体的事実でなければならないが，煩瑣である。

また，少数説に立脚すると，「過失」「正当事由」などといういわゆる規範的要件[36]も，この評価を根拠付ける煩瑣な具体的事実（評価根拠事実）とこの評価を妨げる煩瑣な具体的事実（評価障害事実）に還元しないで取り扱うことが可能となる。

(5) 少数説の考え方に一理があること

少数説の考え方には，いずれも，もっともなところがある。

実際問題として，要件事実について文献において記述し，あるいは，法科大学院において議論する際には，類型的事実をもって足りるとしている。

したがって，少数説の定義も，許容できるものである。

(6) 少数説の定義を標準的なものとしては採用しないこと

しかし，要件事実の標準的な定義としては，「類型的事実」ではなく「具体的事実」としておく方がよい。その理由は，次のとおりである。

第1に，言葉が多義的である場合には，その言葉の標準的な定義としては，その言葉の主な使用領域あるいは使用場面において，適切なものとすることが相当である[37]。要件事実は，実務家にとっては，現実の民事訴訟において，訴状，答弁書，準備書面などの書面の作成，争点整理，証拠調べの対象の特定及びその証拠調べの必要性の検討，判決書に記載すべき事項及び順序，そして，明示すべき判断の過程などに関し，合理的な運営に資するための技術

的なものであり，それゆえに，要件事実という言葉の標準的な定義は，このような使用領域あるいは使用場面において適切なものとすることが相当である。

　この観点からすると，要件事実は，民事訴訟における主張立証の対象となる事実，すなわち，「具体的事実」とすることが合理的である。「類型的事実」というのは，主張立証の対象となる事実としては，観念的であり，とりわけ，「類型的事実」の立証というのは，実際にどのようにするのかが不明確であり，実務的ではない。

　第2に，具体的事実は，最終的には，証拠によって証明可能な事実であるが，類型的事実は，法律要件と主要事実との中間に位置するものであるとしても，その具体性，あるいは，抽象性の程度が不明確であり，証拠によって証明可能なものではない。

　第3に，一つの意味には，一つの言葉を対応させるべきであって，複数の言葉を対応させるべきではなく，二つの言葉を認める以上，その言葉の意味は，異なるものと設定することが相当であるとする考え方がある。この考え方は合理的であるが，これに対しては，異なる領域で発生した異なる言葉の場合には，その言葉の意味が同一であっても差し支えないという例外を認めることができる。

　すなわち，確かに，要件事実という言葉と主要事実という言葉は，違う言葉である。したがって，要件事実という言葉を，「法律要件と主要事実との中間に位置する概念」として定義することも考えられる。しかし，主要事実という言葉は，民事訴訟法の領域において発生し，使用されている言葉であり，実体法の領域において発生し，使用されている言葉ではない。これに対し，要件事実は，その原初的な定義が「法律要件に該当する（具体的）事実」であり，実体法に依拠する言葉であるから，その言葉を民事訴訟法における主要事実と異なる意味にしなければならない必然性はない。

　「明けの明星」と「宵の明星」は，現代天文学の知識によれば，同じ金星であるが，日常的な観察の観点からは，その名のとおり，一方は明け方の明星であり，他方は夕方の明星である。要件事実を具体的事実であると定義すると，主要事実と同じ意味を有することになるが，一方は，実体法の観点から

の言い方であり，他方は，民事訴訟法の観点からの言い方である。

　したがって，要件事実は，単に実体法上の一定の法律効果を発生させる事実であるのみならず，民事訴訟の現実的かつ合理的な運営に資するためのものであると設定するならば，やはり，具体的な主張立証の対象とすることができる具体的事実であるとすることが相当である。

　もちろん，要件事実について文献において記述する際にも，教室などで議論する際にも，前記のとおり，例えば，所有権に基づく返還請求権が発生するための要件事実は，「1　原告の所有」「2　被告の占有」という類型的事実で足りるものであるが，それゆえに，実際の現実の民事訴訟においても，要件事実が類型的事実で足りるものとすることはできない。

4　標準的な定義に論理的な整理をした定義——論理的定義

(1)　標準的な定義と論理的な問題

　要件事実の標準的な定義は，「要件事実とは，一定の法律効果を発生させる法律要件に該当する具体的事実である。」というものである。

　しかし，この定義は，論理的ではない。その理由は，次のとおりである。

　要件事実の原初的な定義は，「要件事実とは，法律要件に該当する（具体的）事実である。」というものであり，標準的な定義は，このうちの「法律要件」という言葉を「一定の法律効果を発生させる要件」という説明に置き換え，事実を具体的事実と限定するものであるから，論理的には，「要件事実とは，一定の法律効果を発生させる要件に該当する具体的事実である。」という定義になり，「法律要件」という言葉を除去すべきものとなる。

　つまり，「要件事実とは，一定の法律効果を発生させる法律要件に該当する具体的事実である。」という標準的な定義は，論理的には，「要件事実とは，一定の法律効果を発生させる，一定の法律効果を発生させる要件に該当する具体的事実である。」という定義になり，「落馬するとは，馬から落馬することである。」という言い方と同様に，説明の重複があることになる。

(2)　命題分析

　命題分析をすると，次のとおりである。

a 第1命題＝原初的な定義
要件事実とは，法律要件に該当する具体的事実である。
b 第2命題＝法律要件の定義
法律要件とは，一定の法律効果を発生させるものである。
c 第3命題＝該当するという言葉の意味
ある事柄に該当するとは，ある事柄に必要かつ十分なものという意味である。

(3) 命題の総合としての結論

上記，a，b，cの命題の総合の結果は，次のとおりである。
「要件事実とは，一定の法律効果を発生させるために必要かつ十分な具体的事実である。」
これを論理的定義ということにしよう。

(4) 論理的定義の合理性

要件事実の標準的な定義は，「要件事実とは，一定の法律効果を発生させる法律要件に該当する具体的事実である。」というものであるが，この定義は，「法律要件に該当する」という評価を必要とする。
しかし，論理的定義は，「要件事実とは，一定の法律効果を発生させるために必要かつ十分な具体的事実である。」というものであり，「必要かつ十分な」という部分は，解釈で確定することができ，評価を必要とするものではない[38]。
言葉の定義は，重複した要素を含まず[39]，評価判断を必要としないものの方が明確であり，適切である[40]。
したがって，標準的な定義ではなく，論理的定義の方が，要件事実の定義として適切であるといえる[41]。
そして，「法律要件に該当する」という言葉を残存させることが，議論の混乱を引き起こす要因となることは，第5節で確認する。

5　権利主張をも包括する定義——権利主張包括定義

　要件事実の標準的な定義に論理的な整理をした定義は、「要件事実とは、一定の法律効果を発生させるために必要かつ十分な具体的事実である。」というものであるが、実際に、民事訴訟において主張されるものは、これに尽きるものではない。

　具体的には、後記第4節で確認するが、対抗要件の抗弁として、権利抗弁説を採用した場合には、例えば、次のようになる。

　すなわち、原告が甲土地の所有者であるとし、被告が甲土地について地上権を有すると主張する占有者であるとし、被告が原告に対し、対抗要件欠缺の指摘をする場合には、「原告が甲土地について所有権移転登記を具備しなければ、原告の所有権取得を認めない。」というような主張が必要であるとする。

　この被告の主張は、事実の主張ではない。

　また、この被告の主張が、実体法上の法律効果を発生させるために必要なものであるのか否かは、議論の余地がある。

　もちろん、権利抗弁説に依拠した上記のような対抗要件の抗弁の主張は、具体的事実ではないから、要件事実ではないという考え方を採用することもできる。

　しかし、実際には、この主張を要件事実の問題として取り扱っているのであるから、この主張を要件事実の概念に含ませるためには、要件事実の概念が既に述べたものと違うことを明確に区別して考察することが相当である。

　すなわち、この主張をも要件事実の概念に含めるときは、要件事実の定義は、次のとおりとすることが考えられる。

　「要件事実とは、民事訴訟において、一定の法律効果が発生するために必要かつ十分な事実又は主張である。」

　この要件事実の定義は、標準的な要件事実の定義よりも広い内容を有するものであり、かつ、標準的な要件事実の定義にあてはまらないものを取り扱うものであるから、標準的な要件事実の定義によって処理しようとすることは、事柄の整理の観点から、不適切なものとなる。

これを権利主張包括定義ということにしよう。
この点については，後記第4節で触れる。

6 まとめ

要件事実という言葉は，多義的であり，標準的な定義としては，「要件事実とは，一定の法律効果を発生させる法律要件に該当する具体的事実である。」として差し支えないが，これに論理的な整理を加えると，その定義は，「要件事実とは，一定の法律効果を発生させるために必要かつ十分な具体的事実である。」というものとなり，さらに，この定義に含むことができないものを含めると，「要件事実とは，民事訴訟において，一定の法律効果が発生するために必要かつ十分な事実又は主張である。」というものになる。

これらの定義の区別をし，事柄に応じて要件事実について考察することが，要件事実の適切な理解に資することになるが，これらの定義の区別をしないで，要件事実が一義的なものであるとすることは，要件事実の適切な理解を妨げることになる。

第3節　具体的事実説と類型的事実説

要件事実を具体的事実であると定義する考え方と類型的事実であると定義する考え方についての議論の整理は，前記第2節の3で述べたとおりであり，要件事実の標準的な定義としては，実務的には，具体的事実としておくことが相当である。

要件事実を類型的事実と定義する考え方は，要件事実について文献において記述する際や教室などで議論する際には適切であっても，実際の現実の民事訴訟においては，適切ではない。

なお，「要件事実とは，何であるのか。要件事実は，具体的事実か，それとも，類型的事実か。」という問題設定は，正しくない。

要件事実は，人や細胞のように物理的な実体を伴う物ではなく，法と同様に物理的な実体を伴わない事柄であるから，要件事実という言葉を，どのような領域又は場合にどのような意味で使用するのが通常であるのかあるいは

相当であるのかという問題設定は正しいが，要件事実が物理的な実体であるかのようなあるいは客観的に実在するかのような問題設定は誤りである。

そして，前記のとおり，要件事実は，実務的には，具体的事実であると定義しておくことが相当であるが，実は，無意識のうちに，文献において記述する際や教室などで議論する際には，類型的事実で足りるという取扱いをしている実情を無視してはならない。

第4節　対抗要件についての解釈問題

1　対抗要件が問題となる事項及び本稿で課題とする事項

(1)　対抗要件の定義

対抗要件とは，法律関係が当事者間で効力を有するための要件を満たしていても当然には第三者に対する効力（対抗力）を有さず，対抗力を有するためには別の要件を満たさなければならないとき，その要件を対抗要件という[42]。

(2)　「対抗することができない」という言葉と対抗要件

民法は，対抗要件について「対抗することができない」という言葉を使用して記述しているが，「対抗することができない」という言葉は，対抗要件以外の事柄について記述する場合にも使用されている。

対抗要件の論理構造は，抽象的には，次のとおりである。

「ある権利について，その権利者が，一定の指標（対抗要件）を具備しない場合には，第三者に対してその権利を対抗（主張）することができない。」

しかし，民法は，「対抗することができない」という言葉を，次のような論理構造の場合にも，使用している。

「ある法律関係の当事者は，第三者が，その法律関係について知らないとき（善意）などの場合には，第三者に対してその法律関係を対抗（主張）することができない。」

この場合には，ある法律関係の当事者が，その法律関係を第三者に対して主張するために一定の指標（対抗要件）が必要であるというのではなく，第三

者の側の事情が，ある法律関係の当事者の主張を左右するという構造である。
「ある法律関係の当事者は，その当事者間において，一定の事由がある場合には，一定の事項を対抗（主張）することができない。」
この場合には，第三者との関係ではなく，当事者の関係において一定の事項が主張できないという構造である。
対抗要件とは異なるものについては，(4)で触れる。

(3) 対抗要件の多様な例
対抗要件には，次のような例がある。
ア 物権変動の対抗要件
物権変動の効力発生要件は，意思表示である（民法176条）。
そして，不動産物権変動の対抗要件が，登記であり（同法177条），動産物権変動の対抗要件が，引渡しである（同法178条）。
イ 債権譲渡の対抗要件
指名債権の譲渡の効力発生要件は，意思表示である（明文の規定はない。）。
指名債権の譲渡の対抗要件は，債務者との関係では，通知又は承諾であり（民法467条1項），第三者との関係では，確定日付ある通知又は承諾である（同条2項）。
指図債権の譲渡の対抗要件は，証書への裏書と譲受人への交付であるが（同法469条），証券的債権の一般的な性質論から，証書への裏書と譲受人への交付は，効力発生要件と解すべきであるとの有力説がある[43]。
ウ 不動産賃借権の対抗要件
不動産賃借権の対抗要件は，登記である（民法605条）。
ただし，実務上は，正常な賃借権が登記されることはまれであり，登記された賃借権の多くは，抵当権実行妨害目的のもの，あるいは，抵当権実行妨害目的の賃借権の設定を予め阻止する目的のものである。
実務上よくある正常な賃借権の対抗要件は，建物所有目的の土地の賃借権（借地権）にあっては，当該土地上の建物の所有登記であり（借地借家法10条），建物の賃借権にあっては，引渡しである（同法31条1項）。

(4) 対抗要件ではない「対抗することができない」という言葉
ア 第三者との関係でのもの

通謀虚偽の意思表示は無効であるが（民法94条1項），善意の第三者に対抗することができない（同条2項）。

詐欺による意思表示の取消しは，善意の第三者に対抗することができない（同法96条3項）。

代理権の消滅は，善意の第三者に対抗することができない（同法112条本文）。

譲渡禁止特約は，善意の第三者に対抗することができない（同法466条2項ただし書）。

これらの例は，(1)で定義された対抗要件が問題となるものではなく，当事者間の法律関係について，第三者の善意を理由として，第三者に対して主張できないとするものである[44]。

イ 当事者の関係でのもの

債務が不法行為によって生じたときは，その債務者は，相殺をもって債権者に対抗することができない（民法509条）。

債権が差押えを禁じたものであるときは，その債務者は，相殺をもって債権者に対抗することができない（同法510条）。

支払の差止めを受けた第三債務者は，その後に取得した債権による相殺をもって差押債権者に対抗することができない（同法511条）。

委任の終了事由は，これを相手方に通知したとき，又は相手方がこれを知っていたときでなければ，これをもってその相手方に対抗することができない（同法655条）。

これらは，当事者の法律関係において，一方の当事者が他方の当事者に主張できないという意味で対抗できないという言葉を使用している。

(5) 本稿で課題とする事項

本稿で課題とする事項は，対抗要件の中でも，不動産物権変動に関する対抗要件とする。

2 基本条文と基本的な解釈

不動産物権変動についての基本条文は，民法176条及び177条である。

物権の設定及び移転は，当事者の意思表示のみによって，その効力を生ずる（176条）。

不動産に関する物権の得喪及び変更は，不動産登記法その他の登記に関する法律の定めるところに従いその登記をしなければ，第三者に対抗することができない（177条）。

民法176条は，意思主義の規定といわれ，要するに，物権変動は，売買，贈与，交換その他の債権契約などの意思表示によって効力が発生し，物権変動のために，債権契約などの意思表示とは別個独立の物権行為が必要ではないし，また，対抗要件も必要でないとする。そして，民法177条は，物権変動は，当事者及び一般承継人以外の者，すなわち，第三者との関係では，登記がないと対抗できないとしている。この第三者については，判例・通説は，当事者及び一般承継人以外の者であれば誰でもよいという無制限説を採用せず，「登記の欠缺を主張するにつき正当な利益を有する第三者」である必要があるという制限説を採用している。すなわち，不法行為者は，正当な利益がないから，そのような第三者ではないが，物権変動の後に，当該不動産につき，売買，贈与，賃貸借などの法律行為をした者は，正当な利益があるから，そのような第三者であるとする。

3 対抗要件の訴訟上の配置

(1) 問題の提示

対抗要件について，訴訟上，請求原因，抗弁，再抗弁のいずれの場所にどのように配置することが合理的であるかという問題がある。

(2) 設例

次のような設例で，検討する。

Aが甲土地を所有していたが，Xは，平成26年1月1日，Aから甲土地を代金1000万円で買ったところ，Yが甲土地を占有していた。Yは，平成25

年1月1日，Aから甲土地につき，期間を20年間，地代を年5万円として地上権の設定を受けてその引渡しを受けていた。Xは，Yに対し，所有権に基づく返還請求権の行使として，甲土地の明渡しを求めた。

(3) 請求原因事実

設例の場合，Xは，請求原因事実として，「①Xが甲土地を所有していること，②Yが甲土地を占有していること」という2つの事実を主張する必要がある。このうち，①の事実は，Yがその事実について不知の認否をするときは，XY間において甲土地についてAが平成25年1月1日時点で所有していたことは争いがないから，「①―1 Aは平成25年1月1日時点で甲土地を所有していたこと」「①―2 Aが平成26年1月1日Xに対して甲土地を代金1000万円で売ったこと」という2つの事実を主張すべきことになる。

そして，「③Xが甲土地につき，所有権移転登記を経由していること」は，請求原因事実としては必要ない。なぜならば，対抗要件は，物権変動の効力発生要件ではなく，請求の相手方が「登記の欠缺を主張するにつき正当な利益を有する第三者」(以下「正当利益第三者」という。)である場合にのみ，その第三者に対して権利行使する際に具備することが必要になるものであって，請求の相手方が正当利益第三者であるという事実が請求原因に現れていない以上，対抗要件を主張する必要はないからである。

Yは，請求原因①―1の事実は認め，①―2の事実は不知と認否するのが普通である。

(4) 抗弁事実

設例の場合，Yは，占有権原の抗弁と対抗要件の抗弁を主張することが考えられる。

占有権原の抗弁には，「(a) Yは，平成25年1月1日，Aから甲土地につき，期間を20年間，地代を年5万円として地上権の設定を受けたこと，(b) Yは，Aから，上記地上権設定契約に基づき，甲土地の引渡しを受けたこと」という2つの事実が必要になる。

対抗要件の抗弁には，Yが正当利益第三者であることを基礎付ける事実が

必要であるから、上記(a)と同一の事実が必要となる。すなわち、「(ア)Yは、平成25年1月1日、Aから甲土地につき、期間を20年間、地代を年5万円として地上権の設定を受けたこと」という事実が必要になる。

問題の一つは、対抗要件の抗弁として、(ア)の事実のみでよいのか、それとも、「(イ)Yは、Xが所有権移転登記を具備するまで、Xの所有権取得を認めない。」という権利主張を必要とするか否かである。

後記4で検討するとおり、この主張の必要がないという説が、第三者抗弁説であり、この主張の必要があるという説が、権利抗弁説である。

問題のもう一つは、上記の第三者抗弁説とも、権利抗弁説とも異なり、Yが、抗弁において、(ア)の事実に加え、(イ)の主張に代えて「(ウ)Xは、甲土地について所有権移転登記を具備していない。」という事実が必要であるという説がある。

後記4で検討するとおり、これが事実抗弁説であり、この説の当否が問題となる。

しかし、対抗要件の不存在をXの所有権を争うYが主張すべきであるとする考え方は、権利の保護要件は特段の事情のない限り権利者が主張すべきであるという考え方に反するし、やはり、特段の法律上の十分な根拠がないにもかかわらず消極的事実についての主張立証責任を肯定するのは合理的ではないという考え方にも反するところであって採用できない。

(5) 再抗弁事実

第三者抗弁説及び権利抗弁説に立脚すると、設例の場合、Yの対抗要件の抗弁を受けて、Xは、再抗弁として、甲土地について所有権移転登記を具備したことを主張する必要がある。

結局、第三者抗弁説でも、権利抗弁説でも、Xが対抗要件を具備したことを主張する場所は、再抗弁ということになる。

これらをまとめると、対抗要件の存否は、次の表に記載のとおり、権利者が再抗弁においてその対抗要件の存在を主張すべきことになる。

表　対抗要件の存否についての主張の配置場所

	配置場所	実体法上の性質	判定	判定理由
1	請求原因	請求権の発生要件	×	対抗要件は、効力発生要件ではない。
2	抗弁	請求権の行使阻止要件	×	対抗要件は権利者が主張すべきである。
3	再抗弁	請求権の行使可能要件	○	被告が正当利益第三者であることを受けて、主張立証すれば足りる。

4　対抗要件についての通常の要件事実解釈

　対抗要件についての通常の要件事実解釈は、次の3説があるといわれている[45]。

(1)　第三者抗弁説

　第三者抗弁説は、物権変動の効果を争う者（設例でいえばY）が、抗弁において、その者が「登記の欠缺を主張するにつき正当な利益を有する第三者」、すなわち、正当利益第三者であることを基礎付ける事実（設例でいえば、抗弁の(ア)の事実）のみを主張すれば足りるとする。

(2)　権利抗弁説

　権利抗弁説は、物権変動の効果を争う者（設例でいえばY）が、抗弁において、その者が「登記の欠缺を主張するにつき正当な利益を有する第三者」、すなわち、正当利益第三者であることを基礎付ける事実（設例でいえば、抗弁の(ア)の事実）に加えて、「物権変動の効果を主張する者がこれに沿う登記を具備するまで、その権利取得を認めない。」という権利主張（設例でいえば、抗弁の(イ)の主張）が必要であるという。

(3)　事実抗弁説

　事実抗弁説は、物権変動の効果を争う者（設例でいえばY）が、抗弁において、その者が「登記の欠缺を主張するにつき正当な利益を有する第三者」、すなわち、正当利益第三者であることを基礎付ける事実（設例でいえば、抗弁の(ア)の事実）に加えて、「物権変動の効果を主張する者がこれに沿う登記を具備し

ていないこと」という消極的な事実（設例でいえば，抗弁の(ウ)の事実）の主張が必要であるという。

5　対抗要件の抗弁についての3説の評価

　第1に，事実抗弁説については，前記3の(4)で触れたとおり，物権変動の効果を争う者が対抗要件の不存在についての主張立証責任を負担するという説であるところ，この説は，権利の保護要件は特段の事情のない限り権利者が主張すべきであるという考え方に反するし，やはり，特段の法律上の十分な根拠がないにもかかわらず消極的事実についての主張立証責任を肯定するのは合理的ではないという考え方にも反するところであって採用できない。

　第2に，第三者抗弁説については，前記3の(4)で触れたとおり，物権変動の効果を争う者において自己が正当利益第三者であることを基礎付ける事実の主張のみをすれば足りるとする説であるところ，この説は，実体法上は，それが正当であろうが，訴訟上は，正当利益第三者であることを基礎付ける事実（設例では，3の(4)の(ア)の事実，すなわち，地上権設定契約の締結の事実）が，同時に，占有権原の抗弁を基礎付ける事実（設例では，3の(4)の(a)の事実，すなわち，地上権設定契約の締結の事実）ともなりうるため，請求権を争う者が，占有権原の抗弁のみを主張するのか，これに加えて，対抗要件の抗弁をも主張するのかが不明確となる。やはり，訴訟運営の合理性の観点からは，請求権を争う者が，対抗要件の抗弁を主張することを明確にすることを求めることが妥当であり，第三者抗弁説は，採用できない。

　第3に，権利抗弁説については，物権変動の効果を争う者において自己が正当利益第三者であることを基礎付ける事実の主張に加えて，「物権変動の効果を主張する者がこれに沿う登記を具備するまで，その権利取得を認めない。」という権利主張（設例でいえば，3の(4)の(イ)の事実）が必要であるという説であるところ，この説は，訴訟運営の観点から，合理的であるといえる。

　しかし，問題となるのは，このような権利主張が，要件事実の定義に合致するものか否かという事柄である。

6　要件事実の定義からの検討

　要件事実の標準的な定義は、「要件事実とは、一定の法律効果を発生させる法律要件に該当する具体的事実である。」というものである。

　対抗要件の抗弁について、権利抗弁説を採用した場合、物権変動の効果を争う者において主張すべき「物権変動の効果を主張する者がこれに沿う登記を具備するまで、その権利取得を認めない。」という権利主張は、上記の標準的な定義にはあてはまらない。

　それが、上記の標準的な定義にあてはまらない理由は、第1に、上記主張は、具体的事実の主張ではなく、権利を行使するという主張であり、第2に、具体的事実ではないがゆえに、証拠によって証明することができず、第3に、かえって、物権変動の効果を争う者が訴訟において主張すれば足りるものであって、証明の必要がないものであり、第4に、裁判所は当事者のいずれから主張されたものであっても裁判の基礎として採用することができるという主張共通の原則が働かず、物権変動の効果を争う者が主張しなければならないという要請が働き、第5に、訴訟外で主張したという事実があっても、無意味なものである。

　このような権利主張は、第2節の5で予め触れたとおり、「要件事実とは、民事訴訟において、一定の法律効果が発生するために必要かつ十分な事実又は主張である。」という権利主張包括定義を使用することで、要件事実の概念に含ませることができる。

　この権利主張は、上記にみたとおり、実体法上の要件ではなく、訴訟上の合理的な運営のために、当事者の訴訟運営にかかる意思の有無を明らかにするためのものである。

　これを「要件事実」という概念に含めるのか、あるいは、「要件事実とは異なるもの」という概念に含めるのか、という問題は、これまで明確な議論の対象となってこなかった。

　そして、要件事実の標準的な定義の下では、権利抗弁説は否定せざるをえないはずであるが、実務は、権利抗弁説が妥当であるとしてきたという議論の状況がある。

つまり，対抗要件の抗弁において，権利抗弁説と第三者抗弁説のいずれが妥当かという議論は，要件事実の概念整理を前提とし，要件事実の概念には，標準的な定義には包括されないものも含むとしたうえで，訴訟運営上の合理性の観点を明らかにすることで，解明される問題であるということになる。

要件事実の定義を，「要件事実とは，一定の法律効果を発生させる法律要件に該当する具体的事実である。」としている以上は，いわば，そういう論理空間にあっては，権利抗弁説と第三者抗弁説の当否を検討できないということになる。

結局，対抗要件の抗弁における権利抗弁説と第三者抗弁説の当否の問題は，要件事実の定義を標準的なものとする限りにおいて発生する仮象問題であり，権利主張包括定義を導入することによって，解決できる問題であるということになる。

第5節　主張立証責任の分離の有無についての問題

1　主張責任及び立証責任の定義

主張責任とは，民事訴訟において，一定の法律効果の発生に必要な事実（＝主要事実。現在の実務の多数説では，要件事実と同義である。）は，弁論に現れない限り（＝主張共通の原則が働くため，当事者のいずれから主張されてもよいが，いずれからも主張されない場合には），その事実があることを前提とする法律効果の発生が認められないという不利益又は危険をいう[46][47]。

立証責任とは，民事訴訟において，一定の法律効果の発生に必要な事実が，裁判所においてあるとの心証形成ができなかった場合（＝客観的にいえば真偽不明に終わった場合，＝立証する当事者からいえば立証ができなかった場合）に，その事実があることを前提とする法律効果の発生が認められないという不利益又は危険をいう[48][49]。

要するに，主張責任は，要件事実が，「弁論に現れないこと」により，一定の法律効果の発生が認められないという不利益又は危険であり，立証責任は，要件事実が，「裁判所において心証形成ができなかったこと」により，一定の

法律効果の発生が認められないという不利益又は危険であり，この言葉の意味は，「弁論に現れないこと」か，「裁判所において心証形成ができなかったこと」か，の違いはあれ，同一の内容である。

2 主張責任と立証責任との一致

主張責任と立証責任とを上記のとおりに定義する以上，その対象となる要件事実は，主張責任と立証責任との間で一致するのが，論理的である。

実務の多数説は，この見解を採用している[50]。

3 主張責任と立証責任とが一致しないこともあると指摘する説

しかし，主張責任と立証責任とが一致しないこともあるという説がある。

不一致が発生する根拠や範囲について論者によって必ずしも一致しないが，次のような例があるという[51]。

(1) 無権代理人の責任

民法117条によって，無権代理人の責任を追及する場合には，原告としては，被告が無権代理人として法律行為をしたことについて主張責任を負うが，その立証責任は負わず，被告が有権代理であることの立証責任を負う。

(2) 債務不履行による損害賠償請求

民法415条によって，債権者が債務者の債務不履行による損害賠償請求をする場合には，原告としては，被告に債務不履行があったことについて主張責任を負うが，その立証責任は負わず，被告が債務を履行したことの立証責任を負う。

(3) 請求異議の訴え

民事執行法35条によって，執行証書に基づく強制執行を許さない旨の請求異議の訴えを提起する場合には，原告は，異議事由である執行債権の不成立の主張責任を負うが，その立証責任は負わず，被告が執行債権の成立したことの立証責任を負う。

これらの例は，他にもあるが，以下では，論争が一番多かった上記(2)のうちの履行遅滞による遅延損害金支払請求権について検討する。

4 履行遅滞による遅延損害金支払請求権の問題

(1) 実務の考え方

ア 設例

履行遅滞による遅延損害金支払請求権についての実務の考え方を，次の設例によって説明する。

XがYに対し，平成26年1月1日に，弁済期を同月末日として無利息で100万円を貸し付けた。Yが弁済期を経過しても元金を支払わないので，Xは，元金及び遅延損害金の支払を請求した。その請求の趣旨は，「Yは，Xに対し，100万円及びこれに対する平成26年2月1日から支払済みまで年5分の割合による金員を支払え。」ということになる。そして，この場合の元金支払請求権の要件事実はさておき，遅延損害金支払請求権の要件事実(請求原因事実)は，次の①及び②のとおりであり，法的評価としてのまとめ，いわゆるよって書きは，③のとおりである。なお，よって書きにかかる主張は，原告がその請求を理由付ける法的根拠を明らかにする主張であるから，標準的な定義にかかる要件事実についての主張ではない。

① Xは，平成26年1月1日，Yに対し，弁済期を同月末日として100万円を貸し付けた。

② 平成26年1月末日は経過した。

③ よって，Xは，Yに対し，金銭消費貸借契約の不履行による損害賠償請求権に基づき，100万円に対する弁済期の翌日である平成26年2月1日から支払済みまで民法所定の年5分の割合による遅延損害金の支払を求める。

イ 補足説明

上記請求原因事実には，Yの債務不履行があった旨の事実の主張，より具体的にいえば，Yに履行遅滞があった旨の事実の主張は一切ない。

すなわち，Yが履行遅滞とならないための事実としては，例えば，(a)YがXに対して平成26年1月末日までに本件貸金債務100万円を支払ったこと

(弁済)，(b) Y が X に対して平成 26 年 1 月末日までに本件貸金債務 100 万円の弁済の提供をしたこと（弁済の提供），(c) Y が X に対して平成 26 年 1 月末日までに Y の X に対して有する反対債権 100 万円をもって相殺する旨の意思表示をしたこと（相殺），(d) X が平成 26 年 1 月末日までに本件貸金債権 100 万円を放棄したこと（債権放棄），(e) X の承諾の下，Y が X に対して本件貸金債務 100 万円の弁済に代えて Y 所有のロレックスの時計を給付したこと（代物弁済）など，無限に多様な事実がありうる。

　しかし，これらの具体的事実は，Y が抗弁において主張することができるものであって，X が請求原因においてそれら全ての事実の不存在を主張することができるものではない。

　したがって，実務における請求原因事実には，これらの事実がなかったことをまとめるものとして，「(あ) Y は，X に対し，平成 26 年 1 月末日までに本件貸金債務の履行をしなかった。」という主張は必要がないものとしている。この主張は，いうまでもなく，具体的事実の主張ではなく，上記の無限に多様な具体的事実がないという抽象的主張であり，証拠によって証明できないものである。そして，具体的事実でないものは，要件事実の標準的な定義からは，肯定できないし，履行遅滞による遅延損害金支払請求権の発生要件事実として，具体的事実以外のものが必要であるとする理由を見出すことができない。

　語りえないもの（証拠によって証明できないもの，債権者が具体的に主張できないもの）については沈黙すること（標準的な定義にかかる要件事実とはしないこと）が科学的態度である。

(2) 少数説の考え方
ア　前田達明教授の説

前田達明教授の説は，次のとおりである。

　a　民商法雑誌での見解

「債権者（原告）が「履行がない」という「要件事実」（民法第415条）について「主張責任」を負い（立証責任は負わない），債務者（被告）が「履行した」（弁済という抗弁事実）という「要件事実」（民法第3編債権第1章総則第5節債権ノ消滅

第1款弁済）について主張責任と立証責任を負う」[52]

　前田達明教授は，「履行がないこと」が要件事実であり，債権者は，その主張責任があるが，立証責任は負わず，債務者が「履行したこと」について立証責任を負うという。

　　b　判例タイムズ569号での見解

　『要件事実第1巻』には，履行遅滞に基づく損害賠償請求権の発生要件として，㋐履行が可能なこと，㋑履行期の定めがあること，㋒履行期が経過したこと，㋓履行期に履行がないこと，㋔履行しないことが債務者の責めに帰すべき事由によること，㋕履行しないことが違法であることという6つの要件が一応考えられるが，必要なものは，㋑及び㋒だけであり，他の点は，不必要であるという見解が示されている。

　これを踏まえて，次のようにいう。

　「民法415条の債務不履行に基づく損害賠償請求権は，本来的債務の消滅の有無とは無関係であり，債務者自身による債権侵害であって，民法709条の特別法に基づく法定債権であるとする者（実は，立法者もその立場であった。法典調査会議事速記録40巻157丁表）からいえば，弁済（の提供）が債務の消滅原因であっても，そのことが，前掲㋓を履行遅滞の要件ではないとする理由とはならない。すなわち，本来的債務の履行請求権（この場合は，弁済〈の提供〉などの債務消滅原因は，抗弁事由であることを私も通説とともに認める）とは別の，民法415条の定める「債務ノ本旨ニ従ヒタル履行ヲ為ササル」という要件に該当する要件事実の存在によって発生する法定損害賠償請求権なのである。それは措くとしても，民法415条においては，―民法709条と同じく―，損害の発生が要件の一つであることは明らかであるが（平井前掲書55頁），㋓を主張せずして，どのように損害を主張し得るであろうか」[53]

　　c　判例タイムズ640号での見解

　「民法415条に基づく損害賠償請求権の発生要件として「履行期に履行がないこと」は不要であるという理解も可能かもしれないが，私は，敢えて，議論を明確にするために，そのような見解は「およそ考えることができない」と申し上げたい。何故ならば，そもそも，民法415条は「本旨ニ従ヒタル履行ヲ為ササルトキ」に損害賠償請求権が発生すると定めているのであって，

これが，最も本質的要件であり，これを発生要件から除外してしまえば，行水の水を流して赤子をも流す類である。」[54]

イ　中野貞一郎教授の説

中野貞一郎教授の説は，次のとおりである。

「私見は，履行遅滞に基づく損害賠償請求における「履行期に履行がないこと」という要件事実の主張責任と証明責任を負う者が必ずしも一致しない，という結論において，前田教授の所説とほぼ一致する。何といっても，履行遅滞に基づく損害賠償を請求するのに，原告は履行遅滞の事実を主張しなくてよい，否，主張があっても判決の事実摘示には書かないのを適当とする，という「要件事実第1巻」の記述は，一般―法律家を含めて―の常識に反する。」[55]

「要件事実の主張責任と証明責任は一致するのが原則である。このことは当然の事理でしかない。」[56]

「しかし，それよりも注意されるべきは，「訴えの有理性」の要請から主張責任が証明責任の分配と必ずしも一致しない場合を生ずるということである。」[57]

「履行遅滞に基づく損害賠償請求の原告が不履行の事実を主張しなければならないのは，すでに述べたとおり，訴えの有理性の要請による。そこでは抽象的に，「履行期に履行がなかった」と主張すれば，それだけで足りる。それ以上に，いつ，どこで，いくらの金額，というような具体的事実を挙げて，それはなかったという必要はないし，そんな主張を尽くすことはできもしない。」[58]

ウ　松本博之教授の説

「履行遅滞による損害賠償請求の例では，履行がないことの証明困難が問題なのではなく，債務の履行結果を実現する義務を負う者が履行につき証明責任を負うべきであるという規範的な理由から債務の消滅原因は権利減却事由とされていることに，債務履行の証明責任が債務者に課せられる理由がある。そしてこの理由は履行遅滞による損害賠償請求の場合にも妥当する。ただし，損害賠償請求者が債務の履行がないことを主張しなければ損害賠償請求権の主張が成り立たないから，この点の主張責任が損害賠償請求者に残る

ことは先に述べたとおりである。」[59]

「司法研修所の要件事実論などは，主張責任の分配と証明責任の分配が例外なく一致すると主張する。これに対しては訴えの十分性（有理性）の観点から例外的に両者が食い違うことがあるとの批判がある。たとえば，債務の履行遅滞による損害賠償請求では，要件事実論は債務の履行遅滞の主張がなくても履行期の経過の主張だけで十分だとし，批判する学説は債務の履行の証明責任は損害賠償請求者にはないが，履行遅滞の主張責任は損害賠償請求者にあるとみる。実体法は履行遅滞を遅滞による損害賠償請求権の成立要件にしていることは間違いがないから，この事実の主張がなければ法律効果たる損害賠償請求権の発生を根拠づける事実の主張として，主張自体失当とならざるをえない（事実主張が十分でない）。それゆえ，いかに債務履行の事実の証明責任が債務者にあろうとも，主張自体は必要なのである。」[60]

(3) 少数説の論理の分析
ア 条文の規定の文言の重視

少数説の論理は，第1に，民法415条の規定の文言を重視することにあると推察される。

すなわち，民法415条は，「債務者がその債務の本旨に従った履行をしないときは，債権者は，これによって生じた損害の賠償を請求することができる。債務者の責めに帰すべき事由によって履行をすることができなくなったときも，同様とする。」と定めている。

確かに，民法415条は，「債務者がその債務の本旨に従った履行をしないとき」に，債権者は損害賠償請求権を取得する旨を規定している。

それゆえに，前田達明教授は，「履行をしないこと」が損害賠償請求権の発生のために必要な要件事実であり，本質的要件であるから，「履行しないこと」がなければ損害賠償請求権が発生しないという。

中野貞一郎教授が，「履行遅滞に基づく損害賠償請求の原告が不履行の事実を主張しなければならないのは，すでに述べたとおり，訴えの有理性の要請による」というのも，前田達明教授と同旨の考え方と推察される。

松本博之教授が，「実体法は履行遅滞を遅滞による損害賠償請求権の成立

要件にしていることは間違いがないから、この事実の主張がなければ法律効果たる損害賠償請求権の発生を根拠づける事実の主張として、主張自体失当とならざるをえない」というのも、前田達明教授と同旨の考え方と推察される。

イ　自然言語と法律の文言
　a　自然言語は必ずしも論理的ではないこと

法律は、自然言語で記述されている。

そして、自然言語は、必ずしも論理的ではない。

アキレスは亀に追いつくことができないという問題[61]、クレタ島の人は嘘つきであるというクレタ島の人の言明の問題[62]、卵が先かニワトリが先かという問題[63]、現在のフランス国王はハゲであるという言明の問題[64]、なぜ人を殺してはいけないのかという問に対する解答の困難性の問題[65]など、自然言語によって提示される問題には、それら固有の論理的な陥穽があるように思われる。

また、自然言語は、必要のない否定条件について必要であるかのような記述をすることがある。物の所有者がその占有者に対して所有権に基づく返還請求権を行使する場合の要件事実に関し、占有者において占有権原を有していないことが請求権の発生要件事実として請求原因事実となるものではなく、占有者において占有権原を有することが請求権の発生障害要件事実又は行使阻止要件事実として抗弁事実となる。この点は、現在では、実務において十分に理解されているが、かつては、所有権に基づく返還請求権は、所有者が占有権原なくして不法に占有する者に対して有する請求権であるという記述、説明の方が多かったし、今でも、要件事実に関する思考に慣れていない者にとっては、そのような説明の方が分かりやすいといえよう。

　b　時効消滅に関する記述

例えば、民法 167 条 1 項は、一般債権の時効消滅に関し、「債権は、十年間行使しないときは、消滅する。」と定めている。

しかし、一般債権が時効により消滅するための要件事実として、債権者が「行使しないこと」は、必要ではない。その要件事実は、① 債権が行使可能となったこと、② その時から 10 年が経過したこと、③ 債務者が消滅時効を援

用したことで十分であり、④債権者が債権を行使しなかったことは、要件事実とならない。そして、債権者が、その権利を行使したこと、すなわち、時効中断事由となる行為をしたことは、時効消滅の発生障害事由として、要件事実となる。

　c　法定解除権に関する記述

　民法541条は、法定解除権の行使に関し、「当事者の一方がその債務を履行しない場合において、相手方が相当の期間を定めてその履行の催告をし、その期間内に履行がないときは、相手方は、契約の解除をすることができる。」と定めている。

　この条文によれば、債務者がその債務を「履行しないこと」が法定解除権の発生要件事実であるかのように思われる。

　しかし、債務者がその債務を「履行しないこと」は法定解除権の発生要件事実とならない。債務者がその債務を「履行したこと」又は「履行の提供をしたこと」が、法定解除権の発生障害事由として、要件事実となる。

　d　期限の利益喪失約款の記述

　期限の利益喪失約款とは、分割金支払債務（金銭債務について、その総額を分割し、一定の期間内に、多数回にわたって、分割金を支払うものとする債務）につき、債務者が分割金の支払を怠ったなどの事由があった場合に、期限の利益を失い、残金全部について直ちに支払うものとする債権者と債務者との間の合意である。

　期限の利益喪失約款の文言は、通常、「債務者が分割金の支払を一回でも怠ったときは、債務者は、期限の利益を失い、残金を直ちに支払う。」との旨のものである。

　しかし、期限の利益が喪失するための要件事実として、債務者が分割金の「支払を怠ったこと」は、必要ではない。各分割金の弁済期が経過することが、期限の利益が喪失するための要件事実であり、債務者が分割金の支払をしたことが、期限の利益が喪失することを障害する事由として、要件事実となる[66]。

　e　まとめ

　自然言語は、必ずしも論理的ではない。

そこで，かつて，法的判断を記号論理学によって分析し，記述しようとする試みがされたことがある。その試みにかかる本の序章は，次の文章で始まる。

「言葉は，われわれの思考にとって，有用な不可欠な道具である。われわれは，言葉によって，抽象的一般的な観念を固定し，それを基礎として，さらに思考を行うことができる。また，われわれは，個別的具体的な諸命題を一般的抽象的な言葉を使って体系化することにより，それら相互間の矛盾に気づく。しかし，それと同時に，言葉は，われわれの思考をミスリードし，それをからまわりさせる危険な道具でもある。言葉の用い方に関する不充分な分析は，仮象問題あるいは不完全問題を発生させるし，また，多くの「形而上学的命題」を発生させ，無用の議論をまきおこす。」[67]

履行遅滞による遅延損害金支払請求権に必要な要件事実の分析のためには，まず，民法415条の規定が，文言どおりに解釈すべきものか否かについて論理的に検討することが必要である。アプリオリに，無条件に，民法415条の文言を是認してはならない。

そして，その検討の結果は，民法415条の規定の文言中の「履行しないとき」という言葉は，自然言語による記述としては相当であっても，要件事実の記述としては，適切ではなかったということになる。

ウ 要件事実が具体的事実であるということ

要件事実は，標準的な定義では，証拠によって証明可能な具体的な事実である。

「履行したこと」は，弁済，弁済提供その他の具体的な事実に還元できる。

しかし，「履行しなかったこと」は，具体的な事実に還元できない。

したがって，「履行しなかったこと」を要件事実とし，主張責任の対象事実とすることはできない。

エ 要件事実の論理的な整理からの検討

要件事実の標準的な定義は，「要件事実とは，一定の法律効果を発生させる法律要件に該当する具体的事実である。」というものである。

この定義は，「法律要件に該当する」という文言を含む。

そうすると，民法415条の「法律要件に該当する」ためには，「債務を履行

しないこと」が必要であるという解釈を可能とする余地がある。

しかし，論理的定義は，「要件事実とは，一定の法律効果を発生させるために必要かつ十分な具体的事実である。」というものであり，この定義からは，「法律要件に該当する」という文言が消去されているから，純粋に，即物的に，「一定の法律効果を発生させるために必要かつ十分な具体的事実」が何であり，何が必要であるかを吟味すれば足りる。

いうまでもなく，「履行しなかったこと」は，証拠によって証明可能な具体的事実ではない。

「履行したこと」に該当する事実は，設例でいえば，(a) Y が X に対して平成 26 年 1 月末日までに本件貸金債務 100 万円を支払ったこと（弁済），(b) Y が X に対して平成 26 年 1 月末日までに本件貸金債務 100 万円の弁済の提供をしたこと（弁済の提供），(c) Y が X に対して平成 26 年 1 月末日までに Y の X に対して有する反対債権 100 万円をもって相殺する旨の意思表示をしたこと（相殺），(d) X が平成 26 年 1 月末日までに本件貸金債権 100 万円を放棄したこと（債権放棄），(e) X の承諾の下，Y が X に対して本件貸金債務 100 万円の弁済に代えて Y 所有のロレックスの時計を給付したこと（代物弁済）など，無限に多様な事実がありうる。その事実は，債務者が，実際にあった事実を元にして，主張立証すれば足りる。

しかし，「履行しなかったこと」に該当する事実は，これらの無限に多様な事実がなかったということであるから，債権者が，主張することは不可能である。

5 まとめ

履行遅滞による遅延損害金支払請求権については，主張責任と立証責任が分離することはない。

これが分離するという考え方は，① 民法の条文の記述についての論理的な分析を経るという作業がなかったこと，② それゆえに，民法 415 条の文言に忠実に，「履行しないこと」を要件事実としてしまったこと，③ また，要件事実は，具体的事実であって抽象的事実でも類型的事実でもないことについて，十分な配慮がされていないことなどから発生したものと推察される。

第6節 まとめ

　要件事実という言葉は，多義的であり，標準的な定義は，「要件事実とは，一定の法律効果を発生させる法律要件に該当する具体的事実である。」というものであるが，この定義は，必ずしも論理的ではなく，誤解の発生する余地を含んだ定義である。

　要件事実の定義として，原初的な定義は，「要件事実とは法律要件に該当する（具体的）事実である。」というものであるが，この定義も，許容できるし，少数説の定義は，「要件事実とは，一定の法律効果を発生させる法律要件に該当する類型的事実である。」というものであるが，この定義も，実務で使用するのではなく，文献において記述し，あるいは，議論する際には，便利であって，許容できる。

　権利主張をも包含する要件事実の定義は，「要件事実とは，民事訴訟において，一定の法律効果が発生するために必要かつ十分な事実又は主張である。」というものであり，この定義は，対抗要件の抗弁について説明する際には適切な定義である。

　要件事実の標準的な定義は，論理的には，「要件事実とは，一定の法律効果を発生させるために必要かつ十分な具体的事実である。」としておくことが，問題の混迷を避ける趣旨から望ましい。

(1)　ここで，言葉とは，単語（word）の意味で使用し，言語（language）とは，単語と文法（syntax）とから成る一つのまとまった情報伝達体系の意味で使用する。

(2)　ここで，言葉が一義的ではなく多義的であるというのは，言葉が，一つの意味（meaning）しか有さないのではなく，複数の意味を有することをいう。

(3)　言葉の多義性についての哲学者と認知言語学者の共著になる最近の入門書として，野矢茂樹・西村義樹『言語学の教室 哲学者と学ぶ認知言語学』（中央公論新社・2013年）がある。同書の内容は多岐にわたるが，言葉の多義性については，次のような理解が示されている。すなわち，言葉の意味は，もともと，拡がりがあり，かつ，濃淡があって，言葉の「定義」は，言葉の「中心的な意味」を説明するものであるが，何を中心的な意味とするのかは，定義する人の主観的な判断が避けられないし，中心的な意味の周辺にある多様な意味を無視することは，誤りの原因となりうる。

(4)　例えば，「自由」という言葉は，政治的な意味と哲学的な意味とでは大きく異なるが，哲学的な意味でも，多義的である。テッド・ホンデリック（松田克進翻訳）『あなたは

自由ですか？』（法政大学出版局・1996年）は，哲学的な意味での自由という言葉の多義性を指摘している。
(5) H.L.A. ハート（矢崎光圀監訳）『法の概念』（みすず書房・1976年）
(6) 碧海純一『法哲学論集』（木鐸社・1981年）9頁は，「法哲学とは何か。この問に対する答は法哲学者の数だけある。」という。
(7) 自然言語とは，人の一定の社会集団において共有され，日常生活における生育の過程で，年長者から年少者へ伝承される言語であり，人造言語と対比される。日本語，英語，中国語などすべて自然言語である。人造言語としては，エスペラント語のようなもののほか，コンピュータ言語としての機械語がある。
(8) 一般に，言語には，情報（知識，感情，意志）の伝達，認識の枠組みの提供，思考の補助手段，文化の伝承，社会の統制（統合）などの役割があるといわれている。
(9) 小学館発行の『日本国語大辞典』の収録語数は，約45万語，岩波書店発行の『広辞苑』が約24万語，三省堂発行の『大辞林』が約24万語である。
(10) 碧海純一『法と言語』（日本評論社・1965年）77頁，碧海純一「法と言語」林大・碧海純一編『法と日本語』（有斐閣新書・1981年）19頁
(11) 厳密にいえば，民法の改正によって，すなわち，具体的には，一般社団法人及び一般財団法人に関する法律の成立などに伴って法人に関する38条から84条までが削除される一方で，根抵当権に関するものとして398条の2から22まで，貸金等根保証契約に関するものとして465条の2から5まで，特別養子縁組に関するものとして817条の2から11までなどの枝番の付された条文が追加されるなどして，現在では，正確には1044条というわけではない。
(12) 例えば，具体的な事件について訴状，答弁書，準備書面を起案する際，あるいは，具体的な事件をめぐって裁判官，弁護士間で議論する際に使用する「要件事実」（いわば，実務的な使用に係る要件事実）と，法科大学院において民事系教官が学生に対して講義したり，教官間で議論したりする際に使用する「要件事実」（いわば，研究教育的な使用に係る要件事実）とは，意味が違う，少なくとも，具体性の程度が異なる。実務的な使用に係る要件事実は，現存する証拠によって証明可能な具体的事実（例えば，原告が提出した甲第1号証の売買契約書に記載されているとおり，原告と被告との間で，原告が被告に対して平成25年1月1日に所在・地番・地目・地積によって特定できるある不動産を代金1000万円で売る旨の契約を締結したという事実）であり，研究教育的な使用に係る要件事実は，現存する証拠によって証明可能であることを念頭に置かず，民法の条文が定める法律要件に該当しうる類型的事実（例えば，ある人Aが別の人Bに対し，ある不動産甲を一定の代金αで売るという意思表示をし，Bがこれを承諾するという事実）である。しかし，実務家同士の間では，「要件事実」という言葉の意味の違いを意識しないで，状況において，使い分けているところがある。
(13) 要件事実の定義について，実務家の間で意見の分かれる基本的なところは，要件事実が「具体的事実」（通説）であるのか，「類型的事実」（少数説）であるのかという点である。
(14) 一般に，実務家は，要件事実の中身について，できる限り「事実」に限定しようとする傾向があるが，研究者は，要件事実の中身について，「評価」又は「法的評価」をも取り込む傾向があるように窺われる。これが，主張責任と立証責任との分離を認めるか否かの議論にもつながるように思われる。
(15) 例えば，売買契約に基づく代金支払請求権を問題とする場合の要件事実と，対抗要件を問題とする場合の要件事実は，同一であろうか。本稿の目的の一つは，その違い

第 6 節　まとめ　59

を明らかにすることにある。
⒃　例えば、売買契約に基づく代金支払請求権を問題とする場合であっても、これを、法科大学院で議論するときと、実際の訴訟で立証対象を詰めるときとでは、具体性の程度や間接事実についての配慮が、大きく異なる。本稿の目的の一つは、要件事実を類型的事実とする定義も、具体的事実とする定義も、いずれも、要件事実を問題とする状況において、妥当でありうるということを確認することにある。
⒄　ハンス・ライヘンバッハ（市井三郎翻訳）『科学哲学の形成』（みすず書房・1985 年）1 頁
⒅　ルードヴィッヒ・ウィトゲンシュタイン（藤本隆志・坂井秀寿翻訳）『論理哲学論考』（法政大学出版局・1968 年）200 頁
⒆　碧海前掲『法と言語』169 頁
⒇　伊藤滋夫『要件事実の基礎』（有斐閣・2000 年）114 頁 11 行目
㉑　大江忠「攻撃防御方法としての要件事実」『民事要件事実講座　1　総論 1』（青林書院・2005 年）230 頁
㉒　『設例 15 題』改訂版 6 頁、『設例 13 題』5 頁
㉓　我妻榮『新訂民法総則』（岩波書店・1965 年）231 頁
㉔　『法律学小辞典第 4 版補訂版』（有斐閣・2008 年）1111 頁
㉕　要件事実の実体法上の性質には 4 つのものがあるとする通説の見解である。なお、私見は、その性質には、通説の 4 つのものに加えて、「行使可能」という性質のものがあり、合計 5 つのものがあるというものである。私見の内容については、第 3、4 章を参照されたい。
㉖　この点が次節の検討課題となる。
㉗　兼子一『民事訴訟法体系』増訂版（酒井書店・1965 年）［225］は、「権利の発生消滅という法律効果の判断に、直接必要な要件事実（又は主要事実）」と記述し、要件事実と主要事実が同一の意味を有するとしている。
㉘　いわゆる「権利自白」を認めることになる。『設例 15 題』改訂版 61 頁、『設例 13 題』60 頁など。これを否定する見解は見当たらない。
㉙　伊藤前掲『要件事実の基礎』14 頁 11、12 行目
㉚　同書 16 頁 8、9 行目
㉛　同書 26 頁末行
㉜　同書 59 頁 6、7 行目
㉝　同書 113 頁 3 行目、115 頁 11 行目
㉞　山木戸克己『民事訴訟法論集』（有斐閣・1990 年）49 頁以下、倉田卓次『民事実務と証明論』（日本評論社・1987 年）128 頁、218 頁、並木茂『要件事実原論』（悠々社・2003 年）67 頁など
㉟　山木戸前掲『民事訴訟法論集』49 頁以下
㊱　要件事実の標準的な定義では、過失や正当事由を「規範的要件」といい、「規範的要件事実」とはいわないが、山木戸前掲『民事訴訟法論集』49 頁は、過失や正当事由を「規範的要件」とはいわずに、「規範的要件事実」という。これは、要件事実の標準的定義では、要件事実が具体的事実であるところ、過失や正当事由は具体的事実ではないから、これを「規範的要件」ということはできても、「規範的要件事実」ということはできないことになる。他方、山木戸克己教授は、要件事実を類型的事実であるとするから、過失や正当事由も規範的な性質が強いが類型的事実の一つであるとして「規範的要件事実」というべきことになる。

⑶⑺　碧海純一『法哲学概論』全訂第1版（弘文堂・1973年）58頁は，定義について，次のようにいう。「第一に，定義というものは，すでに明らかなように，厳密には真理値をもちえない文だから，相対立する諸定義のうちのどれかひとつが「真」で，他が「偽」だということを証明することは，原理的に，できない。それに，純粋に学術用語として（すなわち，科学的認識のための道具として）意図された定義のばあいには，その認識手段としての有効性の見地から，その「適否」あるいは「当否」を相対的に判定することはある程度できる」。定義についての考え方は，難しい問題がある。「定義の定義」，「意味の意味」などは，分かっているようで分からないところがあり，一冊の書物になりうる問題である。これらの根源的な問題はさておき，碧海純一教授の上記指摘をここでの問題にあてはめてみれば，要件事実という言葉の指し示すものが実験観察の対象となりうる実体を有するものではなく法的問題を整理するための技術的なものであるから，要件事実の定義は，その定義を採用することによってどのような領域又は場面においてどの程度に有効であるのかという見地から，その適否あるいは当否を相対的に判定することができるということになる。

⑶⑻　「一定の法律効果を発生させるために」「必要かつ十分な」という部分は，評価が必要なものである。しかし，「一定の法律効果を発生させる」「法律要件に該当する」という評価よりも，より少ない評価で足りることになる。

⑶⑼　清水哲郎『オッカムの言語哲学』（勁草書房・1990年）52頁は，いわゆる「オッカムの剃刀」といわれるオッカムの次の文を引用している。「より少ないものによって生起し得る物事が，より多いものによって生じるのは無駄だ。」この命題は，より少ない要素から説明できる事柄を，必要以上に他の要素を付加して説明することは無駄だということであり，ある言葉の定義をしようとするとき，不必要な言葉を付加することが無駄だと主張している。この命題は，判決の起案をする裁判官にとっては，心すべき命題である。なお，オッカムのウィリアム（1280年～1285年生，1349年死）は，1280年代の前半，ロンドン近郊サリーのオッカムに生まれたと推定される。若くしてフランシスコ会士となり，やがてオックスフォード大学に学び，1320年前後にはペトルス・ロンバルドゥス『命題集』の注解講義を行っている。その後，論理学・自然学の研究に向かった。（同書1頁の紹介文より）

⑷⑽　碧海前掲『法哲学概論』65頁は，学術用語の定義に際して遵守すべき重要な準則として「定義においてはコントロヴァーシャルな性質は除外すべし」という。「法律要件に該当する」という言葉のうちの「該当する」という言葉は，評価判断の必要な言葉であり，これは「必要かつ十分な」という即物的な言葉（これも，評価判断が必要ではあるが，最終的には，具体的事実の群に還元される。）とするのが相当である。

⑷⑴　また，論理的な定義は，第2章で論ずる「合理的規範説」とも親和的な定義である。すなわち，合意が拘束力を有する根拠はその合意が法律の規定を含む合理的規範に適合することにあるという合理的規範説は，権利の発生のために，その合理的規範に適合するために必要かつ十分な具体的事実があることを要求するが，権利の発生のために法律要件に適合する具体的事実があることを要求するものではない。

⑷⑵　前掲『法律学小辞典第4版補訂版』781頁

⑷⑶　我妻榮『新訂債権総論』（岩波書店・1964年）559頁

⑷⑷　譲渡禁止特約は，条文上は，「善意」の第三者に対抗できないと規定されているが，判例上は，債務者が「悪意又は重過失」の第三者に対抗できるという解釈が採用されている。最高裁昭和48年7月19日第1小法廷判決・民集27巻7号823頁

⑷⑸　『要件事実第1巻』247頁以下，『設例15題』改訂版79頁以下，『設例13題』74頁

以下など
⑷⑹ 『要件事実第 1 巻』11 頁,『設例 15 題』改訂版 9 頁,『設例 13 題』7 頁など
⑷⑺ 兼子前掲『民事訴訟法体系』[225] は,「権利の発生消滅という法律効果の判断に,直接必要な要件事実(又は主要事実)は,必ず当事者の弁論に現れない限り,裁判所はこれを事案の解決のための判決の基礎として採用できない。」「その事実が弁論に現れないために,判決において自己に有利な法律効果が認められず,又は自己に不利益な法律効果が認められる結果となる当事者の不利益を主張責任という。」と記述しているが,これは,本稿の説明と同旨をいうものである。
⑷⑻ 『要件事実第 1 巻』5 頁,『設例 15 題』改訂版 7 頁,『設例 13 題』7 頁など
⑷⑼ 兼子前掲『民事訴訟法体系』[280] は,「挙証責任とは,訴訟上裁判所がある事実の存否何れにも確定できない結果,判決において,自分に有利な法律効果の発生又は不発生が認められないことになる当事者の一方の危険又は不利益である。」と記述しているが,これも,本稿の説明と同旨をいうものである。
⑸⑴ 『要件事実第 1 巻』20 頁以下,『設例 15 題』改訂版 9 頁,『設例 13 題』8 頁など
⑸⑴ 中野貞一郎「要件事実の主張責任と証明責任」法学教室 282 号(有斐閣・2004 年 3 月号)38 頁
⑸⑵ 前田達明「主張責任と立証責任について」民商法雑誌 129 巻 6 号(有斐閣・2004 年 3 月号)795 頁
⑸⑶ 前田達明「主張責任と立証責任」判例タイムズ 596 号(1986 年 7 月)2 頁
⑸⑷ 前田達明「続・主張責任と立証責任」判例タイムズ 640 号(1989 年 6 月)69 頁
⑸⑸ 中野貞一郎「主張責任と証明責任」判例タイムズ 668 号(1988 年 8 月)5 頁
⑸⑹ 同頁
⑸⑺ 同頁
⑸⑻ 同書 6 頁
⑸⑼ 松本博之「要件事実と法学教育(1)」自由と正義 54 巻 12 号(日弁連・2003 年 12 月号)109~110 頁
⑹⑴ 同書 110~111 頁
⑹⑴ 古代ギリシャの哲学者ゼノン(紀元前 490 年ころ~430 年ころ)の考えたパラドックスといわれている。
⑹⑵ 古代ギリシャの哲学者エピメニデス(生没年不詳:紀元前 600 年ころ)の考えたパラドックスといわれている。
⑹⑶ 最初に問題を提示した者については,よく分からない。進化論の観点からは,卵が先のように思えるが,そうではないという最近の生物学者の研究報告もあるようである。
⑹⑷ イギリスの哲学者バートランド・ラッセル(1872 年~1970 年)が論理学的解析の例として提示した問題である。
⑹⑸ 当時 14 歳の中学生が 1997 年に犯した神戸連続児童殺傷事件,別名「酒鬼薔薇聖斗事件」がきっかけとなり,同年秋ころから,ノーベル賞受賞作家大江健三郎,哲学者永井均,思想家吉本隆明,評論家小浜逸郎,元神戸女学院大学教授・現代フランス思想研究者内田樹など多くの分野の人たちによって論じられている問題である。
⑹⑹ 拙稿「要件事実原論ノート」白山法学第 5 号(東洋大学法科大学院・2009 年)27 頁以下,拙稿「法律の規定と同一の内容の合意又は意思表示と要件事実」笠原俊宏編集『日本法の論点第 3 巻』(文眞堂・2013 年)57 頁以下
⑹⑺ 太田知行『当事者間における所有権の移転』(勁草書房・1963 年)1 頁

第2章　契約の拘束力の根拠について

第1節　はじめに

「契約の拘束力の根拠は何か。」という問題[1][2]（以下「本問題」という。）がある。

本問題は、「契約に基づいて権利（請求権）が発生する根拠は何か。」という問題と同趣旨のものとされる[3][4][5]。

そして、要件事実論[6]においては、ある人（訴訟でいえば原告）が他の人（訴訟でいえば被告）に対して契約に基づく請求をする場合に、請求権の発生行使を可能とする具体的な事実（訴訟でいえば、訴状に記載すべき請求を理由づけるものとしての請求原因事実[7]）として何が必要かつ十分であるかが問題とされ、その基準として、大枠でいえば、法律か合意かという議論があり、これに対応して、法規説と合意説とがある。

法規説とは、「契約の拘束力の根拠も、契約に基づいて権利が発生する根拠も、法律である。」という説であり、合意説とは、「契約の拘束力の根拠も、契約に基づいて権利が発生する根拠も、法律の有無にかかわらない合意である。つまり、契約自由の原則に基づく意思表示（あるいは、私的自治の原則又は自己決定権に基づく意思表示）が、契約当事者を拘束し、契約当事者間に権利義務関係が発生する根拠である。」という説である[8]。

しかし、結論的にいえば、上記法規説も、合意説も、本問題に対する適切な解とはいえない。そして、その適切な解は、後記第4節で述べるところの、合理的規範説とでもいうべきものである。

合理的規範説とは、要約すると、「契約の拘束力の根拠も、契約に基づいて権利が発生する根拠も、その契約が合理的規範の定める要件を充足することにある。」という考え方であり、これを多少詳しく説明すると、「契約の拘束

力も,契約に基づく権利の発生も,その契約が法律の規定する要件を充足する場合のほか,法律の規定する要件を充足しないときであっても合理的規範の定める要件を充足する場合にも認められる。法律の規定は合理的規範の一つであるといえる。しかし,法律の規定のみが合理的規範であるというものではなく,法律の規定していない合理的規範(例えば,ファイナンス・リース契約[9],諾成的代物弁済契約[10],諾成的消費貸借契約[11])も,実在する。法律の規定ではないが権利の発生を肯定できる合理的規範の種類・内容は,民事実体法の解釈の課題であり,有権的には裁判所の判断によって明らかにされる。したがって,裁判所において,その契約が合理的規範の定める要件を充足すると判断できるときは,その契約には拘束力があるし,その契約に基づいて権利が発生するといえる。」という説である。

本章では,法規説,合意説の批判的な検討とともに,合理的規範説を提示することを課題とする。

第2節　検討のための事前準備作業

本問題は,「契約の拘束力の根拠は何か。」という問題であり,その文言自体からも,簡単に解を得ることが困難な問題であることが窺われる。例えば,「弁論主義の根拠は何か。」という問題も,一見して簡単に解を得ることが困難な問題である[12]。

そこで,第1に,この疑問文の一般的な性質及びその解の示し方に関する一般的な法則について検討をすることとしよう。

第2に,拘束力という言葉は,多義的な言葉であり,本問題の適切な解を得るためには,この意味の確定が必要不可欠であるから,この意味の検討をすることとしよう。

第3に,根拠の説明の仕方にも多様なものがあるから,この説明の観点についても,検討することとしよう。

本節では,以上の3点について,検討することとする。

1 根拠探求型疑問文における根拠説明言明に関する一般法則の観点からの検討

(1) 根拠探求型疑問文と根拠説明言明

ア 定義

「Aの根拠は何か。」という疑問文がある。これを根拠探求型疑問文ということにしよう。

そして、根拠探求型疑問文に対する解として、「Aの根拠はBである。」という言明がある。これを根拠説明言明ということにしよう。

イ 根拠探求型疑問文

根拠探求型疑問文は、日常的にしばしば使用される疑問文である。それは、人が日常生活をする上で自然に生まれうる思考であり、かつ、その表現である。例えば、「東京が日本の首都とされる根拠は何か。」、「今後日本の株価の低下が予想される根拠は何か。」、「エルニーニョ現象があると異常気象が多発するという根拠は何か。」、「弁論主義の根拠は何か。」などいくらでも、この種の根拠探求型疑問文はある。

しかし、根拠探求型疑問文は、適切な解の得られるもの[13]もあるが、しばしば、解の得られないもの[14]、あるいは、主観的な解が得られても客観的な解が得られないもの[15]もある。そして、根拠探求型疑問文のある種のものは、客観的な解の得られるものではなく、論者の価値判断に依存する解しか得られないが、その価値判断について多数者の賛同を得られる場合には、その価値判断に依存した解が一応適切であるとされることもあろう[16]。

したがって、根拠探求型疑問文については、解の得られないものか、解の得られるものか、解の得られるものとしても客観的な解の得られるものか、などの見極めが必要である。

ウ 根拠説明言明

根拠説明言明は、しばしば、適切でないものが多い。本問題についての法規説及び合意説も、適切なものではない。その理由は、第3節で詳述するとして、ここでは、根拠説明言明に関する一般法則の観点から、法規説及び合意説が不適切であると直感的に予測されること[17]を確認する。

(2) 根拠説明言明に関する一般法則

「Aの根拠はBである。」という根拠説明言明は，しばしば，(a)Bが単純で具体的な文言である場合には，その説明が適切でなく，(b)Bが抽象的な文言である場合には，その説明は適切ではありうるが，意味が不明確であるという一般法則が成立する[18]。

この一般法則を前提として，本問題についてみると，「契約の拘束力の根拠は，法律である。」，又は，「契約の拘束力の根拠は，合意である。」という根拠説明言明は，いずれも，上記(a)に該当するものとして適切ではないとされることが直感的に予測される。そして，「契約の拘束力の根拠は，合理的規範に適合することである。」という根拠説明言明は，上記(b)に該当するものとして，その説明は適切ではありうるが，意味が不明確であるとされることが直感的に予測される。

(3) 一般法則の成立の理由についての言葉による説明

複雑な事柄を単純で具体的な言葉によって説明することはできない[19]。しかし，抽象的な言葉によって一応の説明をすることはできる[20]。ただし，その抽象的な言葉は，意味が不明確である。

これを複雑な事象の根拠の説明について適用すると，次のとおりである。

複雑な事象の根拠を説明する場合に，具体的な事象を表現する単純な言葉によってすることはできない。また，複雑な事象の根拠を説明する場合に，抽象的な事象を表現する単純な言葉によってすることができることもあるが，その言葉は，それ自体では，意味が不明確である。

しかし，この説明は，分かりにくい。

そこで，以下において，これを，図によって説明することにする。

(4) 一般法則の成立の理由についての図による説明

図1において，Aという図形を説明する場合に，「Aは，丸である。」，あるいは，「Aは四角である。」と説明すると，いずれも，Aの形のイメージを思い浮かべることはできるが，厳密には，適切な説明であるとはいえない。Aの形は，厳密には，「丸」でも「四角」でもないからである。そして，「Aは，

第 2 節　検討のための事前準備作業　　67

図 1

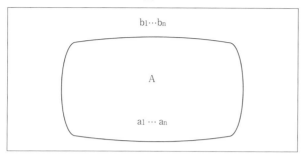

図 2

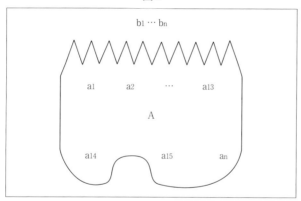

曲線によって囲まれた図形である。」と説明すると，その説明は適切ではあるが，A の形のイメージを思い浮かべることはできない。「曲線で囲まれた図形」という言葉は，「丸」や「四角」のように具体的な形をイメージさせるものではない，抽象的な表現だからである。

　図 2 において，A という図形を説明する場合に，「A は，丸である。」という説明は，いかにも無理があり，「A は四角である。」と説明すると，A の形のイメージを思い浮かべることはできるが，到底，適切な説明であるとはいえない。そして，「A は，直線と曲線とによって囲まれた図形である。」と説明すると，その説明は適切ではあるが，A の形のイメージを思い浮かべることはできない。

これらの図の説明によって分かることは、複雑な図形を説明する場合に、具体的で単純な言葉（丸とか四角）によってすることはできないし、また、抽象的で単純な言葉（直線と曲線とによって囲まれた図形）によってすることができることもあるが、その言葉は、それ自体では、意味が不明確であるということになる。

複雑な事象の根拠を説明する場合も、同様である。

なお、契約の拘束力は、単純な事象ではなく、複雑な事象である[21]。

図2は、拘束力を有する契約の元（要素＝element）をaとし、その集合をAとした場合に、法律の規定する要件を充足するもの（13種類の典型契約に該当するもの）をa_1からa_{13}までとし、法律の規定する要件を充足しないものの拘束力を認めてよいもの（典型契約に該当しないもの）をa_{14}からa_nまでと表記しているものであり、このような集合Aを単純な言葉で表現することはできない。

本問題にあてはめれば、「契約の拘束力の根拠は、法律である。」、又は、「契約の拘束力の根拠は、合意である。」という根拠説明言明は、いずれも、適切ではないとされることが直感的に予測され、そして、「契約の拘束力の根拠は、合理的規範に適合することである。」という根拠説明言明は、その説明は適切ではありうるが、意味が不明確であるとされることが直感的に予測される。

(5) まとめ

根拠探求型疑問文に対する解としての根拠説明言明は、求められる問題が複雑な事象についてのものであれば、その解は、自ずから、複雑なものにならざるをえない。

本問題にあてはめれば、一応の解として適切なものとするためには、具体的な文言（法律、合意）とすることはできず、抽象的な文言（合理的規範に適合すること）にせざるをえない。しかし、抽象的な文言は、不明確であるから、その詳細な説明が必要となる。

2　契約の拘束力に関する3つの意味

(1) 拘束力の意味

本問題は、「契約の拘束力の根拠は何か。」という表現形式をとる。

この問題文のうちの「拘束力」という言葉は，もともと，法律用語というよりは日常用語であり，法律上の意味が明確に限定されておらず，多義的である。

　実際には，「拘束力」という言葉は，次のような3つの意味で使用されている。

　第1には，「契約は守らなければならないこと」・「Pacta sunt servanda」の一般的な意味であり[22]，後記第3の意味が積極的側面であるとすれば，これに対する意味では消極的側面であり，すなわち，「契約を締結した当事者が，一方的に，理由なく，契約を取り消したり，解除したり，変更したりできないこと」という意味である[23]。

　第2には，「契約の内容を構成するすべての条項が有効であること」という意味であり，逆にいえば，契約の拘束力が否定されるというのは，「契約の内容を構成する一部の条項が無効であるとされること」を意味する。これは，いわゆる約款などの一部が拘束力を持たないという問題として議論されている[24]。

　第3には，「契約は守らなければならないこと」の具体的な意味であり，かつ，積極的側面であり，「契約の締結によって，(a)契約当事者間に権利義務関係が発生し，(b)当事者の一方は，相手方に対して契約に基づく権利を主張でき，義務の履行を請求できること」という意味である。そして，この意味からは，さらに，訴訟における意味として，「(c)権利の発生行使のために必要かつ十分な具体的事実，ひいては，訴状に記載すべきところの請求を理由づける請求原因事実として必要かつ十分な具体的事実」が問題となり，これに対する解として，法律の規定する要件を充足する事実であるとする説（法規説），合意であるとする説（合意説），法律の規定を含む合理的規範の要件を充足する事実であるとする説（合理的規範説）などがあることになる。

(2)　本問題における拘束力の意味

　本問題における「契約の拘束力」は，上記(1)の第1及び第2の意味ではなく，第3の意味で使用される[25]。

　もちろん，契約の拘束力についての上記(1)の第1の意味は，「契約は守ら

なければならないこと」の一般的な意味であり，かつ，消極的側面であり，同第3の意味は，「契約は守らなければならないこと」の具体的な意味であり，かつ，積極的側面であり，この両者を分断して理解することに問題がないわけではない。

しかし，契約の拘束力の根拠は何かと問うときに，その視点が，同第1の意味を念頭においているのか，同第3の意味を念頭においているのかによって，議論の進め方が異なりうるし，現に，そのような相違があらわれている。

そして，同第1の意味を念頭におく場合には，その議論は，法律論として観念的になるか，社会学的なあるいは心理学的な装いをしながらもやはり観念的になる可能性が高い[26]。

例えば，拘束力の根拠・根源は，①ユダヤ民族においては，神に対する従順を示すためであるし（宗教社会学的な説明），②近代初期の自然法学では，国民相互の社会契約にあるし（非実定法学である自然法学からの説明），③契約主体に根拠を求める考え方としては，人の共感にあるし（心理学的な説明），④身分制封建社会の崩壊と資本制生産様式の発展によるところの，自由な意思に基づく合意にある（社会経済学的な説明）などという説明がある[27]。これらの説明は，学問的に興味深いところがあるが，実務的な観点から訴状に記載すべきところの請求を理由づける請求原因事実として必要かつ十分な具体的事実を明らかにすることを目的とするものではない。

これに対し，同第3の意味を念頭におく場合には，とりわけ，「(c)権利の発生行使のために必要かつ十分な具体的事実，ひいては，訴状に記載すべきところの請求を理由づける請求原因事実として必要かつ十分な具体的事実」について検討する場合には，その議論は，法律論として実証的なものとなりうるし，実務的に有用なものとなりうる。

したがって，本章にあっては，契約の拘束力については，同第3の意味で使用することになることを確認しておきたい。

3　契約の拘束力に関する説明の視点

要件事実論ではない領域，例えば，英米法の領域においては，契約の拘束力の一般的な意味に関する根拠が問題とされ，その領域では，意思説，取引

説，等価説，信頼説などがあるといわれている[28][29][30]。

しかし，このような説は，上記2の(1)の第1の意味での契約の拘束力を説明するためのものと考えられる。

すなわち，「契約は守らなければならないこと」という原則に関する契約の拘束力の一般的な意味を説明するための説であると考えられる。また，仮に，上記2の(1)の第3の意味での契約の拘束力に関する具体的な意味を説明するための説であるとしても，これらの説が，訴状に記載すべき請求原因事実として何が必要かつ十分であるかについてまで言及するものではないようである。

要件事実論における「契約の拘束力の根拠は何か。」という問題は，具体的には，訴状に記載すべき請求原因事実として何が必要かつ十分であるのかという課題について適切な解を導くための基本的な考え方（枠組み）を示すことを念頭においているものであり，一般的な権利発生の根拠を問題とするものではない。

したがって，本章の課題も，要件事実論における契約の拘束力の根拠を示すこと，すなわち，具体的には，訴状に記載すべき請求原因事実として何が必要かつ十分であるのかという課題についての適切な解を導くための考え方を示す視点から，検討されることになる。

第3節　法規説，合意説その他の説の概要と検討

1　法規説

(1)　見解
ア　基本
法規説とは，契約の拘束力の根拠も，契約に基づいて権利が発生する根拠も，法律であるという説である。

イ　『30講』第3版における説明
『30講』第3版100頁，101頁には，次のとおりの説明がある。ただし，(a)及び(b)の区分及び表題は，筆者による。

(a) 問題の提示

「権利の発生根拠に関する法規説と合意説の対立は，たとえば，ある法律効果（権利）の発生が一定の類型的な契約に基づく場合，この法律効果の発生を主張するには，その契約が民法等の実体法が定める契約類型（典型契約）に該当することを示す具体的事実，言い換えると，民法が定める契約類型の契約成立要件に当たる具体的事実をすべて主張立証しなければならないと考えるかどうかに現れる。」

(b) 法規説

「現在の民事裁判実務では，法規説が採用されている。民法が成文法として制定されている以上，法律行為について，「法律の規定なしに法律効果が生ずるという自然法原理のようなものは認めることができない」（我妻I 242頁）と解されるからである。契約の拘束力の思想的な根拠が合意にあり，契約の成立には合意が必要であるとしても，権利の発生根拠・契約の拘束力の根拠は法律にあると考えるべきである。また，合意説では，典型契約以外の無名契約[31]が認められることの説明が容易であるとされるが，法規説の立場に立っても，民法91条により，無名契約も法律に根拠を有するものとして肯定することができ，権利の発生根拠が法律であるとする考え方と整合しないわけではないとされるのが一般である。」

ウ　我妻榮『新訂　民法総則』における説明

上記問題を解説する際に引用される我妻榮『新訂　民法総則』（岩波書店・1965年）242頁は，次のとおり，記述している。ただし，(a)から(d)までの区分及び表題は，筆者による。

『30講』第3版における法規説は，下記の(b)及び(c)を法規説が妥当であることの理由として援用しているといえる。

しかし，我妻榮教授は，下記の(a)から(c)までの記述によれば，法規説を採用しているかのように思われるが，下記の(d)の記述によれば，合意説を採用しているかのようにも思われ，結局，その見解は明示されていないとみるのが公平であろう。

(a) 問題の提示

「意思表示または法律行為が法律効果を生ずる根拠は，法律であるか，それ

第 3 節 法規説，合意説その他の説の概要と検討　73

とも意思であるか，問題とされる。」

　(b)　自然法原理のようなものの否定

「しかし，法律の規定なしに法律効果を生ずるという自然法原理のようなものは，認めることはできない。法律の規定なしに権利能力者なるものがないのと同様である。」

　(c)　結論及び民法 91 条の指摘

「この意味において，法律行為の効果の根拠は法律の規定である（直接には民法 91 条がこれを規定する）。」

　(d)　当事者の意思についての言及

「ただ，法律が法律行為に効果を認めるのは，行為者の意欲に従って効果を生じさせること（私的自治を達成させること）が妥当だと考えるからである。この意味では，当事者の意思が法律効果の根拠だといってもよい。」

　エ　『考え方と実務』第 3 版における説明

『考え方と実務』第 3 版 20 頁以下には，次のとおりの説明がある。ただし，(a) から (d) までの区分及び表題は，筆者による。

　(a)　法規説と合意説の提示

「請求権は，当事者の合意に基づいて直接発生するという考え方である（合意説）。」

「請求権の発生根拠は，法であるという考え方である（法規説）。」

　(b)　無名契約と民法 91 条

「たしかに合意説は，私的自治の原則が妥当する民事関係分野において，一定の説得力があるようにみえる。そして，典型契約以外の無名契約も，合意説によれば，疑問の余地なく認められるのである。しかし，法規説は，民法 91 条により，無名契約も法規の裏づけを伴ったものとして肯定することができ，請求権の発生根拠が法規であるという考え方と整合すると説明する。」

　(c)　我妻榮教授の自然法原理のようなものの否定の見解の引用

「民法典が制定されている以上法律行為について，「法律の規定なしに法律効果を生ずるという自然法原理のようなものは認めることはできない」（我妻榮『新訂民法総則（民法講義 I）』242 頁）と解するのが素直であろう。」

(d) 実務の現状についての見解

「そのようなことから，わが国の民事裁判実務においては，法規説が採用されている。」

オ 『要件事実第1巻』における説明

『要件事実第1巻』における説明は，後記「返還約束説」を採用しないことを明言しているため，一般に，法規説を採用しているかのように理解されているようであるが，厳密には，法規説を採用しているものとまでは解することはできない。なぜならば，その説明は，契約に基づく権利は，不可分一体の契約（例えば，売買契約）から発生するものであって，その契約の一部である合意（例えば，代金支払合意）を抽出することができないことを説いているに過ぎないからである。そして，その契約が典型契約であるか，無名契約であるかの区別をしていないし，民法91条についても，何ら言及していない。

ちなみに，伊藤滋夫裁判官は，その『要件事実の基礎』（有斐閣・2000年）266頁，267頁において，合意説を採用していることを表明し[52]，かつ，『要件事実第1巻』は法規説ではなく合意説を採用していると解される旨を表明している[53]。

以上のような留意をした上で，『要件事実第1巻』の説明を確認すると，同書では，次のように説いている。ただし，(a)から(c)までの区分及び表題は，筆者による。

(a) 基本

「要件事実を考える上において一つの重要な考え方は，一定の法律効果の発生のために必要な事実として，どこまでが本質的なものとして不可分一体であり，どこからが非本質的なものとして可分といえるかということである。」(43頁)

(b) 法律行為の成立要件の不可分性

「ある法律効果の発生を主張しようとする者は，その効果の発生原因に当たる事実について主張立証責任を負うから，その発生原因が法律行為であるときは，当該法律行為の成立要件に当たる事実をもれなく主張立証しなければならない。……この意味で成立要件に当たる事実は不可分である。」(44頁)

(c) 契約の成立要件の不可分性

「ある法律効果の発生が一定類型の契約[34]に基づくとき、この法律効果の発生を主張するには、右契約がその法的類型の契約に該当する具体的事実、言い換えれば、一定類型の契約の成立要件に当たる具体的事実をすべて主張立証しなければならないかどうかについて争いがある。」(45頁)

「通説は、ある権利の発生は一定の契約の法律効果として認められるものであるから、発生原因である契約の成立が肯定されることが前提として必要であり、そのためには当該契約の成立要件に当たる事実はすべて右権利の発生を主張する者に主張立証責任があると考える。この意味で、通説は、契約の法的性質を示す事実、言い換えれば、一定の法的類型に当たることを示す事実は当該権利発生のために必要な事実であり、不可分と理解する。」(45頁)

(2) 分析
ア 法規説の要旨と問題点の概要

法規説とは、「契約の拘束力の根拠も、契約に基づいて権利が発生する根拠も、法律である。」という説である。

そして、法規説を採用すべき根拠は、「法律の規定なしに法律効果を生ずるという自然法原理のようなものは、認めることはできない。」という考え方であり、また、法規説を採用しても無名契約について法律効果が生ずることを肯定できる説明は、「民法91条により、無名契約も法律に根拠を有するものとして肯定することができる。」という考え方である。

しかし、「法律の規定なしに法律効果を生ずるという自然法原理のようなものは、認めることはできない。」という考え方は、無条件に肯定できるものか否か、吟味の余地があり、また、無名契約も法律に根拠を有するものとして肯定できる説明として民法91条を援用することが相当か否か、やはり、吟味の余地がある。

イ 自然法原理についての説明

「法律の規定なしに法律効果を生ずるという自然法原理のようなものは、認めることはできない。」という言明は、一応、妥当なもののように思える。とりわけ、法律実務家は、日常的には、法律の規定に基づいて判断をしている。

しかし，第1に，日本国憲法は，自然法，自然法原理あるいは「自然法原理のようなもの」[35]を認めているようにも解される。すなわち，日本国憲法の前文は，「そもそも国政は，国民の厳粛な信託によるものであつて，その権威は国民に由来し，その権力は国民の代表者がこれを行使し，その福利は国民がこれを享受する。これは人類普遍の原理であり，この憲法は，かかる原理に基くものである。われらは，これに反する一切の憲法，法令及び詔勅を排除する。」と規定し，憲法（制定法）に規定はないが，憲法（制定法）すらも拘束される人類普遍の原理があることを認め，憲法98条1項は，「この憲法が日本国民に保障する基本的人権は，人類の多年にわたる自由獲得の努力の成果であつて，これらの権利は，過去幾多の試錬に堪へ，現在及び将来の国民に対し，侵すことのできない永久の権利として信託されたものである。」と規定し，上記基本的人権は，憲法（制定法）すらも侵害することができないこと，すなわち，自然法により認められたものであることを宣言している。

　第2に，民事実体法の領域において，最高裁判所は，法律に規定のない「景観利益」があることを認め，その侵害が不法行為による損害賠償請求権の発生という法律効果の生じうることを肯定し（最高裁平成18年3月30日判決・民集60巻3号948頁），また，法律に規定のない「パブリシティ権」があることを認め，その侵害が不法行為による損害賠償請求権の発生という法律効果の生じうることを肯定している（最高裁平成24年2月2日判決・民集66巻2号89頁）。

　第3に，我妻榮教授は，かねてから，民法に明文の規定のないところの「諾成的消費貸借契約」を肯定する見解を採用している[36]。

　こうしてみると，現行の日本法においては，「法（規範）[37][38]なしに法律効果を生ずることは，認めることはできない。」ということはできても，「法律の規定[39]なしに法律効果を生ずるということは，認めることはできない。」とまではいえないように思われる。つまり，「法律効果は，法（規範）によって認めることができるが，法（規範）は，法律の規定によって認められるほか，法律の規定がなくても認められるものである。」から，それゆえに，「法（規範）なしに法律効果を生ずることは，認めることはできない。」といえるが，「法律の規定なしに法律効果を生ずるということは認めることはできないとまではいえない。」ということになる。

したがって，引用されたところの我妻榮教授の見解も，そこでいう「法律の規定」は，「法（規範）」を意味するものであって，それゆえに，「契約の拘束力の根拠は，法（規範）である。」とはいえても，「契約の拘束力の根拠は，法律である。」というのは，問題があるように思われる。

ウ　無名契約と民法 91 条についての説明

　法規説は，「法律の規定なしに法律効果が生ずることは認めることができない。」といいながらも，ファイナンス・リース契約などの無名契約の締結によって法律効果が生ずることを肯定する必要があることから，このような無名契約は，民法 91 条という「法律の規定」によって法律効果が生ずることを是認できるとする。

　ところで，民法 91 条は，「任意規定と異なる意思表示」との表題の下で，「法律行為の当事者が法令中の公の秩序に関しない規定と異なる意思を表示したときは，その意思に従う。」という文言である。

　そうすると，第 1 に，民法 91 条は，「民法典の規定のうちの任意規定（法令中の公の秩序に関しない規定）については，当事者がこれと異なる意思表示をすることができ，その意思表示は有効とする[40]。」という意味に解釈することが素直である[41]。この意味にあっては，民法 91 条は，既に民法典に規定された任意規定について言及しているものであって[42]，既に民法典に規定されていないところの無名契約について言及しているものとは解されない[43]。

　第 2 に，それゆえに，民法 91 条について，「当事者が無名契約を締結した場合には，その契約が，法令中の公の秩序に関する規定に反しない限り，有効である。」という意味をも含むように解釈することは，文言上は，困難であろう[44]。

　第 3 に，仮に，民法 91 条について，「当事者が無名契約を締結した場合には，その契約が，法令中の公の秩序に関する規定に反しない限り，有効である。」という意味をも含むように解釈すると，この解釈は，法規説ではなく，むしろ，合意説を支持することになる。すなわち，民法 91 条は，典型契約か無名契約かを区別することなく規定しているものであるから，「当事者が契約を締結した場合には，その契約が，法令中の公の秩序に関する規定に反しない限り，有効である。」と解釈すべきことになり，これは，要するに，当事

者の合意があれば，その合意は，法令中の公の秩序に関する規定に反しない限り，有効であるということを述べていることになり，結局，「契約の拘束力の根拠は合意である。」という合意説を支持することになるからである[45][46]。

(3) まとめ

法規説とは，「契約の拘束力の根拠も，契約に基づいて権利が発生する根拠も，法律である。」という説である。

そして，法規説を採用すべき根拠は，「法律の規定なしに法律効果を生ずるという自然法原理のようなものは，認めることはできない。」という考え方であり，また，法規説を採用しても無名契約について法律効果を生ずることを肯定できる説明は，「民法91条により，無名契約も法律に根拠を有するものとして肯定することができる。」という考え方である。

しかし，「法(規範)なしに法律効果を生ずることは，認めることはできない。」ということはできても，「法律の規定なしに法律効果を生ずるということは，認めることはできない。」とまではいえない。

また，民法91条があることをもって，無名契約も「法律の規定によって法律効果を生ずる。」ということはできない。法規説は，無名契約が法律効果を生ずることの説明においていささか苦し紛れの解釈をしているところがあり，この点は，後藤巻則教授，大村敦志教授，石川博康教授らから，疑問又は批判が示されているところである(注43ないし47)。

したがって，法規説は，その根拠のいずれにおいても難点があり，採用することができない。

2 合意説

(1) 見解

ア 理念型としての分類

契約の拘束力の根拠は合意にあるとする説の理念型としての分類としては，次の3つを想定することができる。

その第1は，最小限合意説であり，第2は，中間的合意説であり，第3は，全部合意説である。

第1の最小限合意説は，典型契約であれ，無名契約であれ，実際の契約から，請求権発生に関する合意部分（金員支払合意，所有権移転登記手続合意，不動産引渡合意など）のみを取り出して，実体法上，その部分のみによって請求権が発生するとする考え方である。

　例えば，(a)金員支払請求でいえば，その請求の原因となる契約が，売買契約であろうと，贈与契約であろうと，金銭消費貸借契約であろうと，金員支払合意部分のみが請求権発生の根拠となること，(b)所有権移転登記手続請求でいえば，その請求の原因となる契約が，売買契約であろうと，贈与契約であろうと，交換契約であろうと，代物弁済契約であろうと，所有権移転登記手続合意部分のみが請求権発生の根拠となること，(c)不動産引渡請求でいえば，その請求の原因となる契約が，売買契約であろうと，賃貸借契約（又はその終了）であろうと，使用貸借契約の終了であろうと，不動産引渡合意部分のみが請求権発生の根拠となるという説である。この最小限合意説は，実際には，後述の三井哲夫裁判官などが説くところの「返還約束説」[47]である。

　第2の中間的合意説は，最小限合意説と全部合意説の中間の説であり，典型契約であれ，無名契約であれ，実際の契約のうちの基本的な又は中核的な部分（その基本的な又は中核的な部分が何であるのかは，解釈による。）が請求権発生の根拠となるものであって，請求権発生に関する合意部分のみによって請求権が発生するとはいえないとする考え方である。

　例えば，金員支払請求でいえば，その請求の原因となる契約が，売買契約，金銭消費貸借契約，贈与契約などの典型契約である場合であれば，その性質決定を伴う契約のうちの基本的又は中核的な部分が請求権発生の根拠となるものであり（契約のうちの金員支払合意部分のみが請求権発生の根拠となるものではない。また，契約のすべての合意が請求権発生の根拠として必要となるものでもない。），その請求の原因となる契約が典型契約ではない場合であれば，その無名契約の全部ではなく基本的な又は中核的な部分が請求権発生の根拠となるとする説である。

　この中間的合意説については，実際には，「中間的合意説」との名称をもって説く者はいない。しかし，前記伊藤滋夫裁判官，後記大島眞一裁判官及び後記大村敦志教授の各見解は，この中間的合意説であるかのようにも思われ

る。

　第3の全部合意説は，典型契約であれ，無名契約であれ，実際の契約の全部（それが書面によると口頭によるとを問わない。）が請求権発生の根拠となるとする考え方である。

　この全部合意説は，実際には，説く者がいない。後述の船越隆司教授が説くところの全部合意説は，書面による契約については，その実際の契約の全部が請求権発生の根拠となるとするが，口頭による契約については，異なる見解を述べている。

イ　実際の説

(a)　返還約束説

　返還約束説とは，整理していえば，「契約の拘束力の根拠も，契約に基づいて請求権が発生する根拠も，法律の規定の有無にかかわらない合意である。」とする合意説を前提とし，かつ，「当該契約中の一定の給付をすべき部分だけで請求権が発生する。」とし，さらに，それゆえに，「訴状に記載すべきところの請求を理由づける請求原因事実として必要かつ十分な具体的事実は，その一定の給付をすべき部分についての合意のみで足りる。」という説である。

　返還約束説[48]の代表的な見解を述べる三井哲夫裁判官の『要件事実の再構成』（法曹会・1976年）によれば，次のとおりである。ただし，αからδまでの区分及び表題は，筆者による。

　α　法規説批判

　「当事者の合意に基いて契約が成立し，その契約から債権が発生し，その債権から請求権が流出する，従って，契約の成立要件が，当然に，請求権の発生原因事実である，と考へる事が一のドグマなのではあるまいか。契約の成立要件とされているもののうちの或るものは，実は，請求権の発生障害事実となって居るのではあるまいか。」(40頁)

　β　返還約束説からみた消費貸借契約に基づく返還請求権

　「消費貸借に基づく返還請求権の発生原因事実は，それが本来の（要物的）消費貸借であるにせよ，諾成的消費貸借であるにせよ，「返還約束の存在」だけである。消費貸借を，「返還を目的とする契約」として理解する限り，返還請求権の最も直接的な根拠としては，「返還約束の存在」だけが重要だからで

ある。」(41, 42頁)

γ　再び法規説批判

「このやうな考へ方は，一見，法律要件分類説に反するやうに見える。民法第五百八十七条の規定は，明らかに，「返還約束の存在」と「目的物の交付」とを，消費貸借契約成立要件事実として居るからである。しかし，それは，既に述べたやうに，当事者の合意に基いて契約が成立し，その契約から債権が発生し，その債権から請求権が流出すると云ふドグマに立脚して居る。このドグマは，正しくない。少なくとも，正確ではない。」(43頁)

δ　返還約束説のまとめ

「請求権は，債権から流出するのではなく，当事者の合意に基いて直接に発生する。それは，「契約は守らなければならない。」と云ふ言はば民法以前の理念にその基礎を有するのである。換言すれば，契約の成立要件は，請求権の発生原因事実ではない。請求権は，民法とは無関係に，従って，民法がなくても（当事者の合意に基いて）発生する。」(43頁)

「このやうな考え方は，民法を「請求権の体系」としてではなく，少なくとも契約法に関しては，「抗弁の体系」として理解しようとするものである。」(44頁)

「或ひは，係争法律関係の性質決定を，原告の負担ではなく，被告の負担とするものである。」(44頁)

(b)　船越隆司教授の説くところの全部合意説

前記アで述べたとおり，全部合意説は，理論的には，その請求の原因となる契約が，典型契約であれ，無名契約であれ，その実際の契約の全部（それが書面によると口頭によるとを問わない。）が請求権発生の根拠となるとする説である。

しかし，実際には，この全部合意説を説く者がいない。

船越隆司教授の『実定法秩序と証明責任』（尚学社・1996年）によれば，契約書の有無によって，証明責任が異なるとして，次のとおり述べる。ただし，αからγまでの区分及び表題は，筆者による。

α　考え方の基本

「真正に成立した契約書がある場合……契約書に記載なき事項はこれを援

用する者が証明責任を負うということである。すなわち，契約書により一応合意成立の範囲は明確になるのであるから，記載なき事項は他に特別の合意があるものとしてその援用者が証明しなければならない。」(309, 310頁)

　β　条件・期限についての証明責任

「契約書に単なる給付約束の記載があり，条件・期限の記載がなければ，これら附款の定めの主張は抗弁である。」(316頁)

「これに対し，契約書がない場合，合意成立の範囲は明瞭ではないのであるから，請求者が契約の成立，すなわちすべての事項にわたる合意（全面合意）——ただし，その定めを欠いたとしてもなお契約を締結したであろうと認められる事項を除いて——を証明しなければならない。故に，条件または期限の主張は，請求者が主張するような契約は締結していないという趣旨の間接否認である。」(316, 317頁)

　γ　まとめ

「契約の成立に関しては，真正に成立した契約書の有無により区別し，契約書ある場合は，それに記載なき事項および後に変更された事項についてはそれを主張する者が証明責任を負う。契約書なき場合は，契約の成立を主張する者が原則的に全条項にわたる合意すなわち全面合意を証明しなければならない。」(393頁)

(2)　分析

ア　理念型としての分類にかかる各説の検討

(a)　最小限合意説

　α　実体法上の説明

最小限合意説は，典型契約であれ，無名契約であれ，実際の契約から，請求権発生に関する合意部分（金員支払合意，所有権移転登記手続合意，不動産引渡合意）のみを取り出して，実体法上，その部分のみによって請求権が発生するとする考え方である。

　β　訴訟上の帰結

この見解は，論理的には，訴訟において，原告は，請求原因として，その請求権発生に関する合意部分のみを主張立証すれば足り，被告は，抗弁とし

て，実体法上の性質決定（契約類型の特定）とその性質決定に基づく請求を理由のないものとする事由を主張立証すべきことを帰結することになる。

γ　問題点

しかし，第1に，民事実体法の基本となっている民法が，請求権発生の根拠として請求権発生に関する合意のみで足りるとしていると解する根拠は見当たらない。むしろ，民法は，請求権に関し，典型契約でいえば，その典型契約を締結したことを前提として請求権が発生するとし，かつ，その請求権が行使できるようになる要件，また，その請求権の発生を障害し，消滅させ，あるいは，その行使を阻止する要件を規定しているものと解するのが自然である[49]。

第2に，民事訴訟の実務においては，訴訟物は法的性質決定のされた請求権であるとする旧訴訟物理論が採用されている[50]。したがって，原告は，請求原因において，法的性質決定のされた請求権を特定し，かつ，その請求権の発生を理由づける具体的な事実を主張する必要があるとされている。このような民事訴訟の実務は，最小限合意説に立脚するものではない。

第3に，訴訟の実態からすると，被告が，法的性質決定とその性質決定に基づく請求を理由のないものとする事由を主張立証すべきものとすることは，被告の負担が重く，相当ではない[51]。この点を若干詳述すると，次のとおりである。

例えば，原告が被告に対して100万円の金員支払請求をした場合に，原告は，原告と被告との間で100万円の金員支払合意があったとの主張をし，これについて争いがない場合には，被告は，①それが売買契約に基づく売買代金支払請求権であるという性質決定をした上で，原告が反対債務の履行，すなわち売買の目的物の引渡しをしないから売買契約を解除したと主張し，②そうでないとしても，贈与契約に基づく贈与金の支払請求権であるという性質決定をした上で，贈与契約を取り消すと主張し，③そうでないとしても，金銭消費貸借契約に基づく貸金返還請求権であるという性質決定をした上で，弁済期が到来していないと主張したとしても，裁判所が，売買契約が締結されたとも，贈与契約が締結されたとも，金銭消費貸借契約が締結されたとも認定できなかった場合には，原告が勝訴することになる。しかし，これ

は，訴訟の実際に照らして，相当ではない。やはり，原告において，100万円の金員支払請求の根拠が，売買契約に基づく売買代金支払請求権であるのか，贈与契約に基づく贈与金支払請求権であるのか，金銭消費貸借契約に基づく貸金返還請求権であるのかを特定し，その契約が締結されたことの主張立証ができなければ，原告が敗訴するとするのが相当である。

　また，例えば，原告が被告に対して甲不動産の所有権移転登記手続請求をし，原告が被告との間で作成したところの「被告は原告に対して甲不動産について所有権移転登記手続をします。」という合意書を提出して，その旨の所有権移転登記手続合意があったことを主張した場合に，被告が，① それが売買契約に基づく所有権移転登記手続請求権であるという性質決定をした上で，原告が反対債務の履行，すなわち，代金の支払をしないから売買契約を解除したと主張し，② そうでないとしても，贈与契約に基づく所有権移転登記手続請求権であるという性質決定をした上で，錯誤があるから無効であると主張し，③ そうでないとしても，交換契約に基づく所有権移転登記手続請求権であるという性質決定をした上で，反対債務の履行，すなわち，乙不動産の所有権移転登記手続をしないから引換給付を求めると主張し，④ そうでないとしても，代物弁済契約に基づく所有権移転登記手続請求権であるという性質決定をした上で，元の債務が既に弁済されているために代物弁済請求はできないと主張したとしても，裁判所が，売買契約が締結されたとも，贈与契約が締結されたとも，交換契約が締結されたとも，代物弁済契約が締結されたとも認定できなかった場合には，原告が勝訴することになる。しかし，これは，訴訟の実際に照らして，相当ではない。やはり，原告において，甲不動産の所有権移転登記手続請求の根拠が，売買契約，贈与契約，交換契約又は代物弁済契約に基づく所有権移転登記手続請求権のいずれであるのかを特定し，その契約が締結されたことの主張立証ができなければ，原告が敗訴するとするのが相当である。

　訴訟の実際において，以上のような判断を相当とする根拠は，裁判所は，合理的な合意に基づく請求については，その請求を是認するが，合理的な合意であるのか否かが不分明な合意に基づく請求については，その請求を是認しないとする裁判制度設計が妥当と考えられるからである。そのような裁判

制度設計をしないと，国民が合理的でない合意によって不当な不利益を被ることを，裁判所が是認することになり，社会秩序の適正な維持がはかれないからである[52]。

(b) 中間的合意説

α　実体法上の説明

中間的合意説は，典型契約であれ，無名契約であれ，実際の契約のうちの基本的な又は中核的な部分（その基本的な又は中核的な部分が何であるのかは，解釈による。）が請求権発生の根拠となるものであって，請求権発生に関する合意部分のみによって請求権が発生するとはいえないとする考え方である。

β　訴訟上の帰結

この考え方は，最小限合意説と全部合意説との間の中間的な内容の理念型であるから，訴訟上どのような内容のものとなるのかは，多様でありうる。

一応の標準的な考え方としては，訴訟において，原告は，請求原因として，その契約のうちの基本的な又は中核的な部分として，最低限その契約の性質決定をするものが必要であり，その主張立証が必要であるとするであろう（その逆に，期限や条件は，不必要であるとするであろう。）。そして，被告は，抗弁として，原告の特定した性質決定に基づく請求を理由のないものとする事由を主張立証すべきことになるであろう。

γ　問題点

ⅰ）合理的規範説との内容的な同一性

中間的合意説は，結論からいえば，後記第4節でいう合理的規範説と同一の内容のものとなりうる。

すなわち，契約の拘束力の根拠として何が必要かという問題について，とりわけ，「権利の発生行使のために必要かつ十分な具体的事実，ひいては，訴状に記載すべきところの請求を理由づける請求原因事実として必要かつ十分な具体的事実」は何かという問題について，中間的合意説は，合理的規範説と同一の内容のものとなる可能性がある。

ⅱ）説明のキーワードの相違

しかし，中間的合意説は，契約の拘束力の根拠は合意であるとし，合理的規範説は，契約の拘束力の根拠は合理的規範の定める要件を充足することに

あるとする点で、説明のキーワードが異なる。

つまり、中間的合意説は、契約の拘束力の根拠を「合意」というキーワードで説明しようとし、合理的規範説は、その根拠を「合理的規範」というキーワードで説明しようとする。

ところで、契約は、合意の一態様にほかならない。つまり、合意は契約の上位概念であり、契約は合意の下位概念にほかならない。そうすると、中間的合意説は、「合意の一態様である契約の拘束力の根拠は、合意である。」という説明となり、下位概念の拘束力の根拠を、上位概念において拘束力を有することによって説明しようとすることになる。

しかし、このような上位概念による説明は、直ちに間違いであるとはいえないものの、内容の乏しい説明であるといえる。例えば、「人類の発展の根拠は、人類が動物であることにあった。」という説明と、「人類の発展の根拠は、人類が言語を使用し、道具を使用できることにあった。」という説明があった場合に、前者の説明は、上位概念（人類⊂動物）による説明であるために、直ちに間違いであるとはいえないとしても（動物であるからこそ、言語や道具を使用でき、発展がありうる。）、内容に乏しい説明であるといえるが、後者の説明は、それが直ちに正しいとはいえないとしても、内容のある説明であるといえる。

これに対し、合理的規範は、契約の上位概念ではない。

そうすると、中間的合意説と合理的規範説の内容が同一のものとなりうるとしても、合意説は、上記のキーワードの関係で不適切であるというべきである。

(c) 全部合意説

α 実体法上の説明

全部合意説は、典型契約であれ、無名契約であれ、実際の契約の全部（それが書面によると口頭によるとを問わない。）が請求権発生の根拠となるとする考え方である。

β 訴訟上の帰結

この見解は、論理的には、訴訟において、原告は、請求原因として、その契約の全部（期限も条件も、特約も、管轄合意も含め、請求権発生に関するもの以外のすべての合意が含まれる。）を主張立証する必要があり、その請求権発生に関する

合意部分のみを主張立証すれば足りるのではなく，また，その契約の基本的又は中核的な部分のみを主張立証すれば足りるというものでもない。そして，被告は，合意された部分については否認すれば足り，合意されていないものについては，抗弁として，合意にはないが請求を理由のないものとする事由を主張立証すべきことを帰結することになる。

　γ　問題点

　当事者の締結する契約は，簡単なものもあれば，詳細なものもある。簡単なものについていえば，「Aは，Bに対し，甲土地の所有権移転登記手続をする。」というものもあれば，100頁にもわたる契約書によるものもある。生命保険契約のように，大部の約款が引用されているものもある。

　全部合意説は，契約は，それ全体が一個の不可分なものであるとして，その全体が請求権発生の根拠であるとする。

　しかし，契約のうちの簡単なものについていえば，合意の全部をもってしても，請求権発生の根拠として是認できないことがある。また，生命保険契約のように大部の約款が引用されている契約についていえば，その全部の合意がなければ，生命保険契約に基づく保険金支払請求権を是認できないというものではない。

　生命保険契約に基づく保険金支払請求のような場合に，原告の主張立証は，大部の約款全部を引用しなければならず，また，裁判所の審理・判断も，大部の約款全部を引用して事実摘示しなければならないとすることは，現実的ではない。

　やはり，契約は，それ全体が一個の不可分なものとして締結されるとしても，請求権発生の根拠としては，基本的な又は中核的な合意のみで足りるし，また，基本的な又は中核的な合意すらない場合には請求は是認できないというべきである。

　結局，全部合意説は，その合意がどのようなものであるかの吟味（その合意は，およそ請求権を是認できないような簡単な合意もありうるし，その逆に，請求権を是認するために必要でないものを大量に含むものもある。）と，裁判所においてどのような合意があれば請求権を是認できるかの吟味（最終的には，裁判所が請求権を是認するのであって，当事者が自由に請求権を是認することができるものではない。）を

欠如している点で、採用できない。

####　イ　返還約束説の検討

返還約束説とは、整理していえば、「契約の拘束力の根拠も、契約に基づいて権利が発生する根拠も、法律の規定の有無にかかわらない合意である。」とする合意説を前提とし、かつ、「当該契約中の一定の給付をすべき部分だけで請求権が発生する。」とし、さらに、それゆえに、「訴状に記載すべきところの請求を理由づける請求原因事実として必要かつ十分な具体的事実は、その一定の給付をすべき部分についての合意のみで足りる。」という説である。

しかし、返還約束説が採用できないことは、理念型としての最小限合意説が採用できないことと同様である。

####　ウ　船越隆司教授の説の検討

船越隆司教授の説くところの全部合意説は、理念型としての全部合意説とは異なり、契約書の有無によって、証明責任が異なるとしている。

その説くところは、契約書の有無による「証明責任」に焦点があり、訴訟の実際においては、契約書に記載のある事項は特段の事情がない限り一応の「証明責任」が尽くされたことになる点を指摘する意味では正しいものがある。

しかし、船越隆司教授の説くところの全部合意説が採用できないことは、理念型としての全部合意説が採用できないことと同様である。

(3)　まとめ

合意説とは、「契約の拘束力の根拠も、契約に基づいて権利が発生する根拠も、法律の有無にかかわらない合意である。つまり、契約自由の原則に基づく意思表示（あるいは、私的自治の原則又は自己決定権に基づく意思表示）が、契約当事者を拘束し、契約当事者間に権利義務関係が発生する根拠である。」という説である。

しかし、契約とは合意の一形態であるところ、すべての契約が請求権を発生させるものとはいえないから、契約の拘束力の根拠、ひいては、請求権発生の根拠が合意であるという説明は、もともと、失当である。

そして、契約のうちの請求権発生に関する合意のみで足りるという説（理

念型としての最小限合意説，実際にある考え方としての返還約束説）は，民法を請求権の体系とみることが自然であること，民事訴訟の実務が旧訴訟物理論を採用していること，この説を採用すると訴訟における被告の主張立証の負担が重くなるうえ，社会秩序の適正な維持をはかることが困難になるという実際の不都合があることなどを勘案すると採用できない。

また，契約の全部が請求権発生の根拠であるという説（理念型としての全部合意説，実際にある考え方としての船越隆司教授の説）は，その合意がどのようなものであるかの吟味と，裁判所においてどのような合意があれば請求権を是認できるかの吟味を欠如している点で，採用できない。

さらに，契約のうちの基本的な又は中核的な部分が請求権発生の根拠であるという説（理念型としての中間的合意説）は，結論からいえば，合理的規範説と同一の内容になると考えられるが，考え方の基本の説明において，契約の上位概念であるところの合意をもって請求権発生の根拠とする説明が不適切である。

3 大島説

(1) 見解

大島眞一裁判官は，注１の『完全講義民事裁判実務の基礎［第２版］〈上巻〉』69頁，70頁において，次のように述べている。

まず，「そもそも，なぜＸとＹが売買契約を締結するとそれに拘束されるのかという根本的な問題がある。契約の拘束力の根拠をどう考えるべきであろうか。次の２つの考え方がある。」として，法規説と合意説を紹介し，法規説について，「クーリング・オフの規定のように，当事者間で合意しても法律によってその効力を否定する制度が設けられていることについては法規説が説明しやすいが，数多く存在する非典型契約の根拠が民法91条であるというのでは，個別の合意に基づいて請求権が発生すると解するのとどう異なるのか説明が困難である。」との評価及び批判をし，結局，合意説を採用し，「合意説を採用したうえで，一部，政策的に法律によりその合意の効力を否定するなどの規定が設けられていると解するのが相当であろう。」と述べ，「合意説を採用しても，……合意に基づいて請求する場合，その合意が成立するた

めの本質的要素（その契約成立に不可欠な要素）を要件事実として主張しなければならない。そして，その本質的要素は，典型契約については，冒頭規定で定められているとおりであるということができる。非典型契約（無名契約）については，その契約成立の本質的要素が要件事実となる。以上のように考えると，合意説を採用しても，典型契約については冒頭規定に本質的要素が定められていると解するので，法規説と実際に差異はないといえる。」と述べる。

(2) 分析

大島眞一裁判官の見解は，実務家には珍しく，合意説を採用している[53]。法規説を採用しない理由は，無名契約が拘束力を有する根拠について法規説が説くところの民法91条の解釈は説得力がなくその解釈は合意説を支持することになりかねないという認識にあるようである。

そして，大島眞一裁判官は，典型契約についても，無名契約についても，請求権発生に関する合意のみで請求権の発生を肯定できるものではなく，契約があること，そして，その契約の「本質的要素」があることが，請求権発生の根拠としている[54][55]。

この大島眞一裁判官の見解は，合意説についての理念型としての分類からいえば，中間的合意説であるといえる。

(3) まとめ

大島眞一裁判官の見解は，中間的合意説として，現実的なものと評価することができる。

しかし，中間的合意説については，先に述べたとおり，結論的には合理的規範説と同一の内容となると考えられるが，考え方の基本の説明において，契約の上位概念であるところの合意をもって請求権発生の根拠とする説明が不適切である。

4 大村説

(1) 見解

大村敦志教授は，「「典型契約と性質決定」をめぐって」判例タイムズ1175

号（2005年）10頁において，次のとおり述べている。ただし，アからウの区分及び表題は，筆者による。

ア　法規説か返還約束説か

「契約の拘束力を説明するものが法規であるのか，あるいは法規以外のものであるのかということと，法規以外のものであるとした場合に，それは返還約束のような個別の合意であるのか，それとも契約という一定の構造を持った合意であるのかということ。法規説か合意説かといったときに，この2つの問題が含まれているような感じがするのです。私は後者の点については，返還約束ではなくて契約というユニットで考えるべきだと思っています。

しかし，前者の点，法規がなければ契約の拘束力は生じ得ないのかというと，それは必ずしもそうではないだろうと思います。明文の規定がない場合であるとしても，規定のある場合と同様に，契約の拘束力を支える類型を観念して，その類型の要素を満たす合意があれば，それで契約は成立すると考えていいのではないかと思っております。」

イ　民法91条についての質疑応答

「●加藤（新）[56]　法規説が無名契約についてどう考えるかというと，これは民法91条が定めているとみるのです。91条によって無名契約も法規説でカバーできるという解釈論をとっているのです。

●大村　ええ，その考え方はわかります。ただ，細かな話になってまいりますけれども，91条の規定は法律行為の当事者が意思表示をしたときには，その対象が公序に関しないものであればそれに従うということであって，そこでは必ずしも類型としての契約は念頭に置かれていないように思うのですが。」

ウ　民法91条及び無名契約の拘束力の根拠

「●加藤（新）　法規説としては，無名契約も意思によって効果を生ずるという法規があり，法規が契約の拘束力の根拠となっていると解釈しているわけです。

●大村　根拠として法規が必要で，その法規をどこに求めるかというときに91条に求めるというご趣旨ですね。それ自体は，ありうる考え方だと思うのですけれども，そのことから直ちに91条が類型としての契約を要求して

いるかとは必ずしも言えない。91条を根拠にして返還約束説を導くことも，できそうな感じがします。その意味で，法規を要するか要しないかということと，どれだけの合意であればその契約の拘束力が発生するのかということは区別して考えた方がいいと思っております。

　私自身は，無名契約について拘束力を認めるルールは民法典に書かれない形で存在するのではないかと思います。フランス民法でいいますと。それは1134条という規定があって「適法に締結された契約は当事間において法律に代わる」と定めていますが，規定がなくても当然のことであるということで日本民法典には存在しない。そういう考え方もあるだろうと思います。」

(2) 分析

　大村敦志教授は，契約の拘束力の根拠として，返還約束説を採用していないし，また，法規説も採用していない。そして，法規説については，無名契約が拘束力を有するところの根拠として指摘する民法91条について，その解釈の仕方が問題であるというにとどまらず，仮に法規説のいうように解釈するとすればその解釈は返還約束説を導くこともできそうであると，厳しく批判する。

　大村敦志教授は，契約の拘束力の根拠は，返還約束という契約の一部分の合意ではなく，契約という「ユニット」にあるとし，また，無名契約について拘束力を認める根拠は，「日本民法典という法律の規定」ではなく，「日本民法典に書かれていないルール（規範）」にあるとし，参考として，フランス民法1134条「適法に締結された契約は当事間において法律に代わる」を指摘する。

(3) まとめ

　大村敦志教授が，契約の拘束力の根拠，ひいては，契約に基づく権利発生の根拠について，対談の中で明らかにしたことは，返還約束説でも法規説でもないという考え方であり，これまでに検討してきた考え方でいえば，中間的合意説に近いものがあるが[57]，合意説を採用しているとは述べていない。

　大村敦志教授は，その引用するフランス民法1134条の内容をも勘案する

と，後記第4節で述べる合理的規範説を採用していると解されるようにも思われる。

第4節　合理的規範説

1　基本

　合理的規範説とは，「契約の拘束力の根拠も，契約に基づいて権利が発生する根拠も，その契約が合理的規範の定める要件を充足することにある。」という考え方である。

　そして，その合理的規範には，大きく分けて2種類のものがあり，その一つは，(1)法律に規定されている典型契約などに関する規範であり，もう一つは，(2)法律に規定されていなくても合理的であるといえる規範である。

　(1)の法律に規定されている規範には，(あ)13の典型契約に関するものをあげることができるほか，(い)典型契約ではないが，民法482条が規定する事項を契約であるとみるとすれば，要物契約としての代物弁済契約をあげることができるし，民法446条以下が規定する保証契約をあげることもできる。なお，民法466条以下が規定する債権譲渡契約は，債権譲渡という法律効果を発生させる債権の売買契約，贈与契約，代物弁済契約，交換契約などに還元すべきものであるから[58]，債権譲渡契約というものが，上記の売買契約などから独立に存在するものではない。

　(2)の法律に規定されていなくても合理的であるといえる規範として，数え切れないほど多数の無名契約をあげることができる。例えば，ファイナンス・リース契約，諾成的代物弁済契約，諾成的消費貸借契約，在学契約，フランチャイズ契約などである。

　この説にあっては，(1)の法律に規定されている典型契約などに関する規範については，法律の規定する契約の成立要件を充足すれば，契約の拘束力が発生すること，すなわち，権利が発生しうることにつき，大きな問題はない[59][60]。

　問題は，(2)の法律に規定されていなくても合理的であるといえる規範と

は，どのような条件を充たすものであり，そうでないものとの区別はどのようにするのかという点である。

この問題については，結論的には，民事実体法の解釈の課題であり，有権的には裁判所の判断によって明らかにされる。したがって，裁判所において，その契約が合理的規範の定める要件を充足すると判断できるときは，その契約には拘束力があるし，契約に基づいて権利が発生しうるといえる。

しかし，この説明では，茫漠としている。

そこで，次に，その規範の類型的特徴を確認する。そして，さらに，その規範のうちの基本的な又は中核的な部分の抽出の仕方を検討する。

2 法律に規定されていなくても合理的であるといえる規範の類型的特徴

(1) 相当な対価関係があること

ファイナンス・リース契約，諾成的代物弁済契約，諾成的消費貸借契約，在学契約，フランチャイズ契約などは，一般的には，契約の当事者の一方と他方とが取得することになる各権利の間に，相当な対価関係があるといえよう。

契約一般についてみれば，契約の当事者の一方と他方とが取得することになる各権利は，等価関係にある場合もあろうが，現実的には，何をもって等価関係にあるといえるのかという評価方法に問題があるうえ[61]，厳密な等価関係にある場合というのは，むしろ不自然であり，多少の不等価関係にある場合の方が自然であろう[62]。そして，上記各契約の場合には，一般的には，上記各権利の間には，厳密な等価関係はないものの相当な対価関係があると評価してよい。

しかし，契約の当事者の一方が他方に対して一方的な権利を取得する場合には，相当な対価関係があるとはいえない。

民法は，形式的には相当な対価関係があるとはいえない典型契約として，贈与契約を認めている。

したがって，相当な対価関係があるとはいえない契約であっても，贈与契約の定める要件を充足する場合には，贈与契約として一応の拘束力を認める

ことができるが，贈与契約の定める要件を充足しない場合には，その無名契約には拘束力を認めないことが相当である。

例えば，「AはBに対し，甲土地の所有権移転登記手続をする。」という契約は，AがBに対して甲土地を贈与する旨の贈与契約であって，その履行について合意したものであるというのであれば，法律の規定する要件（民法549条）を充足するものとして，一応の拘束力を認めてよいが，他方，法律の規定によって，書面によらない場合であって履行前のときには取消しができるし（民法550条），錯誤による無効（民法95条）などの主張が可能な場合もあろう。しかし，この契約が贈与契約ではない無名契約であるというのであれば，定型的に，拘束力を認めないことが相当である。その理由は，相当な対価関係がない無名契約であるから，合理的規範としての類型に適合しないからである。

この考え方は，合意説のうちの理念型でいえば最小限合意説，実際にある説でいえば返還約束説を採用しないことを意味する。

(2) 動機に理由があり，社会通念に照らして金額が特定可能であること

契約締結の動機に理由があり，社会通念に照らして金額が特定可能である場合には，契約の拘束力を認めてもよいと考えられる。

このような例として，救命報酬支払契約及びお布施支払契約をあげることができる。

(a) 救命報酬支払契約

救命報酬支払契約は，大きく分けて，2種類のものがある。

その一つは，救命前の契約である。

例えば，山岳で遭難した者を救出するための契約である。救命を依頼する者は，一定の方式で算定される金額（ヘリコプター運用代金，現場捜索人の日当など。ときには，これに加えて，救命された場合の報酬）を支払うことを約し，救命をしようとする者は，一定の方式での救命措置を実行するという契約である。この契約は，無名契約ではなく，準委任契約ということもできる。そして，この契約は，準委任契約として法律の規定の定める要件（民法656条，643条，648条）を充足するといいうるし，無名契約であるとしても，救命しようとす

る者は一定の行為をする義務を負担するものであり，救命を依頼する者は遭難者の生命の危機を脱しうるものであるから，相当な対価関係がある契約として，契約の拘束力は肯定できる。もっとも，この契約については，金額の相当性の審査が必要であり，不相当に高額な金額は裁判所の判断によって減額される可能性がある。

　もう一つは，救命後の契約である。

　すなわち，山岳で遭難した者や水泳中に溺れた者（以下「遭難者等」という。）につき，たまたまこれを発見した人がその遭難者等を救出した場合に，遭難者等と救出者との間で，遭難者等が救出者に対して命を助けてくれたことに対する相当なお礼をするという契約を締結することがある。この契約は，救出者が一定の行為をする義務を負担するものではなく，遭難者等が一方的にお礼をする義務を負担するものであり，その動機に理由があるといえるが，問題は，その「相当なお礼」が社会通念に照らして金額が特定可能であるといえる場合もあれば，そうではない場合もあることである。実際問題として，その金額が合意されていた場合には，その金額の相当性の審査が必要であり，不相当に高額な金額は裁判所の判断によって減額される可能性があるが，契約の拘束力を認めてよいであろう。これに対して，その金額が合意されていない場合には，その「相当なお礼」が社会通念に照らして金額が特定可能とはいえない場合が多いものと思われる。すなわち，救命に対する「相当なお礼」の金額を確定するためには，山岳で遭難したり水泳中に溺れたりした状況，発見容易性，発見の状況，救出の態様，遭難者等の年齢，職業，資産，収入その他の諸般の事情を斟酌する必要がありそうであるが，これらの事情を具体的に斟酌するとしても，その金額を特定することは，困難なように思われるからである。事案に依存するものではあるが，契約の拘束力が認められないことが多いのではないかと推察される。

　(b)　お布施支払契約

　お布施支払契約にも，大きく分けて，2種類のものがある。

　その一つは，僧侶の行為前にキャンセルされた場合である。

　すなわち，例えば，故人の親族が，僧侶に対して仏前でお経をあげることを依頼しながら，その親族が予定日より前に依頼を断ったような場合である。

この場合には，契約の締結の動機には理由があるとはいえ，支払うべきお布施について社会通念に照らして金額が特定可能であるとはいいがたいように思われる。したがって，契約の拘束力は否定されるものと推察される。

もう一つは，僧侶の行為後に支払がされない場合である。

すなわち，例えば，故人の親族が，僧侶に対して仏前でお経をあげることを依頼し，僧侶が依頼どおりに仏前でお経をあげることを実行しながら，その親族がお布施を支払わなかった場合である。この場合には，契約の締結には動機があるうえ，支払うべきお布施について，宗教的な内容に関する部分は社会通念に照らして金額が特定可能であるとはいいがたいように思われるが，寺院から仏前までの往復の交通費（タクシー代など）は特定可能であろうし，また，その往復に要する時間及び平均賃金も特定可能であろうから，契約の締結の動機には理由があるし，支払うべきお布施について社会通念に照らして金額が特定可能であるともいえるように思われる。したがって，契約の拘束力は肯定されるものと推察される。

(3) まとめ

法律に規定されていなくても合理的であるといえる規範の類型的特徴は，多様なものがありうるところであって，ここでは，2つの類型的特徴を述べた。

その他の類型的特徴としてどのようなものがあるのかについては，率直なところ，現時点では，あげることができない。

そして，実際の無名契約にあっては，ほとんどの場合，「相当な対価関係があること」が，合理的規範に適合するものであるか否かの判断基準になるものであり，例外的な場合にのみ，「動機に理由があり，社会通念に照らして金額が特定可能であること」が，合理的規範に適合するものであるか否かの判断基準になるものと思われる。

3 合理的規範のうちの基本的な又は中核的な部分

(1) 問題の提示

無名契約が締結された場合に，その無名契約に基づく権利の発生要件とし

て何が必要であるのかが問題となる。すなわち、訴状に記載すべき請求原因事実として何が必要かつ十分であるのかという問題がある。

この問題に対する一般的な解は、合理的規範のうちの基本的な又は中核的部分が、それであるということになる。

別の言い方をすれば、類似の典型契約において権利の発生要件として必要とされている事項を参考にしながら、確定していくということになる。

それでは、その基本的な又は中核的な部分とは、具体的にはどのようなものであるのかが問題となる。

(2) ファイナンス・リース契約の例

ファイナンス・リース契約の実際は、事案にもよるが、多数の条項によって構成される複雑なものである。しかし、要点を押さえて、例示すると、次のような契約をあげることができる。

A、B及びCの間で、平成24年1月1日に、「① Aがその所有する甲トラックをBに対して代金1000万円で売る。② Bが同トラックをCに対して賃料1か月当たり50万円、賃貸期間2年間（平成24年1月1日から平成25年12月31日まで）として賃貸する。③ 賃貸期間満了時においてCがBに対して賃料全額（50万円×24月＝1200万円）を遅滞なく支払ったときは、Cが同トラックの所有権を取得する。」旨の契約を締結したとしよう。

この場合において、Cが甲トラックの所有権を取得できるとするためには、(a) A、B及びCが、上記内容の契約を締結したこと、(b) その契約に基づき、AがCに対して同トラックを引き渡したこと、(c) その契約に基づき、Cが平成25年12月31日までにBに対して2年間の賃料全額を遅滞なく支払ったことという3つの大きな社会的事実のうち、少なくとも(a)及び(c)の事実が必要となり、(b)の事実は必要ではないことになる。

上記のような事実が必要であるとする理由は、次のとおりである。

まず、上記ファイナンス・リース契約を、これと類似の典型契約にあてはめることとし、甲トラックの所有権移転の関係ではAC間の甲トラックの売買契約があるとみなして考えると、「AC間の甲トラックの売買契約があり、代金分割支払約定があり、代金完済までAが所有権留保する旨の特約があ

る。」とみることが可能であるから，その場合に，Ｃが甲トラックの所有権を取得するためには，AC 間の売買契約の締結とＣの代金完済が必要となる。そこで，ファイナンス・リース契約に戻して考えると，上記の(a)及び(c)の事実が必要であるが，(b)の事実は必要ではないことになる。

(3) 諾成的代物弁済契約の例

現行の民法 482 条は，代物弁済との表題の下に，「債務者が，債権者の承諾を得て，その負担した給付に代えて他の給付をしたときは，その給付は，弁済と同一の効力を有する。」と定めている。これは，直接的には，「弁済」の一態様についての要件及び効果について規定したものである。しかし，債権者と債務者との合意の下で債務者が代物の給付をしたことをワンセットの要物契約であると解釈することにより，同条は，要物契約としての代物弁済契約の成立要件及び法律効果を定めたものと解することとができる。

そして，判例（最高裁昭和 39 年 11 月 26 日判決・民集 18 巻 9 号 1984 頁）は，「代物弁済が債務消滅の効力を生ずるには，債務者が本来の給付に代えてなす他の給付を現実に実行することを要し，単に代りの給付をなすことを債権者に約すのみでは足りず，従つて他の給付が不動産の所有権を移転することに存する場合においては，当事者がその意思表示をなすのみでは足りず，登記その他引渡行為を終了し，法律行為が当事者間のみならず，第三者に対する関係においても全く完了したときでなければ代物弁済は成立しないと解すべきである」と説示し，債務消滅の法律効果が発生するためには，不動産については少なくとも所有権移転登記を完了することが必要であるとしている。

他方，判例（最高裁昭和 40 年 3 月 11 日判決・裁集民 78 号 259 頁）は，「所論は，当事者の意思表示のみによつては代物弁済の効力は生じないとの見解に立つて，本件建物の所有権は未だ被上告人に移転していないと主張するが，不動産所有権の譲渡を以てする代物弁済による債務消滅の効果は，移転登記の完了する迄生じないにせよ，そのことは，所有権移転の効果が代物弁済予約の完結の意思表示によつて生ずることを妨げるものではない。」と説示し，所有権移転の法律効果が発生するためには，代物弁済契約の締結（実際の事案は，代物弁済予約及び予約完結の意思表示）のみで足りるものとしている。

そして、債権法改正案は、民法482条を、代物弁済の表題の下に、「弁済をすることができる者（以下「弁済者」という。）が、債権者との間で、債務者の負担した給付に代えて他の給付をすることにより債務を消滅させる旨の契約をした場合において、その弁済者が当該他の給付をしたときは、その給付は、弁済と同一の効力を有する。」と定め、諾成契約としての代物弁済契約を認めることとし、従来の要物契約としての代物弁済契約は、諾成契約としての代物弁済契約の成立とその履行であるという理解をすることとした。

それでは、現行民法においても、また、債権法改正案においても、次のような事案の場合に、要件事実上、どのような取扱いがされるものであろうか。

Aは、平成27年1月1日、Bに対し、弁済期を同年6月31日と定めて、1000万円を貸し付けた。AとBとは、平成27年8月1日、Bの債務の弁済に代えてBが所有する甲不動産（その当時の時価1200万円）を給付する旨の代物弁済契約を締結した。しかし、平成27年10月1日、甲不動産の近辺で微量の放射能汚染の可能性のあることが報道されたため、甲不動産の近辺での取引は減少し、甲不動産の時価は、800万円ほどになった。そこで、AはBに対し、平成27年12月1日、1000万円の返還を求める旨の訴えを提起した。

この場合、AがBに対して1000万円の支払を求めるための請求原因事実は、上記金銭消費貸借契約の締結の事実及び弁済期の到来の事実である。それに対し、Bは、上記金銭消費貸借契約に基づく債務が消滅したとの抗弁を提出しようと考えた。そして、Bは、抗弁事実として、①上記代物弁済契約が締結されたこと、②BはAに対し、平成27年11月20日、同月25日午後1時にC司法書士事務所において甲不動産の所有権移転登記手続をする旨の通知をしたこと、③Bは、平成27年11月25日午後1時、甲不動産の所有権移転登記に必要な書類を整えて、C司法書士事務所に赴き、同日午後3時までいたこと、④しかるに、Aは、同日午後1時から午後3時までに、C司法書士事務所に現れなかったことを主張した。

以上のような事案の場合、Bの主張する抗弁事実が認められるときに、Bの抗弁によって、Aの請求は棄却されるであろうか。

現行民法の場合であっても、債権法改正案の場合であっても、BのAに対する金銭消費貸借債務が消滅するためには、甲不動産についてのBからA

への所有権移転登記が完了することが必要であるとすれば，Bの抗弁は，主張自体失当であることになる。

しかし，代物が動産の場合であれば，債務者は，弁済の提供を経ての適法な「供託」(民法494条,495条)によって代物の給付を完了することができるものの，不動産の場合には，債務者は，所有権移転登記手続の「供託」をすることはできないから，代物の給付を完了することができない。

そうすると，不動産が代物弁済契約における代物とされる場合には，債権者は，いつまでも，本来の給付と代物の給付とのいずれの給付をも求めることができることになりそうである。

しかし，債務者としてできる給付行為をしたものの，債権者の協力がなければ給付を完了できない場合(所有権移転登記手続は，不動産登記法60条によって，債権者と債務者の共同申請がなければできない。)にあっては，債務者としてできる給付行為をした場合には，本来の給付債務は消滅するものと解することが相当であろう。

以上の解釈は，現行の民法においては諾成的代物弁済契約が無名契約であるとされることを前提とし，代物が不動産である場合に，本来の給付債務が消滅するための要件事実についての検討である(債権法改正案の下においては，その改正後の民法482条の解釈問題である。)。

この解釈は，無名契約における法律効果発生のために必要な基本的又は中核的な事実が何であるかという検討があり，その検討の結果は，諾成的代物弁済契約が締結された場合に，代物が不動産の場合には，本来の債務の消滅の要件事実として，不動産の所有権移転登記が完了したこと(これは，前記最高裁昭和39年11月26日判決が認めるところである。)のみならず，債務者において不動産の所有権移転登記手続についての弁済の提供をし，債権者においてその受領を拒絶したことであっても，認められるというものである。

この解釈が正しいものか否かは，条文から明らかなものではなく，最終的には，裁判所の有権的な判断に委ねられている[63]。

第5節　まとめ

1　ある学生との対話

　私がこの問題，すなわち，「契約の拘束力の根拠は何か。」という問題を考えるようになったのは，2007年4月，東洋大学法科大学院の教員に採用され，同年夏頃，ある学生から，法規説と合意説とのいずれが相当かという質問をされたことに始まる。
　その際，私は，その学生に対し，次のとおり話した。
　それは，法規合意双方必要説とでもいうべきものであった。
　「ワイングラスに，冷たいワインを注ぐと，ワイングラスに細かい水滴が付く。この現象，つまり，ワイングラスに水滴が付くという現象の原因について，ワイングラスがあるからであるという説と冷たいワインがあるからであるという2つの説がありうる。確かに，ワイングラスがなければ，水滴は付かないし，冷たいワインを注がなければ，水滴は付かない。しかし，どちらの説も，この現象の原因の説明として十分ではない。ワイングラスがあることとそこに冷たいワインが注がれることの双方がなければ，水滴は付かない。それと同様に，契約に拘束力が発生する根拠は，法律又は合意の一方のみであるという説は適切ではなく，その双方が必要である。つまり，ワイングラスは法律であり，冷たいワインは合意であり，この双方があってはじめて，水滴が付く，つまり，契約に拘束力が発生するのではないでしょうか。」
　この時点での私の見解は，契約の拘束力の根拠は，中身である当事者の合意（冷たいワイン）のみでは不十分であるし，かといって，外側にある法律（ワイングラス）のみでも不十分であるというものであった。
　しかし，この比喩でいえば，外側にあるものは，ワイングラスだけではなく，シャンパングラスでもいいし，湯飲み茶碗でもいいが，魔法瓶ではいけないという説明がなかったことが問題であろう。
　本章で提示した合理的規範説は，中身のワインが冷たいものでなければならないことと同時にワイングラスのように外側の容器が水滴の付くような素

材でなければならないが，ワイングラスに限定されず，水滴の付くような素材であればよいことを指摘したことになる。

合理的規範説は，比喩的にいえば，以上のような意味合いの考え方ということになる。

2　ある研究者との対話

私が，2009年にある研究会に出席した際，その懇親会の席上で，ある研究者に，「先生は，法規説と合意説とのいずれが相当とお考えですか。」という問いを投げかけたことがあった。

その研究者は，要旨，次のように語った[64]。

「お笑いになるかも知れませんが，私には，言葉には力がある，それが契約の拘束力の根拠ではないかと思います。つまり，日本には，昔から，言霊（ことだま）思想というのがありますが，やはり，それではないでしょうか。」

この話を，私なりに敷衍すると，次のとおりである。

法律は，言葉によって社会をコントロールする技術であり，法律は言葉によって表現され，言葉によって解釈される。立法活動は，言葉によってするしかないし，その立法過程では，条文に使用される言葉が吟味される[65]。しかし，立法は，社会をコントロールするすべての規範を語り尽くすことはできず，語り尽くされなかった規範は，法律の規定の外に，語られなかった言葉として漂っている[66]。それゆえに，言葉は，法律の規定の枠を超えて，拘束力の形式を提供する。そして，契約は，当事者が言葉を交わし，その言葉についてお互いに守ることを宣言することによって成立する。それゆえに，言葉は，拘束力の具体的な内容を提供する。

言霊思想というものが，以上のような事柄を意味しているとすれば，それは，本章で述べた合理的規範説と同一内容のものであるように思われる。

3　本問題の核心

(1)　法規説について

法規説は，「契約の拘束力の根拠は何か。」あるいは「契約に基づいて権利が発生する根拠は何か。」という問題について，「法律である。」と答える。そ

して，法規説が自らを正当化する理由として，「法律の規定なくして法律効果が生ずるという自然法原理のようなものを認めることはできない」とし，また，「民法91条により，無名契約も法律に根拠を有するものとして肯定できる」としていることからすると，法規説のいう「法律」とは，「法（法規範）」でも「合理的規範」でもなく，「制定法である法律」あるいは「法律の規定」であることを指し示している。しかし，そうであるとすれば，そのような答えは，直感的に誤りであると分かる。

　なぜならば，「制定法である法律」あるいは「法律の規定」は，人が作るものであるがゆえに成立した時点で既に不完全である蓋然性が否定できないとともに，時の経過に従って社会の実情にそぐわなくなりうるがゆえに不完全である。すなわち，権利発生根拠となりうる契約類型が仮に100類型しかないとしても[67]，日本民法典の第3編第2章に限定していえば，同章はわずか13類型をカタログとして規定しているに過ぎず，日本民法典の第3編第1章に散在するもの（例えば，代物弁済契約など）を考慮しても，また，商法典にあるもの（例えば，運送契約，保険契約など）などを考慮しても，その規定している類型のカタログ数はわずかであり，およそ，「制定法である法律」あるいは「法律の規定」によっては権利発生根拠となりうる契約類型のすべてを書き出すことはできない。そして，社会は，時の経過に従って，権利発生根拠となりうる契約類型を次々と生み出してしまう。それゆえに，「契約に基いて権利が発生する根拠は何か。」という問題について，「制定法である法律」あるいは「法律の規定」を指し示すものとしての「法律」であるとすることは，リアリズムの観点から，明らかに誤りである。

(2) 合意説について

　合意説は，同じ問題について，「合意である。」と答える。しかし，この答えも，直感的に誤りであると分かる。

　なぜならば，現実にある合意は，多様であり，およそ権利発生を認めることができないような合意がある[68]。また，そもそも，「権利」とは，国による強制力を発動しうるものであるから，「私人間の合意」によって直ちに国による強制力を発動しうるものとする社会制度設計はありえないものであり，「権

利」は、「私人間の合意」が前提となるとしても、「国の認める規範」の枠組みに適合するものでなければならないものである。それゆえに、同じ問題について、「合意」であるとすることは、リアリズムの観点から、明らかに誤りである。

(3) 合理的規範説について

　合理的規範説は、同じ問題について、「合理的規範に適合することである。」と答える。この答えは、リアリズムの観点から肯定しうる。

　なぜならば、権利発生根拠を人の作る「制定法である法律」あるいは「法律の規定」に限定するときは、リアリズムに反することになるところ、合理的規範説は、「制定法である法律」あるいは「法律の規定」に語られなかった規範をも権利発生根拠として認めることによってリアリズムの観点に立つことができ、また、合意のすべてが国による強制力を発動しうるものであるとすることはリアリズムに反することになるところ、合理的規範説は、合意が合理的規範に適合することを条件としてはじめて権利発生根拠として認めることができるとすることによってリアリズムの観点に立つことができるものである。

　そして、その具体的な内容は、第4節で述べたとおりである。

4　まとめ

　「契約の拘束力の根拠は何か。」という問題について、要件事実論においては、従前から、法規説と合意説という2つの説がある。

　法規説とは、「契約の拘束力の根拠も、契約に基づいて権利が発生する根拠も、法律である。」という説であり、合意説とは、「契約の拘束力の根拠も、契約に基づいて権利が発生する根拠も、法律の有無にかかわらない合意である。」という説である

　しかし、法規説は、①法律の規定がなければ法律効果を認めることはできないという見解を基礎としているものの、その見解が文字どおりには是認できない点において、また、②無名契約が是認できることの理由の説明において民法91条を援用しているがその解釈が適切ではない点において、相当で

はない。

　また，合意説は，(1)理念型としての最小限合意説についていえば，① 民法典が請求権の体系とみることが自然であること，② 民事訴訟の実務において法的性質決定のされた請求権が訴訟物とされていること，③ 訴訟の実際において法的性質決定は原告の負担とすることが相当であることから，相当ではなく，(2)理念型としての全部合意説は，① 請求権発生のために必要な合意が何かという吟味を欠いていること，② 合意の中にはおよそ請求権の発生を肯定できないものもありうるという吟味を欠いていることから，相当ではなく，(3)理念型としての中間的合意説についていえば，結論として正しいとしても，契約の拘束力の根拠として契約の上位概念である合意という言葉を使用している関係で，相当ではない。

　そして，合理的規範説，すなわち，「契約の拘束力の根拠も，契約に基づいて権利が発生する根拠も，その契約が合理的規範の定める要件を充足することにある。」とする説が相当であり，その理由は，第4節で述べたとおりである。

　また，この合理的規範説は，大村敦志教授が，「「典型契約と性質決定」をめぐって」判例タイムズ1175号（2005年）10頁において述べていた内容と一致する。合理的規範説は，同教授が指摘するフランス民法1134条「適法に締結された契約は当事間において法律に代わる」を，日本の民法典においては語られなかった規範であるとし，これを合理的規範として取り上げる考え方であるといえる。

　さらに，合理的規範説は，合意説を採用することを表明している伊藤滋夫裁判官及び大島眞一裁判官の見解とも，結論的には同一の内容のものになると思われる。合理的規範説と上記両裁判官の見解との相違は，唯一，説明のキーワードを「合意」とするのか，「合理的規範」とするのかの点にあると思われる。

5　追補——拡張された合理的規範説と要件事実

(1) 合理的規範説の拡張

　合理的規範説は，「契約の拘束力の根拠は何か。」，あるいは「契約に基づい

て権利（請求権）が発生する根拠は何か。」という問題に対する解として，法規説及び合意説をともに批判し，得られたものである。

しかし，合理的規範説は，上記問題の前提となっている契約法という領域に限定されず，民法のあらゆる領域での権利発生根拠を説明するものとして，妥当しうる解である。

これを拡張された合理的規範説ということにしよう。

これを，まず，物権法の領域において確認すると，次のとおりである。

(2) 物権法の領域における合理的規範説
ア 基本問題

「所有権に基づいて返還請求権が発生する根拠は何か。」という基本問題について考えてみよう。

この問題について，法律の規定は，それ自体から解を提示することができない。なぜならば，民法は，この問題に対する要件と効果を定めた規定を有していないからである。

しかし，法律の規定の解釈からは，解を提示することができる。その解釈の要旨は，第3章第3節で触れているが，次のとおりとなる。

「所有権は，完全物権であり，所有者は，所有権の対象である物につき，自由に，処分し，管理し，使用することができる（民法206条）。したがって，物を占有し，使用することは，所有権の内容となっているから，これを制限する特段の法的根拠がない限り，所有者は，占有者に対し，返還請求権を行使することができる。そして，占有者に占有権原があるという特段の法的根拠がある場合には，所有権に基づく返還請求は，理由のないものとなる。

そうすると，所有権に基づく返還請求権が発生するための要件事実（請求原因事実）は，①請求者（原告）がその物を所有していること，②相手方（被告）がその物を占有していることで足り，③相手方（被告）がその物の占有について権原を有していないことは，所有権に基づく返還請求権が発生するための要件事実（請求原因事実）とはならず，③'相手方（被告）がその物の占有について権原を有していることが，同請求を理由のないものとする事実（抗弁事実）となる。」

このような解釈は，所有権に基づく返還請求権が発生するための合理的規範を確認していることにほかならない。すなわち，所有権に基づく返還請求権は，法律に明文の規定がなくとも，上記のような合理的規範の定める要件を充足する具体的な事実があることによって発生するという説明ができる。

イ　抵当権に基づく引渡請求権の問題

「建物について抵当権を有している者が建物の占有者に対して引渡（明渡）請求権を有する根拠は何か。」という応用問題について考えてみよう。

この問題について，法律の規定は，それ自体から解を提示することができない。なぜならば，民法は，この問題に対する要件と効果を定めた規定を有していないからである。

しかし，法律の規定の解釈からは，解を提示することができる。その解釈の要旨は，第5章で触れているが，次のとおりとなる。

「私見によれば，抵当権に基づく引渡請求権の発生要件は，次の5つである。なお，ここでは，要件の概要を示し，具体的な要件事実までをも示すものではない。

(ア)　請求者が抵当物について抵当権を有していること
(イ)　相手方が抵当物を占有していること
(ウ)　相手方の占有が不法であること，又はその占有に権原があっても競売手続妨害目的をもってその占有権原が取得されたこと
(エ)　相手方の占有による交換価値実現阻害状態があること（抵当権者が抵当権を今まさに実行しようとする事態，あるいは実行することを確保しなければならない事態にあって，それが相手方の占有によって妨害されている状態があること）
(オ)　所有者の適切な維持管理が期待できないこと」

このような解釈は，抵当権に基づく引渡（明渡）請求権が発生するための合理的規範を確認していることにほかならない。すなわち，抵当権に基づく引渡（明渡）請求権は，法律に明文の規定がなくとも，上記のような合理的規範の定める要件を充足する具体的な事実があることによって発生するという説明ができる。

(3) 拡張された合理的規範説と要件事実の定義

　要件事実の標準的な定義は，「要件事実とは，一定の法律効果を発生させる法律要件に該当する具体的事実である。」というものである。

　私は，第1章において，この標準的な定義は，「馬から落馬する」という文章と同様の概念の重複のある記述であることによって不必要な議論が発生するため，ここにオッカムの剃刀を使用し，その結果としての要件事実の論理的な定義は，「要件事実とは，一定の法律効果を発生させるために必要かつ十分な具体的事実である。」とすべきであるという見解を提示した。

　しかし，拡張された合理的規範説の立場からは，上記の論理的な定義のうちの「一定の法律効果を発生させるために必要かつ十分な」という部分は，「合理的規範の定める要件を充足する」という文言に置き換えても差し支えないことになる。そうすると，拡張された合理的規範説の立場からは，「要件事実とは，合理的規範の定める要件を充足する具体的事実である。」と定義することもできることになる。

　そして，このような要件事実の定義に従えば，履行遅滞による遅延損害金の発生要件事実としては，「債務者が債務の履行をしないこと」という事実が不必要であることを容易に説明できる。

---

(1)　実務家の著作になるものとして，『要件事実第1巻』45頁以下，『設例13題』9頁以下，『30講』第3版100頁以下，『考え方と実務』第3版20頁以下，『要件事実マニュアル1』第4版10頁以下，大島眞一『完全講義民事裁判実務の基礎［第2版］〈上巻〉』（民事法研究会・2013年）69頁以下，河村浩・中島克己『要件事実・事実認定ハンドブック』（日本評論社・2015年）75頁以下など

(2)　研究者の著作になるものとして，山本敬三『民法講義Ⅳ—1　契約』（有斐閣・2005年）20頁以下，後藤巻則「要件事実論の民法学への示唆(2)—契約法と要件事実論」『要件事実論と民法学との対話』（商事法務・2005年）44頁以下，石川博康「典型契約冒頭規定と要件事実論」『要件事実論と民法学との対話』（商事法務・2005年）122頁以下，大村敦志『典型契約と性質決定』（有斐閣・1997年）39頁以下，森村進『権利と人格』（創文社・1989年）147頁以下，船越隆司『実定法秩序と証明責任』（尚学社・1996年）309頁以下など

(3)　前記注1のほとんどの文献が，契約の拘束力の根拠（それは法律であるとする法規説を採用するものが多い。）が，権利発生の根拠（法規説に従い，それは法律であるとするとするものが多い。）でもあるとしている。なお，『30講』第3版100頁は，「権利の発生根拠は何か，契約の拘束力の根拠は何かという問題である。これについては，大きく分けて，2つの考え方がある。第1は，権利発生の根拠は法律であり，契約の拘

束力の根拠も法律であるという考え方である。これは「法規説」と呼ばれる。」と記述し、契約の拘束力の根拠の問題と権利発生の根拠の問題が、同一の問題であることを明言している。
(4)　なお、文献によっては、「権利」ではなく、「契約に基づいて請求権が発生する根拠は何か。」という問題であるとされる。「権利」と「請求権」との異同については難しい問題がある。一般的には「権利」は実体法において使用される表現であり、「請求権」は訴訟法において使用される表現であるといえるものの、「物権的請求権」は実体法における権利を表現するものの、これを物権的権利とは表現しないから、上記の区分が正確なものとはいえない。ちなみに「債権」と「請求権」との異同については、第4章第5節参照。
(5)　本章では、文献を引用するほかは、できる限り、「請求権」ではなく、「権利」という言葉を使用するが、文章の流れ又は意味の観点から、「請求権」という言葉を使用することもある。
(6)　要件事実論の定義、目的、機能、対象、方法、評価などについては、種々の見解があるが、一般的には、その主な目的は、合理的な民事訴訟の運営を図るために請求権の構造を明らかにすることにあり、その主な検討課題は、民事訴訟実務において、原告が被告に対してどのような請求の趣旨を立てるのか、その訴訟物は何か、その請求原因はどのようなものであり、その請求原因事実として何が必要かつ十分であるのか、それに対する抗弁はどのようなものであり、その抗弁事実として何が必要かつ十分であるのか、それに対する再抗弁はどのようなものであり、その再抗弁事実として何が必要かつ十分であるのかなどを明らかにすることにある。
(7)　請求原因には、①請求を特定するものとしての請求原因（民事訴訟法133条2項2号）、②請求を理由づけるものとしての請求原因（民事訴訟規則53条1項など）、③中間判決においていわれる請求原因（民事訴訟法245条）がある。訴状に、請求を特定するものとしての請求原因の記載がない場合には、裁判長の訴状審査権に基づく補正命令があることになり（民事訴訟法137条1項）、原告がこの補正命令に応じないときは、訴状却下となる（同条2項）。訴状に、請求を特定するものとしての請求原因の記載はあるが、請求を理由づけるものとしての請求原因の記載がない場合には、原告が適切な主張をしなければ、訴状却下とはならないが、請求が棄却されることになる。本章では、請求原因という言葉は、特にことわりのない限り、請求を理由づけるものとしての請求原因という意味で使用する。
(8)　『30講』第3版100頁
(9)　現在の民法では、ファイナンス・リース契約を典型契約として明文で認めていないところ、2015年3月31日国会提出にかかる民法の一部を改正する法律案（以下「債権法改正案」という。）においても、ファイナンス・リース契約を典型契約として明文で認めるものではない。しかし、その審議の過程では、典型契約とすることが議論された。
(10)　現在の民法482条では、要物契約としての代物弁済契約を認めているものと解されるものの、諾成的代物弁済契約を明文で認めているとはいえないところ、債権法改正案は、民法482条において諾成的代物弁済契約を明文で認めることとした。
(11)　現在の民法587条では、要物契約としての消費貸借契約を明文で認めているが、民法には、諾成契約としての消費貸借契約については、何らの規定もない。このため、現行法下において諾成的消費貸借契約が認められるか否かは議論のあるところであったが、判例（最高裁昭和48年3月16日判決・金法683号25頁）及び通説は、肯定説

⑿　弁論主義の根拠は何かという問題については，論者の価値判断に依存する説明が多いように思われる。この点については，別に論ずることとする。

⒀　「東京が日本の首都とされる根拠は何か。」という根拠探求型疑問文については，次のような説明が可能である。つまり，日本の首都が東京であるとされる法律上の根拠はない。しかし，首都とは，一般に，国の中心となる都市を意味するところ，東京都内には，国会（日本国の立法権を有する機関）もあり，内閣府（日本国の行政権を有する機関）もあり，最高裁判所（日本国の司法権を有する最上級機関）もあるから，東京は，日本の首都ということができる。

⒁　「今後日本の株価の低下が予想される根拠は何か。」という根拠探求型疑問文については，そもそも，「今後日本の株価の低下がある。」という予想が正しいと断言できないから，適切な解が得られる保証はない。

⒂　宗教的な議論については，その宗教を信じている者たちにとっての主観的な解が得られても，その宗教を信じていない者たちを含む客観的な解を得ることは困難であろう。例えば，「イエス（あるいはマホメット）が，人類の救済者（メシア）であるとされる根拠は何か。」という問題についてみれば，その宗教を信じている者たちにとっての主観的な解が得られることがあるとしても，その宗教を信じていない者たちを含む客観的な解を得ることは困難であろう。

⒃　このような分類に属するものとして，「弁論主義の根拠は何か。」という問題をあげることができる。この問題については，客観的な解が得られるものではなく，論者の価値判断に依存する解しか得られないが，しかし，その解について大方の賛同を得られるようなものがあるように思われる。すなわち，その解として，私的自治説，手段説，多元説などがあるが，現時点では，私的自治説が，通説として，大方の賛同を得られているようである。

⒄　数々の独創的な手を見いだした将棋棋士升田幸三（1918年—1991年）は，将棋の読みについて，「直感，精読，直感」が大事であると言っていた。直感がなければ，最善手を見いだすことはできないが，それが最善手であることは，精読が必要であり，精読してみると，やはり，直感の手が最善手であると確認できるという趣旨の名言である。法律の関係でも，新しい又は正しい知見を見いだすためには，やはり，直感的な予測が重要である。しかし，直感的な予測は，精密な検証を経なければ，正しい知見であるとすることはできない。

⒅　この一般法則は，経験則であり，すべての場合に成立するものではない。それゆえに，「しばしば」という制限を付している。しかし，社会科学，法律学，哲学など文科系での領域における文章についていえば，ほとんどの場合に成立するように思われる。

⒆　古代から，人は，現実世界を単純で具体的な言葉や元によって理解し，説明しようとしてきた。例えば，古代ギリシャにおいて，世界は，「土」「水」「空気」「火」の4大元素によって構成されるという考え方＝4大元素説があった。しかし，現実世界は多様であるから，これを単純で具体的な言葉や元によって説明することは，原理的に不可能である。現実世界は，現代では，100を超える多くの原子のほか，光子，ニュートリノなどの素粒子から構成されているとされる。

⒇　これに対し，古代ギリシャにおいても，世界は，原子（分割不可能な微粒子＝アトム）によって構成されるという考え方もあった。この考え方は，「土」「水」「空気」「火」というような単純で具体的な言葉ではなく，抽象的な「原子」という言葉で世界を説

明しようとするものであるから、その「原子」の意味がそれ自体では不明確ではあるが、適切な説明でありうることになる。

なお、「万物は流転する。」という言明がある。これは、一般に、古代ギリシャの哲学者ヘラクレイトス（紀元前540年—480年）の言葉であるとされている。この言明は、「流転する」という言葉が抽象的であるがゆえに、適切でありうるといえる。鴨長明（1155年—1216年）の方丈記の冒頭の「ゆく河の流れは絶えずして、しかももとの水にあらず。淀みに浮かぶうたかたは、かつ消えかつ結びて、久しくとどまりたるためしなし。世の中にある人とすみかと、またかくのごとし。」という言明も、同様である。

(21) 契約の拘束力は、その契約の種類、性質のほか、その契約を規律する法律のみならず、社会及び国家の在り方によって異なるものがあると推察される。例えば、資本主義国と社会主義国とでは、契約の拘束力について異なる判断がされることも多いであろうし、資本主義国においても、各国において、異なる判断がされることもあるであろう。例えば、身分行為関係ではあるが、日本法では、離婚について、協議離婚が認められているところ、協議離婚は夫婦が離婚することを合意すること（契約すること）に加えて戸籍役場に届出をすることによって成立するものであり、身分契約といって差し支えないものであろうが、英米法では、離婚は裁判によってされるものであって、夫婦の合意によってできるものではないとされている。

(22) 星野英一「現代における契約」『民法論集』第3巻（有斐閣・1972年）20, 21頁は、「契約の拘束力」について、一般的な意味で論じ、「契約の拘束力の根拠を、客観的規範でなく、契約当事者の自由な意思に求めたことは、すぐれて近代的な思考へのきわめて大きな転換である」と記述している。

(23) 星野前掲「現代における契約」56頁以下は、「契約の拘束力」について、解約できるか否かの観点から、記述している。

(24) 星野英一「契約思想・契約法の歴史と比較法」『民法論集』第6巻（有斐閣・1986年）236頁以下は、契約の拘束力の一部の否定があることについて記述し、約款などについて「裁判所は、種々の方法……を用いて、不当な契約の条項の拘束力や効力を否定した」（240頁）と記述している。

(25) 河村ほか前掲『要件事実・事実認定ハンドブック』75頁は、契約の拘束力を問題とするに当たって、この第1の意味と第3の意味が曖昧とされていること、要件事実論にあっては第3の意味で検討すべき旨を指摘している。

(26) 『新版注釈民法(13)』[谷口知平・五十嵐清執筆担当] 2頁以下

(27) 同上

(28) 同4頁には、契約の拘束力の根拠を論ずるものとして、意思説、信頼説などがある旨の紹介記述がある。

(29) 倉田卓次監修『要件事実の証明責任　契約法上巻』（西神田編集室・1993年）29頁以下には、契約の拘束力の根拠を論ずるものとして、法規説及び合意説のほかに、意思説、信頼説、関係説の紹介記述があるところ、その紹介記述によれば、意思説は「契約の拘束力の根拠を、行為者の意思そのものに求める見解」であり、信頼説は「法律効果の本来的な発生根拠を、法律行為によって相手に一定の信頼を生じることから相手方を保護するために認められた法秩序による信頼責任に起因するものであるという点に求める理論」であり、関係説は「現代社会において生じた新たなる種類の身分に基いて契約「関係」を考察するという点に注目するならば、今後の進歩的諸社会の推移は、「契約から関係へ」の推移であるという考え方」であるというものである。これ

⑶⓪　森村前掲『権利と人格』147頁以下は，次のとおりの記述をしている。契約の拘束力の根拠について，英米法においては，① 意志説（契約は同意した当事者の意志を実効的にするためのものだとする説），② 取引説（契約は相互の取引であるときに限り，そのように拘束するとの説），③ 等価説（契約は等価物の交換であるときに限り，そのゆえに拘束するとの説），④ 信頼説（契約の相手方に信頼を引き起こした場合，その信頼のゆえに相手方に損害を蒙らせてはならないとする説）の4つがある。③ の等価説は採用できない。なぜならば，契約による取引は等価交換ではなく，大部分の場合，不等価交換だからである。④ の信頼説は採用できない。なぜならば，相手方が信頼しなくても，相手方に権利を認める必要がある場合があるからである。結局，① の意志説が及びその一形態として理解可能な ② 説が相当である。しかし，① の意志説にあっては，㈠無償契約の拘束力の弱さ（意志を尊重するのであれば無償契約であっても有償契約と同様の拘束力を認めるべきであるにもかかわらず，撤回可能性を肯定していること）を適切に説明できないし，この点については ② の取引説では適切に説明できるとしても，① の意志説及び ② の取引説のいずれにあっても，㈡契約締結後の意志の変更による契約の変更不可能性（意志を尊重するのであれば過去のものではなく現在の意志を尊重すべきであるにもかかわらず，現在の意志に基づく契約の変更を認めないこと）についての説明が不十分であるという問題がある。この最後の問題については，公正さの要求や契約制度の有用さの考慮が必要である。

⑶⓵　典型契約の対語として非典型契約という言葉か，無名契約という言葉を使用するのかについては，微妙な問題がある。大村前掲『典型契約と性質決定』10頁以下を参照されたい。本章では，基本的に，無名契約という言葉を使用し，文献引用上の関係などの必要がある場合には，非典型契約という言葉を使用することとする。

⑶⓶　同書266頁においては，次のように記述されている。「筆者は，ある契約を典型契約（例えば売買契約）として主張するためには，当該契約が各種典型契約の冒頭規定（例えば民法五五五条）の定める合意内容を少なくとも含むことが必要であると考えている。こうした冒頭規定は，各種典型契約の一種の定義を定めた規定と考えることができる。……定義と考えるのであるから，その冒頭規定の中に当該典型契約の本質的部分が含まれていると考えることになる。しかし，このことは，その冒頭規定が当該法律効果の発生根拠となっていることを当然に意味するものではない。当該規定は，典型契約としての一種の定義規定であるということであり，法律効果は，そうした定義規定の内容に合致する当事者の当該契約を成立させる合意であると考える。」この記述は，簡略にいえば，「典型契約に基づいて権利が発生する根拠は，当該契約を締結した当事者の合意にある。」ということになる。

⑶⓷　同書267頁においては，「この点については，司法研修所民事裁判教官室の見解も同様というべきである。」，『要件事実第1巻』138頁は，「請求権の発生を，「合意の効果」と述べ，「同条の規定の効果」とは説明していない。」と記述されている。この記述は，簡略にいえば，「『要件事実第1巻』は，ひいては，司法研修所民事裁判教官室は，合意説を採用していると解すべきである。」ということになる。

⑶⓸　前記のとおり，この契約類型が，民法典の定めるものであるとの限定をしていないから，例えば，ファイナンス・リース契約も，諾成的代物弁済契約も，諾成的消費貸借契約も，契約類型として排除していないと解するのが，中立的な解釈であろう。

㉟　自然法という言葉は、多義的な言葉であって、その意味するものが何であるのかについては多くの見解がある。そして、自然法原理という言葉は、自然法という言葉以上に多義的かつ曖昧な言葉であり、さらに、「自然法原理のようなもの」という言葉は、自然法原理という言葉以上に多義的かつ曖昧な言葉であり、これらの言葉が何を意味するのかについては、慎重な検討が必要である。法規説では、自然法とは、制定法にはない法、あるいは、これらに反する法という意味を有する言葉として使用しているように思われるが、自然法という言葉をそのような意味で使用することの当否は、ここでは論じない。

㊱　我妻榮『債権各論中巻一』（岩波書店・1957年）350頁以下参照

㊲　法規範又は法と法律との異同については、星野英一「「法」と「法律」の用語法について」『民法論集』第7巻（有斐閣・1989年）1頁以下参照

㊳　ここでは、法（規範）とは、法律と対置する意味で、制定法に限定されることのないものを意味する。

㊴　法律という言葉は多義的であり、最広義では、憲法をも含む法を意味し、広義では、制定法のみならず、慣習法、判例法をも含み、狭義では、制定法を意味し、最狭義では、国会の議決によって成立する制定法を意味するといえよう。しかし、「法律の規定」という言葉にあっては、その法律は制定法を意味することになる。なぜならば、制定法であるからこそ「規定」がありうるのであり、慣習法や判例法には「法律の規定」という言葉がなじまないからである。

㊵　例えば、建物の賃料支払時期について、民法614条は、当月分の賃料支払時期を毎月末と規定しているが、同条は、任意規定であると解されているところであり、一般的な契約書にあっては、翌月分の賃料支払時期を毎月末としている。

㊶　『新版注釈民法(3)』［森田修執筆担当］219頁以下は、民法91条が、「同条は任意規定に関して、これと異なる内容の法律行為の効力を肯定することを直接は定めている。」としている。しかし、同条の解釈には、難しい問題が多い。

㊷　石川前掲「典型契約冒頭規定と要件事実論」130頁は、「より根本的な問題として、91条が非典型契約の拘束力の根拠となるという理解が、そもそも91条の解釈として導き得るものであるのかどうかについても、疑問を呈さざるを得ない。91条が定めているのは、任意法規と異なる合意の効力を承認するということであり、そこから直接に帰結されるのは、合意による任意法規からの離脱が可能であるということに過ぎない。」という。

㊸　石川前掲「典型契約冒頭規定と要件事実論」131頁は、「その契約について妥当すべき任意法規からの離脱が可能であるかどうかという問題は、そもそもその契約に拘束力が認められるのかという問題とは区別されるべき問題であり、91条は前者の問題や強行法規に反する法律行為の効力の否定に関わる規定であって、少なくとも後者の問題までをも扱うものではない、と解するのが妥当であろう。」という。

㊹　後藤前掲「要件事実論の民法学への示唆(2)―契約法と要件事実論」60頁は、「法規説を採る見解は、法律行為がその内容に従った法律効果を生じることは民法91条の認めるところであるから、非典型契約の拘束力は民法91条が定めているとして、請求権の発生根拠が法規であるという考え方を維持する。この説明は、91条の沿革からは疑問の余地もあり、形式的根拠づけのきらいがあることは否定できない。」と述べている。

㊺　石川前掲「典型契約冒頭規定と要件事実論」129頁は、法規説を批判して、「このように91条を非典型契約の権利根拠規定と考えることは、非典型契約に関しては個別

(46) 大村敦志教授は，「「典型契約と性質決定」をめぐって」判例タイムズ1175号（2005年）10頁において，「91条を根拠にして返還約束説を導くことも，できそうな感じがします。」と述べている。

(47) 「返還約束説」という呼称の由来は，次のとおりである。三井哲夫裁判官は，要物契約としての消費貸借契約又は諾成的消費貸借契約に基づく目的物返還請求権を例として，その返還請求権が発生する根拠を，契約ではなく，「返還約束（合意）」にあると説明し，それゆえに，「返還約束説」という呼称が定着した。しかし，100万円の金員支払請求が，売買契約に基づく場合には，「返還約束」があるのではなく，「金員（代金）支払約束」があるものであるし，甲不動産の引渡請求が，売買契約に基づく場合には，やはり，「返還約束」があるのではなく，「目的物引渡約束」があるものであるから，「返還約束説」という呼称は，理念型の観点からは，適切な呼称ではない。

(48) 返還約束説に分類されるものとして，例えば，田辺公二「攻撃防御方法の提出時期」『民事訴訟法演習Ⅰ』（有斐閣・1963年）130頁以下などがある。

(49) すなわち，民法は，その立法沿革に照らせば，欧米諸国の法律を参考として日本における請求権カタログを規定したものとみることが自然であろう。

(50) 『要件事実第1巻』46頁は，返還約束説について，「このような理解は，実体法上の権利ごとに訴訟物を考えようとする伝統的な考え方と調和しない。」と述べている。

(51) 『要件事実第1巻』47頁

(52) 現実の社会では，経済的な窮地にある者が，不合理な契約によって，さらに，経済的な窮地に追い込まれることがある。裁判所には，そのような事態の発生を是認しないことが社会的に要請されている（つまり，裁判所は，不合理な契約に基づく請求について強制力を付与することはしない，換言すれば，不合理な契約には拘束力を与えてはいけない。）。そして，そのような事態の発生を是認しない方策の一つが，原告は，請求に当たり，その請求権の法的性質を決定する必要があるとすることである。原告に対して契約に基づく請求の法的性質を決定する負担を負わせるか否かは，理論の問題としての側面もあるが，社会的な妥当性を確保する観点からの問題という側面もあり，この側面からの判断が，現実的であるということになる。

(53) なお，伊藤滋夫裁判官も，合意説を採用していることは，前述のとおりである。

(54) 伊藤滋夫裁判官も，契約のうちの「本質的事実」が権利発生の根拠であるとしている。例えば，前掲『要件事実の基礎』には，「売買契約における本質的事実」がなければ権利が発生しないと説き，「目的物が売主の所有であることは，売買契約の本質的事実ではない」からこの事実は売買契約に基づく請求権の発生根拠事実にはならないが，「代金支払約束は，売買契約の本質的事実であるから，代金支払約束のない売買契約というものは考えることができない」としているし（266頁），「立証責任対象事実は何かを考えるために，本質的事実は何かを考え，さらに，本質的事実は何かを考える」（268頁）などと，「本質的事実」を重要視することを述べている。

(55) ただし，「本質」又は「本質的」という言葉の意味は，難解なものがある。哲学，法律学，政治学，社会学その他の社会科学においては，しばしば，本質という言葉を使用することによって，現実的なあるいは実証的な説明を省略してしまうことがある。このため，本章では，「本質的な」という言葉に代えて，「基本的な又は中核的な」という言葉を使用している。この点については，別に述べる必要があると考えている。とりあえずは，「本質」という言葉の問題性については，碧海純一『法と言語』（日本

評論社・1965 年) 173 頁以下の説明が分かりやすいこと，また，「本質」という言葉を使用したことによる要件事実論における混乱については，金銭消費貸借契約の成立要件を論じるに当たって，『設例 15 題』改訂版 41 頁にあっては「弁済期の約定」が契約成立のために「本質的」に必要な事実とされ，『設例 13 題』38 頁にあっては「弁済期の約定」が契約成立のために「本質的」に不必要な事実とされたという歴史的事実があったことを指摘しておく。

(56) 対談者である加藤新太郎裁判官

(57) 石川前掲「典型契約冒頭規定と要件事実論」147 頁は，大村敦志教授の上記発言について「大村教授の見解は合意説の一つのヴァリエーションとして位置付けることができる」と述べている。

(58) 『紛争類型別の要件事実』改訂版 125 頁以下，『30 講』第 3 版 385 頁

(59) 厳密には，契約の成立要件が法律の規定するものでは足りないと解されることもありうる。例えば，消費貸借契約の成立要件は，民法 587 条の規定の文言上は，代替物の交付とその返還約束で足りると思われるが，かつての司法研修所民事裁判教官室の見解としては，弁済期の合意が必要不可欠であるとされていた（『設例 15 題』改訂版 41 頁など）。なお，現在では，司法研修所民事裁判教官室の見解も，消費貸借契約の成立要件は，民法 587 条の規定文言どおり，代替物の交付とその返還約束で足りるものとし，弁済期の合意とその合意にかかる弁済期の到来は，目的物返還請求権の発生要件であるとする解釈を採用している（『設例 13 題』38 頁以下）。また，現行の民法 601 条は，賃貸借契約について，「賃貸借は，当事者の一方がある物の使用及び収益を相手方にさせることを約し，相手方がこれに対してその賃料を支払うことを約することによって，その効力を生ずる。」と規定しているが，債権法改正案の同条は，「賃貸借は，当事者の一方がある物の使用及び収益を相手方にさせることを約し，相手方がこれに対してその賃料を支払うこと『及び引渡しを受けた物を契約が終了したときに返還すること』を約することによって，その効力を生ずる。」と改め，賃貸借契約の成立要件として，「引渡しを受けた物を契約が終了したときに返還することを約すること」を追加しているところ，この追加は，従前は明示されていなかった要件を明示する趣旨のものと解される。

(60) 契約の成立要件と，その契約に基づく権利の発生要件とは異なる場合がある。例えば，現在の司法研修所民事裁判教官室の見解は，消費貸借契約の成立要件と同契約に基づく目的物返還請求権の発生要件とは，異なるとしている（『設例 13 題』38 頁以下）。また，例えば，賃貸借契約でいえば，賃貸借契約の成立要件を充足すると，賃借人の賃貸人に対する目的物引渡請求権が発生するが，賃貸人の賃借人に対する目的物返還請求権は発生しない。賃貸人の賃借人に対する目的物返還請求権の発生要件としては，少なくとも，賃貸借契約の成立のみならず，同契約に基づく賃貸人から賃借人に対する目的物の引渡しが必要であり，多くの見解は，それのみならず，賃貸借契約が終了したことが必要であるとする。

(61) 例えば，在学契約においては，入学しようとする者が支払う入学金，授業料，施設負担金などの金額は特定することができるが，学校が提供するサービスの金額は，評価が困難であろう。また，学校が提供するサービスの内容が同じようなものであるとしても，学校のネームバリュー，卒業時の就職率・就職先の選択可能性・その就職先の一般的又は平均的な給与額などは，異なるものがありうるから，これらの事柄をどのように評価するのかは，困難な問題であろう。そういう意味において，在学契約は，入学しようとする者が支払う金員と学校が提供するサービスの内容その他の要素との

間に，相当な対価関係がありうるとはいえても，等価関係にあるということはできない。
(62) 森村前掲『権利と人格』148頁以下
(63) 潮見佳男『民法（債権関係）改正法案の概要』（きんざい・2015年）161頁は，債権法改正案にかかる民法482条の解釈として，「代物弁済契約を諾成契約としたときには，代物弁済契約が締結された後も，債権者が「当初の給付」を請求することは妨げられない（このことは明文の規定を待つまでもない）。」としたうえで，「債権者が債務者に対して「当初の給付」を請求したときに，債務者が「代物の給付」をすることができるか……は，個々の代物弁済契約の解釈により決せられる。」と述べている。コンパクトな叙述であるが，また，ここで提示した問題に関する直接の解を述べるものではないが，この問題に関する解についての参考になるように思われる。
(64) 実際には，その話は，もっと詳細なものであったが，私がその時点で受け止めたもの，かつ，私の現在の記憶にあるものは，以下のとおりである。
(65) それゆえに，言葉には，社会をコントロールする力が付与される。
(66) ファイナンス・リース契約は，債権法改正案においても立法化されなかたため，法律の規定の外に，語られなかった合理的規範＝言葉として漂うことになった。
(67) 権利発生根拠となりうる契約類型の数は，その判断基準によっては，1000単位にも，あるいは万単位にもなるかも知れない。しかし，日常的に接する契約類型に限っても，100を下回らないように思われる。
(68) 例えば，兄弟であるA及びBが「互いに仲良くすることとし，これを守らなかった場合には，その者は他方に対して100万円を支払う。」という合意をしたとしよう。この合意に基づき，AがBに対して100万円の支払請求の訴えを提起したとしても，裁判所は，その請求を認めることはないであろう。また，前述のとおり，A及びBが「AはBに対して甲土地について所有権移転登記手続をする。」という合意をし，この合意に基づき，BがAに対して甲土地についての所有権移転登記手続を求める訴えを提起したとしても，裁判所は，その合意が贈与契約の履行方法についての合意であるというならば格別そうでない無名契約に基づくものであるとすれば，その請求を認めることはないであろう。

第3章 実体法的性質の5分類説について

第1節 はじめに

1 要件事実の性質の類型の4区分

(1) 法律効果の性質の類型の4区分（表1）

要件事実とは，一般に，一定の法律効果を発生させる法律要件に該当する具体的事実をいう[1]。

法律効果の性質は，一般に，① 発生，② 障害，③ 消滅，④ 阻止の4つの類型に区分され，それゆえに，要件事実の性質も，上記法律効果の性質の類型の区分に平仄を合わせて，この4つの類型に区分されている[2]。

(2) 規定，事由，要件，事実（表2）

要件事実について言及する際に，権利の発生に関していえば，権利発生根拠「規定」[3]，権利発生「事由」[4]，権利発生「要件」，権利発生根拠「事実」などの言葉，権利の発生の障害に関していえば，権利発生障害根拠「規定」，権利発生障害「事由」，権利発生障害「要件」，権利発生障害根拠「事実」などの言葉が，使用される。

この「規定」は，一般的には，民法などの成文法典に定められた条文の内容を意味し，「事由」は，具体的な事実よりは抽象的であり，規定に定められた内容よりは具体的であり，これにより，一定の法律効果を導き出すまとま

表1

| 発生 | 障害 | 消滅 | 阻止 |

120　第3章　実体法的性質の5分類説について

表2

| 規定 | 事由 | 要件 | 事実 |

りのある理由又は原因を意味し、「要件」は、規定に定められた内容であって、規定の文言に沿う抽象的な事実又は事由を意味する。

そして、ここでいう「事実」は、見解の分かれるところであるが[5]、本稿では、裁判所が証拠によって認定することの可能な具体的な事実を意味するものとする。なお、「事実」の意味をこのように「設定」することの意味及び「妥当性」については、要件事実の基本的な問題として、別に論ずる[6]。

このような言葉の区別は、細かいようであるが、予め約束として確認しておくことが、後の議論において混乱を生じないために必要な手順である。

(3) 権利は最も代表的な法律効果であること（表3）

法律効果には、多種多様なものがあるが、権利は、最も代表的な法律効果である。すなわち、権利は、一定の事実の存在によって発生することが肯定できる法律効果であり、法律効果のうちでも、最も代表的なものである。

例えば、売買契約の締結という事実があると、「売買代金支払請求権」の発生という「法律効果」が発生する。そして、多くの訴訟では、上記の例でいえば「売買代金支払請求権」という権利をめぐって、その発生、その発生の障害、その消滅、その行使の阻止の有無が審理判断の対象となる。

このように、要件事実を論ずるに当たっては、まず、権利の発生が問題とされ、その権利について、発生障害事由の有無、消滅事由の有無、権利行使阻止事由の有無などが論じられることが通常である。

このため、要件事実の性質に応じた規定の分類について、「権利の発生要件を定めた権利根拠規定（拠権規定）、その権利発生の障害要件を定めた権利障害規定（障害規定）、その権利行使を一時的に阻止する要件を定めた権利阻止規定（阻止規定）、及びその権利の消滅要件を定めた権利滅却規定（消滅規定）の四つに分類される」というように、要件事実のすべてが「権利」の発生、障害、消滅又は阻止にかかるものであるかのような表現をすることもある[7]。

表 3

長い表現	別の表現	省略表現	権利に限定しない表現
権利発生根拠規定	権利根拠規定	拠権規定	法律効果発生規定
権利障害規定	権利発生障害規定	障害規定	法律効果発生障害規定
権利滅却規定	権利消滅規定	消滅規定	法律効果消滅規定
権利阻止規定	権利行使阻止規定	阻止規定	法律効果阻止規定

(4) 法律効果は，権利に限定されるものではないこと

しかし，法律効果は，権利に限定されるものではない。

権利の発生を障害するという法律効果も，法律効果であり，権利が消滅するという法律効果も，法律効果であり，これらの法律効果を覆す法律効果も，法律効果である。

(5) 障害事由の障害事由，消滅事由の障害事由など（表 4）

例えば，売買契約の締結という事実は，売買代金支払請求権の発生という法律効果をもたらすが，買主の意思表示に要素の錯誤があったという事実は，売買契約を無効なものとし，売買代金支払請求権の発生を障害するという法律効果をもたらし，さらに，買主には重大な過失があったという事由は，売買契約が無効となることを覆し，売買代金の支払請求権の発生を障害することを障害するという法律効果をもたらすことになる。

また，売買契約の締結という事実は，売買代金支払請求権の発生という法律効果をもたらすが，売買契約の締結の日から 10 年を経過したという事実（これに加えるに，消滅時効の援用）は，売買代金支払請求権が時効により消滅するという法律効果をもたらし，さらに，その間に買主が代金の一部を支払ったという事実は，債務の承認という消滅時効の中断事由に該当するとして，売買代金の支払請求権の時効による消滅を障害するという法律効果をもたらすことになる。

表 4

売買契約の締結	権利発生の根拠要件
錯誤	権利発生の障害要件
重大な過失	上記の法律効果発生の障害要件

売買契約の締結	権利発生の根拠要件
10年の経過	権利の消滅要件
代金一部支払	上記の法律効果発生の障害要件

2 要件事実の性質の類型の4区分の意味

(1) 基本

要件事実の性質の類型を上記のように4つに区分し，法律効果のうちで最も基本的なものである権利についてみると，実体法上は，権利発生要件事実（丁寧にいえば，権利発生根拠要件事実，短くいえば，拠権事実），権利発生障害要件事実，権利消滅要件事実，権利行使阻止要件事実という区分が可能になり，訴訟上は，権利発生要件事実は，請求原因事実となって原告が主張立証責任を負い，その他の要件事実は，抗弁事実となって被告が主張立証責任を負うということが，明瞭となる。

そして，このように4つに区分することにより，訴訟において，原告は，まずは，権利が発生するために最低限必要な事実である権利発生要件事実を主張立証すれば足り，権利発生障害要件事実のないことまでを主張立証する必要がないことになる[8]。

(2) 仮想の区分（表5）

仮に，要件事実の性質の類型を，(a)有効（発生を基礎付ける事実があり，かつ，障害を基礎付ける事実のないこと），(b)行使不可（消滅又は阻止のいずれかを基礎付ける事実があることを）の2つに区分したとすると，権利を行使しようとする者は，権利発生要件事実のみならず，権利発生障害要件事実のないことを主張立証しなければならないことになる。

表5

	有効		行使不可
発生	障害	消滅	阻止

表6

類型区分	発生	障害	消滅	阻止
例	売買代金支払請求権	錯誤	弁済	同時履行
主張レベル	請求原因	抗弁	抗弁	抗弁
立証責任	権利者	義務者	義務者	義務者

　しかし，権利を行使しようとする者が，通謀虚偽表示無効，錯誤無効などすべての無効事由がないこと（これに加えて，後述のとおりの分析をすれば，すべての取消事由がないこと）を主張立証しなければならないという訴訟制度設計は，不合理であって採用できない。

　要件事実の性質の類型を4つに区分し，権利を行使しようとする者は，権利発生要件事実の主張立証責任を負担することはあっても，権利発生障害要件事実がないことの主張立証責任を負担しないとすることが，訴訟制度設計上，合理的であるといえる。

(3) 4区分の意味の例示（表6）

　Xは，平成22年1月1日にYに対して甲土地を代金1000万円で売り，Yに対し，その代金の支払を請求する訴えを提起したとしよう。

　この場合，請求の趣旨は，「Yは，Xに対し，1000万円を支払え。」となり，訴訟物は，売買契約に基づく売買代金支払請求権であり，Xは，請求原因として，XY間の売買契約の締結という権利発生事由を主張立証することになる。そして，Yは，抗弁として，事案に応じて，錯誤無効という権利発生障害事由，代金支払（弁済）による権利消滅事由，甲土地の所有権移転登記及び引渡しとの同時履行を求める旨の権利行使阻止事由などを，それぞれ主張立証することができる。

表7

	性質概要	区分	例示
障害	効力の発生を障害する事由	(a)無効	意思無能力，虚偽表示，錯誤，公序良俗違反
		(b)取消し	強迫，詐欺，未成年
		(c)停止条件	
		(d)停止期限	賃料支払催告とともにする解除
消滅	効力の発生した権利が消滅する事由	(a)弁済	
		(b)消滅時効	
		(c)その他	債権譲渡
阻止	効力の発生した権利の行使を阻止する事由	(a)履行期限	始期
		(b)反対債務など	留置権，同時履行の抗弁
		(c)保証人関係	催告の抗弁，検索の抗弁

3 要件事実の性質の類型の区別

(1) 障害，消滅，阻止の3区分の区別の概要（表7）

上記4区分のうち，権利発生障害事由，権利消滅事由，権利行使阻止事由の意味及び区別が問題になることがある。

ここでは，まず，一般に，その意味がどのように述べられ，区別されているのかを，表によって，確認する[9]。

(2) 権利発生障害事由についての補足説明

ア 無効事由

権利発生障害事由の最も代表的なものは，無効事由である。

契約が締結されたが，意思無能力，通謀虚偽表示（民法94条），錯誤（同法95条），公序良俗違反（同法90条）などの事由がある場合には，意思表示ひいては契約が当初から無効であるとされ，権利は発生しないことになる。

イ 取消事由

権利発生障害事由の次に代表的なものは，取消事由である。

契約が締結されたが，強迫（民法96条），詐欺（同条），未成年（5条）などの事由がある場合には，契約締結当初は有効であるとされるものの，契約締結後にこれらの事由があることを理由とする意思表示の取消しがされると，こ

の意思表示の取消しにより，契約が無効に帰することになり，権利は当初から発生しなかったことになる。

ウ　停止条件

停止条件付贈与契約（例「君が司法試験に合格したら，この時計をあげる。」という申出と承諾）のように，契約に停止条件が付されている場合には，当該契約に基づく権利は，停止条件が成就するまで発生せず，停止条件が成就して初めて発生するとされる。

エ　停止期限

後述の履行期限（権利行使阻止事由）とは異なり，停止期限の場合には，将来の一定の期限が到来するまでは効力が発生せず，その期限が到来して初めて効力が発生する。

停止期限付き契約というものも理論的にはあり得るが，実務的には，余り見かけない。契約は，締結すると，直ちに効力が発生し，契約に基づく債権債務には，履行期限が付されることはあっても，停止期限が付されるものではない。それが，契約の通常の実態である。停止期限が付されているものとして実務的によくあるものは，停止期限付き解除の意思表示というものである。

例えば，賃貸借契約関係において，賃借人が2か月分の賃料の支払を怠ったような場合に，賃貸人が，賃借人に対し，賃料の支払催告をするとともに，「本書面が到達した日から1週間以内に賃料の支払がなかったときには，同日の経過をもって，本賃貸借契約を解除します。」という通知をするというものである。

これは，停止期限付き解除の意思表示といわれ，通知書が賃借人に到達した日には解除の意思表示の効力は発生せず，同日から1週間を経過した日に初めて解除の意思表示の効力が発生するというものである[10]。なお，この解除の意思表示は，「将来の一定の日の到来」までは効力が発生しないという「停止期限付き」解除の意思表示であって，「賃借人が将来の一定の日までの間に賃料の支払をしないという事実」があって初めて効力が発生するという「停止条件付き」解除の意思表示ではないし，また，「賃借人が将来の一定の日までの間に賃料の支払をするという事実」があるときは効力が発生しないとい

う「解除条件付き」解除の意思表示でもない。その理由は，難解なものがあるので，注記の文献を参照されたい。

(3) 権利消滅事由についての補足説明
ア 弁済

権利消滅事由の代表的なものは，債務の弁済（民法474条）による権利の消滅である。

例えば，金銭消費貸借契約が成立し，貸主が借主に対し，100万円の貸金返還請求権を有する場合に，借主が貸主に対してその貸金を返済する趣旨で100万円の支払をすれば，当該貸金返還請求権は，消滅することになる。

イ 消滅時効

権利消滅事由の一つとして，消滅時効期間の経過（これに加えて，債務者の消滅時効の援用）による権利の消滅がある（民法166条以下）。

ウ その他

債権者が自己の保有する債権を譲受人に対して売るなどの譲渡をすると，債権者は，債権を喪失する（民法466条）。

債権譲渡の法律効果は，客観的な意味では，すなわち権利に着目すれば，権利が消滅する事由であるとはいえないが，主観的な意味では，すなわち権利者に着目すれば，権利を失うことになる。そして，債権譲渡の法律効果をもって，権利発生障害事由ということはできないし，権利行使阻止事由ということも相応しくないから，敢えて3つの区分の一つにあてはめようとすると，権利消滅事由に該当するということになる。

(4) 権利行使阻止事由についての補足説明
ア 履行期限

権利行使阻止事由の代表的なものは，履行期限（民法412条）である。

例えば，土地の売買契約において代金の支払と土地の所有権移転登記手続及び引渡しとが同時履行とされ，かつ，その履行日が定められた場合には，その履行日は履行期限であり，売買代金支払請求権も，土地の所有権移転登記手続請求権及び引渡請求権も，いずれも発生しているが，その履行日まで

イ　双務契約における同時履行の抗弁など

権利行使阻止事由の一つとして，双務契約における同時履行の抗弁（民法533条）をあげることができる。

例えば，土地の売買契約において，何らの特約がなければ，代金の支払と土地の所有権移転登記手続及び引渡しとは同時履行とされるから，売主が買主に対して売買代金の支払を請求した場合に，買主は売主に対して土地の所有権移転登記手続及び引渡しとの同時履行を主張することができ，売主が土地の所有権移転登記手続及び引渡しをするまでは，買主は，売買代金支払請求権の行使が阻止されることになる。

ウ　保証人関係

権利行使阻止事由の一つとして，保証人の催告・検索の抗弁（民法452条，453条）がある。実務的には，連帯保証がほとんどであり単純な保証はほとんどないので余り見かけないが，条文上は明確なものとしてある。

債権者が保証人に対して履行の請求をしたときは，保証人は，まず主たる債務者に催告をすべき旨を主張することができ，また，債務者に資力があって執行が容易であることを証明することにより，まず主たる債務者に執行をすべき旨を主張することができる。

連帯保証契約を締結したとき，条文に素直に言えば，保証人が主たる債務者と連帯して債務を負担したとき（民法454条）は，この事由が，保証人の催告・検索の抗弁の効力の発生を障害するものとして，債権者の主張立証すべき再抗弁となる。

4　要件事実の性質の類型の4区分に関するいくつかの検討課題

(1)　債務不履行を理由とする契約解除の意思表示の性質の区分

債務不履行を理由とする契約解除の意思表示の性質について，契約解除の法律効果として契約が遡及的に無効となることに着目すると，権利発生障害事由であると考えられるし，契約締結当初は契約が有効であったがその後の事実関係によって契約が失効するという時系列の流れに着目すると，権利消滅事由であるとも考えられる。

そこで，本章の第2節では，債務不履行を理由とする契約解除の意思表示の性質が，上記のいずれに該当するものかについて検討する。

(2) 占有権原の性質の区分

所有権に基づく返還請求を理由のないものとする占有権原の性質については，権利発生障害事由であるとする考え方が一般的なようである。

しかし，占有権原の性質は，権利行使阻止事由であるとする方が，論理的に自然ではないかと思われる。

そこで，本章の第3節では，占有権原の性質が，上記のいずれに該当するものかについて検討する。

(3) 建物建築請負契約における建物の完成の事実の性質の区分

請負人が注文者に対して建物の建築の請負契約に基づく請負代金支払請求をする場合に，建物の完成は，権利発生要件事実であるという説[11]と，権利発生要件事実ではないという説[12]とがある。この両説は，いずれも，考え抜かれたものであるとともに，いずれも，現実的な事象を説明するに当たっての欠点を有すると思われる。

そこで，本章の第4節では，建物の完成は，「権利発生要件事実」ではないが，「権利行使可能要件事実」であるという説が相当であることを提示する。この説は，これまでになかった考え方である。また，この考え方は，要件事実の性質の類型を4つに区分するのではなく，5つに区分することを前提とする。そして，本章の第5節では，他の事案類型にあっても，上記類型を5区分することが，論理的に自然であることを提示する。

第2節　債務不履行を理由とする契約解除の性質

1　権利発生障害事由説と権利消滅事由説

売主が買主に対して土地の売買契約に基づく代金支払請求をした場合に，買主が売主の所有権移転登記手続及び引渡しの債務の不履行を理由として契

約の解除の意思表示をしたとき（以下，単に「債務不履行契約解除」という。），この債務不履行契約解除は，権利発生障害事由となるのか，それとも，権利消滅事由となるのか，見解が分かれ得るところである[13]。

2 両説の理由

(1) 権利発生障害事由説

債務不履行契約解除の法律効果として，契約が締結当初から無効になると解する立場（直接効果説＝通説・判例）に立脚すると，売買代金支払請求権は，契約締結当初から発生しなかったことになる。

そうすると，債務不履行契約解除が売買代金支払請求権という権利の発生障害事由であると考えることには，それ相当の理由があるといえる。

(2) 権利消滅事由説

しかし，「債務不履行契約解除によって契約が締結当初から無効となるという考え方は，契約解除後の法的な整理を簡明にしようとする法技術的な要請に基づくものである。」，「契約締結当初は契約が有効であったものであり，契約解除によって契約が効力を失うというのが，時系列に素直な現実である。」という認識も可能である。

この観点からは，債務不履行契約解除は，売買代金支払請求権という権利が，契約締結当初は存在したが，その後の事情によって消滅することをもたらすものであり，権利の消滅事由であると考えることになる[14]。

3 意思表示の取消しとの対比

強迫，詐欺，未成年を理由とする意思表示の取消しは，前述のとおり，権利発生障害事由と解されている。これが，権利消滅事由であるという説はないようである。

しかし，上記の意思表示の取消しは，契約締結当初は契約が有効であったものであり，意思表示の取消しによって契約が効力を失うというのが，時系列に素直な構造である。

しかるに，上記の意思表示の取消しは，一般的には，権利消滅事由ではな

表8

問題類型		契約時の事実	契約後の事実		有効無効	区分の評価
			諸々の事実	意思表示		
(1)	通謀虚偽表示	○	×	×	無効	障害
(2)	錯誤無効	○	×	×	無効	障害
(3)	詐欺取消し	○	×	○取消し	遡及的無効	障害
(4)	消滅時効	×	○期間の経過	○時効の援用	遡及的消滅	消滅
(5)	債務不履行契約解除	×	○履行の催告など	○解除	遡及的無効	？？
(6)	瑕疵担保契約解除	○	×	○解除	遡及的無効	消滅
(7)	弁済	×	○	×	有効	消滅

く，権利発生障害事由と解されている[15]。

　そうすると，上記の意思表示の取消しと同様な時系列構造を有する債務不履行契約解除についても，権利発生障害事由であるというのが素直な解釈のようにも思われる。

　しかし，上記の意思表示の取消しにあっては，意思表示の無効をもたらす原因となる事実が意思表示のあった時に既に存在し，契約締結時の後の事実としては，取消しの意思表示以外の事実がないのに対し，債務不履行契約解除にあっては，契約が解除される原因となる事実は，契約締結時には存在せず，契約締結時の後に発生したものであり，これに，解除の意思表示が加わっているというものであって，その構造が異なるともいえる。

　それゆえに，債務不履行契約解除は，単純に，上記の意思表示の取消しと同様に，権利発生障害事由であるとはいえない。

4　検討

(1) **問題類型のリストアップ**（表8）

　そこで，債務不履行契約解除が権利発生障害事由に区分されるのか，それとも，権利消滅事由に区分されるのかについて，まず，類似問題について，その判断要素を分析しながら，リストアップしてみる。

(2) 問題類型の分析検討
ア 通謀虚偽表示及び錯誤

上記類型のうち，(1)通謀虚偽表示及び(2)錯誤については，通謀虚偽表示又は錯誤に関する事実は，売買代金支払請求権が発生する契約締結時に存在し，かつ，売買契約締結後の事実は全く考慮されず，法的な効果としては，契約が無効とされる。そうすると，通謀虚偽表示及び錯誤がある場合には，売買代金支払請求権は，これらの事由によって，権利の発生が障害されて，発生しないと評価されるものであり，結局，これらの事由は，権利発生障害事由に該当するといえる。そして，こう解することにつき，異論はない。

イ 弁済

上記類型のうち，(7)弁済については，弁済に関する事実は，売買代金支払請求権が発生する契約締結時には全く存在せず，かつ，売買契約締結後の事実のみがあるだけであり，法的な効果としては，契約は有効であって，無効とされることはない。そうすると，弁済がある場合には，売買代金支払請求権は，この事由によって，権利が消滅すると評価されるものであり，結局，この事由は，権利消滅事由に該当するといえる。そして，こう解することにつき，異論はない。

ウ 詐欺取消し

上記類型のうち，(3)詐欺取消しについては，詐欺取消しに関する事実は，売買代金支払請求権が発生する契約締結時に存在し，かつ，売買契約締結後の事実としては，取消しの意思表示があり，法的な効果としては，売買契約締結時には契約が有効であるものの，取消しの意思表示によって契約が遡及的に無効とされる。ところで，詐欺取消しの場合には，契約締結後に具体的な事実の変化があったというものではなく，契約締結後にする詐欺取消しの意思表示は，当事者が一定の法的効果を享受する旨の行為であるといえる。そうすると，詐欺取消しがある場合は，通謀虚偽表示及び錯誤がある場合と同様に，売買代金支払請求権は，この事由によって，権利の発生が障害されて，発生しないと評価されるものであり，結局，この事由は，権利発生障害事由に該当するといえる。そして，こう解することにつき，異論はない。

エ　消滅時効

上記類型のうち，(4)消滅時効については，消滅時効に関する事実は，売買代金支払請求権が発生する契約締結時には全く存在せず，かつ，売買契約締結後の事実として，期間の経過及び時効の援用があり，法的な効果としては，契約は有効であって，無効とされることはないが，権利は遡及的に消滅するとされている（民法145条）。そうすると，消滅時効がある場合には，売買代金支払請求権は，この事由によって，権利が消滅すると評価されるものであり，結局，この事由は，権利消滅事由に該当するといえる。そして，こう解することにつき，異論はない。

オ　瑕疵担保契約解除

上記類型のうち，(6)瑕疵担保契約解除（契約の目的を達することができない瑕疵があることを理由とする契約解除）については，瑕疵担保契約解除に関する事実のうちの基本的なもの（隠れた瑕疵があること，契約の目的を達成することができないこと）は，売買代金支払請求権が発生する契約締結時に存在し，かつ，売買契約締結後の事実としては，解除の意思表示があり，法的な効果としては，売買契約締結時には契約が有効であるものの，解除の意思表示によって契約が遡及的に無効とされる。ところで，瑕疵担保契約解除の場合には，契約締結後に具体的な事実の変化があったというものではなく，契約締結後にする瑕疵担保契約解除の意思表示は，当事者が一定の法的効果を享受する旨の行為であるといえる。そうすると，瑕疵担保契約解除がある場合は，詐欺取消しの場合と同様の構造を有しているといえる。

しかし，詐欺取消し，強迫取消し，未成年取消しなどの場合には，契約締結時における意思表示の欠陥が明らかであるのに対し，瑕疵担保契約解除の場合には，契約締結時における意思表示の欠陥が明らかではないから（なぜならば，「隠れた」瑕疵があるというものであるから），瑕疵担保契約解除の場合には，契約締結時には売買代金支払請求権が発生したが，解除によってはじめて同請求権が消滅したと考えるのが常識的な感覚であり，解除の結果として契約が当初から無効になるとしても，それは，法技術的な処理としてされるものと解することができる。

そうすると，売買代金支払請求権は，瑕疵担保契約解除によって，発生し

た権利が消滅すると評価されるものであり，結局，この事由は，権利消滅事由に該当するといえる。そして，こう解することにつき，異論は見当たらない。

カ　債務不履行契約解除

ここでのテーマとなっている(5)債務不履行契約解除については，契約解除に関する事実は，売買代金支払請求権が発生する契約締結時には全く存在せず，かつ，売買契約締結後の事実として，履行の催告などの事実（弁済期の経過，反対債務の履行の提供，履行の催告，催告後の相当期間の経過など）及び解除の意思表示があり，法的な効果としては，売買契約締結時には契約が有効であるものの，解除の意思表示によって契約が遡及的に無効になるものとされる。

そうすると，債務不履行契約解除がある場合には，構造的には消滅時効と類似し，かつ，瑕疵担保契約解除と対比すると契約締結後の事情が必要とされるものであって，より強い意味において，権利消滅事由と評価されるものであるから，売買代金支払請求権は，この事由によって，権利が消滅すると評価されるものであり，結局，この事由は，権利消滅事由に該当するといえる。そして，こう解することが，相当であると解される。

5　まとめ

売主が買主に対して土地の売買契約に基づく代金支払請求をした場合に，買主が売主の所有権移転登記手続及び引渡しの債務の不履行を理由として契約の解除の意思表示をしたとき，この債務不履行契約解除は，権利発生障害事由となるのか，それとも，権利消滅事由となるのか，見解が分かれ得るところである。

この見解の相違は，権利発生障害事由と権利消滅事由とをどのように区分するのか，どのように定義するのかに依存する。そして，その見解の適否は，その区分及び定義の社会的な相当性に依存することになる。

例えば，「権利発生障害事由とは，契約が当初から又は遡及的に無効とされることにより，権利が発生しないものと評価される事由である。」と定義することにすれば，債務不履行契約解除は，これにより契約が締結当初に遡って無効となると解する通説・判例の立場からは，権利発生障害事由に該当する

ということになる。

しかし、そのような定義は、権利発生障害事由又は権利消滅事由に該当し得る多数の類型についての社会的な常識に合致した木目の細かい区別をしようとする場合に、いささか単純に過ぎ、社会的な相当性を欠くことになる。

やはり、権利発生障害事由と権利消滅事由との区別は、その事由が、① 契約締結時の事実のみにかかるものか、② 契約締結後の事実をも考慮するものか、③ 契約締結後の事実として取消し、時効の援用、解除などの意思表示のみであるのか、それとも、意思表示以外の諸々の事実があるのか、④ 法律が契約を無効とするのか、遡及的無効とするのか、それとも、有効のままとするのかなどの観点から、複合的に検討するのが相当であろう。

そして、以上のとおりの複合的な検討をしたところによれば、債務不履行契約解除は、① 契約締結時の事実は、直接的には、関係がなく、② 契約締結後の事実が、考慮されるものであり、③ 契約締結後の事実として、解除の意思表示のみならず、それに先立つ、弁済期の経過、履行の催告、反対給付の履行の提供などの諸々の事実が必要であり、④ 法律が契約を遡及的無効とすることとしていること（通説・判例の採用する直接効果説）などを総合考慮すると、権利消滅事由と解することが相当であるということになる。

第3節　占有権原の抗弁の性質

1　占有権原のあることが抗弁となること

(1)　所有権に基づく返還請求権と占有権原の抗弁

物の所有者がその物の占有者に対して所有権に基づく返還請求をする場合、その返還請求権を発生させる要件事実（訴訟上は、請求原因事実。以下、括弧の外では実体法上の表記をし、括弧内では訴訟上の表記をすることがある。）は、① 請求者（原告）がその物を所有していること、② 相手方（被告）がその物を占有していることの2つである[16]。

この場合に、相手方は、所有権に基づく返還請求を理由のないものとするものとして、賃借権などの占有権原を基礎付ける要件事実（抗弁事実）を主張

することができ，これを「占有権原の抗弁」という[17]。

(2) 相手方に占有権原のないことが権利発生要件事実とならない理由

　所有権に基づく返還請求権に関して，相手方の「占有権原の不存在」が権利発生要件事実ではなく，相手方の「占有権原の存在」が請求を理由のないものとする事実（後述のとおり，権利発生障害事実又は権利行使阻止事実）であるとする理論的な根拠は，次の2つにある。

　第1の理由は，実体法上の理由であり，次のとおりである。

　所有権は，完全物権であり，所有者は，所有権の対象である物につき，自由に，処分し，管理し，使用することができる（民法206条）。したがって，物を占有し，使用することは，所有権の内容となっているから，これを制限する特段の法的根拠がない限り，所有者は，占有者に対し，返還請求権を行使することができる。そして，占有者に占有権原があるという特段の法的根拠がある場合には，所有権に基づく返還請求は，理由のないものとなる。

　そうすると，所有権に基づく返還請求権が発生するための要件事実（請求原因事実）は，① 請求者（原告）がその物を所有していること，② 相手方（被告）がその物を占有していることで足り，③ 相手方（被告）がその物の占有について権原を有していないことは，所有権に基づく返還請求権が発生するための要件事実（請求原因事実）とはならず，③' 相手方（被告）がその物の占有について権原を有していることが，同請求を理由のないものとする事実（抗弁事実）となる。

　第2の理由は，訴訟上の理由であり，次のとおりである。

　所有権に基づく返還請求権の発生要件事実として相手方の「占有権原の不存在」が必要であるとすると，訴訟においては，原告である所有者が，被告の「占有権原の不存在」を主張立証しなければならないことになるが，「占有権原」には，完全物権である所有権はもちろんのこと，地上権，永小作権などの用益物権もあり，留置権，質権という担保物件もあり，さらには，賃借権，使用借権などの債権もあり，原告がこれらのすべてについてその不存在を主張立証することは，不可能又は困難である。少なくとも，訴訟運営として，現実的・合理的ではない。

136   第3章　実体法的性質の5分類説について

表9

	現在の理解	古典的な記載又は理解
請求原因	X 所有　Y 占有	X 所有
		Y 占有
		Y 占有権原なし
抗弁	Y 占有権原あり	

　これに対し，被告が自己の占有の法的根拠となった特定の「占有権原の存在」を主張立証することは，訴訟運営として，現実的・合理的である[18]。

　上記の結論を表にまとめると，表9のとおりとなる。

2　占有権原＝権利発生障害事由説

　占有権原のあることが，所有権に基づく返還請求を理由のないものとする性質の類型の区分について，権利発生障害事由であるとの説が一般的である[19]。

3　占有権原＝権利行使阻止事由説

　占有権原のあることが，権利行使阻止事由であると解する説は，法科大学院で頻繁に利用している文献には，見当たらなかった。

4　両説の概要

　所有権に基づく返還請求権が，「発生事由があるために発生したように思われたが，占有権原という発生障害事由があることによって発生しない」と理解するのか，それとも，「発生事由があるために発生しているが，占有権原という行使阻止事由があることによって行使を阻止されている」と考えるのかは，両方可能なように見受けられる。

　すなわち，所有権に基づく返還請求権というものは，観念的な存在であって，占有権原があることによって，これが存在しないことになると観念するのか，それとも，これが存在するものの，行使を阻止されていると観念するのかは，観念世界の構築としては，両方可能であるように見受けられる。

そうであるとすると、そのいずれの説をいかなる理由により採用するのかが問われることになる。

私見は、占有権原があることは、権利行使阻止事由であると解するものであり、その理由は、そのように解することが、権利発生障害事由及び権利行使阻止事由の意味する内容及び他の用例の対比からみて、「自然」であるというものである。

5　検討

(1)　**権利発生障害事由の意味する内容**

権利発生障害事由は、その文言のとおり、権利の発生を障害する事由であり、第1節の3の(2)で確認したように、その内容は、次の3つの場合に大別することができる。すなわち、① 権利が発生するとされた当時において、権利の発生を肯定するための意思表示が無効であるために、権利が発生しないものとされる場合（意思無能力、通謀虚偽表示など）、② その当時においては、権利の発生を肯定するとしても、後の取消しの意思表示によって意思表示が遡及的に無効となり、権利が発生しないものとされる場合（未成年取消し、詐欺取消しなど）、③ 権利の発生が一定の条件又は期限に係るものとされ、権利が発生しないものとされる場合（停止条件、停止期限）である。

いずれにせよ、権利発生障害事由は、権利が発生するとされた当時において、その権利の発生についての欠陥又は問題があるものということになり、権利発生障害事由がある場合のうちの上記①、②のときには、その権利は、その後の事情によって再び発生するということがない。

(2)　**権利行使阻止事由の意味する内容**

権利行使阻止事由は、その文言のとおり、権利の発生を前提としたうえで、その権利の行使を認めないとする事由であり、第1節の3の(4)で確認したように、多様なものがある（表7参照）。

いずれにせよ、権利行使阻止事由は、権利が発生するとされた当時において、その権利の発生についての欠陥又は問題があることを指摘するものではなく、約束事として（履行期限など）、あるいは、当事者間の利益の調整を図る

ものとして（同時履行の抗弁，保証人の催告・検索の抗弁），その権利の行使に制限を加えるものであり，一時的な制限であり，一定の事実（例えば，履行期限の到来，反対債務の履行の提供など）の発生により，権利の行使が可能になるものであるといえる。

(3) 所有権に基づく返還請求権に対する占有権原の性質

所有権に基づく返還請求権に対する賃借権その他の占有権原は，その後の事情によって同返還請求権が再び発生するということがないという確定的な効力を有するものではなく，一時的に，同返還請求権の行使を妨げるものであり，それゆえに，その後に占有権原が消滅すれば，同返還請求権の行使が可能となる。

6 まとめ

以上によれば，占有権原は，所有権に基づく返還請求権についての発生障害事由ではなく，行使阻止事由であると理解する方がよさそうである。

すなわち，発生障害事由がある場合には，多くの場合にその権利が再び発生することはないものであるのに対し，行使阻止事由がある場合には，その権利の行使が一時的に妨げられているに過ぎないものであるというものであるところ，所有権に基づく返還請求権は，①請求者（原告）がその物を所有していること，②相手方（被告）がその物を占有していることによって発生することが肯定され，相手方（被告）が占有権原を有していることによって，その権利の行使が一時的に妨げられているに過ぎないものと理解するのが自然であり，相手方（被告）が占有権原を有していることによって，その権利が再び発生することがないものであると理解することは不自然であるからである。

第4節　建物建築請負契約における建物の完成の事実についての見解

1　請負代金支払請求権の発生要件として必要か否かについての両説

(1)　不必要説と必要説

ア　両説の存在

請負人が注文者に対して建物建築請負契約に基づく請負代金支払請求をする場合に、建物の完成は、請負代金支払請求権の発生の要件事実ではないという説（以下「不必要説」という。）と要件事実であるという説（以下「必要説」という。）がある。

イ　不必要説

我妻（注12掲）『債権各論中巻二』647頁［944］は、次のようにいう。

「請負人の報酬請求権は、後払とされる場合にも、契約と同時に成立する。仕事の完成によってはじめて成立するのではない。請負が双務契約であることからいって、当然のことである。」

ウ　必要説

大江（注11掲）『第3版要件事実民法(4)債権各論』444頁は、不必要説が通説・判例であることを確認した上、次のようにいう。

「請負代金請求権は、仕事の完成によって発生すると解すべきであろう。けだし、請負契約にとって、仕事の完成は契約の目的そのものであり、本質的要素と考えられるからである。」

(2)　検討

ア　建物建築請負契約における請負代金一部先払いの実情

建物建築請負契約における請負代金支払時期は、民法上は、建物の完成引渡時ということになる（民法633条）。

しかしながら、実際の建物建築請負契約には、昔から、多くの通例として、

請負代金を3分し、注文者は請負人に対し、契約時に3分の1、棟上げ時に3分の1、完成引渡時に3分の1を支払うという分割支払特約があり、これと同様な分割支払特約は、現在でも、比較的よく見かけるものである。この分割支払特約は、建物の完成の前に、請負代金の3分の2の先払いを可能とする特約である。

これは、建物の建築費用が通常高額であること、請負人としては建築工事の着手前及び建築工事の進捗に応じて、材料代・大工の手間賃に必要な金額を予め支払ってもらうことによって材料や大工職人の確保ができ、建築工事が円滑に進められることなどから、慣行として定着したものであろう。

イ 上記実情の評価

建物建築請負契約における請負代金一部先払いの実情は、法的には、請負契約の締結と同時に請負代金支払請求権が発生するという説、すなわち、不必要説に親しむ。

すなわち、請負代金支払請求権は、請負契約の締結と同時に発生するからこそ、請負契約の締結と同時に、請負代金の3分の1を支払うことが可能なものとして説明できる。

これに対し、請負代金支払請求権は建物の完成があってはじめて発生するという説、すなわち、必要説に立つ場合には、注文者が請負人に対して請負契約の締結の際に支払う金員が請負代金ではないことになり、複雑な説明をしなければならないことになる。請負契約締結時における金員の交付の説明方法は、種々あり得るところであるが、例えば、停止条件付請負代金支払請求権があり、その支払としてされたものであるという説明、あるいは、単なる金員の交付であるが、将来建物が完成されたときに請負代金に充当する旨の合意があるという説明などがあり得る。

しかし、これらの説明は、建物の建築を注文しようとする普通の人やこれを請け負う昔ながらの大工の棟梁の意識からは随分と離れる説明である。

やはり、建物建築請負契約における請負代金一部先払いの実情は、請負代金支払請求権が請負契約の締結と同時に発生するものであるとする解釈、すなわち、不必要説を支持するものといえる。

第4節　建物建築請負契約における建物の完成の事実についての見解　　141

ウ　判例

最高裁昭和42年10月27日第2小法廷判決（民集21巻8号2161頁，民法判例百選Ⅱ第6版28番）は，次のとおり，建物完成前であっても，請負代金支払請求権が発生し，かつ，それを譲渡することができることを前提とした説示をしている。

判例は，不必要説を採用しているといえる。

「請負契約は，報酬の支払いと仕事の完成とが対価関係に立つ諾成，双務契約であつて，請負人の有する報酬請求権はその仕事完成引渡と同時履行の関係に立ち，かつ仕事完成義務の不履行を事由とする請負契約の解除により消滅するものであるから，右報酬請求権が第三者に譲渡され対抗要件をそなえた後に請負人の仕事完成義務不履行が生じこれに基づき請負契約が解除された場合においても，右債権譲渡前すでに反対給付義務が発生している以上，債権譲渡時すでに契約解除を生ずるに至るべき原因が存在していたものというべきである。従つて，このような場合には，債務者は，右債権譲渡について異議をとどめない承諾をすれば，右契約解除をもつて報酬請求権の譲受人に対抗することができないが，しかし，債務者が異議をとどめない承諾をしても，譲受人において右債権が未完成仕事部分に関する請負報酬請求権であることを知つていた場合には債務者は，譲受人に契約解除をもつて対抗することができるものと解すべきである。けだし，民法四六八条一項本文が指名債権の譲渡につき債務者の異議をとどめない承諾に抗弁喪失の効果をみとめているのは，債権譲受人の利益を保護し一般債権取引の安全を保障するため法律が附与した法律上の効果と解すべきであつて，悪意の譲受人に対してはこのような保護を与えることを要しないというべきだからである。」

エ　結論

以上のとおり，建物建築請負契約における請負代金一部先払いの実情は，請負代金支払請求権が請負契約の締結と同時に発生するものであるとする解釈，すなわち，不必要説を支持するものといえるし，判例も，不必要説を採用しているといえるところであり，不必要説が正当であるというべきである。

ちなみに，必要説は，「請負代金請求権は，仕事の完成によって発生すると解すべきであろう。けだし，請負契約にとって，仕事の完成は契約の目的そ

のものであり，本質的要素と考えられるからである。」と主張するところ，これを売買契約についていえば，「売買代金支払請求権は，目的物である財物の引渡しによって発生すると解すべきであろう。けだし，売買契約にとって，目的物である財物の引渡しは契約の目的そのものであり，本質的要素と考えられるからである。」というような「本質論」がいえるとしても，通説は，このような「本質論」に反して，売買代金支払請求権は，売買契約の締結と同時に発生するとしているから[20]，上記「本質論」には説得力がないというべきである。

この問題については，不必要説が説得的である。

しかし，必要説が主張される理由は，実は，次の点にあると解される。

2　建物の完成が請求原因事実となること

(1)　建物の完成が請求原因事実となること

民事訴訟にあっては，建物建築請負契約に基づく請負代金支払請求を理由付ける請求原因事実として，建物の完成が必要であるというのが，実務であり，かつ，通説である[21]。

実務的にいえば，建物建築請負契約に基づく請負代金支払請求を理由付ける請求原因事実として，建物の完成は，常識的に必要であると考えられる。

なぜならば，第1に，建物の完成がないのに請負代金支払請求権を行使できるとすることは常識に反して肯定できないし，第2に，仮に，建物の完成の事実を請求原因事実に配置しないとすると，抗弁・再抗弁などのいずれかの段階で建物完成に関する事実が弁論に顕れることが必要であると解されるところ，被告が主張する抗弁事実に「建物が完成していないこと」を配置することは，建物の不完成という消極的な事実を格別の理由もなしに立証対象とすることにおいて不相当であるし，原告が主張する再抗弁事実に「建物の完成」を配置することは，法論理的に方法がないから，建物の完成の事実は，やはり，請求原因事実に配置すべきことになる。

なお，「建物の完成」後の「建物の引渡し」という事実については，要件事実の分配は，次のとおりとなる。まず，被告は，権利抗弁として，建物の引渡しと引換えでなければ請負代金を支払わない旨の同時履行の抗弁を主張す

ることができる。また、原告は、請負代金の遅延損害金の支払を請求する場合には、被告の履行遅滞の違法性を基礎付けるために、同時履行の抗弁の存在効果を覆す必要があり、このため、建物の引渡しをしたことを請求原因事実として主張しなければならない[22]。

(2) 請求原因事実となる理由

建物建築請負契約に基づく請負代金支払請求権の発生要件事実としては、建物の完成は必要がないが、同請求を理由付ける請求原因事実としては、建物の完成が必要であるという考え方は、どのように説明できるのであろうか。

この点については、請負代金支払請求を理由付ける請求原因事実として建物の完成が必要であるとする見解を採用している司法研修所編『民事判決起案の手引』10訂付録事実摘示記載例集6頁には何らの説明もない[23]。

しかし、請負代金支払請求権の発生要件事実としては、建物の完成が必要ではないという以上、請求原因事実として建物の完成が必要であるという理由は、説明しなければならない。

3　建物の完成＝権利行使可能要件説

(1) 要件事実の性質の類型の5区分（表10）

本章の第1節において、要件事実とは、一般に、一定の法律効果を発生させる法律要件に該当する具体的事実をいい、法律効果の性質は、一般に、①発生、②障害、③消滅、④阻止の4つの類型に区分され、それゆえに、要件事実の性質も、上記法律効果の性質の類型の区分に平仄を合わせて、この4つの類型に区分されていると説明した。

しかし、建物建築請負契約に基づく請負代金支払請求についての建物の完成の事実は、権利発生要件ではないが、請求原因事実として必要であると解される。そうすると、建物の完成の事実は、請求原因事実に配置されるべきものであり、権利の発生要件ではないが、権利の行使を可能にするための要件であるように思われる（以下「権利行使可能要件」という。）。

そうすると、法律効果の性質として、①発生、②障害、③消滅、④（行使）阻止だけではなく、⑤行使（可能）に区分することを必要とするのではないか

表 10

請求原因	抗弁
① 発生	② 障害
	③ 消滅
⑤ 行使可能	④ 行使阻止

と思われる。

(2) 権利行使可能要件の意味

　権利行使可能要件については、これまで、このような区分があり得ることが認識されず、したがって、議論されたこともなかった。

　しかし、建物建築請負契約に基づく請負代金支払請求における建物の完成の事実についての分析を進めると、この事実は、権利発生要件ではないが、請求原因に掲げる必要があることになり、そのようなものとして権利行使可能要件というものを想定せざるを得なくなる。

　考えてみれば、権利の発生から消滅までを論ずるに当たって、権利者側でいうべき事由は「権利発生根拠事由」のみで足り、「権利発生障害事由」、「権利消滅事由」、「権利行使阻止事由」は、義務者側でいうべき事由であるとするのは、権利者側と義務者側とに配分する事由の数の点からいっても、バランスが悪いものであったといえる。

　また、権利者側でいうべき事由が、すべて「権利発生根拠事由」に限定されるというのは、ある意味で、概念として窮屈であるともいえる。権利者側でいうべき事由として、「権利発生根拠事由」のみで足りる場合もあるが、ときに、「権利行使可能事由」も必要であると設定すると、事柄の説明が窮屈ではなく、スムーズにできることになる。

　そして、建物建築請負契約に基づく請負代金支払請求における建物の完成の事実は、権利行使可能要件に属する事実であるが、特約により、これを不要とすることができる。

　すなわち、特約がなければ、請負代金支払請求権は、建物の完成がなければ行使できないが、特約により、契約の締結時に3分の1を行使でき、棟上

げ時に 3 分の 1 を行使できるというように修正することができる。

第 5 節　権利行使可能要件の他の事例についての検討

1　賃貸借契約に基づく賃料支払請求権における期間の経過など

(1)　標準的説明
賃貸借契約に基づく賃料支払請求における請求原因事実として，少なくとも，次の ① ないし ③ の事実が必要とされている[24]。
① 　賃貸借契約の締結
② 　目的物の引渡し
③ 　一定の賃貸期間の経過

(2)　賃料前払特約がある場合の請求原因事実
上記の ① ないし ③ の事実は，権利発生要件であることは，文献上，必ずしも明記されていない。

かえって，賃料前払特約がある場合には，事案によって，② 及び ③ の事実が請求原因事実として不要になる場合のあることを指摘している文献がある[25]。

すなわち，次のとおり，記述している。

「賃料前払の特約も有効であるが，この場合にも，賃貸人は，原則として，約定の支払期日以前に目的物を引き渡したことを主張立証する必要があると解すべきである。もっとも，例えば，8 月 1 日に賃貸借契約を締結し，目的物の引渡期日を 9 月 1 日，賃料の支払方法を毎月 15 日限り翌月分を支払うと合意した場合を考えると，最初の 9 月分の賃料については，引渡し前の 8 月 15 日に支払う旨の合意があるとみ得るから，同月分を請求する限りでは，引渡しを主張立証する必要はないことになろう。」[26]

上記文献は，賃貸借契約に基づく賃料支払請求権の発生要件事実としては，上記 ① の事実のみで足りるとする見解を示唆している。そうすると，上記 ② 及び ③ の事実が，いかなる意味において請求原因事実となるものかにつ

(3) 賃料前払特約と権利発生要件及び権利行使可能要件の区別

　賃料前払特約がなければ，前記 ① ないし ③ の事実は，権利発生要件であると解することができる。

　しかし，実際には，現実の社会では，賃料前払特約は，むしろ，普通である。

　そうすると，前払特約によって可能となる金員の支払が「賃料」であると整理する限りにおいては，前記 ② 及び ③ の事実は，権利発生要件ではなく，権利行使可能要件であり，この権利行使可能要件につき，特約で修正することができると解することが相当であることになる。

　このように，権利行使可能要件は，前払特約が許容される場合には，普通に存在するものであることになる。

2　雇用契約に基づく賃金支払請求権における就労の事実

(1) 標準的説明

　雇用契約に基づく賃金支払請求における請求原因事実として，少なくとも，次の ① 及び ② の事実が必要とされている[27]。

　① 雇用契約の締結
　② 一定の期間就労したこと

(2) 賃金前払特約がある場合の請求原因事実

　上記の ① 及び ② の事実は，権利発生要件であると解されている[28]。

　しかし，賃金前払特約がある場合には，② の事実は，理論的に不要になるはずである。

　我妻（注11掲）『債権各論中巻二』580頁 [844] は，次のとおり，記述している。

　「雇用契約は有償双務契約だから，契約と同時に労務者は報酬請求権を取得する。然し，それはいわゆる基本債権であって，具体的な請求権は労務を給付することによって発生する。」

上記記述は，微妙な表現であるが，上記①及び②の事実がいずれも権利発生要件であるという解釈に立脚するものである。

(3) 賃金前払特約と権利発生要件及び権利行使可能要件の区別

賃金前払特約がなければ，前記①及び②の事実は，権利発生要件であると解することができる。

しかし，実際には，現実の社会では，賃金前払特約があることもある。もちろん，賃金前払ではなく，前渡し金の交付ということもあるが，賃金前払特約があることも否定できない。

そうすると，前払特約によって可能となる金員の支払が「賃金」であると整理する限りにおいては，前記②の事実は，権利発生要件ではなく，権利行使可能要件であり，この権利行使可能要件につき，特約で修正することができると解することが相当であることになる。

---

(1) 『設例15題』改訂版6頁
(2) 『要件事実第1巻』6頁，『設例15題』改訂版5頁，『30講』第3版6頁，吉川愼一「要件事実論序説」司法研修所論集第110号136頁
(3) 権利発生根拠規定という言葉と権利発生規定という言葉は，どちらも，同一の意味内容を表現する言葉として，許容し得る表現方法であろう。なお，権利発生根拠規定という言葉は，ていねいな表現であるといえるが，若干重たい表現であるといえる。例えば，「民法555条は，売買代金支払請求権の発生を根拠付ける規定である。」というのは日本語として適切であるが，「民法555条は，売買代金支払請求権の発生の規定である。」というのは日本語として不適切であるところ，権利発生根拠規定という言葉は，前者の日本語の表現を意識したものといえる。
(4) 権利発生事由という言葉は，許容できるが，権利発生根拠事由という言葉は，許容しない方がよい。なぜならば，「事由」とは，広辞苑によれば「理由または原因となっている事実」という意味であるとされ，「事由」という言葉は，「根拠」とほぼ同義の「理由又は原因」を含むものであるから，権利発生「根拠」「事由」という言葉は，意味が重複する内容を含む言葉になり，日本語として不適切であると思われる。
　権利発生要件，権利発生根拠事実という言葉も，本注記及び前注記と同様の分析が可能である。
(5) 「事実」の意味は，簡単ではなく，本来，「何が事実といえるのか。」という哲学的な問題から出発すべきである。しかし，ここでは，哲学的な問題を考慮せず，民事訴訟法の観点から，裁判所が証拠によって認定可能な具体的な事実を意味するものとする。
(6) 本書第1章
(7) 『要件事実第1巻』6頁
(8) 牧野利秋＝牧野知彦「契約問題に関して考えるべき総論的問題」『民事要件事実講座

第3巻』(青林書院・2005年) 7頁の(c)
(9) 同書4〜7頁
(10) 『要件事実第1巻』259頁以下、『紛争類型別の要件事実』改訂版19頁以下、『30講』第3版168頁
(11) 大江忠『第3版要件事実民法(4)債権各論』(第一法規・2005年) 444頁
(12) 我妻榮『債権各論中巻二』(岩波書店・1962年) 647頁
(13) 『30講』第3版27頁
(14) 牧野ほか前掲「契約問題に関して考えるべき総論的問題」6頁、8頁は、「解除権の行使」が権利消滅事由になると分類している。しかし、本文中には、その理由が示されていない。
(15) 牧野ほか前掲「契約問題に関して考えるべき総論的問題」4〜5頁
(16) かつては、民法の教科書中には、所有権に基づく返還請求権の発生のための要件事実として、占有者に「占有権原のないこと」が必要であるかのような記述がみられた。例えば、我妻榮著・有泉亨補訂『新訂物権法』(岩波書店・1983年) 263頁([259](ハ))は、「要するに、相手方が所有者に対して自分の占有を正当ならしめる権利をもたないときは、常にこの請求権を生ずる。」と記述している。しかし、その記述は、要件事実を意識しない記述であり、占有権原のないことの主張立証責任が所有者にあることを示唆するものではないと解される。所有権に基づく返還請求権について論述するときに、日本語として、「要するに、相手方が所有者に対して自分の占有を正当ならしめる権利を有するときは、この請求権は否定される。」というように否定的に記述するよりは、前記のように、肯定的に記述する方が意識の流れとして自然であるといえる。
(17) 所有権に基づく返還請求権の発生要件事実は、「請求者の所有」と「相手方の占有」の2つであって、「相手方に占有権原のないこと」は、返還請求権の発生要件事実ではなく、返還請求を否定するための要件事実であることについて、現在では、学説、判例ともに、異論のないところである。
　『設例15題』改訂版59頁、『紛争類型別の要件事実』改訂版58頁、『30講』第3版32、33頁、『考え方と実務』第3版7、8頁、最判昭和35年3月1日民集14巻3号327頁など
(18) 以上のように、一般に、相手方の「占有権原の不存在」が所有権に基づく返還請求権の発生要件事実とならず、相手方の「占有権原の存在」が同請求を理由のないものとする事実となることの理由は、実体法及び訴訟上の双方の観点から説明される。
　『設例15題』改訂版59頁、『30講』第3版33頁、『考え方と実務』第3版8頁なども、本稿と同様の説明をしている。
(19) 『設例15題』改訂版59頁、『紛争類型別の要件事実』改訂版47頁、伊藤滋夫編著『要件事実講義』(商事法務・2008年) 230頁、並木茂『要件事実原論』(悠々社・2003年) 121頁。ただし、『設例15題』60頁、『紛争類型別の要件事実』45頁には、占有権原の抗弁が権利発生障害事由であるとの説明がない。したがって、上記両著については、司法研修所民事裁判教官室が、初版の作成時点では占有権原の実体法的性質についての見解を明らかにしていなかったが、改訂版の作成時点(2006年)で、その見解を明らかにしたということになる。
(20) 『設例15題』改訂版11頁、『設例13題』10頁、『紛争類型別の要件事実』改訂版2頁、『30講』第3版162頁、『考え方と実務』題3版15頁
(21) 司法研修所編『民事判決起案の手引』10訂(法曹会・2006年) 付録事実摘示記載例集6頁、『30講』第3版207頁、『考え方と実務』第3版290頁、『要件事実マニュアル

2』第 4 版 112 頁,大江前掲『第 3 版要件事実民法⑷債権各論』444 頁,445 頁
⑵⑵ 『30 講』第 3 版 207 頁,『考え方と実務』第 3 版 290 頁,『要件事実マニュアル 2』第 4 版 113 頁
⑵⑶ 本書序論五で触れているとおり,大島眞一裁判官や岡口基一裁判官は,その理由を説明している。その説明の概要及びその説明が必ずしも体系的な整合性を保持しえていないことは,同部分を参照されたい。
⑵⑷ 『要件事実第 2 巻』6 頁,『30 講』第 3 版 226 頁,『考え方と実務』第 3 版 163 頁,大江前掲『第 3 版要件事実民法⑷債権各論』278 頁,279 頁,333 頁
⑵⑸ 『要件事実第 2 巻』7 頁
⑵⑹ 同上
⑵⑺ 我妻前掲『債権各論中巻二』580 頁[844],大江前掲『第 3 版要件事実民法⑷債権各論』386 頁,388 頁
⑵⑻ 同上

第4章　実体法的性質の5分類説の金銭消費貸借契約への適用について

第1節　はじめに

1　実務における重要性

　金銭消費貸借契約に基づく貸金返還請求事件は，実務的には，民事事件の中でも，最も多いものの一つである[1]。

　分かりやすくいえば，「貸した金を返してくれ」という類型の事件であり，銀行などの金融機関，会社，個人などが貸主となり，借主に対して貸金の返還を求める事件である。

2　条文

(1)　概要

　金銭消費貸借契約に関する民法の条文は，第3編「債権」中の，第2章「契約」中の，第5節「消費貸借」にあり，587条から592条までの6か条である。

　民法587条が，消費貸借契約の基本規定であり，同法588条が，準消費貸借契約に関する規定であり，同法589条が消費貸借の予約に関する規定であり，同法590条が貸主の担保責任に関する規定であり，同法591条が返還時期の合意がなかった場合の返還時期に関する規定であり，同法592条が返還不能の場合の価額償還義務に関する規定である。

　これらの規定のうち，金銭消費貸借契約の要件事実に関連して主に論じられるものは，民法587条及び同法591条1項の2つの規定である。

(2) 民法587条

我が民法典において典型契約とされた消費貸借契約の冒頭の規定[2]は，民法587条であり，同条は，「消費貸借は，当事者の一方が種類，品質及び数量の同じ物をもって返還をすることを約して相手方から金銭その他の物を受け取ることによって，その効力を生ずる。」と定めている。

この消費貸借契約は，目的物を米，酒，麦，石油，金銭などとすることができるが，現在では，金銭以外の消費貸借契約は実務的には見当たらないため，消費貸借契約といえば，通常は，金銭消費貸借契約を意味する。

この規定のうちの末尾の「効力を生ずる」という文言は，贈与契約の冒頭規定である民法549条，売買契約についての冒頭規定である同法555条，交換契約の冒頭規定である同法586条などと同様であるが，その意味は，「効力を生ずる」ではなく「契約が成立する」という意味である[3]。

(3) 民法591条1項

民法591条1項は，「当事者が返還の時期を定めなかったときは，貸主は，相当の期間を定めて返還の催告をすることができる。」と定めている。

同項は，消費貸借契約において，当事者が返還時期についての合意をしなかった場合に，貸主が借主に対して返還請求できる時期を定めたものである[4]。

条文上は，次の2つの要件が充足すると，返還請求できることを推察させる規定となっている。

① 貸主が相当の期間を定めて返還の催告をしたこと
② 上記相当の期間が経過したこと

しかし，判例は，上記①及び②の要件を緩和して，次の①'及び②'の2つの要件が充足した場合であっても，返還請求できるとしている[5]。そして，理論的には，この①'及び②'の要件は，上記①及び②の要件よりも要素の少ない要件であると判断されるから，結局，返還時期の合意がないときにおける返還請求ができる要件は，下記の①'及び②'で足りるものと解される[6]。

①' 貸主が返還の催告をしたこと
②' 上記催告から相当な期間が経過したこと

**表1　貸金返還請求の請求原因事実
　　　（返還時期の合意あり）**

①	金銭交付
②	返還約束
③	返還時期の合意
④	当該返還時期の到来

3　訴状の請求原因事実として記載すべき事実

(1)　返還時期の合意があるとき（表1）

　原告が，金銭消費貸借契約に基づく貸金返還請求をする場合[7]であって返還時期の合意があるときは，訴状の請求原因事実として記載すべき事実は，次のとおりであり，これらの事実をどのように表現し，法律的にどのような性質のものと把握するかなどの問題はあっても，これらの事実を記載すべきことについては，実務的には，現在では，争いがない。なお，「＝」の後に，省略表現を記載した（以下同様）。

① 貸主が金銭を交付したこと＝金銭交付
② 借主が金銭を返還することを約束したこと＝返還約束
③ 貸主と借主との間で返還時期を合意したこと＝返還時期の合意
④ 当該返還時期が到来したこと＝当該返還時期の到来

(2)　返還時期の合意がないとき（表2）

　原告が，金銭消費貸借契約に基づく貸金返還請求をする場合であって返還時期の合意がないときは，訴状の請求原因事実として記載すべき事実は，次のとおりであり，これらの事実をどのように表現し，法律的にどのような性質のものと把握するかなどの問題はあっても，これらの事実を記載すべきことについては，実務的には，現在では，争いがない[8]。

① 貸主が金銭を交付したこと＝金銭交付
② 借主が金銭を返還することを約束したこと＝返還約束
③ 貸主が返還の催告をしたこと＝返還催告

表 2　貸金返還請求の請求原因事実
（返還時期の合意なし）

①	金銭交付
②	返還約束
③′	返還催告
④′	催告後の相当期間の経過

④　上記催告から相当な期間が経過したこと＝催告後の相当期間の経過

4　解釈の多様性

　訴状の請求原因事実として記載すべき事実については，現在では，実務的に争いがないが，法律的にどのような性質のものと把握するかについては，解釈に多様性がある。

　返還時期の合意がある場合についていえば，その合意は，『要件事実第1巻』及び『設例15題』改訂版などの採用する見解は，「契約成立要件」であるといい，『設例13題』は，「契約成立要件」ではなく，「契約終了要件」であり，「返還請求権の発生要件」でもあるという。

　しかし，私見は，後記のとおり，返還時期の合意は，「契約成立要件」ではなく，「返還請求権の発生要件」でもなく，金銭消費貸借契約成立と同時に既に発生している「返還請求権」の「行使可能要件」であるというものである。

　この私見は，要件事実の実体法上の性質を発生，障害，消滅，行使阻止の4つに区分するのではなく，発生，行使可能，障害，消滅，行使阻止の5つに区分するという理解を前提にしないと成立しない見解である。（表3）

　なお，要件事実の実体法上の性質を上記の5つに区分するとの理解は，本書第3章において「建物建築請負契約における報酬支払請求権」，「賃貸借契約における賃料支払請求権」及び「雇用契約における賃金支払請求権」の「発生要件」及び「行使可能要件」として提示したところのものである。

　すなわち，請求原因事実は，「請求を理由のあるものとする事実」[9]であるが，この事実には，「権利発生根拠事実」のみで十分な場合もあるが，「権利行使可能事実」が必要な場合もあり，請求原因事実を「権利発生根拠事実」

表3　要件事実の5区分説

請求原因	抗弁
発生	障害
	消滅
行使可能	行使阻止

のみであると限定して理解してしまうと，説明に窮する事態が発生する[10]。

　金銭消費貸借契約における貸金返還請求の請求原因事実は，この問題を検討する上で好個の素材である。

第2節　司法研修所民事裁判教官室の新旧見解と私見の概要

1　司法研修所民事裁判教官室の旧見解の概要

(1)　基本——返還時期の明示的な合意のある場合

　『設例15題』改訂版の40頁から45頁は，金銭消費貸借契約について，返還時期の明示的な合意がある場合には，その成立要件事実として，① 金銭交付，② 返還約束のほか，③ 返還時期の合意の各事実が必要であるとし，貸金返還請求権の発生要件事実として，上記 ① ないし ③ の事実に加えて，④ 当該返還時期の到来の事実が必要であるとしている[11]。

　これを以下，旧見解という。

　この旧見解を，返還時期の合意が明示的にある場合について表にすると，表4のとおりである。

(2)　上記解釈のポイント

　上記解釈のポイントは，③ 返還時期の合意が，契約成立要件であるとする点である。

　この点が，『設例13題』の見解，すなわち，司法研修所民事裁判教官室の新見解と異なる点である。

表4　司法研修所民事裁判教官室の旧見解
（返還時期の合意あり）

		契約成立要件	請求権発生要件
①	金銭交付	○	○
②	返還約束	○	○
③	返還時期の合意	○	○
④	当該返還時期の到来	×	○

　返還時期の合意が契約成立要件であるとする理由について，『設例15題』改訂版41頁は，次のとおり，「返還時期の合意が貸借型の契約にとって不可欠の要素である」から，「契約成立要件」として「返還時期の合意」が不可欠の要素であると説明している。

　「消費貸借契約の成立を基礎付けるためには，前記の①，②の各要件を充足する具体的事実の主張だけで足りるのでしょうか。消費貸借契約の成立には弁済期の合意が本質的な要素として必要ではないかという問題があります。

　売買契約の場合にはこれが本質的要素ではないことは第1問5(2)のとおりです。これに対して，消費貸借契約や賃貸借契約といった貸借型と呼ばれる契約類型の場合には，一定の価値をある期間借主に利用させることに目的があるのですから，契約の目的物を受け取るや否や直ちに返還すべきことを内容とする貸借は無意味のはずです。したがって，消費貸借契約のような貸借型の契約は，その性質上，貸主において一定期間その目的物の返還を請求できないという拘束を伴う契約関係であるというべきでしょう。このように解すると，返還時期（弁済期）の合意は，貸借型の契約にとって不可欠の要素であると考えるべきです（要件事実一巻276頁）。」

　しかし，旧見解のこの解釈は，後記のとおり，(a)民法典の典型契約についての冒頭規定が契約成立要件を規定しているという考え方，すなわち，「冒頭規定説」といわれる考え方[12]から乖離すること，(b)現実的には，返還時期の合意のない金銭消費貸借契約が存在するところ，これについてどのように解釈するのかが問題となること[13]などの問題が指摘されていた。

(3) 返還時期の明示的な合意のない場合

『設例15題』改訂版の42頁は，返還時期の明示的な合意がない場合には，次のとおり，「弁済期を催告の時とする」旨の合意があったものと解釈し，それが，合理的な意思解釈であるという。

「民法591条1項の「返還の時期を定めなかったとき」とはどのような場合をいうのかについては問題が残ります。

貸借型理論の下では，弁済期の合意は消費貸借契約の本質的な要素なのですから，この合意が欠けた場合にはその契約自体の成立を認めることはできなくなってしまいます。そこで，消費貸借契約の当事者間で弁済期の合意がされたのか否かが明確でない場合には，契約当事者の合理的意思として弁済期を催告の時とするとの合意があったものと解することになります。」

いうまでもなく，このような意思解釈は，社会的な事象としては，「弁済期の合意がない事案」があることを否定できない事実として認めつつ，しかし，旧見解としては，金銭消費貸借契約の「成立要件」として「弁済期の合意」が必要であるため，その合意がない事案を法律的に認めるわけにはいかないことから，社会的な事象としては「弁済期の合意」がないとしても，合理的な意思解釈により，「弁済期の合意がないこと」＝「黙示的に」「弁済期を催告の時とする合意があったこと」＝「黙示的に」「弁済期の合意があったこと」と解釈することとして，これにより，「契約成立要件」を充足させることにしたものである。

しかし，旧見解のこの解釈は，不自然であるとの問題が指摘されていた[14]。

2 司法研修所民事裁判教官室の新見解の概要

(1) 基本——返還時期の明示的な合意のある場合

『設例13題』の38頁から41頁は，金銭消費貸借契約について，返還時期の明示的な合意がある場合には，その成立要件事実として，① 金銭交付，② 返還約束の各事実のみで足り，貸金返還請求権の発生要件事実として，上記事実に加えて，③ 返還時期の合意，④ 当該返還時期の到来の各事実が必要であるとしている。

これを以下，新見解という。

表 5　司法研修所民事裁判教官室の新見解
（返還時期の合意あり）

		契約成立要件	請求権発生要件
①	金銭交付	○	○
②	返還約束	○	○
③	返還時期の合意	×	○
④	当該返還時期の到来	×	○

　この新見解を，返還時期の合意が明示的にある場合について表にすると，表5のとおりである。

(2)　上記解釈のポイント

　上記解釈のポイントは，③ 返還時期の合意が，契約成立要件ではなく，請求権発生要件の一つであるとする点である。

　この点が，『設例15題』改訂版の見解，すなわち，司法研修所民事裁判教官室の旧見解と異なる点である。

　新見解が，契約成立要件事実として① 金銭交付，② 返還約束の各事実のみで足りるとしている理由は，民法587条が，それ以上の要件を記述していないことにある。すなわち，新見解は，我が民法典における典型契約の一つである消費貸借契約の冒頭規定である民法587条が，それ以上の要件を記述していないことをもって，金銭消費貸借契約の成立要件を，上記の① 金銭交付，② 返還約束の各事実のみで足りるとする解釈を採用している。

　そして，新見解は，『設例13題』38頁及び39頁において，返還時期の合意及び当該返還時期の到来が，請求権発生要件であるとする理由について，次のとおり，説明している。

　「消費貸借契約は，貸主が交付した金銭その他の物を借主に利用させることを目的とする契約ですから，契約成立からその返還をするまでの間に，一定の期間があることが必要になると考えるのが一般的です。もし，売買契約の場合と同様に，消費貸借契約を締結するのと同時に返還をしなければならないと考えた場合には，当事者が消費貸借契約を締結した目的を全く達成す

ることができない結果になるからです。

　したがって，消費貸借契約や使用貸借契約，賃貸借契約のような貸借型の契約は，その性質上，貸主において一定期間その目的物の返還を請求できないという拘束を伴う関係であるということができます。」

　「上記のような貸借型の契約の特質を考慮すると，このような類型の契約においては，契約関係が終了した時に初めて，貸主は借主に対して目的物の返還を請求することができる（返還請求権が発生する）ことになります。したがって，消費貸借契約に基づく貸金返還請求権は，契約の終了を要件としていることになり，返還の時期についての約定の有無及びその内容に応じて，次の各時期に発生することになると考えられます。

　まず，当事者間に貸金の返還時期についての合意がある場合には，その期限が到来した時に貸金返還請求権が発生することになります。したがって，貸金返還請求権の発生のためには，返還時期の合意の内容が確定期限の合意であれば，その確定期限の定めとその到来を，不確定期限の合意であれば，その不確定期限の定めとその期限の到来を，消費貸借契約の終了の要件に該当する事実として，それぞれ主張することが必要になります。」

(3)　返還時期の明示的な合意のない場合

　新見解は，返還時期の明示的な合意のない場合について，『設例13題』の39頁，40頁において，次のとおり，民法591条1項の適用によって，貸金返還請求権が発生すると述べている。

　「当事者間に貸金の返還時期についての合意がない場合には，貸主は相当の期間を定めて返還の催告をすることができるとされており（民法591条1項），これによれば，貸主が借主に返還の催告をし，その後相当期間が経過することによって，貸金返還請求権が発生することになります。」

3　私見の概要

(1)　基本——返還時期の明示的な合意のある場合

　私見は，金銭消費貸借契約について，返還時期の明示的な合意がある場合には，その契約の「成立要件事実」として，①金銭交付，②返還約束の各事

表6 私見（返還時期の合意あり）

		契約成立要件	請求権発生要件	行使可能要件
①	金銭交付	○	○	×
②	返還約束	○	○	×
③	返還時期の合意	×	×	○
④	当該返還時期の到来	×	×	○

実のみで足り，貸金返還請求権の「発生要件事実」としても，上記事実のみで足り，貸金返還請求権の「行使可能要件事実」として，③返還時期の合意，④当該返還時期の到来の各事実が必要であるというものである。

この私見を，返還時期の合意が明示的にある場合について表にすると，表6のとおりである。

(2) 上記解釈のポイント

私見のポイントは，金銭消費貸借契約の成立要件事実については，新見解と同一の見解であり，旧見解のように「③返還時期の合意」を必要とせず，貸金返還請求権の発生要件事実については，旧見解とも新見解とも異なり，金銭消費貸借契約の成立要件事実である①金銭交付，②返還約束の各事実のみで足り，貸金返還請求権の「行使可能要件事実」として，③返還時期の合意，④当該返還時期の到来の各事実が必要であるとするものであり，「行使可能要件事実」という概念を提示している点が，大きく異なることになる。

(3) 返還時期の明示的な合意のない場合

私見では，返還時期の明示的な合意のない場合には，素直に，民法591条1項の適用によって，貸金返還請求権が行使可能となるとするものである。

4　検討の方針

それでは，以上のいずれの説が相当であるのかについて，我妻説及び判例の各内容をみること，また，これに関連して，「貸金債権」と「貸金返還請求

権」との区別及び「履行期限」と「停止期限」との区別を確認すること，そして，請求権の「発生」という事柄を分析することにより，検討を進める。

第3節　我妻説

　我妻榮教授は，『債権各論中巻一』（岩波書店・1957年）において，金銭消費貸借契約の成立要件，貸金返還請求権の発生要件，貸金返還請求権の行使可能要件について，次のとおり述べている[15]。

1　金銭消費貸借契約の成立要件

　我妻榮教授は，『債権各論中巻一』の350頁から354頁にかけての「第二　消費貸借の法律的性質」の「一」において，金銭消費貸借契約の成立要件として，(1)借主が金銭を受け取ること，(2)借主が金銭を返還する約束をすることの2つが必要であることを指摘しているが，その他の要件が必要であるとは指摘していない。

　また，我妻榮教授は，同書357頁から362頁にかけての「第一　消費貸借の成立要件」において，「一　消費貸借の目的物は金銭その他の代替物である。」，「二　借主は目的物を「受取ル」ことを要する。」，「三　借主は……返還する債務を負担する。」，「四　消費貸借の要物性と関連して，二つの重要な問題を生ずる。目的物の授受に先だって設定された抵当権の効力と公正証書の執行力である。……判例は……抵当権の附従性を緩和（し）……，公正証書作成の後に金銭が授受された場合にも債務名義の効力を認むべきものとする。」という記述をし，金銭消費貸借契約の成立要件として，上記(1)及び(2)の2つが必要であることを指摘しているがその他の要件が必要であるとは指摘していない。

　結局，我妻榮教授は，金銭消費貸借契約の成立要件として，第1節の3の文言でいえば，次の2つが必要であるが，その他は必要ないという見解を採用していると解される。

　①　貸主が金銭を交付したこと＝金銭交付
　②　借主が金銭を返還することを約束したこと＝返還約束

2　貸金返還請求権の発生要件

我妻榮教授は,『債権各論中巻一』の360頁から361頁にかけて,次のとおり,貸金返還請求権が,金銭消費貸借契約の成立と同時に発生すると記述している。

「消費貸借の要物性と関連して,二つの重要な問題を生ずる。目的物の授受に先だって設定された抵当権の効力と公正証書の執行力である。実際取引界においては,まず抵当権の設定と公正証書の作成をして,それから後に目的物を交付するのが通例である。その場合に,目的物の授受があった時に消費貸借が成立する（貸主の返還請求権が生ずる）と解するときは,抵当権や公正証書は貸主の返還請求権の成立前に作られたことになる。それでもなお効力を認め得るかが問題となるのである。」（以下「第1部分」という。）

「抵当権に関しては,判例は,古くから,これを有効と解した。然し,その理論は,直接に消費貸借の要物性を緩和するのではなく,抵当権の附従性を緩和する途をとった。すなわち,貸主の返還請求権は目的物の交付の時に生ずるが,抵当権は,さような将来の債権のためにも現実に設定することを得るものであり,抵当権の登記は将来債権が成立することによって現実と符合するに至るから完全な対抗力をもつ,というのである。」（以下「第2部分」という。）

「もっとも,公正証書の本質として,執行される請求権を識別させればよいという理論を徹底すれば,記載されたことが事実に吻合するかどうかは,その公正証書の執行力とは全く無関係であって,公正証書に表示された請求権が実際には存在しないときは請求異議の訴によって争うべきもの—そして,もしそれまでに要物性を充たし請求権が実在するに至れば異議は成立しない—とするのが正当であろうと思われるが,民事訴訟法の問題であるから詳述しない。」（以下「第3部分」という。）

我妻榮教授の上記文章は,全体として,「金銭消費貸借契約の成立の時に,貸主の貸金返還請求権が発生する」ことを当然の前提としているが,とりわけ,「目的物の授受があった時に消費貸借が成立する（貸主の返還請求権が生ずる）」(第1部分),「貸主の返還請求権は目的物の交付の時に生ずる」（第2部分）,

「もしそれまでに要物性を充たし請求権が実在するに至れば」(第3部分)という各記述は、いずれも、「金銭消費貸借契約の成立の時に、貸主の貸金返還請求権が発生する」ことをかなり明確に表現しているものと解することができる。

なお、貸金返還請求権と貸金債権との言葉の区別、履行期限と停止期限との言葉の区別の問題については、第5節で検討する。

3 貸金返還請求権の行使可能要件

我妻榮教授は、前記2のとおり、貸金返還請求権は消費貸借契約の成立の時に発生するとしながら、『債権各論中巻一』の371頁から373頁にかけて、次のとおり、貸金返還請求権は、① 返還時期の合意がある場合には、当該返還時期が到来した時、② 返還時期の合意がない場合には、催告の上相当期間が経過した時に、それぞれ、請求することができる旨を記述しているところ、この記述は、貸金返還請求権の行使可能要件について指摘したものと解することができる。

(1) 返還時期の合意がある場合

「返還の時期は、確定の時期でも不確定の時期でもよい。借主は、前の場合には、その時期の到来した時から、遅滞の責に任じ、後の場合には、その時期の到来を知った時から遅滞の責に任ずる(四一二条一項・二項、債総[一四〇]以下参照)。」(371頁)

我妻榮教授は、返還時期の到来によって「貸金返還請求権が発生する」とは述べていないし、むしろ、その文章の末尾の括弧内に「民法412条1項・2項」を引用しているところに照らすと[16]、既に発生している貸金返還請求権が、返還時期の到来によって「行使可能」となり、それゆえに、返還時期の経過により、遅延損害金支払義務が発生する旨を述べているものと推察される。

(2) 返還時期の合意がない場合

「消費貸借は一定の価値を借主の使用に委ねることを本質とする継続的関

係であるから，貸主は，これを告知してはじめて，その返還を請求することができるようになる。民法が「返還ノ催告」といっているのもその趣旨と解すべきである。従って，判例が，期限の定のない消費貸借においては，貸主の返還請求権は契約の成立と同時に弁済期にあり，貸主は単に催告のなかったことをもって抗弁となし得るだけだとなし，この抗弁を主張しない限り，貸主の請求の時から借主は遅滞に陥り，しかもこの抗弁は上告審では提起し得ないとするのは，正当ではない。貸主において相当の期間を定めて催告(すなわち告知)したことを主張・立証すべきである。」(372頁から373頁)

我妻榮教授は，まず，「消費貸借は一定の価値を借主の使用に委ねることを本質とする継続的関係であるから，貸主は，これを告知してはじめて，その返還を請求することができるようになる。」というところ，この「返還を請求することができるようになる」という文言は，二義的である。

その二義とは，(a)「返還請求権が発生するようになる」という意味，(b)「返還請求権を行使できるようになる」という意味の二つである。

しかし，前記2のとおり，我妻榮教授が，貸金返還請求権は金銭消費貸借契約の成立と同時に発生するとの見解を採用していることからすれば，上記の「返還を請求することができるようになる」という文言は，(a)の意味ではなく，(b)の意味であることが分かる[17][18]。

結局，我妻榮教授は，返還時期の合意がない場合には，貸金返還請求権の行使可能要件として，その返還時期の到来が必要であるといえるところ，そのためには，貸主において，請求原因として「催告＋相当期間の経過」を主張・立証すべきであると述べていることになる。

4　まとめ

以上のとおり，我妻榮教授の見解は，私見と同一であると推察される。

第4節 判　例

1　金銭消費貸借契約の成立要件

判例には，金銭消費貸借契約の成立要件として，民法587条の文言に忠実に，① 金銭交付，② 返還約束の2つで足りるものとしているものがあるが，それ以外の要件が必要であると明示しているものは見当たらなかった。

例えば，大審院明治44年11月9日判決・民録17輯648頁は，「消費貸借ハ当事者ノ一方カ種類品等及ヒ数量ノ同シキ物ヲ以テ返還ヲ為スコトヲ約シテ相手方ヨリ金銭其他ノ物ヲ受取ルニ因リテ其効力ヲ生スヘキコト法文ニ明示スル所」と判示している。

また，大審院大正2年5月8日判決・民録19輯312頁は，「消費貸借ニ於テ目的物ノ授受ハ消費貸借ノ意思表示ト同時ナルコトヲ要セス後ニ之ヲ為スヲ妨クルコトナシ唯其授受アルマテハ消費貸借成立セサルノミ蓋シ目的物ノ授受ハ消費貸借ノ構成部分ナレハ其実現ナクンハ消費貸借ハ成立セサルモ法律行為ノ各構成部分ノ実現ハ必スシモ同時ナルコトヲ要スルモノニアラサレハナリ」と判示している。

以上によれば，判例は，金銭消費貸借契約の成立要件として，民法587条の文言に忠実に，① 金銭交付，② 返還約束の2つで足りるものとしていると解するのが相当である。

2　貸金返還請求権の発生要件

判例には，貸金返還請求権の発生要件として，返還時期の到来が必要ではない旨を明示しているものがある。

例えば，大審院明治38年12月6日判決・民録11輯1653頁は，「凡抵当権ノ設定ハ通例之ヲ以テ担保スヘキ債務ノ発生即金円ノ貸借ト同時ニ其手続ヲ為スモノナルモ抵当権設定者カ後ニ発生スヘキ債務ヲ担保スル意思ヲ以テ其抵当権ヲ設定スル場合ニ於テハ金円ノ貸借ニ先ツテ予メ抵当権設定ノ手続ヲ為スハ法律ノ禁スル所ニアラサルヲ以テ其抵当ハ後ニ発生シタル債務ヲ有効

ニ担保スヘク抵当権設定ノ手続ハ必シモ債務ノ発生ト同時ナルヲ要セス」と判示している。

　この判例は，抵当権の被担保債権は，返還時期の到来を待つことなく，金銭消費貸借契約の成立要件である金員の交付によって発生すること（これを「債務ノ発生即金円ノ貸借」と表現している。）を前提とし，抵当権の設定が，金員の交付前にされた場合であっても，有効として差し支えない旨をいうものである。

　また，最高裁昭和45年6月24日大法廷判決・民集24巻6号587頁は，「民法五一一条は，一方において，債権を差し押えた債権者の利益をも考慮し，第三債務者が差押後に取得した債権による相殺は差押債権者に対抗しえない旨を規定している。しかしながら，同条の文言および前示相殺制度の本質に鑑みれば，同条は，第三債務者が債務者に対して有する債権をもつて差押債権者に対し相殺をなしうることを当然の前提としたうえ，差押後に発生した債権または差押後に他から取得した債権を自働債権とする相殺のみを例外的に禁止することによつて，その限度において，差押債権者と第三債務者の間の利益の調節を図つたものと解するのが相当である。したがつて，第三債務者は，その債権が差押後に取得されたものでないかぎり，自働債権および受働債権の弁済期の前後を問わず，相殺適状に達しさえすれば，差押後においても，これを自働債権として相殺をなしうるものと解すべきであり，これと異なる論旨は採用することができない。」と判示している。

　この判例は，債権は弁済期が到来しなくても発生していることを当然の前提として，「差押後に発生した債権……を自働債権とする相殺」は禁止されるが，「債権が差押後に取得されたものでないかぎり」，「自働債権および受働債権の弁済期の前後を問わず」相殺が許容されるとしているものである。

　すなわち，この判例は，自働債権が貸金債権の事案であったところ，貸金債権（これが貸金返還請求権と同一の意味であると解すべきことは後述する。）の発生要件としては，① 金銭交付，② 返還約束の2つで足りるものであり，③ 返還時期の合意，④ 当該返還時期の到来は，不必要としていることになる。

3　貸金返還請求権の行使可能要件

判例には，貸金返還請求権の行使可能要件について明示的に言及しているものは，見当たらなかった。

しかし，金銭消費貸借契約に基づく貸金返還請求の請求原因事実として，③返還時期の合意，④当該返還時期の到来の各事実が必要であるとの最近の実務における見解を採用し，かつ，前記１及び２の判例の見解を前提とすると，これら③及び④の事実は，「契約成立要件事実」でも，「請求権発生要件事実」でもないから，「請求権行使可能事実」であるとしなければならなくなるであろう。

4　まとめ

以上のとおり，判例の見解も，私見と同一であると推察される。

第５節　「債権と請求権」及び「履行期限と停止期限」

1　債権と請求権

(1)　文献

金子宏等編『法律学小辞典』第４版（有斐閣・2004年）は，債権につき，「特定人（債権者）が特定の義務者（債務者）に対して一定の給付を請求し，債務者の給付を受領し保持すること（給付のもつ利益ないし価値を自己に帰属させること）が法認されている地位（権利）をいう。」とし，請求権につき，「他人の行為（作為又は不作為）を請求することができる私権の一種。債権と同じ意味に用いられることが少なくないが，厳密には，請求権は物権や身分権からも生じるもので（例：物権的請求権・扶養請求権など），他人に行為を請求する権利に尽きるのに対し，債権は給付を受領し保持する権利を含む点で差異があると説かれている。元来，請求権という概念は，裁判所に訴えて保護を求める権利（アクチオ）と離れて実体権の観念が存在しなかったローマ法の権利体系を，19世紀のドイツの法律学が実体法と訴訟法の分化という視角から再構成する作業の

過程で生み出されたものであり，アクチオの実体的な側面を近代的な権利体系に翻訳したものといわれている。この沿革からみれば，請求権は，物権・債権と同一平面にある権利ではなく，訴訟との関連を切り離しては考えられないと解される。」としている。

しかし，内田貴『民法Ⅲ』第 3 版（東京大学出版会・2005 年）28 頁，29 頁は，上記と同旨の説明をしながらも，「日本では，請求権という概念は余り厳密な使い方をされておらず，民法上も，債権と区別なく用いられることも多い（721 条，724 条）。」としている。

要するに，債権は，実体法的な表現であり，請求権は，訴訟法的な表現であるが，債権も，請求権も，「人が他の人に対して一定の行為を要求できる権利」であるという点では共通しているといえよう。

(2) 使用実態
ア 債権及び請求権という両方の言葉を使用するもの

貸金債権という言葉も，貸金返還請求権という言葉も，使用されている。

不法行為による損害賠償債権という言葉も，不法行為による損害賠償請求権という言葉も，使用されている。

それでは，この 2 つの言葉の内容に違いがあるかといえば，文章の流れや語感によって決められている可能性があり，実質的な違いがあるとは窺われない。

債権も請求権も，人が他の人に対して一定の行為を要求できる権利であり，これらの場合には，いずれの言葉を使用しても差し支えないことになる。

イ 請求権という言葉を使用するものの債権という言葉を使用しないもの

物権的請求権という言葉，所有権に基づく返還請求権・妨害排除請求権などという言葉はあるが，物権的債権という言葉，所有権に基づく返還債権・妨害排除債権などという言葉はない。

差止請求権という言葉はあるが，差止債権という言葉はない。

これらの請求権は，物権，人格権などを基本的な権利とし，その侵害があった場合にこれらの権利から派生して発生するものであり，その侵害者に対して要求できる権利である。

これらの使用方法からすると，請求権という言葉は，債権という言葉よりも，広い概念内容を有するものであるということになる。

ウ 債権という言葉を使用するものの請求権という言葉を使用しないもの

債権譲渡という言葉があるが，請求権譲渡という言葉はない。ただし，貸金返還請求権を譲渡するという言葉を使用することはある。

債権債務という言葉はあるが，請求権債務という言葉はない。

エ 類似の言葉

「お冷や」という言葉は，英語で言えば，「cold water」であり，これを直訳すると，「冷たい水」であり，このような日本語の表現はある。「冷たい水」という言葉は，「お冷や」という言葉よりも，広い概念内容を有するものである。

「お湯」という言葉は，英語で言えば，「hot water」であり，これを直訳すると，「熱い水」であるが，このような日本語の表現はない。日本語には，「熱い」「水」という表現はなく，「水」はあくまでも，「冷たい」ことを前提とした言葉である。

この言葉の関係は，面白いことに，債権（お冷や），債務（お湯），請求権（冷たい水）という言葉と対応する。

債権は，「お冷や」に対応し，請求権は，「冷たい水」に対応する。

債務は，「お湯」に対応する。しかし，請求権の反対語の表現はなく，また，「熱い水」という表現もない。

このように，言葉は，ある意味で，恣意的であり，論理的な整合性を保つとは限らない。

(3) まとめ

債権と請求権というそれぞれの言葉は，いずれも，「人が他の人に対して一定の行為を要求できる権利」という意味では，共通のものがあり，請求権という言葉の方が，債権という言葉よりも，概念内容が広く，物権的請求権というような使用方法が可能である。また，債権債務という言葉はあるが，請求権に関しては，同様な表現がないなど慣用的な相違が見られる。さらに，債権は，実体法的な表現であり，請求権は訴訟法的な表現である。

しかし，そうはいっても，債権と請求権とに実質的な意味の相違があるとはいえない[19]。

少なくとも，貸金債権と貸金返還請求権について，その発生時期を検討するに当たって，この2つの言葉を区別する理由も根拠も見当たらない。

2 履行期限と停止期限

(1) 期限の種類

金銭消費貸借契約における返還時期（弁済期）の合意は，民法総則の規定でいえば，期限についての合意ということになる。

民法135条1項は，「法律行為に始期を付したときは，その法律行為の履行は，期限が到来するまで，これを請求することができない。」と定めている。

これは，履行期限といわれている[20]。すなわち，権利でいえば，期限が到来していなくても，権利が発生しているが，期限が到来するまでは，権利が行使できないというものである。

これに対し，停止期限といわれるものがある[21]。

(2) 停止期限

停止期限とは，権利でいえば，期限が到来しなければ，権利が発生していないことになり，期限が到来することによって，はじめて，権利が発生するというものである。意思表示でいえば，期限が到来しなければ，効力が発生していないことになり，期限が到来することによって，はじめて，効力が発生するというものである。

停止期限として実務的に最も多いものは，停止期限付き契約解除の意思表示である[22]。これは，賃貸借契約の借主が賃料2か月分を滞納したような場合に，貸主が借主に対して「本書面到達の日から1週間以内に賃料2か月分をお支払いください。そのお支払がないときは，本書面をもって本賃貸借契約を解除させていただきます。」との旨の書面を送付したときは，その賃貸借契約解除の意思表示は，同書面到達の日にされているが，その効力は，1週間後に発生することになる。なお，賃借人が1週間以内に賃料2か月分を支払ったときは，それが解除の効力の発生障害事由になる。

表7　金銭消費貸借契約の成立と貸金債権の発生及び行使可能性

ア	発生し，行使できる
イ	発生したが，行使できない
ウ	発生していない

(3) 金銭消費貸借契約における返還時期の合意

金銭消費貸借契約における返還時期（弁済期）の合意は，履行期限としての合意であって，停止期限としての合意であるとは解されていない[23]。

そうすると，金銭消費貸借契約における貸金返還請求権（貸金債権）は，契約成立のときに発生し，返還時期が到来することにより，行使可能となると解することが相当である。

第6節　事柄の分析

1　金銭消費貸借契約の成立と貸金債権の発生の有無

(1) 問題の出発点

金銭消費貸借契約の成立要件が，① 金銭の交付，② 返還約束の2つであることは，新見解でも，いわゆる冒頭規定説でも，我妻榮教授の説でも，判例でも，私見でも，変わらない。

問題は，貸金債権（貸金返還請求権。以下，前記第5節で検討した結果に従って，貸金債権も貸金返還請求権も，区別せず，貸金債権という。）の発生時期である。

金銭消費貸借契約が成立した時点での貸金債権の発生及び行使可能性については，形式論理的には，表7のとおり，3つの考え方がありうる。

売買契約に基づく売買代金債権は，支払時期についての合意がない限り，売買契約の成立と同時に，発生し，かつ，行使できる。そして，支払時期についての合意があることは，実体法上は，行使阻止事由であり，訴訟上は，抗弁事由となる[24]。

金銭消費貸借契約に基づく貸金債権についても，これと同様に考える説が，表7のア説であるが，このような説は，実務では採用されていない。

我妻榮教授の説も，私見も，金銭消費貸借契約が成立すると同時に貸金債権が発生するが，行使可能にはなっていないという見解，すなわち，表7のイ説を採用している。

しかし，新見解は，金銭消費貸借契約が成立しただけでは貸金債権が発生せず，③返還時期の合意，④当該返還時期の到来が必要であるとする見解，すなわち，表7のウ説を採用している[25]。

(2) 貸金債権の発生時期の判断基準の問題

そうすると，「貸金債権の発生時期」について検討しなければならないところ，その検討は，「貸金債権の発生」という観念的な事象（要するに，証拠によっては認定できない事象であって，法的な判断に属する事象である。）についての判断が必要となり，結局は，その判断基準は何かという問題になる。

2 貸金債権（貸金返還請求権）の発生の判断基準

貸金債権が発生したか否かの判断基準は，どのようなものであろうか。

私見は，次のとおりである。

第1に，抵当権の被担保債権となる金銭消費貸借契約に基づく貸金債権は，抵当権設定の際に発生している必要があると考えられる。そうすると，貸金債権は，金銭消費貸借契約成立の時に発生しているものであり，返還時期の到来を待って初めて発生するというものではないと考えることが自然である。

第2に，金銭消費貸借契約に基づく貸金債務についての連帯保証契約の締結の際には，主債務である貸金債務が発生している必要があると考えられる。そうすると，貸金債権は，金銭消費貸借契約成立の時に発生しているものであり，返還時期の到来を待って初めて発生するというものではないと考えることが自然である。

第3に，金銭消費貸借契約に通常伴うところの利息債権（利息支払請求権）の発生のためには，契約成立時に貸金債権が発生している必要があると考えら

れる。そうすると，貸金債権は，金銭消費貸借契約成立の時に発生しているものであり，返還時期の到来を待って初めて発生するというものではないと考えることが自然である。

　第4に，貸金債権の譲渡は，現実的に実行されているものであり，例えば，サブプライム・ローンの場合には，証券化されて世界的規模で債権譲渡が実行されたものであるところ，その債権譲渡に際して，当事者は，返還時期が到来していないが，貸金債権は発生していると認識していると考えられる。そうすると，貸金債権は，金銭消費貸借契約成立の時に発生しているものであり，返還時期の到来を待って初めて発生するというものではないと，一般に，認識されていると評価することが自然である。

　このように，金銭消費貸借契約における貸金債権の発生時期は，契約成立時であると解することが自然である。

　これに対し，金銭消費貸借契約における貸金債権の発生時期が，契約成立時ではなく，返還時期であると解する場合には，① 抵当権の被担保債権が抵当権設定当時に発生していないこと，② 連帯保証契約の主債務が同契約締結当時に発生していないこと，③ 利息債権の発生の前提となる元金に関する債権が発生していないこと，④ 債権譲渡の際にその対象となる貸金債権が発生していないことと解釈することになるが，このような解釈は，法理上も，社会通念上も，不自然というほかない。

第7節　司法研修所民事裁判教官室の旧見解の問題点

　旧見解は，金銭消費貸借契約について，返還時期の明示的な合意がある場合には，その成立要件事実として，① 金銭交付，② 返還約束のほか，③ 返還時期の合意の各事実が必要であるとするが，この見解は，次の各点に照らして，採用できない。

　すなわち，(a) 消費貸借契約の冒頭規定である民法587条が，上記 ① 及び ② についてのみ記載しているにもかかわらず，上記 ③ をも契約成立要件事実とする点において，不自然であること，(b) 判例をみても，上記 ① 及び ② を成立要件として認めているが，上記 ③ を成立要件と認めたものが見当た

らないこと，(c)我妻榮教授も，上記①及び②を成立要件として認めているが，上記③を成立要件と認めているとは窺えないことなどに照らすと，採用できない。

そして，旧見解は，上記④当該返還時期の到来が，貸金返還請求権の発生要件であるとするが，この見解は，判例に反することが明らかであり，また，我妻榮教授の見解にも反すると推察され，さらに，事柄の分析に照らしても，権利発生要件に履行期限である返還時期の到来は不必要であり，採用できない。

なお，旧見解は，上記④当該返還時期の到来が，抵当権の被担保債権の発生原因事実には不必要であることを明言しているところ[26]，これは，上記④当該返還時期の到来が，貸金返還請求権の発生要件として不必要であることを自認していることになる。

第8節　司法研修所民事裁判教官室の新見解の問題点

新見解は，金銭消費貸借契約について，返還時期の明示的な合意がある場合には，その成立要件事実として，①金銭交付，②返還約束の各事実のみで足りるとしているところ，この見解は，民法587条の文言にも沿うものであり，正しい。

新見解は，③返還時期の合意及び④当該返還時期の到来が，貸金返還請求権の発生要件であるとするが，この見解は，判例に反することが明らかであり，また，我妻榮教授の見解にも反すると推察され，さらに，事柄の分析に照らしても，権利発生要件に履行期限である返還時期の到来は不必要であり，採用できない。

なお，新見解は，上記③返還時期の合意及び④当該返還時期の到来が，抵当権の被担保債権の発生原因事実には不必要であることを明言しているところ[27]，これは，上記③返還時期の合意及び④当該返還時期の到来が，貸金返還請求権の発生要件として不必要であることを自認していることになる。これは，論理的な平仄の不一致である。

推察するに，新見解は，基本問題である「金銭消費貸借契約に基づく貸金

返還請求権」について説明する際には,「請求原因事実」＝「権利発生要件事実」というドグマに依拠しているため,前記 ① ないし ④ のすべての事実を「権利発生要件事実」としなければならなかったが,いざ,応用問題である「抵当権の被担保債権の発生原因事実」について説明する際には,上記ドグマから解放されて,正しい見解,すなわち,金銭消費貸借契約に基づく貸金返還請求権の発生原因事実は,契約成立の事実,すなわち,前記 ① 及び ② の各事実のみで足りるという正しい認識が表明されたということであろう。

第 9 節　まとめ

　以上のとおり,金銭消費貸借契約について,返還時期の明示的な合意がある場合には,その契約の「成立要件事実」としては,① 金銭交付,② 返還約束の各事実のみで足り,貸金返還請求権の「発生要件事実」としても,上記事実のみで足り,貸金返還請求権の「行使可能要件事実」として,③ 返還時期の合意,④ 当該返還時期の到来の各事実が必要である。

　この結論は,「請求原因」には,「権利発生要件」のみならず「権利行使可能要件」がありうるという見解を採用することを前提として可能となる。この結論は,判例の見解及び我妻榮教授の見解を整合的に説明している。そして,この結論は,事柄の分析の観点から妥当である。

　旧見解及び新見解は,いずれも,「請求原因事実」には,「権利発生要件事実」しかありえないという前提の下に,旧見解にあっては,「契約成立要件事実」に無理矢理に ③ 返還時期の合意を入れたのではないかと推察され,また,新見解にあっては,「請求権発生要件事実」に無理矢理に ③ 返還時期の合意,④ 当該返還時期の到来の各事実を入れたのではないかと推察される。

　しかし,旧見解及び新見解は,いずれも,貸金債権（貸金返還請求権）の発生要件について,判例の見解及び我妻榮教授の見解を整合的に説明できないほか,事柄の分析の観点からも,妥当でない。

---

(1)　正確かつ適切な民事事件種類別統計を参照できたものではないが,筆者が,主に裁判官として勤務した昭和 53 年 4 月から平成 17 年 3 月までの 27 年間の事件取扱いの

経験から、また、弁護士となった平成17年4月から現在までの約7年間の事件取扱いの経験からも、そのように理解している。もっとも、最近では、貸金業者に対する過払金返還請求が多いようであるが、この請求は、事件の性質上、一定期間経過後には減少するものと推察されている。
(2) 以下、我が民法典において規定された13種類の典型契約の冒頭の規定を「冒頭規定」という。
(3) 我妻榮『債権各論中巻一』（岩波書店・1957年）226頁、250頁、341頁など。例えば、同226頁は、「贈与の成立要件」の表題の下に、「贈与が成立するためには、贈与者が無償で財産を与える旨の合意の成立が必要である。」として、民法549条を引用している。同条は、「贈与は、当事者の一方が自己の財産を無償で相手方に与える意思を表示し、相手方が受諾をすることによって、その効力を生ずる。」と定め、その末尾は、「効力を生ずる」という文言であって、「成立する」という文言ではない。我が民法典の13の典型契約の冒頭の規定の末尾は、いずれも、「効力を生ずる」という文言を使用しているが、これは「成立する」という意味である。
(4) 民法591条1項が「返還請求できる時期」を定めていることは争いがないが、その時期は、後記のとおり、私見及び我妻榮教授が採用する説では、「返還請求権を行使できる時期」であり、これに対して、『設例13題』が明示し、『設例15題』改訂版が示唆的に採用する説では、「返還請求権が発生する時期」である。このいずれの説が正当であるかが、本稿の一つのテーマである。
(5) 大審院昭和5年1月29日判決・民集9巻97頁など
(6) 『設例13題』40頁、41頁
(7) 問題を簡明にするために、貸金元金の返還請求をする場合に限定し、利息支払請求及び遅延損害金支払請求をする場合は、本問では、検討外とする。
(8) 我妻前掲『債権各論中巻一』372頁など。なお、大審院昭和5年6月4日判決・民集9巻595頁は、返還時期の合意がない消費貸借契約にあっては、貸主は借主に対して直ちに返還することを催告でき、借主は、民法591条1項に基づいて抗弁権を行使することができ、借主がこの抗弁権を行使したときは、相当期間が満了してはじめて返還すれば足りるが、借主がこの抗弁権を行使しない以上は、借主は貸主に対して催告の日に返還しなければならず、その翌日には遅延損害金の支払義務が発生する旨を判示していた。しかし、現在では、実務的に、この判例に則った取扱いはされていない。
(9) 請求原因事実の説明として、①請求を基礎付ける事実、②請求を理由付ける事実（民事訴訟規則53条1項、2項、79条2項）、③請求を理由のあるものとする事実というものがある。しかし、抗弁事実の説明としては、「請求を理由のないものとする事実」というものが相当であろう。抗弁事実について、「請求を基礎付けない事実」、「請求を理由付けない事実」という説明をすることは日本語として不適切であろう。そうすると、請求原因事実の説明としては、上記③の「請求を理由のあるものとする事実」という表現を採用することが適切である。この表現が適切である理由は、「基礎付ける」、「理由付ける」という表現が、主観的あるいは比喩的であるのに対し、「理由がある」という表現が、客観的であり、汎用性のあるものであるからである。言葉による表現は、客観的なものを選択することがよい。なお、文語体が許容されていた時代には、請求原因事実は「請求を理由あらしめる事実」であり、抗弁事実は「請求を理由なからしめる事実」であるという説明を受けたことがある。この説明を口語体に変換すると、日本語として適切な説明になる。
(10) 別の言い方をすると、要件事実の実体法上の性質区分に当たって、「権利発生根拠事

実」,「権利発生障害事実」,「権利消滅事実」,「権利行使阻止事実」の4つの区分のほかに,「権利行使可能事実」というもう一つの区分があることの認識根拠が,① 建物建築請負契約に基づく請負代金支払請求の請求原因事実として,建物の完成の事実をあげなければならないこと,② 雇用契約に基づく賃金支払請求の請求原因事実として,一定期間の就労の事実をあげなければならないこと,そして,③ 金銭消費貸借契約に基づく貸金返還請求の請求原因事実として,弁済期の到来の事実をあげなければならないことなどであるということになる。

⑾ 『設例15題』改訂版44頁は,「以上のとおり,⑷の事実(橋本注記:① 金銭の返還合意,② 金銭の交付,③ 弁済期の合意,④ その弁済期の到来)が主張立証されることによって,XのYに対する消費貸借契約に基づく貸金返還請求権の存在が基礎付けられることになります。」と記述している。これは,貸金返還請求権の発生要件についての記述とみることができる。なお,『設例13題』では,貸金返還請求権の「発生要件」が明確に記述されているが,『設例15題』改訂版では,「発生要件」が明確に記述されておらず,上記のとおり,「存在が基礎付けられる」という表現があるに過ぎない。

⑿ 冒頭規定説とは,一般的には,「我が民法典において規定された13種類の典型契約の冒頭の規定,すなわち,冒頭規定は,当該典型契約の成立要件を定めたものである。」という説である。他の見解として,冒頭規定の内容に,「上記冒頭規定は,当該典型契約に基づく請求権の発生要件を定めたものである。」という事柄を付加するものがある。しかし,「契約成立要件」と「請求権発生要件」とは,同一であることもあるが,異別となることもあるから,他の見解は不適切である。したがって,以下,冒頭規定説とは,以上のとおり,冒頭規定が典型契約の成立要件を定めたものであるという説であるとする。なお,冒頭規定説は,その言説が観念的・演繹的・独断的であるにもかかわらず,実証的に点検してみると,おおむね正しい説であると認められる。この点については,別に,詳論する。いずれにせよ,ここでは,冒頭規定説の定義として,「契約成立要件」に関する説であって,「請求権発生要件」に関する説ではないとすることが相当であることを指摘しておく。

⒀ 山本敬三『民法講義Ⅳ—1』(有斐閣・2005年)380頁は,「貸借型の契約について,「返還時期」が不可欠の構成要素であるとしても,そこからただちに,すべての構成要素について当事者の「合意」がなければならないと考える必要はない。」,「むしろ,591条1項は,契約自体は成立していることを前提とした上で,合意が欠けている場合にそれを補充するために定められた―返還時期の合意は契約の成立要件ではないとする立場を示した―ものとみるのが自然である。」と指摘している。そして,後記司法研修所民事裁判教官室の新見解は,この指摘にそった修正をしたということになる。

⒁ 坂本慶一『新要件事実論』(悠々社・2011年)142頁は,「この説は無から有を生み出すようなところがあり,技巧的すぎるように思えます。」と厳しく批判している。

⒂ なお,我妻前掲『債権各論中巻一』中の文章の引用に当たっては,漢字について新字体を採用した。

⒃ 民法412条1項ないし3項は,いずれも,その法文から明らかなとおり,債務の「履行期限」及び「遅滞の責任の発生時期」について定めたものである。そして,債務の履行期限は,債務が発生していることを前提とし,その債務の履行について期限が定められたものである。『要件事実第1巻』118頁,119頁参照。

⒄ 我が民法典における「請求することができない」という言葉についてみると,民法135条1項は,「法律行為に始期を付したときは,その法律行為の履行は,期限が到来するまで,これを請求することができない。」と定めているところ,これは,「請求権

を行使できない」という意味である。これに対し，同法708条本文は，「不法な原因のために給付をした者は，その給付したものの返還を請求することができない。」と定めているところ，これは，「請求権がない」という意味である。このように，我が民法典にあっても，「請求することができない」という言葉の意味は，一義的ではない。

⑱　我妻榮教授が，上記文章において，「返還を請求することができる」という簡明な表現を採用せず，「返還を請求することができるようになる」といういささかまわりくどい表現を採用したのは，無意識のうちに，「返還請求権の発生要件」と「返還請求権の行使可能要件」とを区別し，これが表現に反映されたのではないかと推察される。

⑲　例えば，民法398条の2第3項は，「特定の原因に基づいて債務者との間に継続して生ずる債権又は手形上若しくは小切手上の請求権は，前項の規定にかかわらず，根抵当権の担保すべき債権とすることができる。」と定め，債権及び請求権という言葉を特段の区別をすることなく使用している。また，破産法2条5項は，「この法律において「破産債権」とは，破産者に対し破産手続開始前の原因に基づいて生じた財産上の請求権（第九十七条各号に掲げる債権を含む。）であって，財団債権に該当しないものをいう。」と定め，債権及び請求権という言葉を特段の区別をすることなく使用し，さらに，同法97条柱書は，「次に掲げる債権（財団債権であるものを除く。）は，破産債権に含まれるものとする。」と定めているものの，その1号から12号までのものには，「請求権」と「債権」とが混在している。

⑳　『要件事実第1巻』118頁，119頁

㉑　『要件事実第1巻』119頁

㉒　『要件事実第1巻』259頁から262頁，『紛争類型別の要件事実』改訂版19頁，20頁，『30講』第3版168頁は，停止期限付解除の意思表示について説明している。この問題は，実務的によくある事例であるとともに，要件事実の分析のための好材料である。

㉓　『日本近代立法資料叢書4　法典調査会民法議事速記録四』（商事法務研究会・1984年）267頁によれば，現行民法591条の起草委員富井政章は，本条が履行期限である現行民法412条3項の特則であることに関して，次のように述べている（なお，漢字は当用漢字に変換し，片仮名を平仮名とし，適宜，句読点を付した。）。「此条は，当事者が返還の時期を定めない場合の規定であります。返還の時期を定めて置けば，無論，規定は要らない。返還の時期を定めない場合に，別段の規定がなければどうなるかと言えば，四百十一条第二項に依て何時でも返還を請求することが出来る。斯う云うことになる。併し，夫れでは如何にも酷いことであって何処の国の法律に於ても然う云うことにしてある例はない。」

㉔　『設例15題』改訂版12頁，『設例13題』11頁など。この点については，異論は，見当たらない。

㉕　旧見解も，金銭消費貸借契約の成立要件だけでは，貸金債権の発生要件を充足しないという点では，同じである。

㉖　『設例15題』改訂版の130頁から133頁にかけて，旧見解は，抵当権の登記保持権原の抗弁の要件事実の一つとして，被担保債権の発生原因事実が必要であるとしている。しかし，旧見解が掲げる被担保債権の発生原因事実は，金銭消費貸借契約の締結の事実のみであり，返還時期の到来の事実を掲げていない。すなわち，同132頁，134頁では，「被告は，原告に対し，平成17年7月1日，1000万円を弁済期平成20年7月1日と定めて貸し付けた。」という事実を挙げているが，その弁済期である平成20年7月1日が到来したという事実を挙げていない。これは，旧見解が，被担保債権の「発生」「原因事実」としては，金銭消費貸借契約の締結の事実のみで足りることを自認し

ていることになる。ちなみに、同書が出版されたのは、平成18年9月30日であって、平成20年7月1日が到来していないことは、上記設例において当然の前提となっている。

(27) 『設例13題』の114頁から116頁にかけて、新見解は、抵当権の登記保持権原の抗弁の要件事実の一つとして、被担保債権の発生原因事実が必要であるとしている。しかし、新見解が掲げる被担保債権の発生原因事実は、金銭消費貸借契約の締結の事実のみであり、返還時期の合意及びその到来の各事実を掲げていない。すなわち、同116頁、118頁では、「被告は、原告に対し、平成22年7月1日、1000万円を貸し付けた。」という事実を挙げているが、同書が記述するところの、合意された弁済期が平成25年7月1日であること及びその弁済期が到来したという事実を挙げていない。これは、新見解が、被担保債権の「発生」「原因事実」としては、弁済期の合意を欠くところの金銭消費貸借契約の締結の事実のみで足りることを自認していることになる。ちなみに、同書が出版されたのは、平成23年9月25日であって、平成25年7月1日が到来していないことは、上記設例において当然の前提となっている。

第5章　物権的請求権における返還請求権について

第1節　はじめに

1　法と言語

　法は，言語によって，記述され，伝達され，解釈され，理解される[1]。
　法を記述する言語が適切であればよいが，適切ではない場合，法の解釈・理解に問題が発生しうる。
　本稿では，言語が法解釈に影響することについて，通説・判例において3つに区分している物権的請求権のうちの一つである返還請求権について検討する。

2　サピア・ウォーフ仮説

(1)　定義

　言語と認識及び思考との関係についての見解として，サピア・ウォーフ仮説というものがある。
　この仮説は，アメリカ合衆国の言語学者であるエドワード・サピア（1884—1939年）及びその弟子であるベンジャミン・リー・ウォーフ（1897—1941年）の著作中の記述に由来する。
　この仮説は，サピア及びウォーフが自ら提唱したものではなく，後代の言語学者によって1950年代から言われるようになったものである。
　この仮説の内容は，サピア及びウォーフの著作中の記述が多義的であるため，この仮説について言及する後代の言語学者にあっても必然的に多義的なものとなっているが，一般的には，①「言語は，認識及び思考に影響する」と

いうもの（以下「弱い仮説」という。），あるいは，②「言語は，認識及び思考を決定する」というもの（以下「強い仮説」という。）に区分できる[2][3]。

(2) 一般的な評価

現在でも，サピア・ウォーフ仮説に対する評価は，確定的ではないようである。

例えば，今井むつみ，慶応義塾大学環境情報学部教授（専攻は認知科学，言語心理学，発達心理学）は，「言語が思考を決定するか否か，あるいは，異なる言語の話者が異なる思考をしているか，という問題について，単純に白か，黒か，という二者択一的な答えをすることは不可能である。」といい，明確な解を示していない[4]。

また，スティーブン・ピンカー，マサチューセッツ工科大学教授は，「言語が思考を規定する説は誤り」であると断言する[5]。

しかし，原口庄輔，筑波大学名誉教授は，「サピア・ウォーフの仮説はおかしいという……ピンカーの主張は，正しいと言ってよい。ただし，言語使用の側面においては，言語と思考（社会の仕組みや文化のあり方をも含めて）が相互に影響し合う部分があることは否定できないと思う。」として，強い仮説は否定するが，弱い仮説は肯定する見解を示唆している[6]。

(3) 実証的な研究その1—色について—

サピア・ウォーフ仮説に関しては，実証的な研究が進んでいる。

すなわち，「言語が異なれば，認識も異なるか」という観点から，①色の認識，②モノの認識，③性の認識，④空間の認識，⑤時間の認識などについての実証的な研究が積み重ねられている。

例えば，色について，パプアニューギニアのダニ語には，2つしかなく，1つは，明るい色を指し，もう1つは，暗い色を指す。日本語でいえば，明るい色の典型は，「白」であり，暗い色の典型は，「黒」である。

それでは，ダニ語の話者は，「赤」，「黄」，「オレンジ」を区別できないのかといえば，そうではない。実際に，ダニ語の話者に，「白」，「黒」，「赤」，「黄」，「オレンジ」などの木片を示した後に，同じ色の木片を選択するような実験を

してみれば、英語の話者と同様な正解を示すという結果が得られたようである[7]。

この実験結果からは、言語が異なっても、認識を決定するとまではいえないということができよう。すなわち、強い仮説は、否定される。

(4) 実証的な研究その2―性について―

ドイツ語では、名詞に性の区別がある。例えば、ライオンは男性名詞、キリンは女性名詞、シマウマは中性名詞である。日本語では、名詞に性の区別はない[8]。

そこで、日本人の子どもとドイツ人の子どもとで、「お父さん動物」と「お母さん動物」の区別をしてもらう実験をしたところ、日本人の子どもでは、偏りのない判断を示したが、ドイツ人の子どもでは、偏りのある判断を示したという結果が得られている[9]。

この実験結果からは、言語は認識及び思考に影響するといえそうである。すなわち、弱い仮説は、肯定される。

(5) 本稿での考え方

本稿では、サピア・ウォーフ仮説は、強い仮説を意味するのであれば否定するが、弱い仮説を意味するのであれば肯定するという考え方を採用する。

すなわち、「言語は、認識及び思考を決定する」とまではいえないが、「言語は、認識及び思考に影響する」という考え方を採用する。

そして、本稿では、サピア・ウォーフ仮説が法解釈に妥当すること、すなわち、言語が法解釈に影響する実例を検討することとする。

3 日本語における「みどり」と「あお」

本稿では、客観的には「引渡請求権」であるにもかかわらず、「返還請求権」という言葉を使用することによって、どのような法律的な問題が発生するのかを検討する。

その事前準備として、日本語では、客観的には「みどり」であるにもかかわらず、「あお」という言葉が使用される場合のあることを確認する。

(1) 客観的な知覚に対応する「みどり」と「あお」という言葉

人の眼に光が入るとき，人は，通常（すなわち，色覚異常などがない限り），光の波長によって，「みどり」と「あお」とを異なるものと知覚する。

これに対応して，英語でも，「green」と「blue」という言葉があるし，日本語にも，「みどり」と「あお」という言葉がある。

(2) 「みどり」を「あお」という場合

ア 基本

しかし，日本語では，客観的な「みどり」を「あお」と表現することがある。

イ 信号の色

信号の色は，日本語では，「赤」「青」「黄」という。信号の色については，日常語でそう言われるだけでなく，法令でもそのように定義している[10]。しかし，実際には，信号の「青」は，「みどり」である[11]。

ウ 青梅，青虫

「青梅」「青虫」という言葉がある。この言葉は，客観的な色でいえば「みどり」，いやむしろ「うすみどり」であるが，表現の上で「あお」にシフトすることにより，「青梅」「青虫」となっている。

エ 青々，青木

「青々と繁った木々」という表現がある。この言葉は，木々の「みどり」を表現する上で「あお」とシフトすることによって成立する。日本人の姓として「青木」はよくあるが，「緑木」は寡聞にして知らない。

オ まとめ

このように日本語では，客観的な「みどり」を「あお」と表現することがある。

(3) 「みどり」を「みどり」という場合

日本語で，客観的な「みどり」を「みどり」と表現することは，当然といえば当然ではあるが，次のような例がある。

「新緑」という言葉は，4，5月ころの木々の葉の色を表現するものであると

ころ、ここでの「みどり」は、客観的な色と合致している。

「緑なす大地」という言葉は、草の生い茂る平原や小麦が生い茂った畑を表現するものであるところ、ここでの「みどり」は、やはり、客観的な色と合致している。

(4) 混乱

日本語では、客観的な「みどり」を「あお」と表現する場合があるといっても、これによって混乱があるという話はあまりきかない。

「『あお』は『みどり』ではない、したがって、信号の『あお』は『みどり』ではない」というような屁理屈が一般に展開されていないからであろう。すなわち、日本人は、信号の「進め」を意味して表示される色が客観的には「みどり」であることを知っていても、それが「あお」と表現されることについて詮索しようとはしない。いや、むしろ、多くの日本人が、信号の「進め」を意味して表示される色を「あお」と認識しているのかも知れない。

しかし、法律の理論にあっては、論理的な展開、とりわけ、演繹という方法による論理的な展開をしなければならないことが多い。そして、この場合には、そこから混乱が起きる可能性がある。

第2節　返還請求権

1　占有権に基づく請求権

我が民法200条は、「占有者がその占有を奪われたときは、占有回収の訴えにより、その物の返還……を請求することができる。」と定めて占有回収の訴えによる返還請求権を認め、同法198条は、「占有者がその占有を妨害されたときは、占有保持の訴えにより、その妨害の停止……を請求することができる。」と定めて占有保持の訴えによる妨害停止請求権を認め、同法199条は、「占有者がその占有を妨害されるおそれがあるときは、占有保全の訴えにより、その妨害の予防……を請求することができる。」と定めて占有保全の訴えによる妨害予防請求権を認めている。

186 第5章 物権的請求権における返還請求権について

通説・判例は、これを受け、占有権に基づく請求権として、① 返還請求権、② 妨害排除 (妨害停止) 請求権、③ 妨害予防請求権の 3 つがあることを肯定している。

2 本権である所有権に基づく請求権

本権である所有権に基づく請求権については、民法には、占有権に対応する明文の規定がない。

しかし、通説・判例は、占有権に認められる以上、本権である所有権にも、① 返還請求権、② 妨害排除請求権、③ 妨害予防請求権の 3 つがあることを肯定する。

そして、その請求権につき、① 所有権に基づく返還請求権とは、他人の占有によって所有権が侵害される場合[12]、② 所有権に基づく妨害排除請求権とは、他人の占有以外の方法によって所有権が侵害される場合[13]、③ 所有権に基づく妨害予防請求権とは、他人の行為によって所有権が侵害されるおそれがある場合[14]に、それぞれ発生するものであると区別している。

ポイントは、返還請求権は他人の「占有」による侵害によって発生し、妨害排除請求権は他人の「占有以外の方法」による侵害によって発生するということである。

しかし、占有権に基づく「返還」請求権のアナロジーとして、所有権に基づく「返還」請求権を認めることは、適切ではない。所有権に基づく請求権としては「返還」請求権ではなく、「引渡」請求権を認めるべきである。

これが、本稿のテーマのスタート・ラインであり、ゴールでもある。

第3節 返還請求権と引渡請求権

1 占有権に基づく返還請求権

(1) **日常言語**

占有権に基づく返還請求権は、「Xが占有していたのに、Yが占有している。だから、返還してくれ。」ということであって、日本語として適切であり、

問題はない。すなわち，ここでいう「返還」請求権は，客観的な事実関係に対応した表現であって，適切なものということができる。

(2) 要件事実による解析

占有権に基づく返還請求権の発生のために必要な要件事実は，一般的には，「①Xが過去にある物を占有していたこと，②Yが現在その物を占有していること」という2つの事実である[15]。厳密には種々の議論があるが，①の事実，すなわち，「Xが過去にある物を占有していたこと」は，不可欠な事実であるとされる[16]。そして，それゆえに，「返還」という日本語が適切な表現であるということになる。

2 所有権に基づく引渡請求権

(1) 日常言語

所有権に基づく「返還」請求権という言葉が意味するところの権利の実態は，「Xが所有しているのに，Yが占有している。だから，引き渡してくれ。」ということであって，日本語としては，「引渡」請求権であり，「返還」請求権ではない。

つまり，所有権は，占有することなく取得できる権利であるから，所有者が「過去に占有」していなくても「現在所有」しているということによって，占有者に対して「引き渡してくれ」といえる。

すなわち，これは，所有権に基づく「引渡」請求権である。

これは，「返還してくれ」という権利ではなく，「引き渡してくれ」という権利である。

「返還」という言葉は，「自分が過去に占有していた」ことを前提とする。しかし，所有権は，占有を必要とする権利ではない。それゆえに，所有権に基づいて占有する相手方に対して主張する権利は，「返還」請求権ではなく，「引渡」請求権であることになる。

結局，所有権に基づく「返還」請求権は，客観的な事実関係に対応しない表現であって，不適切であり，所有権に基づく「引渡」請求権という表現が適切なものということができる。

(2) 要件事実による解析

所有権に基づく引渡請求権（通説の表現によれば、「返還」請求権）の発生のために必要な要件事実は、一般的には、「① Xが現在ある物を所有していること、② Yが現在その物を占有していること」という2つの事実である[17]。

所有権に基づく引渡請求権の発生のために、「①α Xが過去にその物を占有していたこと」という事実は不要であるとされている。

所有権に基づく引渡請求権が肯定される場合として、「①α Xが過去にその物を占有していたこと」という事実があるときもあり、そのときには、その請求権を「返還」請求権と呼称しても差し支えないが、「①α Xが過去にその物を占有していたこと」という事実がないときもあり、そのときには、その請求権を「返還」請求権と呼称することは不適切であり、「引渡」請求権と呼称すべきである。そうすると、上記①αの事実があってもなくても、前記①及び②の事実があれば、所有権に基づく引渡請求権が発生することになり、その請求権は、「返還」請求権と表現することは不適切であり、「引渡」請求権と表現することが適切なものということができる。

3 補足

ある法律家は、「XがYに対して所有権に基づく『返還』請求権を有すると言ってもいいじゃないか。何で、そんな細かいことを問題にするのだ。たかが、表現ではないか。問題の解決に影響しないのであれば、そんな表現の違いに文句を言う意味はない。」と言うであろう。

しかし、私は、次のとおり言う。「正しい日本語の表現では、XがYに対して所有権に基づく『引渡』請求権を有するというべきである。それを、なぜ、わざわざ、不適切な『返還』請求権というのか。何で、『返還』請求権という表現にこだわるのか。それは、もとはといえば、占有訴権からのアナロジー・ミステイクにほかならない。『占有権に基づく返還』請求権という言葉は事実に合致した適切な表現であるが、『所有権に基づく返還』請求権は事実に合致した適切な表現とはいえない。素直に考えれば、不適切な表現にこだわる理由はない。そして、不適切な表現は、必ず、あるいは、しばしば、迷妄につながっていく。それは、サピア・ウォーフ仮説の示唆するところである。し

たがって，『引渡』請求権というべきである。」と。

第4節　所有権に基づく引渡請求権という表現が適切な事例

1　新築マンションを購入した場合

不動産業者YがYの所有する新築マンションを消費者Xに売却し，Xがマンションの所有権を取得した。しかし，YがXに対してそのマンションを引き渡さないとしよう。

この場合，適切な日本語では，XがYに対してマンションの「引渡」請求権を有するという。なお，ここでは，売買契約に基づく請求権ではなく，所有権に基づく請求権のみを議論の対象とする[18]。

この場合，適切な日本語では，XがYに対してマンションの「返還」請求権を有するとはいわない。

なぜならば，「返還」は，かつてXが占有していたことを前提として，その占有の返還を求めるものであるところ，本件では，かつてXが占有していたという事実はないからである。

2　中古マンションを購入した場合

Yが所有し，かつ，居住するマンションを知人Xに売却し，Xがマンションの所有権を取得した。しかし，YがXに対してそのマンションを引き渡さないとしよう。

この場合，適切な日本語では，XがYに対してマンションの「引渡」請求権を有するという。なお，ここでも，売買契約に基づく請求権ではなく，所有権に基づく請求権のみを議論の対象とする。なおまた，この場合には，「引渡」請求権というよりも，「明渡」請求権という方が，より適切であるが，「引渡し」と「明渡し」の区別については，本書第6章第3節4(1)「引渡しと明渡し」を参照されたい[19]。

この場合，適切な日本語では，XがYに対してマンションの「返還」請求

権を有するとはいわない。

なぜならば,「返還」は,かつてXが占有していたことを前提として,その占有の返還を求めるものであるところ,本件では,かつてXが占有していたという事実はないからである。

3　賃貸動産を購入した場合

Aは,平成24年4月1日,Yに対し,A所有のロレックスの時計1つ(以下「甲時計」という。)を,期間を6月,賃料を1月当たり1万円で貸すこととし,同日,引き渡した。Aは,その後の同年6月1日,Xに対し,甲時計を代金100万円で売り,Xがその所有権を取得したとしよう。

この場合,適切な日本語では,XがYに対して甲時計の「引渡」請求権を有するという。なお,Yは甲時計につき,AからXが買い受けるより前に賃借しているが,売買は賃貸借を破るという法理が働き,Xの所有権がYの賃借権に優越することになる。

この場合,適切な日本語では,XがYに対して甲時計の「返還」請求権を有するとはいわない。

なぜならば,「返還」は,かつてXが占有していたことを前提として,その占有の返還を求めるものであるところ,本件では,かつてXが占有していたという事実はないからである[20]。

4　まとめ

以上のとおり,所有権に基づく「引渡」請求権という表現が適切であって,「返還」請求権という表現が不適切な事例をあげた。

これが,所有権にあっては「差異」が小さくても,「地上権」そして「抵当権」となると「差異」が大きくなることを次に検討する。

第5節　地上権に基づく引渡請求権

所有権以外の本権であっても,その本権が他人の占有によって侵害されている場合には,引渡請求権が発生しうる。

例えば，地上権について検討してみよう。

Yは，Xに対し，Y所有の土地につき，地上権の設定をし，Xは地上権を取得した。しかし，YがXに対してその土地を引き渡さないとしよう。

この場合，適切な日本語では，XがYに対して土地の「引渡」請求権を有するという。

この場合，適切な日本語では，XがYに対して土地の「返還」請求権を有するとはいわない。

我妻榮著・有泉亨補訂『新訂物権法』（岩波書店・1983年）362頁は，次のようにいう。

「地上権の内容の実現が妨げられたときは，物上請求権を生ずる。その態様は，所有権と同様に3個ある。㈎占有を喪失した場合の返還請求権，㈑使用権の内容を侵害された場合の妨害排除請求権，㈒妨害のおそれのある場合の妨害予防請求権。いずれも，その要件は所有権に準じて考えればよい。」

確かに，地上権者が「占有を喪失した場合」に「返還」請求権が発生すると表現することは，日本語において自然である。しかし，地上権者が所有者から対象物を引き渡してもらうことは，「引渡」請求権であって，「返還」請求権ではない。そして，地上権者が「占有を喪失した場合」に占有者に対して有する「返還」請求権は，その発生要件事実として，「① 自分が現在地上権を有すること，② 相手方が現在占有していること」でよいとすれば，「引渡」請求権にほかならず，その発生要件事実として，「① 自分が現在地上権を有すること，①α 自分が過去に占有していたこと，② 相手方が現在占有していること」を必要とするということになれば，「返還」請求権であろうが，上記の「①α 自分が過去に占有していたこと」という事実は，不必要な（過剰な）要件事実である。

結局，地上権についても，「引渡」請求権を認めれば足り，「返還」請求権を認める必要がない。

第6節　抵当権に基づく返還請求権と引渡請求権

1　抵当権に基づく返還請求権

　抵当権に基づく返還請求権は、否定される。抵当権に基づく返還請求権を肯定する説は、近時では見当たない[21]。
　その理由は、次のとおりである。
　抵当権は、債権（被担保債権）を担保するため、不動産を対象物（担保物）として設定される担保物権であり、抵当権の発生要件として占有を必要とせず、占有は、所有者に留保される。したがって、抵当権者は、「過去に占有したこと」がないことが原則であることから、担保物を不法に占有する者がいても、「返還」請求をすることができない[22]。
　これは、通説的見解である。ここには、サピア・ウォーフ仮説が明確に作用している。

2　抵当権に基づく引渡請求権

(1)　基本（私見）

　それでは、抵当権に基づく引渡請求権は、肯定できるのであろうか。
　私見では、抵当権に基づく引渡請求権は、抵当権も本権であるから、一定の要件の下で、肯定できる。
　すなわち、本権に基づく物権的請求権には、①引渡請求権（他人の占有によって侵害されている場合）、②妨害排除請求権（他人の占有以外の方法によって侵害されている場合）、③妨害予防請求権（他人の行為によって侵害されるおそれがある場合）があるという見解（このうちの①の引渡請求権という呼称は私見である。）に立ち、かつ、物権的請求権は、所有権のみならず、地上権にも認めうるし、抵当権にも認めうるという見解（これは通説である。）に立ち、これらの見解から「演繹的」にいえば、抵当権が他人の「占有」によって侵害されている場合には、一定の要件の下に、引渡請求権が発生しうることになる。
　この見解は、物権的請求権のうちの「引渡」請求権を「返還」請求権と呼

称する考え方からは，素直に導き出すことができない。すなわち，ここに，サピア・ウォーフ仮説が明確に作用している。

(2) 抵当権に基づく引渡請求権の発生要件

私見によれば，抵当権に基づく引渡請求権の発生要件は，次の5つである。なお，ここでは，要件の概要を示し，具体的な要件事実までをも示すものではない。

(ア) 請求者が抵当物について抵当権を有していること[23]
(イ) 相手方が抵当物を占有していること[24]
(ウ) 相手方の占有が不法であること，又はその占有に権原があっても競売手続妨害目的をもってその占有権原が取得されたこと[25]
(エ) 相手方の占有による交換価値実現阻害状態があること（抵当権者が抵当権を今まさに実行しようとする事態，あるいは実行することを確保しなければならない事態にあって，それが相手方の占有によって妨害されている状態があること）[26]
(オ) 所有者の適切な維持管理が期待できないこと[27]

(3) 補足説明

前記(2)の「引渡」請求権の発生のための要件は，最高裁平成17年3月10日判決・民集59巻2号356頁が示したものである。

すなわち，同判決は，上記要件があるときは，抵当権者が占有者に対し，抵当権に基づき，占有物を直接自己に引き渡すことを認めている。

しかし，同判決は，その請求権を通説・判例にいう物権的請求権の3分類説によってその1つとされている「返還」請求権と説明せず，「妨害排除」請求権と説明している。

これは，通説・判例の理解では，一般的には，物権が他人の「占有」によって侵害された場合には「返還」請求権が発生するものであるが，抵当権にあっては「返還」請求権が認められないため，やむを得ず，「妨害排除」請求権と説明したものであろう。

ここには，まさに，サピア・ウォーフ仮説が妥当しているということになる。

以下においては，私見による物権的請求権の3分類説に基づき，抵当権に基づく引渡請求権が認められる場合を具体的に検討する。

第7節　抵当権に基づく引渡請求権の具体的検討

1　検討の切り口

　抵当権者が抵当不動産（又は抵当不動産から分離された動産）の占有者に対してその者の占有を奪い[28]，又は占有状態を変更させないようにする[29]請求権につき，抵当権に基づく返還請求権，妨害排除請求権又は妨害予防請求権という切り口から問題を論じた文献は多くあるが，抵当権に基づく引渡請求権という切り口から問題を体系的に論じた文献は，見当たらない。

　そこで，従前は，抵当権に基づく返還請求権，妨害排除請求権又は妨害予防請求権という切り口から論じられていた設例又は判例を素材として，以下において，抵当権に基づく引渡請求権という切り口から体系的に検討することとする。

2　基本設例その1——山林所有者による立木の伐採の場合と抵当権

　Yは，甲山林を所有し，その上には立木（明認方法が施されていないもの）が生育していた。Xは，Yに対し，1億円を貸し付け，その担保のため，甲山林に抵当権の設定を受け，その旨の登記も済ませた。Yは，甲山林上の立木を伐採し，搬出した。そこで，どのような場合にまで，伐木に抵当権の効力が及ぶのであろうか，そして，Xは，伐木について，どのような請求権を有するであろうか。

　第1に，甲山林の一部である立木が動産である伐木となったとしても，Xの抵当権の効力は，伐木にも及ぶ[30][31]。

　第2に，伐木が甲山林から搬出されても，第三者[32]に購入などされるまでの間は，Xの抵当権の効力は，伐木に及ぶ[33][34]。

　第3に，その間は，抵当権者Xは，所有者Yに対し，伐木につき，甲山林

に戻すことを請求できるに過ぎないのか，それとも，自己への引渡しを請求できるのかについては，見解が分かれるが，自己への引渡請求権を認めなければ，実効性がないから，これを肯定すべきである[35]。

第4に，伐木が甲山林から搬出され，かつ，第三者に購入などされた場合には，第三者が保護されるためには，第三者が購入などした時点で，善意（抵当権の効力が及んでいることを知らなかったこと）である必要があるか，善意無重大過失でよいか，善意無過失である必要があるか，悪意でもよいか，背信的悪意者でなければよいかが問題となるし[36]，また，第三者が保護されるためには引渡しを受けなければならないか否かも問題となる[37]。これらの問題については，私見は，第三者が善意無重大過失[38]であり，かつ，引渡しを受けていれば保護されるというものであるが，その理由は，注記のとおりである。

3　基本設例その2──第三者による立木の伐採の場合と抵当権

Yは，甲山林を所有し，その上には立木（明認方法が施されていないもの）が生育していた。Xは，Yに対し，1億円を貸し付け，その担保のため，甲山林に抵当権の設定を受け，その旨の登記も済ませた。第三者Z[39]は，立木を購入などしたうえ，甲山林上の立木を伐採した。

この場合には，第1に，第三者Zは，甲山林上の立木を伐採し，立木が伐木に転化する瞬間に，伐木の占有を取得することになるから，第三者Zの購入などの取引行為の時点での認識に着目し，前記2の第4で述べたこととの均衡をはかり，第三者Zが購入などの取引行為の時点で善意無重大過失であったのであれば保護されると考える。

第2に，第三者Zが伐木を甲山林から搬出した場合であっても，第三者Zが購入などの取引行為の時点で善意無重大過失であったのであれば保護されることは，上記同様であり，逆にいえば，悪意又は重過失であったのであれば，搬出しても伐木に抵当権の効力が及ぶことを否定できず，保護されないと考える。

第3に，伐木が甲山林上にあるときであっても，伐木が搬出されたときであっても，第三者Zが保護されない場合には，抵当権者Xは，第三者Zに対し，伐木につき，自己への引渡しを請求できる[40]。

4　大審院昭和7年4月20日判決・法律新聞3407号15頁の事案

(1) 事案の概要など

上記事案は，その概要が必ずしも明らかではない。

しかし，事件名は，「抵当権存在確認及木材引渡請求事件」というものであり，判決文を現代語に訳せば，「原告＝上告人は，山林に抵当権を有していたところ，被告＝被上告人は，山林上の立木を伐採し，その木材を，その山林内に積み置いていたが，最近になってこれを阪神地方に運送しようとしているため，原告は，その木材について抵当権を実行するため，被告に対してその木材の引渡しを求めた」という事案であり，「抵当権は，絶対権であるから，抵当物に危害を加える者がいる場合には，その危害をしないようにする不作為請求権を有することになる」ところ，「本件において，原告の引渡請求権の主張は，不作為請求権を主張する趣旨にほかならない」から，「原審が，釈明権を行使することなく，引渡請求権を否定したことは失当である」としたものである。

(2) 説明

本判決のうち，立木のある山林に抵当権が設定された場合に，立木が伐採されて伐木（動産）になったときであっても，抵当権の効力は伐木に及びうることを説示した部分は，判例としての効力を認めることができる。

また，本判決は，一般的には，抵当権に基づく引渡請求権を肯定したものではなく，抵当権の実行を実効性のあるものとするために，抵当権に基づく不作為請求権（それは，「処分禁止」「搬出禁止」という不作為請求権であろう。）を肯定したものと解されているようである。しかし，抵当権の実行を実効性のあるものとするためには，抵当権に基づく引渡請求権を肯定することが適切であり，かつ，簡明である。

後記のとおり，最高裁平成17年3月10日判決・民集59巻2号356頁が，第三者（競売手続妨害目的を有する賃借人）の占有による抵当権の交換価値実現阻害状態がある場合には，抵当権者が第三者に対して抵当権に基づく自己への直接の引渡請求権を有することを肯定しているから，大審院昭和7年4月20

日判決中の前記説示部分は、もはや判例としての効力を有しないものと解すべきである。

結局、本判決は、事案にかんがみて、抵当権者の請求を何らかの形で認容すべきところ、原審が抵当権者の請求を理屈だけで否定したことを批判し、原審に審理を差し戻したものであり、抵当権に基づく引渡請求権を否定したかのような説示部分及び抵当権に基づく不作為請求権を肯定したかのような説示部分は、現時点では、判例としての効力を認めるべきではないと解される。

5 最高裁昭和57年3月12日判決・民集36巻3号349頁の事案

(1) 事案の概要

事案の概要は、次のとおりである[41]。

X信用保証協会（原告・控訴人・被上告人）は、A協同組合から、同協同組合に対する求償金債権を被担保債権として、A所有の工場である甲建物及びその備え付け動産（その一つとして、本件物件がある。）につき、工場抵当法2条による根抵当権の設定を受けたが、その後、A代表理事であるCが個人として、古物商Y（被告・被控訴人・上告人）に対し、本件物件を売却し、Yは、本件物件を甲建物から搬出して占有していた。

そこで、Xは、Yに対し、①本件物件の売買、贈与、質権設定、賃貸その他抵当権を妨げる一切の行為の禁止、②本件物件の甲建物への搬入を請求した。

工場抵当法5条1項は「抵当権ハ第二条ノ規定ニ依リテ其ノ目的タル物カ第三取得者ニ引渡サレタル後ト雖其ノ物ニ付之ヲ行フコトヲ得」と、同条2項は「前項ノ規定ハ民法第百九十二条乃至第百九十四条ノ適用ヲ妨ケス」と定めているため、本訴では、Yの即時取得の成否が争点となった。

1審は、Yが本件物件を即時取得したとして、Xの請求を棄却した。

Xは、控訴し、予備的追加的なものとして、Yに対し、③本件物件のXへの引渡しを請求した。

2審は、Yが即時取得したとはいえないとして、1審の判決を取り消し、Xの主位的請求である上記①及び②の請求をいずれも認容し、その論理的な

帰結として，Xの予備的請求である上記③の請求については判断しなかった。

(2) 本判決

上告審である本判決は，2審の判決を結論として是認し，次のとおり説示して，上告を棄却した。

「工場抵当法二条の規定により工場に属する土地又は建物とともに抵当権の目的とされた動産が，抵当権者の同意を得ないで，備付けられた工場から搬出された場合には，第三者において即時取得をしない限りは，抵当権者は搬出された目的動産をもとの備付場所である工場に戻すことを求めることができるものと解するのが相当である。けだし，抵当権者の同意を得ないで工場から搬出された右動産については，第三者が即時取得をしない限りは，抵当権の効力が及んでおり，第三者の占有する当該動産に対し抵当権を行使することができるのであり（同法五条参照），右抵当権の担保価値を保全するためには，目的動産の処分等を禁止するだけでは足りず，搬出された目的動産をもとの備付場所に戻して原状を回復すべき必要があるからである。これと同旨の原審の判断は正当であつて，原判決に所論の違法はない。論旨は，採用することができない。」

(3) 説明

本判決についての判例評釈は多く，その見解は多岐にわたる。

とりわけ，抵当権者Xによる本件動産の占有者Yに対する建物への搬入の請求（本判決の言葉でいえば，原状回復請求ということになる。）が肯定される根拠が議論となった。(a)返還請求権ではなく，妨害排除請求権であるという説，(b)抵当権には返還請求権は認められないが，本件のような場合は例外として認められる返還請求権であるという説，(c)返還請求権というか，妨害排除請求権というかは，用語の問題にすぎないという説，(d)物権請求権の一般的な3区分である返還請求権，妨害排除請求権，妨害予防請求権のいずれかにあてはめるべきではなく，抵当権の特質に基づく特殊の請求権であるという説などがあった[42]。

第7節　抵当権に基づく引渡請求権の具体的検討　　199

　また，Aが本件物件の搬入を拒否した場合の強制手段が問題となった。(a) Aは受領を拒否できるという説，(b) Aは受領を拒否できないという説があった[43]。

　しかし，着目すべき見解は，次のものである。

　すなわち，本件では，抵当権者Xが本件物件の自己への引渡請求を予備的請求とし，かつ，裁判所が主位的請求を認容したために，予備的請求の当否について判断が示されなかったが，鈴木禄彌「最近判例雑考(3)」判例タイムズ485号(1983年)33頁(前掲注35の文献)は，抵当権者が第三者によって抵当物を占有されている場合に，抵当権者への引渡請求が認められる場合のあることを次のとおり明言した。この見解は，後記の最高裁平成17年3月10日判決・民集59巻2号368頁につながるものである。

　「私は，一定の要件のあるときは，Xは，目的物の自己への引渡しを求めうるものと解したい。本件原審がXのこの形の予備的請求を採り上げなかったのは，もちろん主位的請求を認めたからであるが……かりに主位的請求として自己への引渡しを求めていたとしても……状況によっては，それが容れられることもある，と解すべきである。」[44]

6　最高裁平成3年3月22日判決・民集45巻3号268頁の事案

(1)　事案の概要

　本件事案は，複雑であるが，本テーマに関する限度でエッセンスのみを抽出すると[45]，次のとおりである。

　Xは，昭和59年に，Aに対して金員を貸し付けるとともに，Aからその所有する建物について抵当権の設定を受けてその旨の登記を経たところ，昭和61年に，Yがその建物を権原なくして占有することになった。Xは，Aに債務不履行があったことから，昭和61年に，建物につき競売手続を進めたところ，建物の評価額が，Yの占有がなければ1000万円であるが，Yの占有があるために800万円であるとされた。そこで，Xは，Yに対し，2つの請求権を理由として，かつ，その2つの請求権が選択的併合の関係にあるものとして，建物の明渡しを請求した。その2つの請求権とは，一つは，抵当権を根拠とする物権的請求権であり，もう一つは，AがYに対して有するところの所有

権を根拠とする返還請求権を，XがAの債権者であることから，民法423条によりAに代わって行使するというものであった。以下において，前者の請求権を抵当権に基づく物権的請求権といい，後者の請求権を代位請求権ということがある。

1審は，抵当権に基づく物権的請求権を認めたが，2審は，代位請求権を認めた。これに対し，Yが上告した。

(2) 本判決

本判決は，XのYに対する請求をいずれも認めなかった。その理由の概要は次のとおりであるが，その背景には，① 抵当権は占有権原を含まない権利であること，② 抵当不動産の不法占有者の排除は，競売手続によって不動産を購入した買受人が確定した後，その買受人が申立権限を有するところの民事執行法の定める引渡命令又は民事訴訟法による判決によって実現されるべきであって，それ以前の段階において抵当権者ができるものではないことという2つのシステマチックな＝制度設計的な考え方がある。

「抵当権は，設定者が占有を移さないで債権の担保に供した不動産につき，他の債権者に優先して自己の債権の弁済を受ける担保権であって，抵当不動産を占有する権原を包含するものではなく，抵当不動産の占有はその所有者にゆだねられているのである。そして，その所有者が自ら占有し又は第三者に賃貸するなどして抵当不動産を占有している場合のみならず，第三者が何ら権原なくして抵当不動産を占有している場合においても，抵当権者は，抵当不動産の占有関係について干渉し得る余地はないのであって，第三者が抵当不動産を権原により占有し又は不法に占有しているというだけでは，抵当権が侵害されるわけではない。」

「したがって，抵当権者は，短期賃貸借が解除された後，賃借人等が抵当不動産の占有を継続していても，抵当権に基づく妨害排除請求として，その占有の排除を求め得るものでないことはもちろん，賃借人等の占有それ自体が抵当不動産の担保価値を減少させるものでない以上，抵当権者が，これによって担保価値が減少するものとしてその被担保債権を保全するため，債務者たる所有者の所有権に基づく返還請求権を代位行使して，その明渡しを求める

こ␣とも，その前提を欠くのであって，これを是認することができない。」

(3) **説明**

本判決の説示の当否や後記最高裁平成 11 年 11 月 24 日判決・民集 53 巻 8 号 1899 頁との関係についてはここでは触れない。

ここで触れておきたいのは，本判決は，抵当権者の不法占有者に対する明渡請求（あるいは明渡請求権）につき，抵当権を根拠とする場合には，「妨害排除請求」と表現し，債権者代位権に基づく場合には，所有者の所有権に基づく「返還請求権」と表現していることである。

本判決は，いずれの請求権も否定しているものの，債権者代位権に基づく場合には，上記のとおり，所有者の所有権に基づく「返還請求権」と表現し，この限度では，伝統的な通説の物権的請求権 3 分類説における表現を「正しく」[46]使用していることを指摘しておきたい。

これが，最高裁平成 11 年 11 月 24 日判決・民集 53 巻 8 号 1899 頁では，民法 423 条の法意に従う場合には，所有者の不法占有者に対する「妨害排除請求権」が肯定できると表現し，この限度では，伝統的な通説の物権的請求権 3 分類説における表現を「間違って」[47]使用していることになる。

7 最高裁平成 11 年 11 月 24 日判決・民集 53 巻 8 号 1899 頁の事案

(1) **事案の概要**

本件の事案は，比較的簡単であるが，本テーマに関する限度でエッセンスのみを抽出すると[48]，次のとおりである。

X は，平成元年に，A から，A 所有の建物について根抵当権の設定を受けてその旨の登記を経た後，A に対し金員を貸し付けたところ，平成 5 年 5 月ころに，Y がその建物を権原なくして占有することになった。X は，平成 5 年 9 月に，根抵当権の実行をすることとし，裁判所が不動産競売の開始決定をした。競売事件の改札期日が平成 7 年 5 月と指定されたが，Y が建物を占有しているため，買受け申出がなく，競売手続が進行していない状態が続いた。そこで，X は，貸金債権を被担保債権とし，民法 423 条に基づき，建物の所有者である A が建物の不法占有者である Y に対して有するところの所

有権に基づく「妨害排除請求権」を代位行使し，建物をXに対して明け渡すことを求めたところ，1審も，2審も，その請求を認容した。これに対し，Yが上告した。

(2) 本判決

本判決は，XのYに対する代位請求権に基づく請求を認め，上告を棄却した。ただし，2審とは異なる詳細な理由を付加した。そして，傍論ではあるが，XのYに対する請求として，代位請求権のみならず，抵当権に基づく物権的請求権（妨害排除請求権）に基づくものをも認めうることを説示した。

（代位請求権の部分）

「第三者が抵当不動産を不法占有することにより，競売手続の進行が害され適正な価額よりも売却価額が下落するおそれがあるなど，抵当不動産の交換価値の実現が妨げられ抵当権者の優先弁済請求権の行使が困難となるような状態があるときは，これを抵当権に対する侵害と評価することを妨げるものではない。そして，抵当不動産の所有者は，抵当権に対する侵害が生じないよう抵当不動産を適切に維持管理することが予定されているものということができる。したがって，右状態があるときは，抵当権の効力として，抵当権者は，抵当不動産の所有者に対し，その有する権利を適切に行使するなどして右状態を是正し抵当不動産を適切に維持又は保存するよう求める請求権を有するというべきである。そうすると，抵当権者は，右請求権を保全する必要があるときは，民法四二三条の法意に従い，所有者の不法占有者に対する妨害排除請求権を代位行使することができると解するのが相当である。」

（抵当権に基づく物権的請求権（妨害排除請求権）の部分）

「なお，第三者が抵当不動産を不法占有することにより抵当不動産の交換価値の実現が妨げられ抵当権者の優先弁済請求権の行使が困難となるような状態があるときは，抵当権に基づく妨害排除請求として，抵当権者が右状態の排除を求めることも許されるものというべきである。」

(3) 説明

本判決は，抵当権者において抵当不動産の不法占有者に対して明渡請求を

することができることを認めた画期的な判決である。

　しかし，ここで触れておきたいのは，本判決は，抵当不動産の不法占有者に対する明渡請求（あるいは明渡請求権）につき，抵当権を根拠とする場合には，「妨害排除請求」と表現し，代位請求権に基づく場合には，所有権に基づく「妨害排除請求権」と表現していることである。

　第2節の2において確認したとおり，通説・判例は，占有権に認められる以上，本権である所有権にも，①返還請求権，②妨害排除請求権，③妨害予防請求権の3つがあることを肯定したうえ，①所有権に基づく返還請求権とは，他人の占有によって所有権が侵害される場合，②所有権に基づく妨害排除請求権とは，他人の占有以外の方法によって所有権が侵害される場合，③所有権に基づく妨害予防請求権とは，他人の行為によって所有権が侵害されるおそれがある場合に発生するものであると区別しているところ，その区別のポイントは，返還請求権は他人の「占有」による侵害によって発生し，妨害排除請求権は他人の「占有以外の方法」による侵害によって発生するということである。

　通説・判例の上記の説明を前提とすれば，抵当不動産の不法占有者に対する明渡請求（あるいは明渡請求権）につき，抵当権に基づく場合であっても，「返還請求権」と表現し，代位請求権に基づく場合には，所有権に基づく「返還請求権」と表現すべきである。抵当権に基づく場合に「返還請求権」と表現することについては，言語的違和感があることは理解するが[49]，所有権に基づく場合に「返還請求権」と表現することを妨げる合理的な理由は見当たらない。しかるに，本判決は，代位請求権に基づく場合に，所有権に基づく「妨害排除請求権」と表現している。そして，その表現の理由は，つまびらかではない。

　おそらくは，「返還請求権」は占有による侵害によって発生するものであるが，「妨害排除請求権」は，狭義では占有以外の方法による侵害によって発生するものであるものの，広義では占有を含めた侵害によって発生するものであるという概念内容の決定をし，本判決では，広義の「妨害排除請求権」という言葉を使用したということであろう。

　しかし，それは，表現者において，無意識のうちに，所有権に基づく「返

還請求権」という表現が，抵当権がらみで使用されるときに発生する言語的違和感があったことを示唆するように思われる。

いずれにせよ，本判決は，通説・判例として確立された物権的請求権の3分類説における「返還請求権」「妨害排除請求権」という表現とは異なる表現を採用してしまったということになる。

なお，私見の表現によれば，抵当権者は，一定の場合に，抵当権に基づき，占有者に対する引渡請求権を取得するし，また，所有者の不法占有者に対する引渡請求権を代位行使することもできるということになる。

8　最高裁平成17年3月10日判決・民集59巻2号356頁の事案

(1)　事案の概要

本件の事案は，若干複雑であるが，本テーマに関する限度でエッセンスのみを抽出すると[50]，次のとおりである。

X（建設業者）は，平成元年に，Aから，甲建物の建築を代金約18億円で請け負い，平成3年に甲建物の完成をしたものの，Aから代金の大部分の支払を受けられなかったことから，平成4年に，請負残代金約17億円を被担保債権として，甲建物について抵当権の設定を受けてその旨の登記を経た。しかし，Aは，その後も，請負残代金を支払わず，そのうえ，同年中に，Bに対して甲建物を賃貸し，さらに，Bは，平成5年に至り，Yに対して甲建物を転貸したところ，その転貸賃料は，月額100万円というものであり，適正賃料月額592万円をはるかに下回るものであった。Xは，平成10年に，甲建物の抵当権の実行をすることとし，裁判所が不動産競売の開始決定をしたが，甲建物の最低売却価額は平成12年2月時点で6億円余とされ，同年10月時点で4億円余に引き下げられたが，Yが甲建物を占有しているため，競売手続が進行していない状態が続いた。そこで，Xは，Yに対し，抵当権に基づく妨害排除請求として，甲建物をXに対して明け渡すことを求めたところ，2審は，その請求を認容した。これに対し，Yが上告した。

(2)　本判決

本判決は，XのYに対する請求を認め，上告を棄却した。そして，抵当権

者の占有者に対する抵当権を根拠とする物権的請求権（妨害排除請求権）が，不法占有者ではないが占有権原取得当時に競売手続妨害目的を有する者に対しても認めうることを明らかにするとともに，抵当権者への直接明渡しが認めうることを説示した。

（占有権原はあるが競売手続妨害目的のある者に関する部分）

「所有者以外の第三者が抵当不動産を不法占有することにより，抵当不動産の交換価値の実現が妨げられ，抵当権者の優先弁済請求権の行使が困難となるような状態があるときは，抵当権者は，占有者に対し，抵当権に基づく妨害排除請求として，上記状態の排除を求めることができる（最高裁平成8年(オ)第1697号同11年11月24日大法廷判決・民集53巻8号1899頁）。そして，抵当権設定登記後に抵当不動産の所有者から占有権原の設定を受けてこれを占有する者についても，その占有権原の設定に抵当権の実行としての競売手続を妨害する目的が認められ，その占有により抵当不動産の交換価値の実現が妨げられて抵当権者の優先弁済請求権の行使が困難となるような状態があるときは，抵当権者は，当該占有者に対し，抵当権に基づく妨害排除請求として，上記状態の排除を求めることができるものというべきである。なぜなら，抵当不動産の所有者は，抵当不動産を使用又は収益するに当たり，抵当不動産を適切に維持管理することが予定されており，抵当権の実行としての競売手続を妨害するような占有権原を設定することは許されないからである。」

（抵当権者への直接明渡しに関する部分）

「また，抵当権に基づく妨害排除請求権の行使に当たり，抵当不動産の所有者において抵当権に対する侵害が生じないように抵当不動産を適切に維持管理することが期待できない場合には，抵当権者は，占有者に対し，直接自己への抵当不動産の明渡しを求めることができるものというべきである。」

(3) 説明

本判決は，次の2つの点で，重要な判決である。一つは，抵当権者の抵当権を根拠とする物権的請求権（妨害排除請求権）が，不法占有者ではないが占有権原取得当時に競売手続妨害目的を有する者に対しても認めうること及びその要件を明らかにした点である。この点は，最高裁平成11年11月24日判

決・民集53巻8号1899頁が，所有者の不法占有者に対する明渡請求権の代位行使の事案であったため，傍論としてしか述べていなかったところであったが，本判決の事案が上記のとおりのものであったことから，正面から述べることになったものである。もう一つは，抵当権者の占有者に対する抵当権を根拠とする物権的請求権が，所有者に対して抵当物を明け渡すことではなく，抵当権者に対して明け渡すことが認められることを明らかにしたことである。この点は，根抵当権を根拠とする物権的請求権が問題となった事案である前記5で触れた最高裁昭和57年3月12日判決・民集36巻3号349頁が，所有者の元に動産を戻すことを認めたに過ぎないところを，抵当権者に明け渡すことを正面から述べている。

　本判決の重要性はいうまでもないが，本稿の関係で一つだけ指摘しておきたい。それは，本判決が抵当権者において建物の明渡しを求めることができる権利の法的性質を「妨害排除請求権」と表現していることである。本稿は，これを「引渡請求権」と表現することが相当であるとするものである。

　本判決は，前記4で検討した大審院昭和7年4月20日判決・法律新聞3407号15頁（山林の抵当権者が，伐木の搬出などの禁止はできるとしたが，引渡請求については否定的であると解されている判例）からすれば，約70年後のものであり，注35で引用した鈴木禄彌「最近判例雑考(3)」判例タイムズ485号（1983年）33頁（抵当権者は抵当不動産から分離された動産を自己に引き渡すことを求めることができるとする説）から約20年後のものであり，このような年月を経てようやく，抵当権者の占有者に対する抵当権に基づく自己への引渡請求権を「法理として」明確に是認したことになる。

　抵当権に基づく引渡請求権は，本来，物権的請求権の3分類において「引渡請求権」として一定の要件の下に一般的に是認されるべきものであり，これが「返還請求権」と呼称されていたことが適切な法理の形成に支障をもたらしたのではないかと推察される。

　すなわち，抵当権者は，抵当不動産（これまでの検討例では建物）又はそこから分離した動産（これまでの検討例では伐木，工場内備付け動産）の占有者に対し，一定の場合に，自己への明渡し又は引渡しを請求しうるにもかかわらず，「返還請求権」という言葉が，抵当権者に認められるべき請求権を素直に肯定する

思考を妨げる作用をしたと推察される。これは，サピア・ウォーフ仮説の法解釈における例証である。

第8節　まとめ

　言語は，認識及び思考に影響し，法解釈にも影響する。

　本稿では，本権に基づく物権的請求権の3分類説において，他人の「占有」による侵害があった場合に発生する請求権を「返還」請求権と表現することが誤りであり，「引渡」請求権と表現することが正しいところ，通説・判例が「返還」請求権と表現していたことから，日本語の通常の用法から乖離したり，抵当権に基づく引渡請求権として処理すべき法的問題について適切な処理ができていなかったことを指摘した。

　とりわけ，抵当権に基づく引渡請求権を肯定すべき場合について，通説・判例の立場では，「抵当権に基づく返還請求権」を肯定することが困難であり，「抵当権に基づく妨害排除請求権」に分類するしかないところに，言語論上の問題があったことになる。

　本権に基づく物権的請求権の3分類説において，少なくともその本権が所有権，地上権又は抵当権である場合には，日常言語的にも，要件事実論的にも適切ではない「返還請求権」ではなく，日常言語的にも，要件事実論的にも適切な「引渡請求権」を措定すれば，抵当権に関する古くからの問題はよりすみやかに解決していたであろう。そして，今後の問題についても，この3分類説における「返還請求権」を「引渡請求権」とすることにより，簡明で，適切で，素直な解釈が可能になるように思われる。

(1) 碧海純一『法と社会』（中公新書・1967年）19頁は，「法は，まず，それ自体が言語的な存在である。」といい，「法が少なくとも言語的表現を離れては存在しえないことは，結局のところ認めざるをえないであろう。」という。
(2) エドワード・サピア（泉井久之助訳）『言語』（紀伊国屋・1957年）11頁では，「ことばなしで思惟は可能であるか」という問題を提起し，12頁では，たいていの人はそれが可能であると答えると記述し，しかし，13頁では，「思惟はその発生においても，日常の思索にあっても，ことばなしでは想像できないであろう。」と記述して，言語が思考を決定するという考え方を述べるようである。しかし，14頁では，「高度に発達し

た言語記号の体系が，明確な概念や，思考すなわち概念の処理法の，発生以前に，でき上がっていたと想像してはならない。」と記述して，思考が言語に先立つ考え方を述べている。また，15頁の「もしも「自由」とか「理想」という語そのものが，われわれの胸中に鳴り響いていないとすれば，われわれはあれほど喜んで自由のために死んだり，理想のために苦闘するであろうか。」という記述は，思考が言語に先立つという考え方を示しているといえる。すなわち，サピアの上記記述は，「言語が思考を決定する」という考え方を否定しているといえる。さらに，サピアの同書の第10章（221頁から224頁まで）は「言語と人種と文化」について論ずるものであるが，サピアは，同章において，人種が文化を決定することはなく，文化が言語を決定することはなく，言語が文化を決定することはないことを述べている。結局，サピアは，言語が文化及び思考に影響することを肯定しても，言語が思考を決定することは否定していた，すなわち，サピアは，「言語が思考に影響する」という考え方を有していたが，「言語が思考を決定する」という考え方を有していなかった。これがサピアの考え方についての適切な評価であろう。

(3) サピア，ウォーフ他（池上嘉彦訳）『文化人類学と言語学』（弘文堂・1970年）247頁など
(4) 今井むつみ『ことばと思考』（岩波新書・2010年）225頁
(5) スティーブン・ピンカー（椋田直子訳）『言語を生みだす本能(上)』（日本放送出版協会・1995年）73頁
(6) スティーブン・ピンカー（椋田直子訳）『言語を生みだす本能(下)』（日本放送出版協会・1995年）322頁
(7) 今井前掲『ことばと思考』64頁
(8) もちろん，日本語の名詞でも，「男」，「夫」，「おじ」は男性を示し，「女」，「妻」，「おば」は女性を示す。しかし，これらの名詞にあっては，その名詞の指し示すもの（ソシュールの表現でいえば，シニフィエ），つまり，名詞の内容に男性・女性の区別があるのであって，名詞の言葉そのもの（ソシュールの表現でいえば，シニフィアン），つまり，名詞の表現に男性・女性の区別があるものではない。この点は，英語も，日本語と同様である。ドイツ語では，日本語の娘に対応する「Mädchen」は，名詞の性区分上は中性であるが，その名詞の指し示すものはもちろん女性である。
(9) 今井前掲『ことばと思考』84—85頁
(10) 道路交通法4条4項，道路交通法施行令2条も，進めを意味する信号機の色を「青色」と定めており，「緑色」と定めてはいない。
(11) 信号機の色は，国際的に統一することが便利であることから，国際的な取決めとして，進めを意味する色は，「緑色」とされている。
(12) 我妻榮著・有泉亨補訂『新訂物権法』（岩波書店・1983年）259頁，『設例13題』55頁
(13) 我妻前掲『新訂物権法』266頁，『設例13題』55頁
(14) 我妻前掲『新訂物権法』268頁，『設例13題』55頁
(15) 大江忠『第4版 要件事実民法(2)物権』（第一法規・2015年）238頁
(16) 大江前掲『第4版 要件事実民法(2)物権』238頁
(17) 『設例13題』58頁
(18) 売買契約に基づく場合には，引渡請求権というほかなく，返還請求権ということはない。
(19) 引渡しと明渡しという言葉は，日常用語で区別すると，引渡しは，物を単純に渡す

ことを意味し、明渡しは邪魔な物をきれいに取り除いて、つまり空間を「明けて」、土地・建物を渡すことを意味する。法律用語における標準的な定義では、引渡しとは、不動産及び動産の双方を対象物とすることができ、物を占有している義務者から権利者に対してその占有を移転することを意味し、明渡しとは、不動産のみを対象物とすることができ、その不動産から動産を取り除き、義務者から権利者に対してその不動産の占有を移転することを意味する（民事執行法168条1項、5項参照）。しかし、法律用語にあっては、引渡しと明渡しとを厳格に区別するのではなく、「引渡し」という言葉に、「明渡し」の意味が含まれていることがあるし、「明渡し」の意味が除外されていることもあるし、「明渡し」という言葉に、「引渡し」の意味が含まれていることもある。例えば、我が民法典には、「引渡し」という言葉はあるが、「明渡し」という言葉はなく、その「引渡し」という言葉は、「明渡し」の意味を含めていないこともあれば、含めていることもある。民法178条には「動産の引渡し」という言葉があるが、この言葉は、「明渡し」の意味を含めていないことが明らかであるし、同法575条2項には「引渡しの日」という言葉があるが、この言葉は、「明渡し」の意味を含めていると解される。また、民事執行法55条1項2号イには「引き渡す」という言葉があるが、この言葉は「明け渡す」の意味を含めている。同法83条の表題である「引渡命令」に基づく執行は、「引渡し」に限定されるものではなく、「明渡し」を含むものである。同法168条の2第1項には「明渡しの催告」という言葉があるが、この言葉は、「引渡し」又は「明渡し」の催告という意味である。本稿では、「引渡し」及び「明渡し」という言葉を、前記の法律用語における標準的な定義に従うものとする。敷衍すれば、引渡という言葉の意味（外延）は、明渡しという言葉の意味（外延）を包含するものとして使用する。

(20) この設例については、『30講』第3版3頁参照

(21) 我妻榮著・有泉亨補訂『新訂担保物権法』（岩波書店・1968年）384頁、385頁は、「分離・搬出された附加物・従物を抵当権者の占有に移すべき旨の返還請求権を認めるべきでないことはいうまでもないが、……抵当不動産の所在場所に戻すように請求する権利は認めうるのではあるまいか。」という。これは、抵当権に基づく自己への返還請求権を否定するが、所有者への返還請求権は認めるという考え方である。

(22) 『新版注釈民法(9)』（初版）44頁は、「抵当権は占有すべき権限を含まないから、抵当権者は自己に返還せよと請求することは許されず、抵当権設定者（分離物の所有者）に返還すべきことを抵当権の効力として請求しうることになる（債務者の返還請求権を代位行使するのではない）。」という。これは、前注の我妻説と同旨である。なお、『新版注釈民法(9)』（改訂版・2015年）90頁は、後述の最高裁平成17年3月10日判決を踏まえて、「抵当権は、占有権原を含む権利ではないので、自己に明渡しを請求することには、理論上問題はあるが、抵当権妨害の排除の実効をあげるためには、抵当権の本質といった理論に拘泥すべきではないように思われる。」としている。

(23) 請求者が抵当権を有していることは、さらに細かい要件でいえば、①被担保債権の発生原因、②抵当権設定契約の締結などに分けられる。

(24) 占有は、概括的抽象的事実であるといわれている。すなわち、相手方が占有を認めれば、そこで自白が成立するが、相手方が占有を否認すれば、請求者は、占有の具体的な態様（例えば、土地であれば、建物を建てているとか、トラックを駐車しているとか、ドラム缶を置いているなどの具体的な態様）を主張立証しなければならないとされている。『紛争類型別の要件事実』改訂版50、51頁、『設例15題』改訂版66頁、『設例13題』63頁など。

㉕　この点の主張立証責任の分配については、2説ありうる。一つは、抵当権者が請求原因において相手方の占有が不法であるか、又は占有権原があるとしても競売妨害目的があったことを主張立証すべきであるとする説である。もう一つは、占有者が抗弁において占有権原を主張立証しなければならず、占有者が占有権原を主張立証できなければ不法占有となり、占有者が占有権原を主張立証できれば、抵当権者が再抗弁において競売妨害目的があったことを主張立証する必要があるという説である。一見すると、前説が相当であるようにも思えるが、実際の訴訟運営の合理性をも考慮すると、後説が相当である。なお、前説を採用しても、訴訟の実際においては、占有者が占有権原を主張立証しなければ、不法占有であるという事実上の心証形成がされることになり、また、占有者が「特定」の占有権原を主張立証すれば、抵当権者はその「特定」の占有権原について競売妨害目的があったことを主張立証することになり、「一般的」な想定しうる「すべて」の占有権原について競売妨害目的があったことを主張立証する必要はないという訴訟指揮がされることになろう。こうしてみると、後説が、理論的にも、実務的にも、相当であるといえる。すなわち、抵当権者が、請求原因において、相手方には「すべて」の占有権原がないこと、又は、相手方が有すると想定しうる「すべて」の占有権原について競売妨害目的があったことを主張立証することは、理論的には不可能であり、実務的にも抵当権者の負荷が重すぎるから、やはり、後説が現実的な見解として相当ということになる。しかし、要件事実は、訴訟上の主張立証責任の適切な分配の観点を考慮するとしても、その観点を基礎として決定されるものではなく、実体法上の法律効果の発生、障害、消滅又は阻止をもたらす事実についての解釈を基礎として決定されるものであるから、後説を採用する理由を、実体法解釈の観点から説明することが必要である。この説明は、実は、複雑であり、長文を要するものとなるが、簡潔にいえば、次のとおりである。すなわち、抵当物の占有は通常は抵当権の侵害とはならないが、その占有によって交換価値実現阻害状態が発生する場合には抵当権の侵害となり、所有者の適切な維持管理が期待できないときには、抵当権者の占有者に対する引渡請求権が発生するから、その引渡請求権の行使阻止事由（又は発生障害事由）として占有が不法ではなく権原に基づくものであることが必要となり、その占有が権原に基づくものであると引渡請求権はその行使が阻止される（又はその発生が障害される）ものの、その占有権原が競売妨害目的で取得されたものであるときはその行使阻止事由が効果を発生しないことになる。抵当権に基づく引渡請求権に関する要件事実は、このように、引渡請求権の発生原因事実＝請求原因事実、行使阻止事実（発生障害事実）＝抗弁事実、行使阻止事由の発生障害事実＝再抗弁事実に区分され、構造化される。

㉖　これは、規範的要件である。交換価値実現阻害状態があるといえる具体的な場合については、今後の判例の積み重ねによって明らかにされていくことになる。

㉗　これも、規範的要件である。所有者の適切な維持管理が期待できないことといえる具体的な場合については、今後の判例の積み重ねによって明らかにされていくことになる。

㉘　ここで、占有を奪うということは、占有者から占有を取り上げて、その後に、所有者に占有を取得させる方法と抵当権者に占有を取得させる方法という2つの方法があることを意味する。

㉙　ここで、占有状態を変更させないようにするということは、動産についてのみ考えられるものであり、その動産を処分させず、かつ、現在の場所から移動させないようにすることを意味する。そして、不動産については、占有を奪うことは考えられるが、

その不動産の占有を変更させないようにすることは想定されない。なぜならば，動産については，その動産を処分させず，かつ，現在の場所から移動させないようにすることは，その実効性の程度はともかくとして，抵当権の交換価値把握権の実行である競売手続の適切な遂行において，有意味であるが，不動産については，その占有者の占有を排除せずに，その占有を固定しておくことは，上記適切な遂行において，意味がないからである。

(30) 我妻前掲『新訂担保物権法』268頁

(31) 抵当権は不動産について効力を生ずるものであるとして，山林上の立木が伐採された場合には，立木は動産である伐木となってしまうから，不法行為法による抵当権者の救済を考慮するとしても，物権法による抵当権者の保護はないとする考え方もありうるであろう。大審院明治36年11月13日判決・民録9巻1221頁など古い判例には，その旨を判示するものもある。しかし，民法370条は，抵当権の効力の及ぶ範囲につき，不動産に「付加して一体となっている物」（これには動産も含まれる。）も含むとし，また，判例は，一般論として，抵当権設定当時不動産の従物であった動産にも及ぶとし（大審院大正8年3月15日判決・民録25巻473頁），具体論として，宅地上の石灯籠及び取り外しのできる庭石にも抵当権の効力が及ぶとしている（最高裁昭和44年3月28日判決・民集23巻3号699頁）。これとの対比からすると，元々不動産である土地に生育していた立木が伐木＝動産となったとしても，その伐木に抵当権の効力が及ぶことを肯定することが相当である。

(32) ここで，第三者とは，不法行為者及び所有者Yの手足と評価される者を除くものであって，所有者Yから独立した法的利益がある者，具体的には，抵当権設定後に，所有者（又は所有者と称する者）との間で，売買，代物弁済，質権の設定などの取引行為をした者をいう。

(33) 我妻前掲『新訂担保物権法』269頁

(34) 伐木が山林から搬出されただけで，抵当権の効力が消滅するという考え方もありうるであろう。しかし，搬出行為者が抵当権設定者である場合には，抵当権の効力が消滅するという考え方は，衡平の観点から採用できない。搬出行為者が抵当権設定者以外の者であったとしても，その者が抵当権設定者から独立の利益を有する者でなければ，やはり，衡平の観点から，抵当権の効力が消滅するとはいえない。

(35) 事案類型が後記「3」についての抵当権者Xの第三者Zに対する請求に関する説であるが，鈴木禄彌「最近判例雑考(3)」判例タイムズ485号（1983年）33頁は，この結論が妥当であると述べる。その理由は，述べていないが，次のとおりであると解される。この場合に，伐木を甲山林に戻すことにすれば，所有者Yの占有下に戻すことになり，所有者Yが，購入などした第三者Zに対して伐木を引き渡す可能性があるし，もっといえば，所有者Yは第三者Zから購入などしたことを理由に引渡請求を受ければこれを拒否する理由がない。したがって，抵当権者Xの第三者Zに対する請求権は，所有者Yへの引渡しを求める内容のものではなく，抵当権者Xへの引渡しを求める内容のものとしなければ，実効性がない。

(36) この問題は，その解を与える民法の条文はないし，明らかに依拠できる理論もないので，理論的な問題というよりも，抵当権者と第三者とのいずれをどのような程度で保護するかという政策的判断の問題というべきである。抵当権の伐木に対する効力は，本来は抵当権設定者にしか及ばないものであり，その意味で本来は債権的な効力しかないものであり，この場合には，債権譲渡禁止特約と同様に，悪意者（重過失がある者を含む。）には抵当権の効力を及ばせてもよいが，善意者（過失がある者を含む。）に

は抵当権の効力を及ばせるべきではないと考える。この点は、後記最高裁昭和57年3月12日判決・民集36巻3号349が、工場抵当法の適用のある動産について、第三者が即時取得する場合（つまり、第三者が善意無過失の場合、立証責任を考慮すれば、第三者の悪意又は有過失が立証されない場合）でなければ、抵当権が消滅しないとしていることとの関係から微妙であるが、「工場抵当法の適用のある動産」と「抵当権の設定された山林上の立木が伐採されたことによって生じた伐木」とは、適用法理が異なるため、抵当権の効力を主張できる第三者の範囲は、異なりうると考えられる。また、抵当権者と第三者とを対抗の法理で調整することとすれば、第三者が背信的悪意者でない限り第三者が保護されることになるが、対抗の法理が適用できる背後には、より価格の高い売買価格を提示した者が対抗要件を具備すれば悪意者であっても所有者になることを是認してよいとの市場競争原理があるといえるものの、抵当権の設定された山林上の立木が伐採されたものであることを知って伐木を購入する場合には、既に伐採された伐木について他の購入者がいることを知ってする二重譲渡の場合とは異なり、市場競争原理が働くものではない。つまり、抵当権者は、伐木を購入したのではなく、山林に抵当権の設定を受けることによって、山林上の立木にも抵当権を及ばすことができるようになったものであるから、立木について、ひいては、それを伐採した結果としての伐木について、二重譲渡のありうることを想定しなければならない立場にはない。そして、伐木を購入した者は、その伐木が抵当権の設定された山林上の立木の伐採によって生じたものであることを知っている場合には、抵当権者が伐木をある価格で購入したが自分はそれよりも高い価格で購入するという競争関係に入るものではないから、ここでは市場競争原理の働く余地がない。結局、第三者が伐木を購入などする場合には、権譲渡禁止特約の場合と同様に、悪意重過失の法理で調整することが相当であると考える。

(37)　私見は、第三者が抵当権の効力を否定できるためには伐木の引渡しを受けていることが必要であると思量する。その理由は、次のとおりである。実体法的には、第三者が引渡しを受けていない状態では、抵当権の効力を否定するだけの権利を認める社会的な必要性が肯定できないというべきであり、訴訟法的には、第三者が購入などした事実は、真実はその事実がないにもかかわらず、山林所有者と第三者とが通謀することによりその事実を偽装することは容易であるが、引渡しの事実は、客観的な事実であって偽装することが困難であるから、第三者の保護要件として引渡しを必要とすることが相当である。

(38)　ただし、立証責任の観点からは、債権譲渡禁止特約の場合と同様に、第三者に悪意又は重過失があったことを抵当権者が立証したときは第三者は保護されないと解する。

(39)　ここで、第三者Zとは、注32のとおり、不法行為者及び所有者Yの手足と評価される者を除くものであって、所有者Yから独立した法的利益がある者、具体的には、抵当権設定後に、所有者（又は所有者と称する者）との間で、売買、代物弁済、質権の設定などの取引行為をした者をいい、不法行為者及び所有者Yの手足と評価される者は、その認識が善意無過失であっても保護されない。

(40)　その理由は、注35で述べたとおりである。

(41)　事案の概要は、篠田省二『判例解説昭和57年度』220頁以下による。

(42)　篠田前掲『判例解説昭和57年度』227頁の参考文献参照

(43)　篠田前掲『判例解説昭和57年度』228頁の参考文献参照

(44)　なお、私見は、そもそも、XのYに対する工場抵当権に基づく抵当物から分離された動産の自己への引渡請求が認められるべきであり、①売買などの処分禁止などの請

求、②動産を工場に戻すべき旨の請求は、いずれも、抵当権の実行のための実効性を十分に確保することができず、かつ、迂遠な方法であるから、訴えの利益がないものとして却下すべきものと解するものである。これは、XがYに対して買い受けた不動産について所有権移転登記手続をすること（意思表示の給付）を請求できるにもかかわらず、所有権移転登記手続に必要な権利証、登記申請委任状、印鑑登録証明書などの動産の交付を請求することが、実効性に問題があり（権利証がない場合もある。登記申請委任状を作成することを強制する方法に問題がある。印鑑登録証明書はYが発行するものではなく、Yが所持していない場合もある。）、迂遠な方法であるから（所有権移転登記手続をせよという意思表示の給付を求める方法が直接的で有効な方法である。）、訴えの利益がないものとして却下すべきものと解されることと同様である。それゆえに、上記①及び②の請求が認められる法的根拠を探求する解釈論は、却下されるべき訴えにかかる請求についてその認容されるべき法的根拠を探求するということになり、前提において誤った、迷路に陥った解釈論であったということになる。しかし、このような理解は、抵当権に基づく引渡請求権が一定の場合には認められることを当然の法理として是認する地平に立つことを必要とする。昭和57年の時点においては、いささかハードルの高い解釈論ということになろう。

⑮ すなわち、①当初の債権者＝抵当権者が、原告＝被上告人となったのではなく、債務者の連帯保証人が債務を弁済したことにより、当初の債権者＝抵当権者の債権及び抵当権を取得し、原告＝被上告人となったこと、②債務者＝所有者が2人の者に対して抵当物件を賃貸し、その2人の者が上告人Aに賃貸し、さらに、上告人Aが上告人Bに賃貸したこと、③債務者＝所有者と2人の者との間の賃貸借契約がその当時施行されていた民法395条に基づいて解除されたこと、④抵当不動産には土地及び建物があったこと、⑤抵当権実行妨害態様としては、上告人Bの占有のみならず、賃借権設定仮登記があったこと、⑥原告の上告人Bに対する建物明渡請求の理由は、1審では、抵当権に基づくものであったが、2審に至って、所有者の上告人Bに対する所有権を根拠とする返還請求権が選択的に追加されたことなどの事実を捨象することとする。

⑯ もちろん、私見では、本当に正しいというものではなく、本当に正しい表現は、「引渡請求権」である。しかし、通説・判例のいう物権的請求権3分類説では、占有によって所有権を侵害する場合には、「妨害排除請求権」ではなく、「返還請求権」が発生するというのであるから、この見解からは、正しいということになる。

⑰ 通説・判例のいう物権的請求権3分類説では、占有によって所有権を侵害する場合には、「妨害排除請求権」ではなく、「返還請求権」が発生するというのであるから、本判決が、占有によって所有権を侵害する場合に「妨害排除請求権」が発生するというのは、間違いということになる。もちろん、私見では、その場合に発生する請求権は、「返還請求権」ではなく「引渡請求権」である。

⑱ すなわち、①抵当不動産には土地及び建物があったこと、②占有者が2人であったことなどの事実を捨象することとする。

⑲ 抵当権に基づく物権的請求権としての「返還請求権」は、私見でも、否定する。私見は、もともと、所有権に基づく物権的請求権としての「返還請求権」も不適切な表現であるとして否定し、「引渡請求権」を肯定するものである。そして、抵当権に基づく物権的請求権としての「引渡請求権」は、私見では、当然ながら、肯定する。

⑳ すなわち、①抵当不動産が建物のみならず、土地もあったころ、②訴訟物として、明渡請求のみならず、賃料相当損害金請求があったことなどの事実を捨象することとする。

第6章　建物収去土地明渡請求及び建物退去土地明渡請求について[1]

第1節　はじめに

1　定義

　建物収去土地明渡請求には，後記のとおり，所有権，占有権又は賃貸借契約終了に基づくものなどがあるが，所有権に基づく請求の場合は，Xの甲土地の所有権の妨害として，甲土地上にY所有の乙建物がある場合において，XがYに対し，甲土地の占有を回復するためにする請求である。

　そして，建物退去土地明渡請求とは，XのYに対する建物収去土地明渡請求が認められるような場合において，乙建物を建物所有者ではない別の者（以下「Y2」という。多くの場合は，建物賃借人）が占有しているときに，XがY2に対し，甲土地の占有を回復するためにする請求である[2]。

2　実務上の事案件数など

　建物収去土地明渡請求及び建物退去土地明渡請求は，実務的に，しばしば経験するものであり，公刊された下級審の裁判例も相当ある。例えば，ある判例検索ソフトを使用して，「建物収去土地明渡」で検索をすると約3200件ヒットし，「建物退去土地明渡」で検索をすると約120件ヒットする。

　「建物退去土地明渡」で検索してヒットした事案をみると，最もよくある事案は，借地人が借地上の建物を第三者に譲渡したものの，地主の承諾を得ていなかったとして問題となったものであるが，建物所有者が土地についての純然たる不法占有者であるものもある。

3 問題点の概要

建物収去土地明渡請求については、実務的な問題は必ずしも多くはないが、理論的な問題は、訴訟物をめぐって議論されているほか、いくつかの検討すべきものがある。

建物退去土地明渡請求については、実務的な問題は必ずしも多くはないが、理論的な問題は、① 性質論、② 要件事実、③ 建物買取請求権が行使された場合の取扱いなど多くの問題があり、未だ、これらの問題について定説があるとはいえない状況であろう。

第2節　建物収去土地明渡請求の概要

1　請求の趣旨

(1) **基本**

建物収去土地明渡請求の趣旨は、通常、次のとおりとされる。
「被告Yは、原告Xに対し、乙建物を収去して甲土地を明け渡せ。」[3]

(2) **記載の仕方における注意事項**

建物収去土地明渡請求の趣旨は、通常、下記のとおりの記載をしない。

下記①は、「建物を収去すること」が「土地を明け渡すこと」と独立又は対等の関係にあると評価され得る記載である。しかし、通説及び実務は、「建物を収去すること」は、「土地を明け渡すこと」の手段方法の関係にあると評価する見解を採用しているから、そのような関係を表示するのにふさわしい日本語の表記としては、前記(1)のようにすべきであろう。

下記②は、「建物を収去すること」と「土地を明け渡すこと」との関係について、多義的な解釈をもたらす余地のある記載である。通説及び実務の上記見解からは、前記(1)のとおり「建物を収去して」の後に「，」を入れないことにより「建物を収去すること」を「土地を明け渡すこと」の手段方法の関係にあることを表示する。

細かいようであるが，法律家のコミュニケーションについての基本的なルールとして，以上の点は，留意しておくことが相当であろう。

記
① 「被告Yは，原告Xに対し，乙建物を収去し，甲土地を明け渡せ。」
② 「被告Yは，原告Xに対し，乙建物を収去して，甲土地を明け渡せ。」

(3) 土地及び建物の各面積の関係における請求の趣旨の微妙な問題

建物収去土地明渡請求の趣旨は，以上のとおりであって，特に問題とされることがない。

しかし，後記「3 請求原因」で述べるとおり，甲土地の面積と乙建物の1階床面積とを対比してみると，甲土地の面積が乙建物の1階床面積と比較して極めて大きい場合には，請求の趣旨が，「被告Yは，原告Xに対し，乙建物を収去して甲土地を明け渡せ。」でよいのか否か，疑問がないではない。

すなわち，甲土地の面積が乙建物の1階床面積と比較して極めて大きい場合には，「乙建物を収去すること」が「甲土地の一部を明け渡すこと」の手段方法であるとはいえても，「甲土地の全部を明け渡すこと」の手段方法であるとはいえない。

上記の場合には，理論的には，「被告Yは，原告Xに対し，①乙建物を収去して甲土地のうちの乙建物の敷地となっている部分を明け渡し，かつ，②甲土地のうちのその余の部分を明け渡せ。」という請求の趣旨になろう。

しかし，実務的には，これと同旨の意味で，「被告Yは，原告Xに対し，乙建物を収去して甲土地を明け渡せ。」と記載していると解される。すなわち，建物収去土地明渡請求の趣旨は，事実関係の相違によって，微妙に異なるものとなることもあるが，実務では，そのような事実関係の相違を請求の趣旨の記載に反映させることをしない慣行となっている。

このような実務慣行の理由は，甲土地のうちの乙建物の敷地部分とそうでない部分の区別をするためには，測量をするという費用及び労力が必要であるところ，原告Xの請求は，一般に，被告Yの占有権原の有無によって全体が認容されるか否かが決定されるものであり，甲土地のうちの乙建物の敷地部分とそうでない部分とで結論が異なることはなく，かつ，執行場面でも，

区別をする必要がないからであろう。

2 訴訟物——3つの請求権

(1) 基本

建物収去土地明渡請求を基礎付ける権利として，通常，①所有権に基づく返還請求権，②賃貸借契約の終了に基づく返還請求権，③占有権に基づく返還請求権の3つが想定できる。

(2) 所有権に基づく返還請求権

Xが甲土地を所有し，Yが甲土地上に乙建物を所有し，もって甲土地を占有している場合に，Xが甲土地の占有を回復しようとするときには，Xは，所有権に基づく返還請求権としての建物収去土地明渡請求権があるとして，その旨の請求をすることが普通である。

(3) 賃貸借契約の終了に基づく返還請求権

もちろん，事実関係によっては，XとYとの間に賃貸借契約が締結されていたところ，同契約が終了したことに基づく返還請求権としての建物収去土地明渡請求権が発生することもあり得る。

(4) 占有権に基づく返還請求権

また，理論的には，Xが所有しているか否かはさておき，Xが占有していたところ，Yがその占有を奪ったとして，占有権に基づく返還請求権としての建物収去土地明渡請求権が発生することもあり得る。しかし，実務的には，占有権に基づく返還請求権としての建物収去土地明渡請求というのは，あまりないようである。

(5) 本稿で検討する請求権

実務的には，①の所有権に基づく返還請求権と②賃貸借契約の終了に基づく返還請求権とのいずれもが，よく問題となる。

本稿では，①の所有権に基づく返還請求権について検討する。

なお，実務では，土地の賃貸人の賃借人に対する建物収去土地明渡請求であっても，所有権に基づく返還請求権を請求原因で検討し，賃貸借契約の締結を抗弁で検討し，同契約の終了事由を再抗弁で検討するというようにすることもある[4]。

3 請求原因

(1) 基本

土地所有権に基づく返還請求権としての建物収去土地明渡請求権を基礎付ける請求原因事実は，次のとおりである。

① 原告Xは，甲土地を所有している。
② 被告Yは，甲土地上に乙建物を所有して甲土地を占有している[5]。

(2) 説明

ア 基本

所有権に基づく返還請求権としての建物収去土地明渡請求権を基礎付ける請求原因事実が，上記(1)に記載のとおりであることは，実務上，ほとんど争いのないところである。

もっとも，下記イのaの場合のように，土地の面積と建物の敷地の面積とがほぼ同一の場合には，上記(1)の②の要件事実につき，「被告Yは，乙建物を所有している。」，「乙建物は，甲土地上にある。」という事実で足り，「被告Yは，甲土地を占有している。」という事実が不要であるという説もある[6]。

しかし，上記の説も，下記イのb土地の面積が建物の敷地の面積よりも多少広い場合，同c土地の面積が建物の敷地の面積よりも大幅に広い場合には，「被告Yは，甲土地を占有している。」という事実が必要であるというのであるから，上記の説は，下記イのaの場合のように，土地の面積と建物の敷地の面積とがほぼ同一の場合という例外的事案についてのみ，「被告Yは，甲土地を占有している。」という事実が不要であるというものであって，「建物収去土地明渡請求権」の一般的な要件事実としては，「被告Yは，甲土地を占有している。」という事実が必要であるという考え方であると思われる[7]。

イ 土地及び建物の各面積の関係における請求原因の微妙な問題

　現実的に存在する甲土地と乙建物との関係は，多様であり，乙建物のすべてが甲土地内にあって，甲土地外にはみだして建築されていないものであるとしても，次のとおり，類型的に3つの場合（土地の面積と建物の敷地の面積とがほぼ同一の場合，土地の面積が建物の敷地の面積よりも多少広い場合，土地の面積が建物の敷地の面積よりも大幅に広い場合）があり得るものであり，上記(1)の②の請求原因事実の記載の仕方は，理論的には，微妙な差異を設けることが相当である。しかし，実務では，結論として，その差異を設けていない。

　a　土地の面積と建物の敷地の面積とがほぼ同一の場合

　例えば，都心の商業地域にある土地・建物が問題となっている事案であって，甲土地の面積が $100\,\text{m}^2$ であり，乙建物の1階面積が $80\,\text{m}^2$ のような場合には，「被告Yは，甲土地上に乙建物を所有して甲土地を占有している。」という表現は，問題なく妥当する。

　b　土地の面積が建物の敷地の面積よりも多少広い場合

　例えば，住宅地域にある土地・建物が問題となっている事案であって，甲土地の面積が $200\,\text{m}^2$ であり，乙建物の1階床面積が $60\,\text{m}^2$ であり，甲土地のその他の部分には庭が設けられているような場合であれば，社会的な実態に近い表現をすれば，「被告Yは，甲土地のうちの $60\,\text{m}^2$ につき乙建物を所有して占有し，甲土地のその余の $140\,\text{m}^2$ につき庭などに利用して占有している。」ということになるが，上記程度の事案の場合であれば，「被告Yは，甲土地上に乙建物を所有して甲土地を占有している。」という表現も，差し支えないということになる。

　c　土地の面積が建物の敷地の面積よりも大幅に広い場合

　例えば，郊外の雑種地にある土地・建物が問題となっている事案であって，甲土地の面積が $1000\,\text{m}^2$ であり，乙建物の1階床面積が $60\,\text{m}^2$ であり，甲土地のその他の部分には，トラック，ブルドーザーなどの自動車及び建設機械類が置かれている場合であれば，社会的な実態に近い表現をすれば，「被告Yは，甲土地のうちの $60\,\text{m}^2$ につき乙建物を所有して占有し，甲土地のその余の $940\,\text{m}^2$ につき自動車及び建設機械類の設置置場として利用して占有している。」ということになり，「被告Yは，甲土地上に乙建物を所有して甲土

を占有している。」という表現には，疑問がないではない。

しかし，実務では，上記事案であっても，「被告Yは，甲土地上に乙建物を所有して甲土地を占有している。」という記載を許容している。

　d　まとめ

結局，建物収去土地明渡請求権を基礎付ける請求原因事実としての「被告Yは，甲土地上に乙建物を所有して甲土地を占有している。」という記載は，上記aの場合には社会的な実態に即した表現であるとはいえても，上記b及びcの場合には社会的な実態に即した表現といえるか否かについて疑問がないではない。しかし，実務では，上記aないしcの事案類型に応じた記載をしないことが慣行となっている。

このような実務慣行の理由は，既に請求の趣旨のところで述べたように，甲土地のうちの乙建物の敷地部分とそうでない部分の区別をするためには，測量をするという費用及び労力が必要であるところ，原告Xの請求は，一般に，被告Yの占有権原の有無によって全体が認容されるか否かが決定されるものであり，甲土地のうちの乙建物の敷地部分とそうでない部分とで結論が異なることはなく，かつ，執行場面でも，区別をする必要がないからであろう。

しかしながら，建物収去土地明渡請求が問題となる事案には，社会的に類型を異にするものがあることを認識しておくことは，後に，建物退去土地明渡請求を考察する基礎ともなるので，ここで，上記類型区分をおさえておくこととした。

第3節　建物収去土地明渡請求権の訴訟物の個数及び性質

1　これまでの考え方の整理

所有権に基づく建物収去土地明渡請求権についての訴訟物の個数及び性質につき，下記のとおりの3つの考え方があり，通説は，旧1個説であるといわれている[8]。

(1) 旧1個説

　第1の考え方は、Xの甲土地の所有権の妨害として、Y所有の乙建物があることにより、XはYに対し、返還請求権としての土地明渡請求権を取得するところ、建物収去請求権は、土地明渡請求権の執行方法であるとし、「土地明渡請求権」が実体法上の請求権であり、訴訟物は、「1個」であるという説明である。これを旧1個説という。通説であるとされる。

(2) 2個説

　第2の考え方は、Xの甲土地の所有権の妨害として、Y所有の乙建物があることにより、XはYに対し、妨害排除請求権としての「建物収去請求権」と、返還請求権としての「土地明渡請求権」とを取得するところ、この両請求権は別個の請求権であるとし、実体法上、2つの請求権があり、訴訟物は、「2個」であるという説明である。これを2個説という。

(3) 新1個説

　第3の考え方は、Xの甲土地の所有権の妨害として、Y所有の乙建物があることにより、XはYに対し、妨害排除請求権及び返還請求権のいずれにも区分できないところの「建物収去土地明渡請求権」を取得するところ、この建物収去土地明渡請求権は、実体法上、1個の請求権であり、訴訟物は、「1個」であるという説明である。これを新1個説という[9]。

2　私見の概要

　私見は、上記の各説は、いずれも相当ではなく、次のとおり説明することが相当であると考える。

　すなわち、Xの甲土地の所有権の妨害として、Y所有の乙建物があることにより、XはYに対し、物権的請求権の3分類説に従えば、所有権に基づく返還請求権を取得するところ、同返還請求権は、執行方法をも加味した分類でいえば、建物収去土地明渡請求権であり、その訴訟物は、「1個」である。

　土地所有権に基づく返還請求権につき、執行方法をも加味した分類をすると、「土地引渡請求権」、「土地明渡請求権」、「建物収去土地明渡請求権」など

があるところ，旧1個説は，執行方法をも加味した分類の一つである「建物収去土地明渡請求権」につき，同格の分類の一つである「土地明渡請求権」であると説明するが，この説明は不適切である。「建物収去土地明渡請求権」と「土地明渡請求権」は，いずれも，所有権に基づく返還請求権について，執行方法をも加味した分類に属するものであり，請求の趣旨も異なるし，請求原因も異なるものであり，「建物収去土地明渡請求権」と「土地明渡請求権」とは，並列概念であって，いずれかが上位概念というものではないから，「建物収去土地明渡請求権」が「土地明渡請求権」に属するという説明は，概念区分のレヴェルを混同するものであり，不適切である。

　土地所有権に基づく物権的請求権は，返還請求権，妨害排除請求権，妨害予防請求権に3分類され，その返還請求権についての執行方法をも加味した分類の一つとして「建物収去土地明渡請求権」があるところ，新1個説は，執行方法をも加味した返還請求権の分類の一つである「建物収去土地明渡請求権」を土地所有権に基づく物権的請求権の3分類の一つに加えようと提案するところ，この提案は，概念区分のレヴェルを混同するものであり，不適切である。

　建物収去土地明渡請求権は，Xの甲土地の所有権が，Y所有の乙建物があることによって妨害されていることにより発生するものであり，その請求権の発生の根拠となる事実は，社会的にみて一つであり，その請求権の民法上の分類も，土地所有権に基づく返還請求権として一つであると判断できるものであり，その請求権の執行方法は，「土地明渡し」（直接強制によることができる。）と「建物収去」（直接強制によることができず，代替執行による。）とに分かれることになるが，2個説は，執行方法のみによって，あるいは執行方法を重視して，訴訟物の個数を2個と考えるというものであるところ，この考え方は，訴訟物の判定基準につき執行方法を重視するものであり，請求権の発生の根拠となる社会的な事実の単一性（要するに，建物を所有することによって土地の占有をしているという社会的な事実があるのであって，建物の所有という事実とは別に，土地の占有という事実があるものではない。もちろん，広大な土地があって，そのわずか一部に建物があるという前述の事案については，訴訟物が2個となるという考え方もあり得るが，それは，建物敷地部分については建物収去土地明渡請求権が成立し，これとは別に，そ

の他の部分について土地明渡請求権が成立することを肯定する考え方であり、建物収去土地明渡請求権の訴訟物が2個となることを肯定するものではない。）及び実体法上の請求権の単一性（前述のとおり、土地所有権に基づく返還請求権である。）を軽視するものであり、不適切である。訴訟物の個数の判定は、事案によって困難なものもあるが、上記のとおり、請求権の発生の根拠となる事実の単一性及び実体法上の請求権の単一性を基本的な判断基準とすべきである。

3 物権的請求権の3分類

以上の私見について、以下、その論理過程を確認することとするが、まず、所有権に基づく物権的請求権につき、確認する。

所有権に基づく物権的請求権につき、通説は、返還請求権、妨害排除請求権、妨害予防請求権という3つに分類する。

その論拠などについては、別途論ずることとして[10]、ここでは、その標準的な定義を確認しておくこととする。

返還請求権とは、他人の占有によって物権が侵害されている場合に発生するものであり、妨害排除請求権とは、他人の占有以外の方法によって物権が侵害されている場合に発生するものであり、妨害予防請求権とは、物権侵害のおそれがある場合に発生するものである[11][12]。

4 返還請求権についての民事執行法上の取扱い

次に、所有権に基づく返還請求権が、民事執行法上、どのように取り扱われるのかについて確認する。

(1) 引渡しと明渡し

民事執行における土地の「引渡し」とは、執行官が、不動産の占有者の占有を解いて、債権者に占有を取得させる方法によってされる（民事執行法168条1項）。例えば、更地を購入した買主が売主に対して請求する場合を想定されたい。建物でいえば、新築のマンションを購入した者が、分譲販売業者に対して請求する場合を想定されたい。これらの場合には、不動産の上に動産があることが想定されないので、「明渡し」ではなく、「引渡し」という言葉

が選択される。

　民事執行における土地の「明渡し」とは，上記行為に加えて，執行官が，不動産上の動産を取り除いて，その動産を土地の占有者又はその代理人などに引き渡すことなどが加わる(同条5項)。例えば，駐車場用地として貸していた貸主が借主からその土地の返還を求める場合を想定されたい。建物でいえば，建物を賃貸した者が，賃貸借契約が終了したとして，賃借人に対して請求する場合を想定されたい。これらの場合には，不動産上に動産があることが想定されるので，「引渡し」ではなく，「明渡し」という言葉が選択される。

(2)　建物の収去

　建物の収去は，民事執行法上は，建物が土地とは別個の不動産であるので，土地の引渡しの方法によってすることができないし，また，建物は動産ではないので，土地の明渡しの方法によってもすることができない。

　建物の収去は，建物の所有者が自ら収去する義務を負担しているところ，この義務は，民法上，代替的作為債務であると解されている(民法414条2項)。

　そして，建物の収去は，建物の所有者(債務者)自らがこれを実行しない場合には，民法及び民事執行法の規定により，裁判所は，債権者の申立てにより，債務者の費用で，第三者(執行官)にこれを実行させることができる(民法414条2項，民事執行法171条)。これを代替執行という。

5　占有の態様及びこれに対応した執行方法をも加味した返還請求権

(1)　土地の所有権を妨害する占有の態様の実態とこれに対応する請求権

ア　単純占有——土地引渡請求

　Xの甲土地の所有権の妨害として，Yが単純に甲土地を占有している場合には，XはYに対し，訴訟法上，「被告は，原告に対し，甲土地を引き渡せ。」という土地引渡請求をすることができ，訴訟法及び執行法上の要素をも考慮した請求権レヴェルでいえば，土地引渡請求権を取得するといえる。

イ　動産所有占有——土地明渡請求

　Xの甲土地の所有権の妨害として，Yが甲土地上に動産を置いて甲土地を占有している場合には，XはYに対し，訴訟法上，「被告は，原告に対し，甲

土地を明け渡せ。」という土地明渡請求をすることができ，訴訟法及び執行法上の要素をも考慮した請求権レヴェルでいえば，土地明渡請求権を取得するといえる。

ウ 建物所有土地占有──建物収去土地明渡請求

Xの甲土地の所有権の妨害として，Yが甲土地上に乙建物を所有して甲土地を占有している場合には，XはYに対し，訴訟法上，「被告は，原告に対し，乙建物を収去して甲土地を明け渡せ。」という建物収去土地明渡請求をすることができ，訴訟法及び執行法上の要素をも考慮した請求権レヴェルでいえば，建物収去土地明渡請求権を取得するといえる。

エ 建物占有土地占有──建物退去土地明渡請求

Xの甲土地の所有権の妨害として，Y1が甲土地上に乙建物を所有して甲土地を占有し，Y2が乙建物を占有して甲土地を占有している場合には，XはY1に対しては，上記ウの訴訟法及び執行法上の請求権を取得する上，XはY2に対し，訴訟法上，「被告Y2は，原告に対し，乙建物から退去して甲土地を明け渡せ。」という建物退去土地明渡請求をすることができ，訴訟法及び執行法上の要素をも考慮した請求権レヴェルでいえば，建物退去土地明渡請求権を取得するといえる。

ただし，この建物退去土地明渡請求権は，通説的な理解では，土地所有権に基づく「返還請求権」であるが，正しい理解では，本書第7章で詳述するとおり，土地所有権に基づく「妨害排除請求権」であって，「返還請求権」ではない。以下，本章では，通説的な理解に従って，建物退去土地明渡請求権も，土地所有権に基づく「返還請求権」の1つであるものと取り扱うこととする。

(2) 訴訟法及び執行法上の要素をも考慮した請求権の概念区分と実体法上の通常のそれ

ア 訴訟法及び執行法上の要素をも考慮した請求権の概念区分

上記の「土地引渡請求権」，「土地明渡請求権」，「建物収去土地明渡請求権」，「建物退去土地明渡請求権」は，訴訟法及び執行法上の要素をも考慮した返還請求権の概念区分であり，これが，直ちに，実体法上の請求権の通常の概念

区分となるものではない。

イ　実体法上の請求権の通常の概念区分

土地の所有権の妨害に対する請求権につき，通説は，「返還請求権」，「妨害排除請求権」，「妨害予防請求権」の３つがあるとし，「返還請求権」は，土地の占有の態様による妨害がある場合に発生する請求権であり，「妨害排除請求権」は，土地の占有以外の態様による妨害がある場合に発生する請求権であり，「妨害予防請求権」は，土地の妨害の可能性がある場合に発生する請求権であるとする。

ウ　訴訟物の個数

訴訟物をどのように識別するのかについて，実体法上の請求権の通常の概念区分を基準とすることとし，かつ，土地について社会的にみて一つの占有の態様による妨害については，一つの実体法上の請求権が発生すると考えることにすれば，前記の訴訟法及び執行法上の要素をも考慮した「土地引渡請求権」，「土地明渡請求権」，「建物収去土地明渡請求権」，「建物退去土地明渡請求権」は，いずれも，土地について社会的にみて一つの占有の態様による妨害であるから，一つの実体法上の請求権が発生し，その請求権の通常の概念区分は，「返還請求権」であるということになる。そうすると，いずれの場合でも，訴訟物は，1個となる。

エ　旧1個説批判

旧1個説は，訴訟法及び執行法上の要素をも考慮した「建物収去土地明渡請求権」が，実体法上は，所有権に基づく「返還請求権」としての「土地明渡請求権」1個と考えると説明する。

この説明のうち，「建物収去土地明渡請求権」が，実体法上は，所有権に基づく「返還請求権」であるという説明は正しい。

しかし，その後の説明の「土地明渡請求権」という言葉は，実体法上の請求権の通常の概念区分にはないものであり，訴訟法及び執行法上の要素をも考慮した請求権の概念区分によるものであり，この概念区分によれば，「建物収去土地明渡請求権」と「土地明渡請求権」とは，同列にあり，かつ，異なる請求権であるから，この説明は，相当ではない。

オ 2個説批判

2個説は、訴訟法及び執行法上の要素をも考慮した「建物収去土地明渡請求権」が、実体法上は、所有権に基づく「妨害排除請求権」としての「建物収去請求権」と、所有権に基づく「返還請求権」としての「土地明渡請求権」の2個と考えると説明する。

しかし、「建物収去請求権」も「土地明渡請求権」も、訴訟法及び執行法上の要素をも考慮した請求権概念であり、実体法上の請求権の通常の概念区分に従えば、土地について社会的にみて一つの占有の態様による妨害によって発生する「返還請求権」であり、実体法上の請求権でいえば、1個の請求権しか発生していないことになるから、この説明は、相当ではない。

カ 新1個説批判

新1個説は、訴訟法及び執行法上の要素をも考慮した「建物収去土地明渡請求権」が、実体法上は、所有権に基づく「妨害排除請求権」及び「返還請求権」のいずれにも区分できないところの「建物収去土地明渡請求権」であるという。

しかし、訴訟法及び執行法上の要素をも考慮した請求権には、上記のとおり、「土地引渡請求権」、「土地明渡請求権」、「建物収去土地明渡請求権」、「建物退去土地明渡請求権」というものがあるところ、実体法上の請求権の通常の概念区分がこれに従うべきものとはいえない。むしろ、このような考え方をすれば、実体法上の請求権の通常の概念区分として、「建物退去土地明渡請求権」をも認めなければならないことになるが、それは、相当ではない。訴訟法及び執行法上の要素をも考慮した請求権の概念区分を、直ちに、実体法上の請求権の通常の概念区分に差し入れることは、請求権の概念区分の場面が異なることを明確に認識しないものであり、相当でない。

キ まとめ

以上のとおり、土地について社会的にみて一つの占有の態様による妨害によって発生するところの実体法上の「返還請求権」には、訴訟法及び執行法上の要素をも考慮すると、「土地引渡請求権」、「土地明渡請求権」、「建物収去土地明渡請求権」、「建物退去土地明渡請求権」があるものであり（他のものがあるか否かは留保する。）、これらの概念区分の相違を論理的に明確にすれば、次

のとおりとなる。

「建物収去土地明渡請求権」は、訴訟法及び執行法上の要素をも考慮した請求権の概念であり、この請求権は、訴訟法及び執行法上の要素をも考慮した請求権としての「土地明渡請求権」と同列の、かつ、異なるものであり、「建物収去土地明渡請求権」も「土地明渡請求権」も、実体法上の請求権の通常の概念区分でいえば、土地の所有権に基づく「返還請求権」であり、その訴訟物の個数は、いずれも、1個である。

第4節　建物退去土地明渡請求の概要

1　請求の趣旨

(1)　基本

建物退去土地明渡請求の趣旨は、通常、次のアのとおりとされる。

しかし、次のイのとおりとすべきであるとの考え方があり、私見は、理論的には、この記載が適切であり、アの記載も許容できると考える。この点は、(4)で触れる。

また、次のウのとおりとした裁判例があるが、私見は、このウの記載は、執行条件として「乙建物が収去されるとき」が示されているところ、この執行条件を付する必要がないから、適切ではないと考える。

　ア　「被告Y2は、原告Xに対し、乙建物から退去して甲土地を明け渡せ。」[13]
　イ　「被告Y2は、原告Xに対し、乙建物から退去せよ。」
　ウ　「被告Y2は、原告Xに対し、乙建物が収去されるときは、乙建物を退去せよ。」[14]

(2)　上記(1)のアの記載の仕方

建物退去土地明渡請求の趣旨は、上記(1)のアを採用した場合、通常、下記のとおりの記載をしない。

その理由は、建物収去土地明渡請求のところで説明したとおりである。

要するに，前記(1)のアのとおり「建物を退去して」の後に「,」を入れないことにより「建物を退去すること」を「土地を明け渡すこと」の手段方法の関係にあることを表示する。

記

① 「被告Y2は，原告Xに対し，乙建物を退去し，甲土地を明け渡せ。」
② 「被告Y2は，原告Xに対し，乙建物を退去して，甲土地を明け渡せ。」

(3) 建物退去請求について

建物退去土地明渡請求のうちの建物退去請求の部分は，民事執行法に，明文の規定がない。

すなわち，民事執行法168条1項，5項は，「建物明渡請求」の執行方法について規定しているところ，その執行方法は，① 執行官が債務者の建物に対する占有を解くこと，② 執行官は，その際，動産を取り除いて債務者に引き渡すこと，③ 執行官は，債権者に建物の占有を取得させることの3つによって構成されるものである。

しかし，「建物退去請求」には，民事執行法に，明文の規定がなく，後記の実務家の意見は，「建物退去請求」の内容は，上記の①及び②であるが，上記の③がないというものであり，これに特に異論は見当たらない。

すなわち，「建物明渡請求」は，請求者が，建物の所有者・賃貸人など建物の占有を回復する権原を有する者であって，建物の占有者からその占有を回復する請求であるのに対し，「建物退去請求」は，請求者が，建物の所有者・賃貸人などではないがゆえに建物の占有を回復する権原を有しない。「建物退去請求」は，その建物の敷地となっている土地の所有者が，その土地の占有を回復するために，建物所有者に対して建物の収去をさせることとし，その建物収去の執行を現実化する前提として，建物占有者を建物から「退去」させる請求であるからである。

実務では，建物退去請求の執行は，民事執行法168条1項，5項を類推適用し，執行官は，上記①及び②を実行するが，同③を実行しない。

この点につき，藤井正雄「土地所有権に基づく地上家屋居住者に対する退去請求」近藤完爾ほか編『民事法の諸問題第Ⅱ巻』(判例タイムズ社・1966年) 39

頁は,「執行吏は,執行債務者である建物居住者を当該建物から退去せしめることにより建物に対する占有を解くことはできても,執行債権者である土地所有者に建物の占有を得さしめることはできない。」と明言し,また,井田友吉「家屋の占有者の土地所有者に対する退去の義務の強制執行の方法」判例タイムズ182号171頁は,「土地所有者は建物所有者ではなく,また,債務名義も土地の明渡を求めるものであって建物の明渡を求めるものではないから,土地所有者は建物の占有を取得する地位にはない。したがって,執行吏は,執行債務者である建物居住者を当該建物から退去させることによって建物および建物敷地の占有を解くことはできても,執行債権者である土地所有者に対して建物の占有を与えることはもちろん,建物が存在する限り,建物敷地の占有を与えることもできないのではなかろうか。」と言い,高橋欣一「建物収去・土地明渡訴訟における建物占有者に対する請求」鈴木忠一ほか監修『実務民事訴訟講座4』(日本評論社・1969年)130頁は,「家屋明渡の強制執行の場合には,民訴731条にもとづき執行官の直接強制によってなされるが,その執行とは,債務者の家屋に対する占有を解くこと,すなわち,家から退去させることと,その家の占有を債権者に得させることである。執行の前段は,まさに,「建物から退去せよ。」と命じた義務を実現させることと全く同一である。そこで,「建物から退去せよ。」という債務名義の執行も,根拠を民訴731条に求め,ただ,「明渡」の場合と異なり,執行官が債務者の占有を解くだけでその執行が全部終わるものと解すべきである。」と明言している。

なお,上記引用に係る民訴731条というのは,現行の民事執行法の168条(不動産の引渡し又は明渡しの執行方法)に相当する規定である。

(4) 建物退去土地明渡請求のうちの土地明渡請求の部分について
ア 基本

建物退去土地明渡請求のうちの土地明渡請求の部分は,一般的には,民事執行法168条1項,5項に,執行方法についての明文の規定がある。

しかし,複数の実務家から,①建物退去土地明渡請求のうちの土地明渡請求の部分は,建物が存在している限り,執行できないこと,②したがって,建物占有者に対する請求には,土地明渡請求を付加すべきではなく,「被告

Y2は，原告Xに対し，本件建物を退去せよ。」という建物退去請求に限定すべきであること，あるいは，「被告Y2は，原告Xに対し，本件建物が収去されるときは，本件建物を退去せよ。」という請求にすべきことが指摘されている[15]。

上記実務家は，㋐建物の占有者が，直ちに，土地を占有しているとはいえないこと，㋑執行官が，建物の占有者を建物から退去させても，建物が存在する限り，土地所有者に土地の占有を取得させることはできないことを理論的な理由とし，㋒それゆえに，土地所有者は，建物所有者に対して建物収去請求ができる場合にのみ，建物占有者に対して建物退去請求ができると述べる。

この点について，以下，若干詳細に確認する。

イ　大阪地裁昭和33年6月10日判決・判例時報160号23頁

a　主文の概要

上記判決のうち，建物所有者及び建物占有者に対する物権的請求権に関する主文の概要は，次のとおりである。

「被告Yは原告Xに対し，本件建物を収去して本件土地を明け渡せ。」

「被告Y2は原告Xに対し，本件建物が収去せられるときはこれから退去せよ。」

b　理由

上記判決の理由は，次のとおりである。

すなわち，これを要約すれば，原告Xは，本件土地を所有し，被告Yは，本件建物を所有し，被告Y2は，本件建物を占有しているところ，被告Yは，原告Xに対し，本件建物を収去して本件土地を明け渡すべき義務を負担する以上，被告Y2は，原告Xに対し，本件建物の収去を妨害しない義務を負担するから，本件建物が収去される時期において本件建物から退去すべき義務を負担しているというにある。

「原告等が原告等主張の土地を共有していること，被告大阪相互不動産（筆者注記：Y）が原告等主張の日より別紙目録記載の土地の上に同目録記載の建物を所有並に占有し，被告大相興業（筆者注記：Y2）が原告等主張の日より右建物を被告大阪相互不動産と共同して使用していることは当事者間に争な

く，被告大阪相互不動産が右土地を右建物所有のため占有使用し得る権原については同被告において何等の主張立証しないところであるから，同被告の本件土地占有は不法占有と目するの外はなく，土地所有者である原告に対し，右建物の収去，土地明渡，並に右明渡まで土地不法占有に因る損害金支払の義務があることはいうまでもない。そしてその損害金の額は，さきに原告等と大内成介との間に賃料一ケ月金六，〇〇〇円で原告等主張の土地が賃貸されていたことは当事者間に争がないから，これを一坪当りに換算すると金四三円強となり，原告主張の一坪金四三円は，右土地の相当賃料と認められるから，これを以て損害金の額と認定することができる。よつて同被告に対する原告等の請求は全部正当として認容すべきものとする。

次に被告大相興業は，前記被告大阪相互不動産の土地不法占有による建物を占有使用しているものであり，それ以外に原告等に対抗し得べき権原については同被告の主張立証しないところであるから，右建物所有者において建物収去義務がある以上，右収去せられるべき建物を占有することにより収去の妨害をしない義務を原告等に対し負担することはいうまでもない。よつて右建物の収去される時期において，これより退去すべき義務があるということができる。しかしながら右収去の行われる以前においては，建物占有行為と敷地の使用妨害の結果との間には相当因果関係を欠き収去とは切離した独立した即時無条件の退去義務は存在しないものというべきであるから，土地所有者に対し，土地使用妨害乃至不法占有に基く損害賠償の義務を負うことはないと解すべきである。よつて同被告に対する原告の請求はその退去を求める部分のみは正当として認容すべきも，損害金の支払を求める部分は失当として棄却を免れない。」

　c　コメント

上記判決は，土地所有者である原告Xに対し，建物占有者である被告Y_2は，被告Yが建物収去義務を負担するときは，特段の事情のない限り[16]，建物退去義務を負担することをいうものであり，その結論を導き出すに当たって，「建物占有者が土地を占有していること」に言及せず，また，主文には，「土地を明け渡せ。」という記載がないことに留意したい。

ただし，建物退去の主文において，「乙建物が収去されるとき」という条件

を付している点は、疑問である。なぜならば、「建物が収去される場合」であることが理由中で認定されているからこそ、退去請求が認容されるものであるから、主文中で、重ねて理由中で認定した事実を条件として記載することは、誤りであるからである[17]。

ウ 田辺公二発言[18]

田辺公二裁判官は、次のような指摘をする。

① 丸ビルの一室の不法占有者に対する地主の退去請求

丸ビルの一室の不法占有者につき、家主が明渡請求をしていないのに、地主が退去請求できるとすることはできない。地主の退去請求を肯定することは、非常識である。

② 建物の占有と敷地の占有

建物の占有者というものは、その敷地の占有は特別の場合以外は伴っていない。

③ 建物明渡請求と土地明渡請求

建物賃貸借契約が終了した場合に、賃貸人は、賃借人に対し、建物明渡請求のみをし、土地明渡請求をしないし、かつ、賃借人が土地上に物を置いていても、建物明渡請求の債務名義をもって、明渡しの執行ができる。(筆者コメント：これは、建物占有者の土地の占有が、建物占有を離れて独自の意味を持たないことを示唆している。)

エ 藤井正雄論文[19]

藤井正雄裁判官は、次のような指摘をする。

① 建物明渡請求と建物退去土地明渡請求との関係

仮に、建物の占有者は土地を占有すると解すると、土地所有者と建物所有者が同一人である場合、その者は、建物占有者に対し、建物所有権に基づいて建物明渡請求ができるほか、土地所有権に基づいて建物退去土地明渡請求ができることになる。(筆者コメント：これは、奇異な結論である。)

② 丸ビルの一室の不法占有者と同様の例

仮に、建物の占有者は土地を占有すると解すると、借地権者が借地上に適法に建物を所有する場合に、その建物を不法占有する者があるときは、この者に対して土地所有者も土地所有権に基づいて建物退去土地明渡請求ができ

ることになる。（筆者コメント：これは，非常識な結論である。）

③　借地人の転貸の有無

仮に，建物の占有者は土地を占有すると解すると，借地権者が借地上に所有する建物を他人に賃貸することは，土地の転貸にあたることになる。

オ　井田友吉論文[20]

井田友吉裁判官は，次のような指摘をする。

①　土地明渡しの執行不能性

建物退去土地明渡請求のうち，土地明渡請求は，建物が存在する限り，執行官が建物占有者の土地に対する占有を解くことができず，土地所有者に占有を与えることはできない。

②　建物明渡請求と建物退去土地明渡請求との関係

仮に，建物の占有者は土地を占有すると解すると，土地所有者と建物所有者が同一人である場合，その者は，建物占有者に対し，建物所有権に基づいて建物明渡請求ができるほか，土地所有権に基づいて建物退去土地明渡請求ができることになる。（筆者コメント：これは，奇異な結論である。）

カ　高橋欣一論文[21]

高橋欣一裁判官は，次のような指摘をする。

①　土地明渡しの執行不能性

建物退去土地明渡請求のうち，建物退去請求は執行できるが，これを執行した瞬間に，建物占有者の土地に対する占有がないことになるから，土地明渡請求は，執行不能となる。

②　建物明渡請求と土地明渡請求

建物占有者に対する所有権に基づく請求を認容する場合には，「建物を明け渡せ。」と命ずるだけで，併せて「敷地を明け渡せ。」とは命じないが，建物が明け渡されれば，その敷地の占有も所有者の完全な占有になるものとして，実務上何ら怪しまれていない。

③　占有

建物占有者がその敷地を支配している事実は，法律概念としての土地の占有ではないと考える方が明快である。

建物の占有とは，社会通念上建物使用者の専属的利用のため画されたと認

められる範囲の周辺部分の土地に対する事実上の支配をも含む概念である。

④ 高層ビル

高層ビルの高い場所の一室の占有者が、そのはるか下の土地を占有すると考えることは、社会通念上も不適当である。

キ まとめ

上記大阪地裁判決及び各実務家の見解は、まことに常識的であり、建物占有者に対し土地明渡請求を肯定する理由はないように思われる。

2 請求原因

(1) 基本

土地所有権に基づく返還請求権としての建物退去土地明渡請求権を基礎付ける請求の原因事実は、次のとおりである[22]。

① 原告Xは、甲土地を所有している。
② 甲土地上に乙建物がある。
③ 被告Y2は、乙建物を占有している。

(2) 説明

土地所有権に基づく返還請求権としての建物退去土地明渡請求権を基礎付ける請求の原因事実が、上記アに記載のとおりであることは、実務上、ほとんど争いがないところである。

また、土地所有権に基づく返還請求権として建物退去請求権しか認めないとしても、同様である。むしろ、上記請求原因事実は、建物退去請求権しか認めない立場に親和性のあるものである。

すなわち、建物退去土地明渡請求権を基礎付ける事実としては、上記③ではなく、「被告Y2は、乙建物を占有して甲土地を占有している。」とすべきと思われるが、上記③で足りるとしている。その理由は、建物退去土地明渡請求権を肯定する考え方にあっては、「乙建物を占有すること」は、当然に、「甲土地を占有すること」になると理解するから、要件事実としては、「乙建物を占有していること」を主張すれば、法的効果として「甲土地を占有していること」が導かれると理解するからであろうと思われる。

3 抗弁

(1) 基本

土地所有権に基づく返還請求権としての建物退去土地明渡請求権を理由なくするための抗弁事実は，最近の説では，次のとおりであるとされている[23]。

① 原告Xと被告Yとの間での甲土地についての賃貸借契約の締結
② 原告Xの被告Yに対する上記に基づく引渡し
③ 被告Yが乙建物を所有していること
④ 被告Yと被告Y2との間での乙建物についての賃貸借契約の締結
⑤ 被告Yの被告Y2に対する上記に基づく引渡し

(2) 反対説

しかし，前記の(1)のエのとおりの田辺公二発言，藤井正雄論文，井田友吉論文，高橋欣一論文によれば，原告Xの被告Y2に対する建物退去請求権の成否は，被告Yの甲土地についての占有権原の抗弁の成否，すなわち，上記(1)の①ないし③の事実が認められるか否かによるものであり，被告Y2の乙建物についての占有権原の抗弁の成否，すなわち，上記(1)の④及び⑤の事実は無関係であるということになる。

上記の発言及び論文によれば，土地所有者Xの建物占有者Y2に対する建物退去請求の成否は，建物占有者が建物占有権原を有しているか否かは全く関係がなく，建物所有者であるYが建物収去義務を負うか否かによるものであり，それゆえに，土地所有者Xは，建物占有者Y2が不法占有者であったとしても，建物所有者Yが建物収去義務を負わない限り，建物退去請求ができないということになる。

私見も，上記の発言及び論文に賛成する。

(3) 反対裁判例

東京控訴院昭和14年7月4日判決・法律新聞4512号5頁は，上記反対説と同様に，次のとおり説示している。

要するに，建物退去請求権は，建物収去権の実行のために認められたもの

であり，建物収去が認められない場合には，建物退去請求権が認められることにはならないというものである。

「土地所有者ハ其ノ土地上ニ存スル建物ノ所有者カ該建物ヲ其ノ地上ニ存置スルニ付土地所有者ニ対抗シ得ヘキ正当権原ヲ有スル限リ仮令建物居住者カ該建物所有者ニ対抗シ得ヘキ正当権原ヲ有セサル場合ニ於テモ直接建物居住者ニ対シ土地所有権ニ基キ該建物ヨリ退去シテ其ノ敷地タル土地ヲ明渡スヘキコトヲ請求スル権利ナキモノト解スルヲ相当トス」

「但シ建物所有者カ建物ヲ其ノ地上ニ存置スヘキ正当権原ヲ有セサル場合ニ於テハ建物居住者カ建物所有者ニ対シ正当権原ヲ有スルト否トニ拘ラス直接建物居住者ニ対シ該建物ヨリ退去シテ其ノ敷地タル土地ヲ明渡スヘキコトヲ請求シ得ヘシト雖モ這ハ土地所有者カ建物所有者ニ対シ該建物ヲ収去シテ其ノ敷地タル土地ヲ返還スヘキコトヲ求ムル権利ノ実現上必要ナルカ為メニ外ナラス」

「結局建物居住者ノ土地所有者ニ対スル建物退去義務換言スレハ土地所有者ノ建物居住者ニ対スル建物退去請求権ハ建物所有者ノ土地所有者ニ対スル建物収去義務換言スレハ土地所有者ノ建物所有者ニ対スル建物収去請求権ニ依存スルモノニシテ建物所有者ニ対スル建物収去請求権ナキ場合ニ土地所有者カ直接建物居住者ニ対シ該建物ノ退去ヲ請求シ得ヘキモノニアラサレハ本件建物所有者ナル東忠二郎カ本件建物ヲ本件土地上ニ存置スルニ付正当権原ヲ有スル以上土地所有者ナル被控訴人カ直接建物居住者ナル控訴人等ニ対シ建物退去ヲ求ムル本訴請求ハ此点ニ於テ已ニ失当トシテ之ヲ棄却スヘキモノトス」

第5節　建物買取請求権が行使された場合

　甲土地の所有者である原告Xが，乙建物を所有している借地人である被告Yに対し，借地期間満了を理由として，乙建物を収去して甲土地を明け渡す旨の請求をしていた場合に，被告Yが建物買取請求権を行使した場合に，どのような取扱いをすべきかの問題がある。

　この問題については，結論からいえば，被告Yの建物買取請求権の行使に

よって，建物収去土地明渡請求権を基礎付ける要件事実のうちの「被告Yが乙建物を所有している。」との点が不存在となるため，本来は，請求棄却とすべきものである。

そして，原告Xとしては，被告Yの建物買取請求権の行使によって，乙建物を所有することになるところ，被告Yが乙建物を占有しているのであるから，「被告Yは，原告Xに対し，乙建物を明け渡せ。」という建物明渡請求に変更する旨の追加的予備的な訴えの変更をすることが合理的である。なお，訴訟物は，甲土地の所有権に基づく返還請求権から，乙建物の所有権に基づく返還請求権に変更されることになり，これらの訴訟物は明らかに異なる。

原告Xがこの訴えの変更をしないにもかかわらず，裁判所が，「被告Yは，原告Xに対し，乙建物を退去して甲土地を明け渡せ。」という判決をすることは，処分権主義及び弁論主義に違反するものであるし，請求の趣旨及び判決主文も，「建物明渡し」か「建物退去」という相違があって，相当ではない。

この点の詳細な分析は，本書第7章の課題とする。

(1) 本章は，その初出論文が2010年3月に発表されたものであるため，その後の同年6月に発表された淺生重機「建物の占有と土地の占有」判例タイムズ1321号20頁以下の論文を参照していない。上記淺生論文を参照したうえでの論考は，本書第7章になる。
(2) 藤井正雄「土地所有権に基づく地上家屋居住者に対する退去請求」近藤完爾ほか編『民事法の諸問題第Ⅱ巻』（判例タイムズ社・1966年）32頁，高橋欣一「建物収去・土地明渡訴訟における建物占有者に対する請求」鈴木忠一ほか監修『実務民事訴訟講座4』（日本評論社・1969年）115頁など
(3) 『考え方と実務』第3版102〜103頁，『30講』第3版236頁，『要件事実マニュアル1』第4版315頁
(4) 「実務と新訴訟物理論」判例タイムズ154号2頁以下の近藤完爾，田辺公二，秦不二雄，倉田卓次の各発言では，いずれも，昭和39年当時ではあるが，貸家人の借家人に対する家屋明渡請求訴訟にあって，請求原因を所有権とするものと，賃貸借契約の終了とするものとの2つがほぼ同数の割合であったという。
(5) 司法研修所編『10訂 民事判決起案の手引』に合冊された『事実摘示記載例集』11，12頁，『紛争類型別の要件事実』改訂版59〜60頁，『30講』第3版238頁，『考え方と実務』第3版102頁，『要件事実マニュアル1』第4版317頁
(6) 『紛争類型別の要件事実』改訂版60頁，『考え方と実務』第3版102頁，『要件事実マニュアル1』第4版317頁
(7) 『紛争類型別の要件事実』改訂版59頁，『考え方と実務』第3版103頁，『要件事実マニュアル1』第4版317頁
(8) 『紛争類型別の要件事実』改訂版58〜59頁，『30講』第3版237〜238頁，『考え方と

実務』第3版101〜102頁,『要件事実マニュアル1』第4315〜316頁, 徳岡由美子「不動産明渡請求」『民事要件事実講座第4巻』(青林書院・2007年) 21〜23頁
(9) 田尾桃二「買取請求権が行使された場合の判決主文の表示方法」本井巽ほか編『民事実務ノート3』(判例タイムズ社・1969年) 77〜80頁
(10) 本書第5章参照
(11) 『設例15題』改訂版57頁
(12) なお, 私見は, 所有権に基づく物権的請求権につき, 3つに分類することにつき異論はないが, その分類のうちの「返還請求権」という名称については, 必ずしも適切ではなく,「引渡請求権」と称すべきであると考えているが, この点は, 本書第5章で触れている。
(13) 『考え方と実務』第3版110頁,『要件事実マニュアル1』第4版320頁, 藤井前掲「土地所有権に基づく地上家屋居住者に対する退去請求」32頁, 井田友吉「家屋の占有者の土地所有者に対する退去の義務の強制執行の方法」判例タイムズ182号170頁, 高橋前掲「建物収去・土地明渡訴訟における建物占有者に対する請求」115頁
(14) 大阪地裁昭和33年6月10日判決・判例時報160号23頁
(15) それぞれ, ニュアンスは異なるが, いずれも, 建物退去請求権のみを肯定し, 土地明渡請求権を否定する。「実務と新訴訟物理論」判例タイムズ168号37頁以下の田辺公二発言, 藤井前掲「土地所有権に基づく地上家屋居住者に対する退去請求」38頁, 井田前掲「家屋の占有者の土地所有者に対する退去の義務の強制執行の方法」171頁, 高橋前掲「建物収去・土地明渡訴訟における建物占有者に対する請求」126頁
(16) 最高裁昭和38年2月21日第1小法廷判決・民集17巻1号219頁。土地の賃貸人と賃借人とが土地賃貸借契約を合意解消し, 土地賃借人は, 建物収去義務を負担することになったが, 上記合意解除は, 建物賃借人には, 対抗できないとされ, それゆえに, 建物賃借人が建物退去義務を負担しないこともある。
(17) なお, 高橋前掲「建物収去・土地明渡訴訟における建物占有者に対する請求」126頁は,「建物が収去せられるとき」とは, 具体的にどのような事実が揃ったときと解すべきか, 執行官は判断に迷うであろうと指摘する。
(18) 「実務と新訴訟物理論」判例タイムズ168号38頁以下
(19) 藤井前掲「土地所有権に基づく地上家屋居住者に対する退去請求」33, 34頁
(20) 井田前掲「家屋の占有者の土地所有者に対する退去の義務の強制執行の方法」171頁
(21) 高橋前掲「建物収去・土地明渡訴訟における建物占有者に対する請求」118頁以下
(22) 『考え方と実務』第3版110頁,『要件事実マニュアル1』第4版321頁, 徳岡前掲「不動産明渡請求」29頁
(23) 『考え方と実務』第3版111頁, 徳岡前掲「不動産明渡請求」29〜30頁

第7章　建物退去土地明渡請求について

第1節　はじめに

　建物退去土地明渡請求については，多くの文献に記載があるが[1]，これを詳細に論じたものは，少ない。また，この請求については，未だ，適切な解釈が定着していないように思われる。

　建物退去土地明渡請求について詳細に論じた最近の文献として，(1)吉川愼一裁判官の「所有権に基づく不動産明渡請求訴訟の要件事実④」判例タイムズ1177号（2005年7月）84頁以下，(2)私の「要件事実原論ノート第2章」白山法学第6号（東洋大学法科大学院・2010年3月）15頁以下（本書第6章），(3)淺生重機裁判官の「建物の占有と土地の占有」判例タイムズ1321号（2010年6月）20頁以下の3つの論文がある。

　本稿は，これらの3つの論文を主な素材として，建物退去土地明渡請求に関する基本的な解釈を明らかにし，もって，この請求に関する議論の整理をすることを目的とする。

　また，この議論の整理をするに当たって，法科大学院の学生と先生との対話という形式を採用し，もって，解釈の分かれ目がどのような点にあるのかを分かり易くすることとする。

第2節　典型事案，必要性，退去の意味

1　典型事案

　学生：建物退去土地明渡請求というのは，典型的には，Xが甲土地を所有し，XがY1に対して甲土地を建物所有目的で賃貸し，Y1が甲土地上に乙建物を建築し

て所有し、その建物にY2が居住（占有）している事案であって（以下、このような事案を「典型事案」という。）、Xが、Y1との間の賃貸借契約が終了したとして、Y1に対しては、「Y1は、Xに対し、乙建物を収去して甲土地を明け渡せ。」と請求し、Y2に対しては、「Y2は、Xに対し、乙建物から退去して甲土地を明け渡せ。」と請求するようなとき（以下、このような請求を、「典型請求」という。）のXのY2に対する請求をいうんですよね。ちなみに、XのY1に対する請求は、建物収去土地明渡請求ですね。

先生：はい、そうですね。

2　Y2に対する請求の必要性

学生：この場合に、Xは、何で、Y2に対する請求が必要なのでしょうか。XがY1に対する請求について勝訴し、その勝訴判決によって乙建物を収去することができるとすれば、Y2に対する請求をする必要はありませんよね。

先生：そうですね。確かに、そういう制度設計も可能でしょう。しかし、日本法では、XがY1に対する請求について勝訴するだけでは、乙建物を占有するY2を乙建物から退去させることができないという制度設計をしています。つまり、Y2の乙建物の占有は、XのY1に対するいかなる勝訴判決によっても奪われることはなく、XのY2に対する乙建物から退去することを求める請求についての勝訴判決がなければ奪われることはないという制度設計をしています。

その実際上の理由は、そのような制度設計をしないと、XとY1とが共謀すれば、いつでも、正当な理由なく、Y2を乙建物から追い出せることになり、Y2の法的地位の保護ができなくなるからです。

そして、Xは、Y2を乙建物から退去させることができなければ、Y1所有の乙建物を収去することができないため、Y1に対する建物収去土地明渡請求に関して勝訴判決を得ても、乙建物の収去を実現することができません。

それゆえに、典型事案の場合に、XがY1に対する建物収去土地明渡請求をしようとするときには、Y2に対する建物退去土地明渡請求を併合して訴えを提起することが、通例となっているんです。

学生：分かりました。日本法では、Y2自らが防御する機会が与えられなければ、Y2がその占有を奪われることがないという制度設計をしているということなんですね。

先生：そうです。実務家である私たちにとっては当たり前ともいえることですが、そのような制度設計になっているということです。

そして、実際にも、Y1がXに対して建物収去土地明渡義務を負担する場合であっ

ても，Y2が建物退去義務を負わないとして保護される事案がありますが，これは，要件事実論による解析を必要とするので，第6節で触れることにしましょう。

3 退去の意味

学生：ところで，XのY2に対する請求の趣旨は，乙建物からの「退去」であって，乙建物の「明渡し」ではありませんが，一般的な言葉では，「退去」と「明渡し」とは同じ意味だと思うのですが，何か違うのですか。

先生：そうですね。一般的な言葉では，「退去」も「明渡し」も同じ意味でしょうが，法律実務家は，この2つの言葉を，① 基本的な意味においても，② 民事執行法上の手続においても，③ 実体法上の根拠についても，大きく違うものとして，明確に区別しています。

第1に，基本的な意味が異なります。「退去」というのは，Y2が乙建物の占有を奪われることを意味し[2]，「明渡し」というのは，Y2が乙建物の占有を奪われるだけではなく，Xがその建物の占有を取得できるということをも意味します。XがY2に対して「退去」しか求められないことと，「明渡し」を求められることとは，Xの利益としては，大きな違いがあります。したがって，請求の趣旨にあっても，判決主文にあっても，「退去」と「明渡し」とは，厳格に区別する必要があります。

第2に，民事執行法における手続が異なります。建物の「明渡し」の場合には，同法168条によれば，① 執行官が，乙建物についての占有を解くこと（1項），すなわち占有を奪うこと，② そのために，執行官が，乙建物内の動産を取り除くこと（5項），③ 執行官が，Xに対し，乙建物の占有を取得させること（1項）という3つの作業から構成されています。しかし，建物からの「退去」の場合には，民事執行法に明文の規定がないものの，同条を類推適用することとして，執行官は，上記の①及び②の作業のみを実施しますが，③の作業は実施しない，実施できないという大きな違いがあります。

第3に，実体法上の根拠が異なります。建物の「明渡し」の場合には，Xが乙建物について占有を回復できる権利（建物についての所有権に基づく返還請求権[3]，建物についての賃貸借契約の終了に基づく目的物返還請求権など）を有していることが根拠となるのですが，建物からの「退去」の場合には，Xが乙建物について占有を回復できる権利を有しないことが前提となり，典型事案における典型請求のときには，Xは，乙建物の所有者ではなく，また，Y2に対する乙建物の賃貸人でもありませんから，乙建物の占有を回復できる権利を有しないものであり，それゆえに，XのY2に対する請求の根拠となる実体法上の権利は，後に第3節の3において述べる非占有説（建物の占有者は土地を占有しているとはいえないという説）によれば，XのY1に

対する建物収去土地明渡請求権を実現するための，土地所有権に基づく妨害排除請求権[4]であるということになります。

このように，「明渡し」と「退去」とは大きく異なりますので，XのY2に対する請求は，「Y2は，Xに対し，乙建物を明け渡して甲土地を明け渡せ。」ということにはならず，「Y2は，Xに対し，乙建物から退去して甲土地を明け渡せ。」という限度にとどまることになります。

第3節　建物退去請求と建物退去土地明渡請求との関係

1　基本

学生：ところで，この建物退去土地明渡請求の趣旨は，「Y2は，Xに対し，乙建物から退去して甲土地を明け渡せ。」というものですが，この請求の趣旨は，「Y2は，Xに対し，乙建物から退去せよ。」というのではいけないのでしょうか[5]。

先生：難しい問題ですね。私の見解は，この請求の趣旨は，「Y2は，Xに対し，乙建物から退去せよ。」というのが正しく[6]，「Y2は，Xに対し，乙建物から退去して甲土地を明け渡せ。」というのは，正しくないというものです。

つまり，私は，XはY2に対して，乙建物から退去せよとの請求，つまり，建物退去請求はできるが，甲土地を明け渡せとの請求，つまり，土地明渡請求はできないというのが正しいと考えています。

この見解は，今から約50年前の1966年から1969年の時点で，既に，藤井正雄裁判官及び高橋欣一裁判官が，明確に主張しているものです[7]。

そして，実は，この点が，建物退去土地明渡請求に関する諸問題の出発点になっていて，この点をあいまいにすると，建物退去土地明渡請求に関する全ての問題について，混乱したあるいは誤った法理が展開されることになります。

XはY2に対して建物退去請求しかできず，土地明渡請求ができない理由は，2つあります。その一つは，執行法の観点から確認できます。また，もう一つは，実体法の観点から確認できます。これらの点は，やや複雑ですので，項目を分けて説明しましょう。

2　執行法の観点から

(1)　土地明渡請求が執行不能であること

学生：まず，執行法の観点から説明していただけますか。

第3節　建物退去請求と建物退去土地明渡請求との関係　　245

先生：典型事案において，XがY1に対する建物収去土地明渡請求及びY2に対する建物退去土地明渡請求のいずれについても勝訴したとしましょう。
　そうすると，Xは，まず，Y2に対する建物退去土地明渡請求を執行することになりますが，それは，第2節の3で述べたように，民事執行法168条を類推適用して，①執行官が，乙建物についてのY2の占有を解くこと（1項），②そのために，執行官が，乙建物内の動産を取り除くこと（5項）という2つの作業を実行します。
　これによって，Y2の乙建物についての占有が奪われます。
　しかし，執行官は，Y2に対してそれ以外の作業をすることができません。つまり，執行官のY2に対する執行は，その作業によって完了してしまい，これに付加するいかなる執行もすることができません。すなわち，執行官は，Y2に対する甲土地の明渡しを執行することができません。執行官は，Y2に対する上記の作業が終了した後，Y1に対する乙建物の収去と甲土地の明渡しの執行に着手することになり，Y2に対する甲土地の明渡しというのは，一切実行できないんです[8]。
学生：確かに，典型事案とは異なりますが，例えば，Y1所有の乙建物が5階建ての建物であって，1階はY1が，2階はY2が，3階はY3が，4階はY4が，5階はY5がそれぞれ占有しているような場合には，Y2からY5に対する建物退去土地明渡請求についてみると，これらのY2からY5に対する執行は，乙建物からの退去の執行しかできないことは，分かります。
　しかし，典型事案の場合には，とりわけ，乙建物が一戸建てのものであるときには，Y2は，甲土地を庭として利用し，その庭には，Y2の所有するブランコや自転車が置かれていることもありえますよね。このようなときには，建物退去の執行では，庭にある動産類を撤去できないのではないでしょうか。つまり，Y2に対する土地明渡しも必要になるのではないでしょうか。
先生：そうですね。確かに，乙建物が一戸建てのときには，甲土地上にY2所有の動産類があることが普通でしょう。
　しかし，そのようなときであっても，執行官は，Y2に対する乙建物からの退去の執行の内容として，甲土地上のY2の動産類を撤去することができるというのが，実務の取扱いなんです。
　それは，典型事案の場合に，典型請求とは異なりますが，Y1・Y2間の賃貸借契約が終了したとして，Y1がY2に対して乙建物の明渡しを請求し，勝訴したときに，Y1は，Y2に対する乙建物の明渡しの執行の内容として，甲土地上のY2所有の動産類を撤去できることとなっています[9]。そして，建物からの退去についても，Y2の建物の占有を奪うという執行方法は，建物の明渡しと同一ですから，これと同様な取扱いができることになります。
学生：建物「明渡し」の執行について，どうして，そういう取扱いが可能なんで

しょうか。

　先生：乙建物が一戸建ての場合の乙建物の明渡しについては，次のように考えられます。まず，最初に，①Y1とY2との間の賃貸借契約についてみると，賃貸の対象物は，乙建物であって，甲土地は含まれていません。その賃貸借契約において，甲土地をも賃貸の対象とすることは，Xとの関係では，民法612条所定の無断転貸に該当しかねないからです。しかし，そうはいっても，②乙建物の賃貸借契約の内容として，乙建物の使用に伴う範囲内では，付随的なものではありますが，甲土地の使用も含まれていると解されます[10]。そして，③Y1はY2に対し，乙建物の賃貸借契約が終了したとして，訴えを提起する場合には，「乙建物を明け渡せ。」という請求の趣旨を掲げますが，「乙建物を明け渡し，かつ，甲土地を明け渡せ。」という請求の趣旨を掲げることはしません。しかし，そうはいっても，④その「乙建物を明け渡せ。」という請求の趣旨には，乙建物の使用に付随的なものとしての甲土地の使用にかかる実態としての動産類の撤去をも含めているものと解されます。そして，⑤裁判所も，判決主文において「乙建物を明け渡せ。」と宣言しますが，その意味は，請求の趣旨と同じです。そんなことから，⑥乙建物の明渡しの執行の場面でも，乙建物の使用に付随的なものとしての甲土地の使用にかかる実態としての動産類の撤去についても，執行が可能となるとするのが，合理的であるということになります。

(2) 執行不能な他の請求の例

　学生：執行不能な請求というものには，どんなものがあるんですか。
　先生：そうですね。色々な例がありえますが，一つだけあげましょう。
　AがBから甲土地を代金1000万円で購入することとして，AB間で，「Bは，平成29年1月10日に，Aから代金の支払を受けるのと引換えに，甲土地の所有権を移転するとともに，その移転登記に必要な委任状及び印鑑登録証明書を交付し，かつ，登記識別情報を提供する。」という約束をしたとしましょう。この場合，実際に，円滑に契約が履行される際には，上記のBの義務が履行されます。
　しかし，Bがその義務を怠った場合には，AはBに対し，「Bは，Aに対し，平成29年1月10日売買を原因とする所有権移転登記手続をせよ。」という意思表示の給付を求める請求はできますが[11]，「Bは，Aに対し，甲土地の所有権移転登記に必要な委任状及び印鑑登録証明書を交付し，かつ，登記識別情報を提供せよ。」という請求はできません。
　委任状についていえば，そのような委任状は，Bがそのような内容の文書を作成しなければなりませんが，その作成を強制執行することができませんし，印鑑登録

証明書についていえば，印鑑登録証明書を発行するのは，市町村役場であって，Bがそのような印鑑登録証明書を所持していないこともありますし，そもそも，Bが印鑑登録を済ませていない場合には，絶対に執行不能ですし，登記識別情報の提供についていえば，Bが登記識別情報の通知を受けていない場合[02]には，執行の方法がありません。

したがって，このような請求にかかる訴えは，定型的に執行不能な請求にかかる訴えとして，却下すべきでしょう。

建物退去土地明渡請求についても，これと同様に，建物退去請求の執行はできるのですが，土地明渡請求の執行はできないのですから，土地明渡請求にかかる部分の訴えを認めることはできないと考えるべきです。

(3) まとめ

学生：随分厳格なんですね。

先生：はい。執行できない給付請求は，訴訟において請求できないという原則は，守らなければなりません。

しかし，建物退去土地明渡請求のうちの土地明渡請求の部分は執行できないとしても，その執行できない部分は，無害であるといえます。つまり，どうせ執行できないのですから，判決主文に掲げられていても，被告にとって具体的な被害が発生することはありません。

そうはいっても，その執行できない部分が必要であるというと，その考え方は，理論的に誤っているということになります。

つまり，私が，そして，約50年前にも，藤井正雄裁判官及び高橋欣一裁判官が，この問題について，建物退去請求が正しく，建物退去土地明渡請求が間違いであるという見解を採用している理由は，理論的な点にあります。現実的には，無害といえるのですが，その無害なものを必要であるとすると，理論的な間違いを誘発することになるので，この点は，厳密にしておく必要があると考えているわけです。

3 実体法の観点から

(1) 基本

学生：それでは，実体法の観点からは，建物退去請求，あるいは，建物退去土地明渡請求とは，どのようなものと考えられるのですか。

先生：まず，建物退去請求しか認められないという考え方は，次のとおりです。つまり，Y1が乙建物を所有して甲土地を占有しているといえるので，Xは，Y1に対して建物収去土地明渡請求権を有し，これは，Xの甲土地の所有権に基づく返還

請求権であるといえるところ、この執行を実現するためには、XのY2に対する建物退去請求を認める必要がありますが、Y2は甲土地を占有しているものではありませんから、XのY2に対する請求権は、Xの甲土地の所有権に基づく「妨害排除請求権」であるということになります[13]。

これに対し、建物退去土地明渡請求が認められるという考え方は、次のとおりです。つまり、Y2が乙建物を占有することを通じて甲土地を占有しているといえるので、Xは、Y2に対して建物退去土地明渡請求権を有し、これは、Xの甲土地の所有権に基づく「返還請求権」であるといえるとし[14]、この返還請求権は、XのY1に対する建物収去土地明渡請求権とは別に、認められるべきであるということになります。

(2) 占有説、非占有説、限定的占有説

学生：何か、話がややこしくて、よく分かりません。実体法上の違いというのは、どこにポイントがあるんでしょうか。

先生：そうですね。ここでの議論のポイントは、「建物を占有している者は、土地を占有しているか。」という問題についての考え方です。

これを全面的に肯定するのが、占有説[15]、これを全面的に否定するのが、非占有説[16]、そして、一般的には占有しているとはいえないが、建物所有者が建物収去土地明渡義務を負う場合には、建物占有者は土地を占有しているとするのが、限定的占有説[17]です。

通説・判例は占有説を採用しているといわれ、これを明確に説明している最近の論文として、最初に掲げた吉川論文があります。そして、非占有説に基づいて説明している最近の論文としては、最初に掲げた私の論文があります。さらに、限定的占有説を唱え始めたのが、淺生論文です。

(3) 占有説の問題点

学生：占有説がよさそうに思えるのですが、どこが問題なんでしょうか。

先生：占有説の問題点は、次のとおりです。

第1に、占有説に立つと、借地人が建物を貸すと、土地を転貸していることになってしまい、民法612条に違反することになりかねません。しかし、判例・通説は、そうは考えてはいません[18]。

第2に、占有説に立つと、建物を占有していると、土地を時効取得しうることになりえます。しかし、通説は、これについて否定的であるといえます[19]。

第3に、占有説に立つと、土地も、建物も所有している者は、建物の占有者に対

し、建物所有権に基づく建物明渡請求に敗訴しても、土地所有権に基づく建物退去請求ができることになります。しかし、通説は、これを認めていないでしょう[20]。

　第4に、占有説に立つと、高層ビルの上の階を占有している者も、土地を占有しているということになります。しかし、常識は、そうではないでしょう[21]。

　このように、占有説は、①土地の無断転貸となるか否かの判断、②土地の時効取得が可能か否かの判断、③建物明渡（退去）請求に関して建物所有権のみならず、土地所有権に基づいても可能か否かの判断について、既に形成されている諸法理と平仄が合いませんし、④高層ビルの場合には、常識に合致しません。

　そもそも、この問題は、「占有」という言葉の理解の仕方にあります。「占有」は、物の所持又は事実上の支配という事実関係を基礎とするとはいえ、種々の法律効果の発生に結び付けられた概念ですから、事実概念ではなく、評価概念というべきものです[22]。そして、我が民法が土地とその上の建物とを別個の不動産としている以上は、建物の占有が直ちに土地の占有とはいえないという制度設計をすることがむしろ自然ですし、実際にも、以上検討のように、建物の占有が直ちに土地の占有とはいえないという諸法理を形成していることになっているわけです。占有説は、この点について、ちょっと安易な判定をしているということになるでしょう。

(4) 限定的占有説の問題点

学生：分かりました。それでは、限定的占有説は、どこが問題なのでしょうか。

先生：限定的占有説は、占有説の問題点を回避するために、一般的には建物の占有者は土地を占有するものではないとしながらも、建物収去土地明渡請求がされる場合に限定して、その場合には、建物占有者も土地を占有していると解釈するものです。しかし、そのような解釈は、一貫性がないといえます。

　建物収去土地明渡請求があったとしても、建物占有者は他の場合と同様に土地を占有していないと解釈し、それでも、建物収去土地明渡請求の実現のためには、建物の退去が必要になるところ、建物占有者に対する請求は、建物退去請求をもって必要かつ十分であると考えれば、建物占有者が土地を占有していると解釈する必要はありません。

(5) 非占有説の簡明さ

学生：そうすると、非占有説が合理的な解釈であるということになりそうですが、非占有説には、問題点はないのでしょうか。

先生：非占有説に対する疑問は、土地所有者において建物占有者に対する建物退去請求が可能になる根拠について、「それは、建物の占有者は、土地を占有している

からである。」という取っ付き易い説明をすることができず，XのY1に対する建物収去土地明渡請求の実現のために必要であるという，ちょっと，ひねった説明をすることにあるようです。

　しかし，この説明は，難しいものではありません。建物の占有を排除することは，土地所有者の建物所有者に対する建物収去土地明渡請求を実現するために必要なものです。したがって，建物占有者は，土地を占有するという方法で土地所有権を侵害しているのではなく，建物収去土地明渡請求の実現を妨害するという方法で，つまり，土地占有以外の方法で，土地所有権を侵害しているということになりますから，建物退去請求権は，土地所有権に基づく返還請求権ではなく，妨害排除請求権にほかならないと理解するものです。

(6) 建物退去土地明渡請求という実務慣行の理由

　学生：それでは，なぜ，実務では，Y2に対する請求を，単純に建物退去請求とせずに，建物退去土地明渡請求としているのですか。

　先生：その一つの理由は，XのY2に対する請求が，土地所有権に基づく請求であることを示すことにあったと思われます。つまり，「Y2は，Xに対し，乙建物から退去して甲土地を明け渡せ。」という請求は，その文言からみて，土地所有権に基づく請求であることが明示されています。これに対し，「Y2は，Xに対し，乙建物から退去せよ。」という請求は，その文言からみて，土地所有権に基づく請求であることが明示されていません。ここら辺の感覚が，土地所有者ではあるが建物所有者ではないところのXがY2に対して建物から出て行ってほしいという請求をするに当たって，建物退去土地明渡請求とすることが好まれている理由でしょう。

　もう一つの理由は，原告代理人である弁護士は，訴状にXのY2に対する請求を記載するに当たって，伝統的に認められている記述である「Y2は，Xに対し，乙建物から退去して甲土地を明け渡せ。」というものを利用するのが普通でしょうし，理論的に何が妥当かを考え抜いたあげく，伝統的ではない記述である「Y2は，Xに対し，乙建物から退去せよ。」というものを利用することはないでしょう。原告代理人弁護士としては，実際にY2に対する執行できないということが分かっていても「甲土地を明け渡せ。」というおまけがついている方が安心できるものです。そして，裁判所も，判決書に主文を記載するに当たって，伝統的に認められている記述である「Y2は，Xに対し，乙建物から退去して甲土地を明け渡せ。」というものでよいとするのが普通でしょうし，理論的に何が妥当かを考え抜いたあげく，請求の趣旨をわざわざ修正して，伝統的ではない記述である「Y2は，Xに対し，乙建物から退去せよ。」というものにするのは，やはり，勇気がいるでしょうね。

第3節　建物退去請求と建物退去土地明渡請求との関係　251

　しかし，請求の趣旨にあっては，請求の結論を簡潔に示す必要があるのですが，請求の根拠を示す必要はないのですから，Y2に対する請求を，乙建物からの退去のみとすることは可能ですし，また，執行の観点からも，簡明であるといえます。ここは，感覚ではなく，理論を詰めて検討する必要があるというべきでしょう。

　学生：そうすると，実務において，XのY2に対する請求が，建物退去土地明渡請求から建物退去請求に変わるということは，なかなか，難しいんでしょうか。

　先生：そうですね。既に述べたとおり，約50年前から，建物退去土地明渡請求は正しくなく，建物退去請求が正しいという藤井正雄裁判官や高橋欣一裁判官の見解がありながら，それが，実務に定着しなかったという歴史的事実は，今後も，変わらないかも知れません。これが変わるとすれば，そうですねえ，最高裁判所が建物退去請求が正しいと宣言するほかには，ないかも知れません。

(7)　最高裁判決の解釈

　学生：ところで，昭和30年代の最高裁の判決の説示には，「建物の占有者は，土地を占有している。」とするものがあるように教わったのですが，この判決は，どのように解釈したらよいのでしょうか。

　先生：確かに，最高裁昭和34年4月15日第3小法廷判決（裁判集民事36号61頁）は，その理由中において，「建物は，その敷地を離れて存在し得ないのであるから，建物を占有使用する者は，おのづからこれを通じてその敷地をも占有するものと解すべきである。」と説示しています。

　この判決は，第1審判決の主文が，「被告等（上告人等）はそれぞれ原告（被上告人）に対し別紙目録記載の建物部分から退去してその敷地を明渡すべし」というものであり，控訴審もこれを是認したところ，上告人らが，上告理由として，「然しながら判決理由自体からも明白である如く本件建物の所有者は社団法人土木建築材料協会であり上告人等は右協会から右建物を賃借して右建物を占有しているものである。処が右敷地を占有しているのは右建物の所有者たる右土建協会であるから右敷地を現実に建物収去の上で明渡すことの出来るのは右土建協会であつて上告人等ではないのである。従而上告人等として為し得ることは右建物からの退去明渡であつてその敷地の明渡ではない。然るに第一審判決は（原判決も之を踏襲している）前記の如く上告人等に対して右建物の敷地の明渡をも求めているのであるから此の点に於て原判決には理由齟齬の違法ありと謂うの他はない。」と述べたのに対するものとして説示しています。

　しかし，まず第1に，最高裁の判決のすべてが正しいというわけではありません。最高裁の判決は，私の見たところでは，99％が正しいのですが，1％ほどは，必ずし

も正しいとはいえないものがあります。しかし、人の組織の無謬性が肯定できない以上は、これほどの正しさを確保している組織は、国内ではもちろん、世界各国のものとしても、素晴らしいものと誇れるものと思います。そして、正しくない最高裁の判決については、それを是認することなく、正しく批判することが、司法の正しい発展を保障するものであるがゆえに、正しい批判をすることを躊躇してはならないと思います。第2に、この判決の眼目は、第1審及び控訴審における、その当時の慣行的な判決主文の表現を是認したところにあり、その心は、その判決主文の表現を是認しても、土地明渡しの部分は、無害であると考えていたところにあり（有害であれば、上告理由を受け入れていたと推察します。）、その説示は、いささか、勇足であったのではないかと考えます。

この事案では、上告理由を受け入れて、最高裁が、破棄自判して、主文を「被告等（上告人等）はそれぞれ原告（被上告人）に対し別紙目録記載の建物部分から退去せよ。」としても、よかったのではないかと考えます。

(8) 再度，占有説，非占有説，限定的占有説について

学生：上記最高裁昭和34年判決と占有説などとの関係は、どうなるんでしょうか。

先生：占有説は、上記最高裁昭和34年判決の理由中の説示を全面的に肯定しているものですし、限定的占有説は、上記最高裁昭和34年判決の理由中の説示を、典型事案における典型請求の場合に限定して肯定しているものですし、非占有説は、上記最高裁昭和34年判決の理由中の説示は、肯定できないものと考えていることになります。

最高裁判決の理由中の説示に反対する見解は、一般的には、なかなか、直ぐには、多くの賛同を得られるものではないものですが、これまでに述べてきた点と、また、これから検討する請求原因、抗弁などの理論的な分析を考えると、やはり、非占有説が妥当であると考えています。

第4節　請求原因事実について

1　基本

学生：建物退去請求又は建物退去土地明渡請求の請求原因事実は、どうなるのでしょうか。なお、「建物退去請求又は建物退去土地明渡請求」というのは、これから

は，先生の見解に従って，一括して，「建物退去請求」ということにします。

　先生：そうですね。その前に，XのY1に対する建物収去土地明渡請求の請求原因事実を確認しましょう。この請求の根拠としては，典型事案の場合には，X・Y1間の甲土地についての賃貸借契約の終了に基づく目的物返還請求権という訴訟物を選択することも可能なのですが，Xの甲土地の所有権に基づく返還請求権という訴訟物を選択することにしましょう。というのは，XのY2に対する請求の根拠としては，その間に賃貸借契約がありませんから，Xの甲土地の所有権に基づく請求権（なお，前述のとおり，占有説によれば返還請求権ですが，非占有説によれば妨害排除請求権という性質になります。）という訴訟物となりますので，XのY1及びY2に対する請求原因事実を統一的に整理することが可能になるからです。

　そうすると，XのY1に対する建物収去土地明渡請求の請求原因事実は，次のとおりとなります。
　① Xは，甲土地を所有している。
　② Y1は，甲土地上に乙建物を所有して甲土地を占有している。

　学生：随分，簡明ですね。

　先生：そうですね。その理由は，占有権原の不存在は請求原因とはならず，占有権原の存在が抗弁となるという基本があるからです。この点は，既に，皆さんが勉強したとおりですね。

　学生：はい。分かっています。

　先生：そこで，XのY2に対する建物退去請求の請求原因事実ですが，これは，上記の①及び②に，次の事実を加えれば足りることになります。
　③ Y2は，乙建物を占有している。

2　補足説明

　学生：上記③の事実は，③´「Y2は，乙建物を占有して甲土地を占有している。」としないでいいのですか。

　先生：そうですね。占有説あるいは限定的占有説であれば，あなたのいうようにした方がよさそうですが，占有説を明言する吉川裁判官も，限定的占有説を提言する淺生裁判官も，③の記述で足り，③´のように記述すべきであるとは論じていません[23]。

　この③の記述で足りるというのは，非占有説に親和的であるといえますね。

　まー，しかし，占有説及び限定的占有説は，「Y2は，乙建物を占有している。」という事実を記述すれば，その法的効果として，「Y2は，甲土地を占有している。」ということになるので，つまり，③´は，「Y2は，乙建物を占有し，もって（すなわち

法的効果として)，甲土地を占有している。」という記述であって，要件事実としては，法的効果を除去し，事実のみを記述すべきであるという要件事実論における基本的な考え方を適用すると，③の記述でよいという説明をするんでしょうね。

学生：うーん，要件事実は，なかなか，奥が深いんですね。

先生：まー，色々ありますが，いずれにせよ，建物退去請求の請求原因事実としては，以上の①，②，③の事実で必要かつ十分であるということについては，占有説，限定的占有説，非占有説のいずれであっても，同じであるということになっています。

第5節 抗弁事実について

1 非占有説の見解

学生：非占有説からは，抗弁事実は，どうなるんでしょうか。

先生：非占有説では，抗弁事実は，Y1の土地占有権原を基礎つける事実のみで足りるということになります。つまり，次のようになります[24]。

① X・Y1間の甲土地についての賃貸借契約の成立
② XのY1に対する上記賃貸借契約に基づく甲土地の引渡し

学生：Y2の建物占有権原は，抗弁事実として必要がないのですか。

先生：はい，非占有説では，XのY2に対する建物退去請求権は，XのY1に対する建物収去土地明渡請求権を実現するために必要なものとされているという制度趣旨から，XのY1に対する建物収去土地明渡請求権が認められない場合には，Y2が建物の占有権原を有するか否かを問わず，認められないことになります。また，XのY2に対する建物退去請求権は，同様の制度趣旨から，XのY1に対する建物収去土地明渡請求権が認められる場合には，後述の第6節のような問題点がない限り（この問題点は，再抗弁，再々抗弁，再々々抗弁の事由となります。），Y2が建物の占有権原を有するか否かを問わず，認められることになります。

したがって，抗弁としては，Y1の土地占有権原の存在がテーマとなりますが，Y2の建物占有権原の存在は，テーマとなりません。

2 占有説の見解

学生：占有説からは，抗弁事実は，どうなるんでしょうか。

先生：占有説では，抗弁事実は，Y1の土地占有権原を基礎つける事実に加え，Y2の建物占有権原を基礎つける事実も必要であるということになります。つまり，次

のようになります[25]。
① X・Y1間の甲土地についての賃貸借契約の成立
② XのY1に対する上記賃貸借契約に基づく甲土地の引渡し
③ Y1・Y2間の乙建物についての賃貸借契約の成立
④ Y1のY2に対する上記賃貸借契約に基づく乙建物の引渡し

学生：占有説では，上記の③，④の事実，すなわち，Y2の建物占有権原を基礎づける事実が必要であるというんですね。これは，どこが問題なんでしょうか。

先生：既に，非占有説で検討したとおりですが，ここでも，ちょっと説明を加えておきましょう。

まず，第1に，上記の①，②の事実が認められた，すなわち，Y1の土地占有権原が認められたとしてみましょう。そうすると，XのY1に対する建物収去土地明渡請求権がないことになります。この場合に，上記③，④の事実は，審理判断する必要があるでしょうか。ないですよね。なぜならば，XのY2に対する建物退去請求権が認められる理由は，XのY1に対する建物収去土地明渡請求権が認められることが前提となっているわけですから，その請求権が認められない以上，上記③，④の事実は，審理判断する必要がありません。つまり，上記③，④の事実が認められても，認められなくても，XのY2に対する建物退去請求は認められないことになります。

第2に，上記の①，②の事実が認められない，すなわち，Y1の土地占有権原が認められないとしてみましょう。そうすると，XのY1に対する建物収去土地明渡請求権が認められることになります。この場合に，上記③，④の事実は，審理判断する必要があるでしょうか。ないですよね。なぜならば，XのY2に対する建物退去請求権が認められる理由は，XのY1に対する建物収去土地明渡請求権が認められることが前提となっているわけですから，その請求権が認められれば，上記③，④の事実は，審理判断する必要はありません。つまり，上記③，④の事実が認められても，認められなくても，XのY2に対する建物退去請求は認められることになります。

ただし，上記①，②の事実が認められるものの，X・Y1間の甲土地についての賃貸借契約が終了したとの再抗弁が認められるためにXのY1に対する建物収去土地明渡請求が認められる場合には，別の取扱いが必要になります。この点は，第6節で触れることにしましょう。

いずれにせよ，抗弁事実としては，上記①，②のみが，審理判断の対象として必要であって，上記③，④は，審理判断の対象として必要ではないことになりますから，上記③，④は，抗弁事実とはなりえないということになります。

学生：なるほど，論理的ですね。これが，要件事実論的解析ということなんです

ね。

　先生：はい，要件事実論的解析というのは，ある権利（あるいは法律効果）が認められるために，最小限必要な事実は何かという検討をし，必要でないものは，要件事実に取り込まないとすること，そうして，無駄のない，合理的で簡明な訴訟進行を確保しようとするものなんです。

3　限定的占有説の見解

　学生：それでは，限定的占有説は，どういう考え方なんでしょうか。

　先生：限定的占有説では，抗弁事実は非占有説と同じとしています[26]。要するに，限定的占有説といいながら，抗弁事実の要件事実論的解析の場面では，「建物を占有している者は，土地を占有しているとはいえない。」という非占有説を採用しているということになります。ここら辺が，限定的占有説について，私が，一貫性がないと批判している点でもあります。

第6節　再抗弁以下の事実，とりわけ，X・Y1間の合意解除の場合について

1　再抗弁事実としてありうるもの

　学生：それでは，典型事案における典型請求については，以上で，結論が出るのでしょうか。仮に，抗弁①，②の事実が認められたとしても，Xが，X・Y1間の甲土地についての賃貸借契約が終了したとの再抗弁を主張することがありますよね。それに，典型事案の場合には，この再抗弁が実質的な争点となるのではないでしょうか。

　先生：そのとおりです。典型事案における典型請求にあっては，Xは，再抗弁として，多様な類型の賃貸借契約の終了事由を主張します。

　その事由として，(a)賃貸期間満了，(b)Y1の賃料不払いによるXによる債務不履行解除，(c)X・Y1間の合意解除などがあります。

2　賃貸期間満了，債務不履行解除の場合

　学生：Xの主張する再抗弁，つまり，X・Y1間の甲土地についての賃貸借契約終了の事由が認められる場合には，どうなるんでしょうか。

　先生：X・Y1間の甲土地についての賃貸借契約終了の事由のうち，(a)賃貸期間満

了，(b) Y1の賃料不払いによるXによる債務不履行解除の事由が認められる場合には，抗弁①，②によって認められたY1の土地占有権原が消滅したことになり，XのY1に対する建物収去土地明渡請求が認められ，また，これに伴い，XのY2に対する建物退去請求も認められることになります。

しかし，(c) X・Y1間の合意解除の場合には，異なる取扱いが必要です。

3　合意解除の場合

学生：X・Y1間の甲土地についての賃貸借契約が合意解除された場合は，どうなるんでしょうか。

先生：まず，第1に，その合意解除によって，Y1の甲土地についての占有権原が消滅することになりますから，XのY1に対する建物収去土地明渡請求が認められることについては，異論がありません。

問題は，XのY2に対する建物退去請求が認められるか否かです。

この問題については，最高裁昭和38年2月21日第1小法廷判決（民集17巻1号219頁）が参考になります。この判決の要旨は，「土地賃貸人と賃借人との間において土地賃貸借契約を合意解除しても，土地賃貸人は，特別（特段）の事情がないかぎり，その効果を地上建物の賃借人に対抗できない。」というものです。

これを要件事実論的に解析すると，典型請求の場合には，X・Y1間の合意解除が，Xの再抗弁となり，これによって，Y1の土地占有権原が消滅し，XのY1に対する建物収去土地明渡請求が認められることになるものの，この合意解除に先立つY1・Y2間の建物賃貸借契約の成立及び引渡しが，Y2の再々抗弁となり，これによって，X・Y1間の合意解除の法的効果がY2に対しては直ちには対抗できないことになり，特段の事情があること（例えば，Y1に賃料不払いの債務不履行があり，Xが債務不履行解除をすることができる状態であったものの，Y1が債務不履行を認めたため，X・Y1間の合意解除がされたような事情があること。なお，このような特段の事情については，最高裁昭和62年3月24日第3小法廷判決・裁判集民事150号509頁参照）が，Xの再々々抗弁となり，これによって，X・Y1間の合意解除の法的効果がY2に対抗できることになります。

このように，非占有説にあっては，Y1・Y2間の建物賃貸借契約の成立及び引渡しは，占有説のいうような抗弁に配置されるのではなく，抗弁であるY1の土地占有権原が認められたものの，再抗弁であるXの合意解除が認められたときに，はじめて，再々抗弁として取り上げられるものであり，それに対して，再々々抗弁として，特段の事情がありうるということになります[27]。

学生：うーん，随分，難しいですね。法科大学院の学生としては，理解を求めら

れる範囲を超えているように思います。

　先生：はい。確かに、そうですね。でも、このくらいの整理は、判例をよく勉強すれば、論理的に導き出せるものなんですよ。また、実務では、やっぱり、必要ですし、それは、誰から教えられるでもなく、自分で見出していかなければいけないものともいえます。要件事実は、最後は、事案に応じて、判例を調べるなどして、自分で組み立てていくことが必要であるということでしょう。そもそも、皆さんが学んでいる要件事実というのは、そういう先人の努力の結果をまとめたものに過ぎないのであって、最初から、当然のようにあるというものではありませんからね。

第7節　建物買取請求権が行使された場合について

1　応用問題の提示及び結論

　学生：典型事案とは異なるのですが、次のような場合には、どうなるんでしょうか。

　つまり、Xが甲土地を所有し、XがYに対して甲土地を建物所有目的で賃貸し、Yが甲土地上に乙建物を建築して所有し、その建物にYが居住（占有）している事案であって、Xが、Yとの賃貸借契約が賃貸期間満了によって終了したとして、Yに対し、「Yは、Xに対し、乙建物を収去して甲土地を明け渡せ。」と請求したところ、賃貸期間満了による賃貸借契約の終了が認められるものの、Yが借地借家法13条に基づく建物買取請求権を行使し、これが正当であり、かつ、その建物の時価が500万円であると認められた場合に、裁判所は、どのような判決をするのでしょうか。

　ちなみに、建物退去土地明渡請求権は、建物収去土地明渡請求権の一部であってこれに包含されているものであるから、裁判所は、「Yは、Xに対し、Xから500万円の支払を受けるのと引換えに、乙建物から退去して甲土地を明け渡せ。」という判決をすべきであるという見解がありますが、どうなんでしょうか。

　先生：うーん、なかなか難しい問題ですね。この問題を解く前提として、まず第1に、「建物退去土地明渡請求権は、建物収去土地明渡請求権の一部であってこれに包含されている。」という考え方は、どうなんでしょうか。

　第2に、仮に、それとは異なる考え方をするとすれば、裁判所は、釈明権を行使することなしに、判決をすることが妥当なんでしょうか。

　学生：えー。建物退去土地明渡請求権は、建物収去土地明渡請求権の一部であってこれに包含されているとはいえないんですか。

先生：これまでのところで，建物収去土地明渡請求及び建物退去土地明渡請求がどのようなものであるのか，そして，その請求原因事実がどのようなものであるのかについて，詳細に検討してきました。

その検討結果を踏まえれば，そして，建物買取請求権が行使されたことによって発生する法律効果をきちんと検討すれば，結論的には，次のとおりとなるでしょう。

すなわち，裁判所は，建物買取請求権の行使が正当なものであると認める場合には，Xの建物収去土地明渡請求を棄却すべきであり，しかし，釈明権を行使して，Xに請求を検討してもらい，Xが従前の請求を主位的請求として維持しながらも，追加的予備的請求として，「Yは，Xに対し，Xから500万円の支払を受けるのと引換えに，乙建物を明け渡し，かつ，乙建物について平成○年○月○日建物買取請求権行使を原因とする所有権移転登記手続をせよ。」という請求を加えれば，裁判所は，従前の請求，すなわち，主位的請求を棄却し，追加された予備的請求を認容するというのが妥当でしょう。

学生：うーん，随分，難しいですね。

先生：そうですね。では，順番に検討してみましょう。

2 建物買取請求権行使の結果が請求に及ぼす影響について

(1) 建物買取請求権の行使によって形成される法律関係について

学生：応用問題の事案にあって，Yが建物買取請求権を行使すると，どういうことになるのでしょうか。

先生：建物買取請求権は，形成権であり[28]，Yが建物買取請求権を行使すると，X・Y間に「YがXに対して乙建物を代金500万円で売る」という売買契約類似の契約関係が形成されます[29]。この契約関係が形成されたことにより，YはXに対して500万円の代金支払請求権を取得し，また，民法176条の規定（物権変動についての意思主義の規定）の適用によって，乙建物の所有権はXに移転します[30]。そして，YのXに対する乙建物についての明渡し及び所有権移転登記手続の各義務と，XのYに対する代金500万円の支払義務とは，民法533条の適用によって，同時履行の関係に立ちます[31]。

(2) 建物収去土地明渡請求について

学生：そうすると，建物収去土地明渡請求は，どうなるんでしょうか。

先生：建物収去土地明渡請求の請求原因事実は，既に第4節の1において検討したとおり，①Xは，甲土地を所有している，②Yは，甲土地上に乙建物を所有して甲土地を占有しているというものですが，この請求原因②の事実のうちの「Yは

……乙建物を所有して（いる）」という部分がなくなってしまいます。

そうすると，XのYに対する建物収去土地明渡請求は，請求原因事実を充足できないことになり，棄却するほかないことになります。これは，要件事実論上，自明の理ですよね。

(3) 明渡請求について

学生：それでは，Xは，Yに対して何らの請求もできなくなるんですか。

先生：そんなことはありません。

Yの建物買取請求権行使の結果によって形成されたX・Y間の売買契約類似の契約関係に基づき，Xは，Yに対し，乙建物について明渡しを請求することができます。また，Xは，乙建物の所有権を取得するところ，Yは，その建物を占有していますから，Xは，Yに対し，乙建物の所有権に基づく返還請求権として，乙建物について明渡しを請求することもできます。この2つの請求権は，実体法上は請求権競合の関係になり，Xとしては，訴訟において，処分権主義の観点から，いずれの請求を選択してもよいということになります。

この場合に注意しなければならないのは，「退去」と「明渡し」の違いを明確に区別することです。つまり，Xは，Yに対し，「退去」にとどまらず，「明渡し」を求めることができるという点を明確におさえておかなければなりません。Xとしては，Yが乙建物から「退去」してもらうだけでは十分ではなく，乙建物について「明渡し」をしてもらわなければ，乙建物の所有権を完全なものとすることができません。

(4) 所有権移転登記手続請求について

学生：所有権移転登記手続というのは，どういうことなんでしょうか。

先生：乙建物については，Yが所有権保存登記をしていることが通常ですから，Xは，前述のとおりの売買契約類似の契約関係又は乙建物の所有権に基づき，「Yは，Xに対し，乙建物について平成〇年〇月〇日建物買取請求権行使を原因とする所有権移転登記手続をせよ。」という請求ができます。

学生：それは，確かに，そうですね。Xが乙建物の占有を取得できたからといって，そのままでは，Xの乙建物に関する所有権は十分に確保できたとはいえませんから，所有権移転登記手続を求めるのは，当然といえば当然ですね。

(5) 引換え給付について

学生：そして、それらのXの請求が、XのYに対する代金500万円の支払と引換え給付の関係になるということですね。

先生：そうです。

3 建物収去土地明渡請求権と建物退去土地明渡請求権の違いについて

学生：そうすると、建物退去土地明渡請求権は、建物退去土地明渡請求権の一部であってこれに包含されているものであるから、裁判所は、「Yは、Xに対し、Xから500万円の支払を受けるのと引換えに、乙建物から退去して甲土地を明け渡せ。」という判決をすべきであるという見解は、間違っているんでしょうか。

先生：そうですね。間違っているというほかないように思います。

既に検討したとおり、Yが建物買取請求権を行使すると、Xは、Yに対し、甲土地の所有権に基づく請求はできず、乙建物についての所有権又は売買契約類似の契約関係に基づく請求として、乙建物に関する明渡請求及び所有権移転登記手続請求ができることになります。

あなたの示した見解は、次のとおりの問題があります。

第1に、XがYに対して乙建物からの「退去」しか求められないというのでは、Xは、乙建物についての完全な権利を取得できません。やはり、乙建物の「明渡し」を求めることができるとしなければなりません。

第2に、その見解では、建物の所有権移転登記手続について触れられていない点が、現実的に大きな欠点です。

第3に、引換給付の関係は、XのYに対する乙建物の代金500万円の支払義務と、YのXに対する乙建物についての明渡し及び所有権移転登記手続の各義務との間に成立するとすべきなのに、そうはなっていない点が、問題でしょう。XがYに対して500万円を支払いながら、XはYに対して乙建物からの「退去」しか求められないというのは、現実の取引ではありえないことです。

第4に、このような見解は、やはり、典型請求において認められるべき「建物退去請求」を「建物退去土地明渡請求」と呼称することから、混乱が始まっているようにも思えます。「建物収去土地明渡請求」と「建物退去土地明渡請求」とは、字面でいえば、たった1字しか違わないものですから、この2つは、大小関係にあるものと見えるのでしょうか。やっぱり、サピア・ウォーフ仮説が作用しているんでしょうかね。

学生：えっ、サピア・ウォーフ仮説って、何ですか。

先生：言葉は思考に影響するという言語学説ですよ。詳しくは，本書第5章を参照してみてください。

4　裁判所の釈明権の行使について

学生：こういう請求の変更は，Xの申立てがなくても，いいのですか。

先生：それは，無理です。

なぜならば，Xの最初の請求の根拠は，甲土地の所有権に基づく返還請求権としての建物収去土地明渡請求権であり，請求原因事実も，前に確認したとおりですが，Yの建物買取請求権行使後のXの請求の根拠は，乙建物についての売買契約類似の契約関係に基づく請求権あるいは所有権に基づく請求権であり，訴訟物も請求原因事実も，全く異なるものとなります。

しかし，そうはいっても，Yが建物買取請求権を行使したという事実は，Yが主張していることですし，それが正当として是認される場合には，Xは，その事実に基づいて請求権を検討する必要がありますから，そして，Xがその検討を怠れば，建物収去土地明渡請求について棄却されるということになり，それまでに積み重ねられていた審理が全く無駄になりますから，この点については，裁判所が，Xに対して，検討を促すことは，単に訴訟経済を考慮したというだけでなく，公平かつ適切な措置といってよいでしょう。

そういう意味で，裁判所は，釈明権を行使するのが相当ですし，それによって，Xが適切な対応をすれば，適切な判決ができるということになります。

学生：しかし，最高裁の判決には，Xの申立てがなくても，裁判所が建物買取請求権を考慮した主文とすることができる旨のものがあると聞いていますが，どうなんでしょうか。

先生：確かに，その趣旨の最高裁の判決は，実は，多数あります。しかし，それは，「救済判決」，つまり，本来は修正すべきではあるものの，事案に鑑みて，敢えて原判決を修正しなかったというものであって，そのような「救済判決」を，そのまま，理論的に正しいと是認することはできないというべきです。

学生：ありがとうございました。これで，建物退去（土地明渡）請求に関する諸問題について，実務に携わることになっても，適切な対応ができると思います。

第8節　まとめ

これまでに述べたことをまとめると，次のとおりである。

1　建物からの「退去」と建物の「明渡し」とは，似て非なるものであっ

て，①言葉の基本的な意味，②民事執行法上の手続，③実体法上の根拠について，大きく異なるものである。

2　典型事案における典型請求のうち，XがY2に対して有する請求権は，民事執行法の観点からも，実体法の観点からも，建物退去土地明渡請求権ではなく，建物退去請求権とすることが，理論的である。

3　建物を占有している者は土地を占有しているとはいえない。

4　典型事案における典型請求のうち，XのY2に対する建物退去（土地明渡）請求の請求原因事実は，①Xが甲土地を所有していること，②Y1が甲土地上の乙建物を所有して甲土地を占有していること，③Y2が乙建物を占有していることという3つの事実であり，Y2の抗弁事実は，①X・Y1間に甲土地についての賃貸借契約が成立したこと，②XがY1に対して上記契約に基づいて甲土地を引き渡したことという2つの事実であり，③Y1・Y2間に乙建物についての賃貸借契約が成立したこと，④Y1がY2に対して上記契約に基づいて乙建物を引き渡したことという事実は，抗弁事実とはならない。

5　上記のXのY2に対する建物退去（土地明渡）請求について，請求原因事実が認められ，抗弁事実も認められ，再抗弁事実として，X・Y1間の甲土地の賃貸借契約の終了原因事実が認められる場合には，その終了原因事実が，甲土地の賃貸期間満了やY1の賃料不払いによるXの債務不履行解除であるときは，Y2に対する請求が認められるが，X・Y1間の合意解除であるときには，Y2が，再々抗弁事実として，合意解除に先立つY1・Y2間の乙建物の賃貸借契約の成立及びこれに基づく引渡しを主張することができ，Xが，再々々抗弁事実として，特段の事情のあることを主張することができる。

6　土地所有者（賃貸人）の土地賃借人に対する建物収去土地明渡請求があったものの，土地賃借人が借地借家法13条に基づく建物買取請求権を適法に行使した場合には，土地所有者の建物収去土地明渡請求は，請求原因事実が充足されないために，請求棄却となるが，土地所有者は，建物買取請求権の行使によって形成された売買契約類似の契約関係又は建物所有権に基づき，土地賃借人に対して，代金の支払と引換えに，建物についての明渡し及び所有権移転登記手続を求めることができる。この場合に，土地所有者は土地賃借人に対して建物退去土地明渡しを求めることができるという見解は，

そもそも法理に照らして是認できないし，かつ，土地所有者にとって不利益極まりない。

(1) 廣瀬武文『借地借家法の諸問題』（日本評論社・1959 年）42 頁以下，後藤清「建物賃借人の敷地使用権」民商法雑誌 39 巻 1・2・3 合併号（1959 年）39 頁以下，藤井正雄「土地所有権に基づく地上家屋居住者に対する退去請求」『民事法の諸問題第Ⅱ巻』（判例タイムズ社・1966 年）32 頁以下，高橋欣一「建物収去・土地明渡訴訟における建物占有者に対する請求」『実務民事訴訟講座 4』115 頁以下，井田友吉「家屋の占有者の土地所有者に対する退去の義務の強制執行の方法」判例タイムズ 182 号 170 頁以下，德岡由美子「不動産明渡請求」『民事要件事実講座第 4 巻』（青林書院・2007 年）28 頁以下，高橋宏志『重点講義民事訴訟法(上)〔第 2 版〕』（有斐閣・2011 年）619 頁以下

(2) 建物「退去」の意味については，一般的には，「為す債務」としての建物からの退去と「与える債務」としての建物からの退去との 2 種類があることが指摘されている。「為す債務」としての建物からの退去とは，刑法でいえば，同法 130 条に規定された不退去罪の裏返しであり，一定の場所を離れるという作為を意味し，民法でいえば，例えば，店舗内で大声をあげて営業妨害をする者に対して店舗側が店舗から立ち去ることを求めるというような場合の作為を意味する。これに対し，「与える債務」としての建物からの退去とは，建物の占有者がその占有を奪われることを意味する。「為す債務」については，執行官による直接強制ができず，「与える債務」については，執行官による直接強制ができる。典型事案における典型請求にいう建物「退去」とは，「為す債務」としての建物からの退去を意味するものではなく，「与える債務」として建物からの退去を意味することが前提となっている。したがって，本稿では，建物「退去」は，「与える債務」としての建物からの退去に限定して論ずる。

(3) 通説・判例は，所有権に基づく物権的請求権として，返還請求権（占有の方法によって侵害されている場合），妨害排除請求権（占有以外の方法によって侵害されている場合），妨害予防請求権（侵害のおそれがある場合）の 3 つがあるとしている。なお，返還請求権を引渡請求権と呼称すべきことについては，本書第 5 章で詳細に触れているところであるが，ここでは，通説・判例に従った呼称を使用する。

(4) 後に整理する占有説及び限定的占有説によれば，甲土地の所有権に基づく返還請求権であるということになる。

(5) 実務においては，「Y2 は，X に対し，乙建物から退去して甲土地を明け渡せ。」とするものがあるが，「Y2 は，X に対し，乙建物から退去せよ。」とするものは，ほとんどないようである。なお，大阪地裁昭和 33 年 6 月 10 日判決・判例時報 160 号 23 頁以下は，「Y2 は X に対し，本件建物が収去せられるときはこれから退去せよ。」という主文としている。この判決主文については，藤井前掲「土地所有権に基づく地上家屋居住者に対する退去請求」38―39 頁の注(11)，高橋前掲「建物収去・土地明渡訴訟における建物占有者に対する請求」125―126 頁，橋本本文掲記論文 34 頁は，「本件建物が収去せられるときは」という部分が不必要であると批判している。

(6) 退去請求の趣旨について，細かい点ではあるが，「Y2 は，X に対し，乙建物から退去せよ。」とするのが正しいものか，「X に対し」という部分を除去して，「Y2 は，乙建物から退去せよ。」とするのが正しいものかについては，争いのあるところである。この争いは，不動産の抹消登記手続請求についても論じられているところと同様の争

いである。この点については，私は，「Xに対し」という部分が必要であると考えているが，その論拠は複雑であるので，ここでは，不動産の抹消登記手続請求に関してこれが必要であるとする塚原朋一編著『事例と解説　民事裁判の主文』第2版（新日本法規・2015年）143—147頁（杉田薫執筆担当部分）を参照されたい。
(7)　藤井前掲「土地所有権に基づく地上家屋居住者に対する退去請求」は，その1頁において，「判決主文の書き方」を検討課題に掲げ，その38頁において，「土地所有者は建物居住者の土地妨害を排除するため建物からの退去は求めえても，占有の移転を内容とする土地「明渡」は求めえないということになる。」と述べ，建物退去請求は肯定できるものの，土地明渡請求はできない旨を明らかにし，その39頁において，「最後に「建物から退去せよ」の判決に基づく強制執行について考えてみたい。」と述べ，判決主文は，「建物から退去せよ。」というものになるべきことを述べている。また，高橋前掲「建物収去・土地明渡訴訟における建物占有者に対する請求」は，その126頁において，「私は，建物占有者に対する退去請求は，土地所有権にもとづく妨害排除請求であって，その請求の趣旨および判決主文は，「被告は，当該建物から退去せよ。」とすべきものと考える。」と述べている。
(8)　藤井前掲「土地所有権に基づく地上家屋居住者に対する退去請求」40頁は，「建物退去の執行は，民訴七三一条（筆者注：現行民事執行法168条）に基づく建物明渡の執行の特殊な形態であって，執行吏が執行債務者である居住者の建物に対する占有を解くことだけで執行が終了する点において，通常の建物明渡の執行と異なるだけである」と述べ，また，高橋前掲「建物収去・土地明渡訴訟における建物占有者に対する請求」130頁は，「「建物から退去せよ。」という債務名義の執行も，根拠を民訴七三一条（筆者注：現行民事執行法168条）に求め，ただ，「明渡」の場合と異なり，執行官が債務者の占有を解くだけでその執行が全部終わるものと解すべきである。」と述べている。
(9)　最高裁事務総局民事局『執行官事務に関する協議要録［第3版］』（法曹会・1997年）216頁は，「建物の占有権を有する者は，通常建物周辺の一定範囲の敷地についても利用権を有するが，建物明渡しの債務名義による執行においては，この利用権の及ぶ範囲内の敷地上の動産をも取り除くことができると解される。」としている。また，高橋前掲「建物収去・土地明渡訴訟における建物占有者に対する請求」121頁は，「実際の執行は，右の債務名義（筆者注：建物明渡しの債務名義）をもって，建物自体の明渡しだけでなく，囲繞地等の周辺地の「明渡し」もやっている。建物の外の囲繞地内に建物の占有者の所有物があれば，これも取り除いている。」と述べている。
(10)　最高裁昭和38年2月21日第1小法廷判決（民集17巻1号219頁）は，その理由中において，「建物賃借人は，当該建物の使用に必要な範囲において，その敷地の使用収益をなす権利を有する」と判示している。
(11)　民事執行法174条
(12)　不動産登記法21条ただし書参照
(13)　藤井前掲「土地所有権に基づく地上家屋居住者に対する退去請求」37～38頁は，「土地所有者の建物居住者に対する請求は土地の返還請求権ではなく土地妨害排除請求権の主張と構成され，土地所有者は建物居住者の土地妨害を排除するため建物からの退去は求めえても，占有の移転を内容とする土地「明渡」は求めえないということになる。」と述べて，建物退去請求権が土地所有権に基づく「返還請求権」ではなく，「妨害排除請求権」であることを明確に述べている。また，高橋前掲「建物収去・土地明渡訴訟における建物占有者に対する請求」は，124頁において，建物退去請求権は，「土地所有者の建物占有者に対する妨害排除請求権」であるとし，125頁において，「土

地所有者に対する建物占有者の建物退去義務は、建物所有者の建物収去土地明渡義務の執行または履行の妨害除去の義務なのである」とし、126頁において、「建物占有者に対する退去請求は、土地所有権にもとづく妨害排除請求であ」るとし、建物退去請求権が土地所有権に基づく「返還請求権」ではなく、「妨害排除請求権」であることを明確に述べている。

⑭　吉川本文掲記論文90頁は、「土地所有者が、土地上に建物を占有して土地を占有する者に対して、所有権に基づき建物退去土地明渡しを請求する場合の訴訟物については、所有権に基づく返還請求権としての土地明渡請求権1個であると解される」として、建物退去土地明渡請求権が土地所有権に基づく「返還請求権」であることを明確に述べている。また、淺生本文掲記論文34頁は、「この限定的占有説では、建物退去土地明渡請求の訴訟物は、どのように捉えられるであろうか。それは、占有肯定説と同じく、「土地所有権に基づく返還請求権としての土地明渡請求権」と捉えられる。すなわち、限定的占有説では、建物を収去すべき場合に、建物を占有することは、土地の占有であり、土地所有権の侵害に当たるので、土地の所有者は、建物占有者に対して、物権的請求権としての土地明渡請求権を取得するからである。」として、建物退去土地明渡請求権が土地所有権に基づく「返還請求権」であることを明確に述べている。

⑮　占有説として分類されるものには、吉川本文掲記論文のほか、廣瀬前掲『借地借家法の諸問題』42頁以下、後藤前掲「建物賃借人の敷地使用権」39頁以下、徳岡前掲「不動産明渡請求」28頁以下などがある。

⑯　非占有説に分類されるものには、橋本本文掲記論文のほか、藤井前掲「土地所有権に基づく地上家屋居住者に対する退去請求」32頁以下、高橋前掲「建物収去・土地明渡訴訟における建物占有者に対する請求」115頁以下などがある。

⑰　限定的占有説に分類されるものには、淺生本文掲記論文がある。

⑱　大審院昭和8年12月11日判決・裁判例7巻民277頁、我妻榮『債権各論中巻一』（岩波書店・1957年）459頁

⑲　淺生本文掲記論文30頁

⑳　藤井前掲「土地所有権に基づく地上家屋居住者に対する退去請求」33頁

㉑　藤井前掲「土地所有権に基づく地上家屋居住者に対する退去請求」33頁、高橋前掲「建物収去・土地明渡訴訟における建物占有者に対する請求」121頁、田辺公二発言・研究会「実務と新訴訟物理論」判例タイムズ168号38頁

㉒　河村浩＝中島克巳『要件事実・事実認定ハンドブック』（日本評論社2015年）206頁以下

㉓　吉川本文掲記論文90頁、橋本本文掲記論文36頁、淺生本文掲記論文35頁

㉔　橋本本文掲記論文38頁

㉕　吉川本文掲記論文90頁、徳岡前掲「不動産明渡請求」29〜30頁

㉖　淺生本文掲記論文35〜36頁

㉗　限定的占有説を採用する淺生本文掲記論文35〜36頁も、X・Y1間の土地賃貸借契約の合意解除が再抗弁となり、Y1・Y2間の建物賃貸借契約の締結及びこれに基づく引渡しが再々抗弁となると記述し、私見と同様の要件事実論的解析を示している。ただし、淺生本文掲記論文は、特段の事情の存在が再々々抗弁に配置されうることについてまでは触れていない。

㉘　判例・通説であり、異論はない。大審院昭和7年1月26日判決・民集11巻169頁、我妻榮『債権各論中巻一』（岩波書店・1957年）490頁、星野英一『借地・借家法』（有斐閣・1969年）363頁など

⑵⑼　この点も，判例・通説であり，異論はない。前掲大審院昭和 7 年 1 月 26 日判決，我妻前掲『債権各論中巻一』491 頁，星野前掲『借地・借家法』364 頁

⑶⑽　この点も，判例・通説であり，異論はない。最高裁昭和 30 年 4 月 5 日第 3 小法廷判決・民集 9 巻 4 号 439 頁，星野前掲『借地・借家法』364 頁など

⑶⑴　この点も，地主の借地人に対する建物代金支払義務と借地人の地主に対する建物明渡義務とが同時履行の関係に立つことは，判例・通説であり，異論がない。前掲大審院昭和 7 年 1 月 26 日判決，我妻前掲『債権各論中巻一』491 頁，星野前掲『借地・借家法』364 頁。解釈の分かれている点は，上記の建物代金支払義務と借地人の地主に対する建物所有権移転登記義務とが同時履行の関係に立つか否かである。この点については，我妻前掲『債権各論中巻一』及び星野前掲『借地・借家法』には，記述がない。しかし，田尾桃二「買取請求権が行使された場合の判決主文の表示方法」『民事実務ノート No. 3』（判例タイムズ社・1969 年）90 頁，渋川満「建物収去・土地明渡請求訴訟と建物買取請求権の行使」『実務民事訴訟講座 4』（日本評論社・1969 年）111 頁注(3)は，地主の借地人に対する建物代金支払義務と借地人の地主に対する建物明渡義務及び建物所有権移転登記義務とが同時履行の関係に立つとしている。なお，最高裁昭和 52 年 12 月 8 日第 1 小法廷判決・金融法務事情 850 号 38 頁は，「原審が，有体物である本件建物について留置権の成立を認め，本件建物明渡を求める請求部分についてのみ建物買取代金の支払と引換えにこれを認容し，有体物とはいえない登記に関する請求部分については，無条件でこれを認容したことは正当として是認することができ，その過程に所論の違法はない。」と説示しているところ，この説示は，借地人の「留置権の抗弁」は，借地人の地主に対する建物所有権移転登記義務については何らの法律効果がないが，「同時履行の抗弁」であれば，借地人の地主に対する建物所有権移転登記義務について引換給付を求めることができることを含意しているとみる余地があるがゆえに，この判決が，地主の借地人に対する建物代金支払義務と借地人の地主に対する建物所有権移転登記義務とが同時履行の関係に立つことを否定していると解釈することは相当ではないであろう。むしろ，借地人の買取請求権の行使によって，地主と借地人との間に建物についての売買契約類似の法律関係が形成されるとの一般論からすれば，この間の同時履行関係の成立を否定することは，背理であろう。

補論　因果関係の基本について

第1節　はじめに

1　法律の世界において因果関係が必要とされていること

　法律の世界では，因果関係は，主要な概念の1つである。

　民法においては，不法行為による損害賠償請求権の成立のためには，加害者の行為と被害者の受けた損害との間に因果関係のあることが必要とされている[1][2]。

　また，刑法においては，犯罪（結果犯）の成立のためには，犯人の行為と結果との間に因果関係のあることが必要とされている[3][4]。

　しかし，その因果関係とは何か，因果関係が成立するための要件は何か，因果関係の存否を判定する基準は何かなどについて，種々の見解がある。

　なお，本稿では，因果関係という言葉は，特にことわりのない限り，事実的因果関係[5]という意味で使用し，法的因果関係[6]を意味しないものとする。また，文献引用の関係から，あるいは法的因果関係と区別して叙述するという文脈から，因果関係という言葉ではなく，事実的因果関係あるいは「（事実的）因果関係」という言葉を使用することがある。

2　本稿での課題

　本稿では，第1に，因果関係及び原因結果の定義及び性質（とりわけ，事実か評価かという点）を明らかにする。第2に，因果関係の構造を明らかにする。第3に，因果関係の判定基準として使用されている『あれなければこれなし』公式が不適切なものであることを指摘する。第4に，択一的原因競合，第5に，不作為と因果関係，第6に，法的因果関係，第7に，論理学的因果関係及び

哲学的因果関係について，それぞれ検討する。

第2節　事前準備としての3人の哲学者の見解

本稿の作業を進めるに当たって，ここでは，アリストテレス，デイヴィッド・ヒューム及びバートランド・ラッセルという3人の哲学者の見解を紹介する。

これらの見解は，因果関係を理解するに当たって，基本的な問題点を指摘しているからである。

1　アリストテレス

(1)　要旨

アリストテレス（前384—前322）は，原因（アイティオン，複数型はアイティア）には，4つの意味があると分類している。

その4つとは，①形相因，②質料因，③始動因（作用因ともいう。以下においては，現代においては一般的な言葉使いである作用因という。），④目的因であるとする[7]。これらの4つの区別は，言葉だけから明らかなものではない。

そこで，アポロンの銅像を例として，説明すれば，次のとおりである[8]。

アポロンの銅像は，アポロンの姿を彫刻にしたものであり，アポロンの形をしている点が，形相因（アリストテレスは，本質，実体ともいう。）であり，材料として青銅を使用している点が，質料因（材料）であり，彫刻家がその彫刻を造り出した点が，作用因であり，その彫刻が美を表現するものとして大衆の集う広場に展示されている点が，目的因（アリストテレスは，終わり＝終着点であるという。）である。このように，アポロンの銅像があることについては，4つの原因があるといえるとする。

(2)　検討

ア　基本

アリストテレスの時代に使用されていたアイティオン（複数型はアイティア）という言葉は，本来は，「責めを負うもの」「責任の帰するところ」という意

味である[9]。しかし，上記のようなアイティオン（複数型はアイティア）という言葉は，転用されて，4つの意味を持つものとされている。

それゆえに，例えば，エムペドクレス（前490—前430）は，世界が火，土，水，空気の4つの要素から構成されているという主張をしているのに対し，アリストテレスは，そのような主張が②の質料因についてのみ言及しているものであって正確ではなく，世界又は物事の根本的な要素又は原理を解明するためには，上記①ないし④のすべての観点から検討しなければならないと主張している[10]。

したがって，アリストテレスのいうアイティオン（複数型はアイティア）という言葉は，現代において使用されている原因という言葉とは，その意味するところが異なる。

そして，現代おいては，原因という言葉は，アリストテレスの分類でいえば，③の作用因（始動因）の意味において主に使用されている。

イ　補足その1

しかし，アリストテレスのいうアイティオン（複数型はアイティア）という言葉の多義性は，現代における「原因」を考える上でも，参考になるところがある。

すなわち，現代における「原因」という言葉も，作用因に限定されることなく，形相因，質料因，目的因を意味するものとして使用されることがあるからである。

例えば，Aが，天ぷらの調理のために鍋に天ぷら油を入れてガスコンロに火を付けたことを失念し，火を消さずに外出したところ，その30分後に，天ぷら油が発火し，家屋が全焼してしまったという事案があったとしよう。なお，これを，以下において，「天ぷら油家屋全焼事案」という。

この事案において，原因を探求すると，まず，Aが火を消さずに外出したという過失行為が原因であるとすることができ，これは作用因といえる。しかし，天ぷら油が発火したとしても厨房が燃えないような構造になっていなかったことが原因であるとすることもでき，これは形相因といえる。また，ガスコンロ上の鍋の中の天ぷら油が発火してもその家屋が鉄筋コンクリート造りであれば全焼することはなかったということもでき，これは質料因とい

える。さらに，ガスコンロの火が鍋を一定程度以上に加熱した場合には火が自動的に消されるようなガスコンロのシステム設計になっていなかったことが原因であるとして，このような火災が発生しないようなガスコンロのシステム設計をすべきであり，そのようなシステム設計のないものの販売を禁止するという行政上の取締法規を制定するべきであるとすれば，これは目的因を考慮する考え方ということができる。

　2011年3月11日の東日本大地震による津波を受けて発生した東京電力福島原子力発電所における事故は，その大きな原因の1つとして，緊急事態に対処すべき電源喪失があげられている。この原因は，アリストテレスの分類でいえば，形相因あるいは目的因としての原因ということになろう。

　したがって，現代において原因という言葉は，主に作用因という意味で使用されているが，形相因としての原因，質料因としての原因，目的因としての原因も，無視できないところがあるといえる。

ウ　補足その2

　実際に，最近の学説でも，原因について，目的因を考慮すべきであるとするものがある。

　刑法の領域でいえば，刑法上の因果関係は，目的論的な概念として設定すべきであるという考え方があり[11]，また，因果関係を肯定するためには，結果発生についての行為者の意思的なコントロールの事実が必要であるとする考え方があり[12]，これらは，原因として目的因を考慮すべきであるとする考え方であるといえる。

　また，民法の領域でいえば，因果関係は，被害防止という政策目的を考慮して判断すべきであるとする考え方があり[13]，これは，原因として目的因を考慮すべきであるとする考え方であるといえる。

　このように，現代では，一般に，原因という言葉は主に作用因を意味するものではあるが，作用因に限定されない考え方もあるといえる。

2　ヒューム

(1)　要旨

　デイヴィッド・ヒューム (1711—1776) は，原因結果及び因果関係について，

次のように述べている。以下の括弧内には，『人性論』（大槻春彦訳・岩波文庫『人性論』(1)・1948年）からの要約を摘示する。
　a　原因結果又は因果関係は，経験によって判定される観念（idea）であり，経験によらずに判定されるものではない（266頁，146頁）。
　b　原因結果又は因果関係は，次の3つの経験的要素が観察されることによって判定される観念である。その3つとは，① 原因及び結果が空間的，時間的に「近接」すること（contiguity），② 原因が結果に「先行」すること（precedency）又は結果が原因に「継起」すること（succession），③ 原因及び結果の間には，「恒常的結合」（constant union）又は「恒常的連接」（constant conjunction）があることである（267頁，254頁，262頁，156頁など）。

(2) 検討
ア　基本

　ヒュームの見解の骨子は，原因結果又は因果関係について，人が経験的に判定する事柄から得られる観念であって，事物そのものの有する性質又は関係ではないことを指摘した点にある。
　なお，ヒュームの『人性論』中には，原因結果又は因果関係が，事物そのものの有する性質又は関係であることを認めるような記述も，わずかながらではあるが，ある（157頁，262頁）。しかし，ヒュームのこの記述は，主な論述ではなく，原因結果又は因果関係という観念（idea）は，人が上記の3つの経験的要素が観察されることからもたらされるものであるというヒュームの見解を左右するものではない。

イ　補足

　ヒュームのこの見解は，「原因」「結果」又は「因果関係」が観念であり，事物そのものの有する性質又は関係ではないことを指摘する意味で正しい。
　しかるに，現代においても，因果関係について，事物そのものの有する性質又は関係とみる考え方があるが[14]，このような考え方は，採用できないというべきである。
　そして，因果関係は，事実か評価かという問題についていえば，ヒュームの見解のとおり，評価であるというべきである。

この点については，第3節の1で詳述する。

3　ラッセル

(1) 要旨

バートランド・ラッセル（1872—1970）は，原因結果及び因果関係について，次のように述べている。以下の括弧内には，『神秘主義と論理』（江森巳之助訳・みすず書房・1959年）中の「9　原因という概念について」[15]からの要約を摘示する。

　a　「原因」という言葉は，人を誤る諸要素がまとわりついているから，哲学用語から追放する方が望ましい（207頁）。「因果律」というのは，過ぎ去った時代の遺物である（208頁）。

　b　科学では，「因果律」の代わりに，使われている原理がある（207頁）。天文力学では，「原因」という言葉は，使用されていない（207頁）。物理学が諸「原因」の探求をやめたわけは，実は，「原因」などというものは存在しないからである（208頁）。

　c　因果関係という言葉を許容するとすれば，それは，必然的なものではなく，蓋然的なものである（222頁）。

　d　物理学にあっては，「原因」「結果」と呼ばれるべきものはなく，「公式」があるのみである（224頁）。

　e　物理的宇宙は決定論的であるし，諸法則に従うものである（235頁）。しかし，科学的諸法則は，ある事象[16]（event）Aの後には必ず他の事象Bが起こると陳述するものではなく，特定の諸時点における特定の諸事象，すなわち，決定諸因子とその前後又はそれと同時の他の事象との間の函数的諸関係を陳述するものである（240頁）。

(2) 検討

ア　基本

ラッセルは，「原因」「結果」又は「因果関係」という言葉は，哲学の世界から追放すべきであるとし，科学の世界では，「公式」又は「諸法則」があるのみであるし，科学の世界は，「原因」「結果」又は「因果関係」を明らかに

することを目的としかつ叙述するものではなく、「公式」又は「諸法則」を明らかにすることを目的としかつ叙述するものであるとする。

イ　補足その1

ラッセルの見解は、厳密な自然科学（ラッセルの具体的な指摘では、天文学や物理学）において「原因」「結果」又は「因果関係」（自然的因果関係あるいは客観的な事実的因果関係）というものは存在しないし、そのような因果関係は、「公式」又は「諸法則」に還元されるべきものであるというところにある。

そして、因果関係について論ずる際、哲学者をはじめ文科系諸学に携わる多くの人は、自然的因果関係あるいは客観的な事実的因果関係というものがあることを当然の前提として立論を進めるところがあるが、ラッセルの見解は、これを幻想であると否定するものである[17][18]。

このラッセルの見解は、厳密な自然科学においては、現代の科学者が採用している見解であって、正しい[19][20][21][22]。

その理由の詳細は、後記第3節の2で触れる。

ラッセルの見解は、しかし、厳密ではない科学の領域においては因果関係を認めても差し支えないし、一定の価値又は目的の観点からの因果関係を認めても差し支えないことを含意しているものと解される[23][24][25]。

例えば、疫学においては、一定の病気の発生に関してその原因の探究がされているし、疫学的因果関係という概念が肯定されている。また、薬品の有効性や副作用に関しても、統計的な因果関係の推論がされ、これが薬品の製品開発や薬害による損害賠償の問題について有効な判断基準となっている。さらには、商品生産過程における不良品発生の防止のために、その原因の探究をする必要性もある[26]。

これらの因果関係に関し、近時では、「統計的因果推論」という名称の科学が成立している[27]。

ウ　補足その2

現代においては、航空機の事故や原子力発電所の事故が発生した場合には、「原因調査委員会」などが活動して、それらの事故の「原因」を調査することが行われ、また、医療事故が発生した場合にも、その事故の「原因」が医師、看護師などの医療機関側の過失によるものか否かなどの調査が行われてい

る。そして，原因と結果との間の蓋然性あるいは確率を検証するための「統計的因果推論」は，実用的な科学として肯定されている。

もちろん，法律の世界では，刑事事件でも，民事事件でも，「原因」そして「因果関係」は，加害者の責任を肯定するために必要な要件とされている。

したがって，本稿では，ラッセルの見解を前提としながらも，我々が日常的に使用している「原因」「結果」又は「因果関係」の概念の吟味をすることとする。

第3節　論点の整理

1　因果関係の定義及び性質

(1)　一般的な定義
ア　因果関係

因果関係の定義は，難しい。

例えば，広辞苑第5版では，因果関係とは，「原因とそれによって生ずる結果との関係」であると記述している。この記述は，「因」「果」「関係」が，原「因」と結「果」との「関係」をいうことを端的に表現している。

それはそれで正しいとしても，もう少し，言葉のみではなく，実体世界との関連で表現する定義が望まれる。

そうすると，実体世界として「事象」を提示すると，次のような定義が可能となる。そして，本稿では，これを一応の定義としておこう。

「因果関係とは，ある事象(A)がその後に発生する（した）他の事象(B)との間に，ある事象(A)が原因であり他の事象(B)が結果であるという関係があることをいう[28]。」

この定義は，原因及び結果の定義がなければ，無意味なものである。

そこで，次に，原因及び結果の定義を明らかにする。

イ　原因及び結果

原因及び結果の定義も，難しい。

例えば，広辞苑第5版では，原因とは，「ある物事を引き起すもと」であり，

結果とは，「原因によって生み出されたもの」であると記述している。

原因及び結果について，これ以上の適切な説明はないかもしれない。そして，これを，実体世界での概念としての「事象」を使用して説明し直すと次のとおりとなる。本稿では，これを一応の定義としておこう。

「原因とは，ある事象(B)を発生させる（させた）他の事象(A)をいう[29][30]。」

「結果とは，ある事象(A)によって発生する（した）他の事象(B)をいう。」

原因という言葉は，結果を想定した言葉であり，想定される結果がなければ原因という言葉はない[31]。

また，結果という言葉は，原因を想定した言葉であり，通常，想定される原因があるとされる。

すなわち，原因と結果という言葉は，お互いに補い合う関係にあるセットとなったものであり，これは，親子や夫婦という言葉と同様に，相補的対概念に属する言葉であるということになる。

ウ　原因結果の定義と因果関係の定義との関係

原因及び結果の定義は，因果関係の定義と同義である。

すなわち，「原因とは，ある事象(B)を発生させる（させた）他の事象(A)をいう。」，「結果とは，ある事象(A)によって発生する（した）他の事象(B)をいう。」と定義すると，この定義は，「ある事象(A)がその後に発生する（した）他の事象(B)との間に，ある事象(A)が原因であり他の事象(B)が結果であるという関係がある。」という事柄を，論理的に含意していることになる。

因果関係という言葉は，場合によっては，複雑な思弁を導き出しかねない言葉であり，議論の混乱を招きかねない[32]。これに対して，原因という言葉は，どちらかといえば，分かりやすい単純な言葉であり，そのような複雑な思弁を導き出したり，議論の混乱を招いたりするような余地は少ない。例えば，「因果関係は，世界の根本原理である。」と言われると，なるほどそうかなとも思えるが，「原因は，世界の根本原理である。」と言われると，それはちょっと変でしょうと気付くことができる。

それゆえに，因果関係という言葉の意味の分析に当たっては，原因という言葉の意味を分析することを通じてするという方法が，議論の混乱を招かないものであるといえる。

(2) 定義の補足その1：事象——事実及び現象

ここで，事象（event）とは，事実（fact）及び現象（phenomenon）を意味するものとする。

因果関係が問題となる事柄は，事実に限定してもよいが，現象をも含むものとしておく方がよい。

なぜならば，因果関係が問題となる事柄には，事実ではなく，やはり，現象というべきものもあるからである。例えば，「オーロラという大気の発光現象は，太陽からの太陽風が原因である。」という表現が通常であり，「オーロラという大気の発光という事実は，太陽からの太陽風が原因である。」という表現をしないからである。

事実及び現象の定義は，難しい問題があるが，ここでは，事実とは，客観的にあるとされる事柄をいい，現象とは，客観的にあるとされる事柄ではあるが，一定の時間的継続性あるいは法則性を伴うものであって，そのため，単純な事実とは異なるものをいう。

なお，以下の叙述において，単に「事実」と表現する場合であっても，特段のことわりのない限り，「事実＋現象」を意味するものとする。

また，事実は，人の行為（作為及び不作為）をも包含する意味で使用する。

(3) 定義の補足その2：「発生する・させる」と「発生した・させた」という言葉

結果の定義における「発生する」と「発生した」という言葉及び原因の定義における「発生させる」と「発生させた」という言葉の違いは，「発生する・させる」という言葉の場合には，一般法則あるいは将来発生する事柄に関して使用されるものであり，「発生した・させた」という言葉の場合には，過去に発生した事柄に関して使用されるものである。

この言葉の違いは，因果関係を問題とする事柄が，一般法則あるいは将来発生する事柄なのか，過去に発生した事柄なのか，に対応したものである。

法律の世界では，因果関係は，過去に発生した事柄がテーマとなり，その事柄について原因・結果を検討するものであるから，基本的には，「発生した・させた」という言葉が適切である。

しかし，過去に発生した事柄について，「事象Aによって事象Bが発生した」あるいは「事象Aが事象Bを発生させた」という判断は，一般法則において，「事象Aによって事象Bが発生する」あるいは「事象Aが事象Bを発生させる」という判断が可能であることを前提としている。ただし，その一般法則は，後記のとおり，蓋然的な法則であって，必然的な法則ではない。

法的因果関係においては，過去に発生した事柄について検討するものではあるが，その前提として，一般法則としての因果関係について検討することが相当である。なぜならば，過去に発生した事柄についての因果関係を検討する場合には，その過去に発生した事柄に関する具体的な諸事情に左右されて，その判断に偏りあるいは飛躍の発生する可能性があるのに対し，一般法則としての因果関係を検討する場合には，そのような過去に発生した事柄に関する具体的な諸事情に左右されることがないからである。

したがって，以下においては，まずは，「発生する・させる」という言葉を使用して因果関係について検討するが，過去に発生した事柄については，「発生した・させた」という言葉を使用することとする。

(4) 原因及び結果が評価に基づくものであること
ア 原因について

因果関係を論ずるにあたって根本的な問題は，原因という言葉にある。

原因とは，ある事象(B)を発生させる他の事象(A)をいう。

これが，原因の一般的な定義である。

この定義から，「原因」という言葉は，評価に基づくものであることが分かる。

なぜならば，「発生」「させる」という言葉は，1つの事象について言及するものではなく，2つの事象間の関係を示す「使役」動詞であり，この関係を示す「使役」動詞は，観察されるところの諸事実を判断の基礎とするとはいえ，直接に観察可能なものではなく，人のする多義的な評価判断以外の何物でもないからである。なお，1つの事象について言及する「Bの事象が発生する。」という言明は，1つの事象について自動詞が結合したものであり，この言明は，直接に観察可能なものである。

例えば、「オーロラという大気の発光現象を発生させるものは、太陽からの太陽風である。」という言明は、この事象に関して観察されるところの諸事実を判断の基礎としたものであり、この言明は、現代科学において正しいものとされているところ、この言明にある「発生」「させる」という言葉を直接に観察することはできないものであり、「発生」「させる」という言葉が、この言明にある2つの事象を結びつける評価判断であることが分かる。そして、この言明は、厳密にいえば、「太陽からの太陽風があれば、必ず、オーロラという大気の発光現象が発生する。」ことを意味するものではなく、「太陽からの太陽風があれば、オーロラという大気の発光現象の発生する確率がそれなりにある。」ことを意味しているに過ぎない。つまり、「発生」「させる」という言葉は、評価文言であり、かつ、多義的である。

結局、評価なくしては、原因というものはない。その意味で、原因は、客観的に存在するものではなく、評価によって、はじめて、存在が認められるものである。

因果関係論に関する議論の出発点は、原因が客観的にあるものではないというこの認識を出発点にしなければならない[33]。

イ 結果について

結果という言葉が評価に基づくものであることは、原因がそうであることよりも、分かりやすい。これは、次のとおりである。

結果とは、ある事象(A)によって発生する他の事象(B)をいう。

これが、結果の一般的な定義である。

この定義から、「結果」という言葉は、評価に基づくものであることが分かる。

なぜならば、ある事象(A)もその後に発生する他の事象(B)もともに観察可能であるが、この2つの事象を結びつける「によって」という文言は、観察可能ではなく、評価判断以外の何物でもないからである。

最近の要件事実についての先進的な研究者は、この「によって」という文言、すなわち、民法709条が明文で規定し、かつ、因果関係を表現するこの文言は、観察可能な事実的要件ではなく、評価的要件[34][35]であり、その評価を基礎づける具体的な事実が民事裁判において主張立証の対象となる評価根拠

事実であり，その評価を妨げる具体的な事実が民事裁判において主張立証の対象となる評価障害事実であり，因果関係そのものは，評価であるから，直接の主張立証の対象とはなりえないとしている[36][37][38]。

(5) 原因に関する評価の3つの在り方
ア 基本
原因という言葉には，「発生させる」という言葉の多義性に対応して，大きく分けて3つの意味がある。
① ある事象Bを発生させるために必要な事象A
② ある事象Bを発生させるために十分な事象A
③ ある事象Bを発生させることが可能な事象A

イ 説明
① ある事象Bを発生させるために必要な事象A

原因という言葉は，多くの場合，ある事象Bを発生させるために必要な事象Aを指す意味で使用される。

例えば，テーブルの上に置かれた100 ml入るコップに，人が150 ml以上の水を注ぐと，表面張力を無視すれば，その超過する水は，テーブルの上にこぼれる。

そうすると，人が150 ml以上の水を注ぐという事象Aは，テーブルの上に最低限50 mlの水がこぼれるという事象Bを発生させるために必要であるといえる。

そこで，人が150 ml以上の水を注ぐという行為が，原因であり，テーブルの上に最低限50 mlの水がこぼれるという事象が結果ということになる。

このような原因は，結果に対する必要条件であるといえる[39]。

つまり，テーブルの上に最低限50 mlの水がこぼれるという事象Bが発生するためには，人がそのコップに150 mlの水を注いでもよいし（事象A1），160 mlの水を注いでもよいし（事象A2），200 mlの水を注いでもよい（事象A3）から，事象Bを発生させるためには，多様な事象Aがありうるが，少なくとも150 ml以上の水を注ぐことが必要であるとされることになる。

この関係は，図1—1で示される。

図 1―1

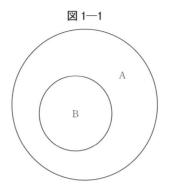

② ある事象 B を発生させるために十分な事象 A

原因という言葉は、しばしば、ある事象 B を発生させるために十分な事象 A を指す意味で使用される。

例えば、テーブルの上に置かれた 100 ml 入るコップに、人が 150 ml の水を注ぐと、表面張力を無視すれば、50 ml の水が、テーブルの上にこぼれる。

そうすると、人が 150 ml の水を注ぐという事象 A は、テーブルの上にわずかでも水がこぼれるという事象 B を発生させるために十分であるといえる。

そこで、人が 150 ml の水を注ぐという行為が、原因であり、テーブルの上に水がこぼれるという事象が結果ということになる。

つまり、テーブルの上にわずかでも水がこぼれるという事象 B が発生するためには、人がそのコップに 100 ml を超える水を注げば足りるのであるから、150 ml の水を注ぐという事象 A は、わずかでも水がこぼれるという事象 B を発生させるために十分であるということになる。

このような原因は、結果に対する十分条件であるといえる[40]。

この関係は、図 1―2 で示される。

③ ある事象 B を発生させることが可能な事象 A

原因という言葉は、やはりしばしば、ある事象 B を発生させることが可能な事象 A を指す意味で使用される。

例えば、テーブルの上に置かれた 100 ml 入るコップに、人が 80 ml の水を

図 1—2

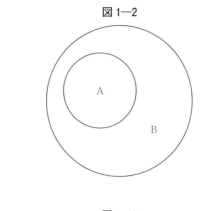

図 1—3

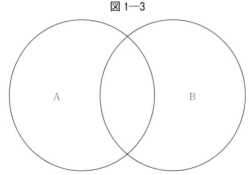

注ぐと，直ちには，テーブルの上に水がこぼれることはないが，地震が発生してそのコップが倒れたり，人がそのコップを揺らしたり，あるいは，不注意で傾けたりすると，水がこぼれる。

　そうすると，人が 80 ml の水を注ぐという事象 A は，テーブルの上に水がこぼれるという事象 B を発生させることが可能なものであるといえる。

　そこで，人が 80 ml の水を注ぐという行為が，原因であり，テーブルの上に水がこぼれるという事象が結果ということになる。

　このような原因は，結果に対する蓋然的条件であるといえる。

　この関係は，図 1—3 で示される。

　ウ　補足説明

　原因という言葉は，法律の世界をはじめ，現実的な世界では，ほとんどの

場合，蓋然的条件という意味で使用されている。

なぜならば，現実的な世界は，上記イ①，②のように，一元的な要素（コップの容量と人が注ぎ込む水量の関係という要素）によって水がこぼれるという事象が決定されるような単純なものではなく，上記イ③のように，多様で多元的な要素によって水がこぼれるという事象が決定されるからである[41]。

別の言い方をすれば，現実的な世界では，「原因と結果とが一対一対応の関係にはない」ということである[42][43][44]。これを敷衍すると，「原因と目される事象が発生させる事象は1つではなく，複数でありうる。すなわち，原因と目される事象が発生させるところの結果と目される事象は，複数ありうる。また，結果と目される事象が発生するための事象は1つではなく，複数でありうる。すなわち，結果と目される事象が発生するための原因と目される事象は複数ありうる。」ということになる。それゆえに，現実的な世界では，原因は結果の蓋然的条件であるということになる。これが，現代の科学者が，現実的な世界を観察した場合の基本的な理解であるといえる。

そして，原因という言葉が，現実的な世界では蓋然的条件を意味することが，どのようなことを意味するものかを，次に述べることとする。

(6) 蓋然的条件としての原因の蓋然性の程度
ア 基本

蓋然的条件としての原因である事象Aが結果である事象Bを発生させる蓋然性には，高いものから，低いものまで，無限の濃淡（グラデーション）がある。あるいは，蓋然的条件としての原因である事象Aが結果である事象Bの発生に寄与する（影響する）程度については，大きいものから，小さいものまで，無限の差異があるといえる。

イ 事例の提示

例えば，次の事例を見てみよう。

アダムは，自宅において，ミルクセーキを作ろうと思い，台所において冷蔵庫から鶏卵1個を左手でつかみ，取り出したところ，イブがアダム宅に電話をかけたことによって居間にある電話が鳴り，そのため，アダムは，その電話音に気付いて居間にある電話の方に振り向き，その際，その卵を取り落

とし、その卵は、台所の床に落ちて、割れてしまった。

以下、これを「アダムの卵割り事例」ということとする。

ウ　回顧的な (retrospective) 観点からの原因分析

アダムの卵割り事例において、この事例をより具体的に検討してみると、鶏卵1個が割れてしまったという事象（事象B）が発生するために必要となる事実としては、①アダムが、ミルクセーキを作ろうと思ったこと、②アダムが、台所において冷蔵庫から鶏卵1個を左手で掴み、取り出したこと、③アダムは、元来、右利きであったが、その当時、右手に怪我をして包帯を巻いていたことから、その卵を左手でつかんだこと、④イブが、アダムに電話をかけたこと、⑤イブがアダム宅に電話をかけた理由は、アダムとイブとは、恋人同士であったが、その前日にけんかをしたことから、仲直りをしようと思ったことにあったこと、⑥台所の床は、絨毯が敷いてない板の床であったこと、⑦その床には、丁度、アダムの飼い猫のミケが腹を上にして寝転がっていたが、台所の隅にいたゴキブリを見つけて、そちらの方に突進していき、その卵の落下地点から、動いてしまったこと、⑧地球の重力は、$9.8\,\mathrm{m/s^2}$であったことなどをあげることができよう。

そうすると、鶏卵1個が割れてしまったという事象（事象B）は、回顧的な (retrospective) 観点から原因を分析しようとすると、上記の①ないし⑧のいずれの事実も原因であるとみることができる。上記の①ないし⑧の事実は、いずれも、鶏卵1個が割れるという結果が発生する過程にあった事実であり、これらの事実のいずれも、その結果発生に寄与しているといえるし、これらの事実のいずれもが、仮になかったとすれば、その結果が発生しなかったと思われるからである。そうは言っても、上記の①ないし⑧のいずれの事実も、原因としては弱く、原因ではないとみることもできる。

常識的には、鶏卵1個が割れてしまったという事象（事象B）の原因は、アダムがその鶏卵を取り落としたという事実（事実A）にあると考えられるが、その考え方は一応のものとして肯定できるとしても、その考え方が唯一の正しいものとみることはできず、それなりに合理的な1つの考え方ということができるに過ぎないことが分かる。

論者によっては、事象Bの原因は、⑧の事実、すなわち、地球の重力が強

すぎることにこそあるというかも知れない。そして，これに反対する論者は，地球の重力は既定の事柄であって，それを原因とすることは相当ではない，極論すれば，詭弁であるというかもしれない。しかし，国際宇宙ステーションの住民からすれば，あるいは，重力の弱い惑星又は衛星で生活している住民からすれば，事象Bの原因は，⑧の事実にこそあるとみえるかもしれない。

このように，回顧的な（retrospective）観点から原因を分析しようとすると，原因とは，ある事象を発生させた事象をいうが，その「発生させた」という言葉は，評価を免れないものであり，その原因となる複数の事象の結果発生に寄与する程度については大小があり，論者によって，その評価が異なりうるということになる。

エ　一般法則又は予測的な（prospective）観点からの原因分析

それでは，アダムの卵割り事例について，一般法則又は予測的な（prospective）観点からの原因分析をしてみると，どうなるであろうか。

第1に，①アダムが，ミルクセーキを作ろうと思ったことであるが，ミルクセーキを作ろうと思うと卵を取り落とすという一般法則は成立しないし，ミルクセーキを作ろうと思う人は卵を取り落とさないように注意すべきであるともいえない。しかし，統計的には，ミルクセーキを作ろうと思う人が1000人いた場合に，その後の経過として，2—3人は，卵を取り落としてしまうかもしれない。そうすると，①の事実は，通常の評価として原因ということは難しいが，まれではあるが原因となりうることになる。第2に，②アダムが，台所において冷蔵庫から鶏卵1個を左手で掴み，取り出したことであるが，このような場合には卵を取り落とす可能性は低いとしてもありうるし，それゆえに，そのような場合には卵を取り落とさないように注意すべきであるといえる。したがって，②の事実は，可能性が低いとはいえ原因ということができる。第3に，③アダムは，元来，右利きであったが，その当時，右手に怪我をして包帯を巻いていたことから，その卵を左手でつかんだことであるが，このような場合には卵を取り落とす可能性はそれなりの頻度でありうるし，それゆえに，そのような場合には卵を取り落とさないように注意すべきであるといえる。したがって，③の事実は，それなりに原因ということができる。第4に，④イブが，アダムに電話をかけたことであるが，ある人

が電話をかけた時にその相手方が卵を掴んでいて、かつ、電話音によってその卵を取り落とす確率はきわめて低いものと思われるし、電話をかける時にはその相手方が卵を掴んでいないことに注意すべきであるともいえない。しかし、電話をかけるという行為は、電話の相手方に対して何らかの影響を及ぼしうる行為であって、電話をかけたことによって、折から、寝込んでいた人が目をさまし、ガスもれに気付いて救命されるという事案もありうるし、統計的には、10万人に1人かもしれないが、卵を取り落としてしまう人がいるかもしれない。したがって、④の事実は、通常の評価として原因ということは難しいが、まれではあるが原因となりうることになる。第5に、⑤イブがアダム宅に電話をかけた理由は、アダムとイブとは、恋人同士であったが、その前日にけんかをしたことから、仲直りをしようと思ったことにあったことであるが、このような事実は、卵が割れることとは直接に関係があるとは評価されず、比喩的な表現でいえば、卵が割れた事実とは「遠い」事実（ヒュームの言葉でいえば、「近接」を欠いている事実）であるから、⑤の事実は、通常の評価として原因ということは難しい。第6に、⑥台所の床は、絨毯が敷いてない板の床であったことは、統計的には卵が割れることに影響する事実であるといえるから、⑥の事実は、原因であるといえる。第7に、⑦その床には、丁度、アダムの飼い猫のミケが腹を上にして寝転がっていたが、台所の隅にいたゴキブリを見つけて、そちらの方に突進していき、その卵の落下地点から、動いてしまったことは、一般法則として卵が割れるための事実とはいえないが、現に、この事例では卵が割れることに寄与しているから、⑦の事実は、通常の評価として原因ということは難しいものの、原因ではないと否定しさることはできない。このような事実は、しばしば、「偶然」的な原因であるといわれる。第8に、⑧地球の重力は、$9.8\,\mathrm{m/s^2}$であったことは、一般法則から卵が割れることを導き出す前提となるから、⑧の事実は、原因であるといえる。

　この事例をみて、一般法則あるいは予測的な (prospective) 観点から原因を分析しようとすると、原因とは、ある事象を発生させる事象をいうが、その「発生させる」という言葉は、やはり、評価を免れないものであり、その原因となる複数の事象の結果発生に寄与する程度については大小があるものの、

図 2—1

A ────────→ B

回顧的な (retrospective) 観点からの原因分析よりも，原因概念が狭くなるものといえる。

(7) ヒュームの見解の補足説明

以上の検討は，ヒュームの見解，すなわち，(ア)原因結果及び因果関係が，経験によって判定される観念 (idea) であること，(イ)事物そのもの有する性質又は関係ではなく，人のする評価であること，(ウ)因果関係の存否の評価にあっては，① 近接，② 先行又は継起，③ 恒常的結合又は恒常的連接の 3 つの要素があるという見解を支持することになる。

とりわけ，アダムの卵割り事例で検討したことは，因果関係の存否の判断において，回顧的な (retrospective) 観点から，上記 ① の近接及び ② の先行又は継起について確認することになるが，それだけでは足りず，一般法則あるいは予測的な (prospective) な観点から，上記 ③ の恒常的結合又は恒常的連接の有無を審査すべきであるということになる。

2 因果関係の構造

(1) 基本

因果関係が問題となる事案について，その事案を類型化すると，次のような構造を有するものがあるとの指摘がある[45][46]。

ア 直線型因果関係 図 2—1 参照

直線型因果関係とは，図 2—1 のように，原因と目される事象 A が，結果と目される事象 B を発生させるという類型のものである。

例えば，P がワイングラスに致死量の毒を入れたという事象 A があり，その後，そのワイングラスにあるワインを飲んだ V が死亡したという事象 B があったような事案である。ここでは，P の行為と V の死亡との間に因果関係があるか否かが検討課題となる。

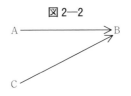

図2—2

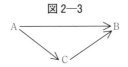

図2—3

イ 合流型因果関係 図2—2参照

合流型因果関係とは，図2—2のように，原因と目される事象A及び事象Cが，結果と目される事象Bを発生させるという類型である。

例えば，Pがワイングラスに致死量の毒を入れたという事象Aがあり，その後，Qも同様にそのワイングラスに致死量の毒を入れたという事象Cがあり，さらにその後，そのワイングラスにあるワインを飲んだVが死亡したという事象Bがあったような事案である。ここでは，P及びQの各行為とVの死亡との間に因果関係があるか否かが検討課題になる。

ウ 分枝型因果関係 図2—3参照

分枝型因果関係とは，図2—3のように，原因と目される事象Aがあり，その事象Aが一方では途中経過と目される事象Cを発生させるとともに，他方では結果と目される事象Bを発生させるところ，事象Cも結果と目される事象Bを発生させるという類型である。

例えば，Pが，自動車を運転し，自転車に接触し，その自転車に乗っていたVを転倒させて頭蓋骨骨折の傷害を負わせたという事象Aがあり，その後，Vは，Q医師の不適切な診療を受けたという事象Cがあり，これらの結果，Vが死亡したという事象Bがあったような事案である。ここでは，P及びQの各行為とVの死亡との間に因果関係があるか否かが検討課題となる。

図 2—4

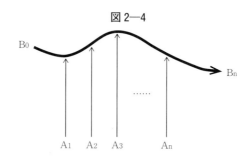

(2) 補足

因果関係を上記のような類型に区分し，図2の1ないし3のようなものとして理解し，分析する手法は，統計的因果推論においても，是認されている。

すなわち，図2の1ないし3のような図は，統計的因果推論においては，非巡回的有向グラフ＝DAG（directed acyclic graph）といわれ，A事象の発生の下でのB事象の発生が統計学的に検討され，その確率が計算されるようになっている[47]。

すなわち，因果関係を図2の1ないし3のような類型のものとして理解することは，常識的であるとともに，統計的因果推論という実用科学においても是認されているものといえる。

しかし，ここで，注意しなければならないことは，1の(5)のウで述べたとおり，現実的な世界では，「原因と結果とが一対一対応の関係にはない」という理解であり，現代科学の一つである統計的因果推論は，この理解を前提として，原因と結果との関係について，統計によって，あるいは，確率によって判断することとしている。

(3) 客観的な事象経過からの分析　図2—4参照
ア　基本

しかし，因果関係が問題とされる事象は，客観的には，次のような経過をたどっている。

すなわち，過去に発生した事柄を例とすると，図2—4のように，最初の時点（T0）で事象B0があり，最終の時点（Tn）で事象Bnが発生し，その間に，

第3節　論点の整理　*291*

他の事象 A1，A2，A3…An があったということになる。

　つまり，客観的な事象としては，対象 B について，事象 B0 から事象 Bn に変化したという事実があり，その対象 B に作用したものとして，事象 A1 から事象 An までの様々な事象があるのであって，図2の1ないし3のように，事象 A が事象 B になるものではないし，図の2—4の事象 A1 ないし事象 An が直ちに事象 Bn になるものでもない。

　そうすると，客観的な事象経過からの分析をしてみると，因果関係とは，対象 B についての事象 B0 から事象 Bn への変化について，事象 A1 から事象 An までの各事象が，どの程度寄与し，又は影響したものかを検討課題とするものとなる。

　具体的には，事象 A1 が事象 Bn の発生にどの程度寄与し，又は影響したものかを検討課題とすることがあるし，あるいは，事象 Ax（A1 から An までの間のある特定の事象）が事象 Bn の発生にどの程度寄与し，又は影響したものかを検討課題とすることになる。

イ　例

　a　事案（最高裁平成13年3月13日第3小法廷判決を参考にしたもの）

　B（昭和57年1月13日生）は，昭和63年9月12日当時，6歳であり，健康な子であった（B0）。B は，同日午後3時40分ころ，自転車を運転し，一時停止を怠って時速約15 km の速度で交通整理の行われていない交差点内に進入したところ，同交差点内に減速することなく進入しようとした P が運転していた自動車と接触し，転倒した（A1, B1）。

　B は，その直後に，救急車で Q の経営する病院に搬送された（A2, B2）。B の母 X は，間もなく，病院に到着した。Q は，B を診察し，レントゲン写真撮影をして検討したが，さらに頭部 CT 検査をしたり，病院内で相当時間経過観察をするまでの必要はないと判断し，B 及び X に対し，「明日は学校へ行ってもよいが，体育は止めるように。明日も診察を受けに来るように。」「何か変わったことがあれば来るように。」との一般的指示をしたのみで，B を帰宅させた（A3, B3）。

　B は，X とともに，同日午後5時30分ころ帰宅したが，B は，帰宅直後におう吐し，眠気を訴えた。そこで，X は，疲労のためと考えてそのまま寝か

せたところ，Bは，夕食を欲しがることもなく，午後6時30分ころに寝入った(A4, B4)。Bは，同日午後7時ころには，いびきをかいたり，よだれを流したりするようになり，かなり汗をかくようになっていた。Xは，多少の異常は感じたものの，Bは普段でもいびきをかいたりよだれを流したりして寝ることがあったことから，この容態を重大なこととは考えず，同日午後7時30分ころ，氷枕を使用させ，そのままにしておいた(A5, B5)。しかし，Bは，同日午後11時ころには，体温が39度まで上昇してけいれん様の症状を示し，午後11時50分ころにはいびきをかかなくなったため，XははじめてBが重篤な状況にあるものと疑うに至り，翌13日午前0時17分ころ，救急車を要請した(A6, B6)。救急車は同日午前0時25分にQ病院に到着したが，Bは，既に脈が触れず呼吸も停止しており，同日午前0時44分，別の病院に搬送されたが，同日午前0時45分，死亡した(An, Bn)。

Bは，頭蓋骨骨折による硬膜動脈損傷を原因とする硬膜外血腫により死亡したものであり，Q病院から帰宅したころには，脳出血による脳圧の亢進によりおう吐の症状が発現し，午後6時ころには傾眠状態を示し，いびき，よだれを伴う睡眠，脳の機能障害が発生し，午後11時ころには，治療が困難な程度であるけいれん様の症状を示す除脳硬直が始まり，午後11時50分には自発呼吸が不可能な容態になったものである。

以下，これを「交通医療事故事案」という。

b　検討

この事案では，Pの行為である事象A1 (Pの運転する自動車が自転車に乗っていたBを転倒させたこと) が，Bの死亡という事象Bnとの間に因果関係があるか否かが問題となるし，また，Qの行為である事象A3 (Qの診療説明など) が，Bの死亡という事象Bnとの間に因果関係があるか否かが問題となる。

客観的な事象経過からの分析をすれば，Pの行為である事象A1も，Qの行為である事象A3も，Bという対象についての事象B0から事象Bnへの事象変化に関与していることが明らかであるが，その関与は，図2—4のような形での関与であって，事象A1が事象Bnを直ちにもたらしたものとはいえないし，また，事象A3が事象Bnを直ちにもたらしたものとはいえない。

すなわち，この事案の客観的な事象経過をみると，Pの行為とBの死亡と

の因果関係，そして，Qの行為とBの死亡との因果関係は，直接的なテーマとしては，図2—1，あるいは，図2—2又は3のような類型に該当するものの，その因果関係の存否あるいは程度についての判断は，図2—1，あるいは，図2—2又は3のみを念頭に置いて検討すると，客観的な事象経過を無視することになり，論理の飛躍をしかねないことが分かる。

(4) ラッセルの見解の補足説明
ア 基本

ラッセルの見解は，世界における事象の変化を，図2—4のように，客観的な事象経過と理解することにあり，それゆえに，その客観的な事象経過のうちの特定の2つの事象を取り出して，図2の1ないし3のような因果関係構造があるとする理解を「過ぎ去った時代の遺物」(a relic of a bygone age) と批判したことにあると思われる。

イ 客観的な事象経過を把握する法則又は公式としての微分方程式

ラッセルは，客観的な事象経過を把握する法則又は公式は，微分方程式に還元されると述べている。

すなわち，次のように述べている。以下，括弧内に，前掲「9 原因という概念についての」からの引用部分を示す。また，注目すべき言葉については，筆者が『』を付した。

「相互に重力で引き合っている諸物体の運動には，原因と呼ばるべきものは何もなく，結果と呼ばるべきものも何もなく，あるものはただ『公式』だけであります。」(224頁)

「その系に属するどの質点に対してもどの時点にあっても当てはまり，かつ，ある時点における諸質点の相対的位置とそれらの速度とが与えられさえすれば，その前後のいかなる時点における相対的位置でも，理論上は計算可能ならしめるところの，そういう特定の『諸微分方程式』を見出すことができます。」(224頁)

「換言すれば，ある時点における相対的位置は，その時点と二つの与えられた時点における相対的位置との『函数』なのであります。」(224頁)

「科学的法則の恒常性は，諸原因と諸結果との同一性に存するのではなく

て，諸関係の同一性に存するのであります。しかも「諸関係の同一性」という言葉さえもあまりにも単純すぎるのであります。『諸微分方程式の同一性』というのが唯一の正確な文言であります。」(225頁)

ウ　補足

ラッセルの見解は，野家啓一教授の表現では微視的（ミクロスコピック）な観点，マイケル・S・ガザニガ教授及び林陽一教授の表現ではミクロレベルの観点からは，因果関係概念が不必要であることを指摘しているもので，この見解は，現代科学における常識となっているといえる。

しかし，これらの教授は，野家啓一教授の表現では中視的（メゾスコピック）な観点，マイケル・S・ガザニガ教授及び林陽一教授の表現ではマクロレベルの観点からは，今でもなお，因果関係概念が必要であることを主張している。

これらの教授の認識の共通点は，ラッセルの見解を是認しながらも，厳密ではない個別科学，とりわけ，実用科学では，そして，日常生活では，一定の価値又は目的の観点からの因果関係という概念を認めることが必要であるとしている点であろう。しかし，因果関係という概念を認めるとしても，その概念は，客観的な事象経過を分析することなしに，いきなり，原因と結果との関係を論ずるという方法論が適切ではないことを示唆している。この示唆は，法律学においても，同様にいえよう。

本稿も，同様の考え方に立脚するものである。

(5)　まとめ

因果関係の構造は，日常的な世界では，あるいは，法律の世界では，図2の1ないし3のようなものと理解されている。とりわけ，法律の世界では，基本的には，Pのした行為（事象A）がVの受けた損害（事象B）を発生させたものか否かという図2—1のような構造として理解されている。それは，民事においても刑事においても，訴訟にあっては，原告（民事）又は検察官（刑事）が，被告（民事）又は被告人（刑事）に対し，そのような構造で訴え（民事）又は公訴（刑事）を提起しているからである。

しかし，客観的な事象経過は，図2—4のようなものであり，すなわち，対象Bが，ある時点（T0）では事象B0の状態であったにもかかわらず，別の時

点（Tn）では事象 Bn の状態になったという事象変化に関して，これに事象 A1 ないし事象 An の各事象が関与しているという構造を有しているものであり，因果関係とは，この事象 B0 から事象 Bn への事象変化について，事象 A1 ないし事象 An の各事象がどのように寄与したのかあるいは影響したのかを計量・評価する判断といえる。

ラッセルは，図2—4のような客観的な事象経過が，微分方程式に還元できるという。

それは，まさに，正しい認識であるといえる。

なぜならば，対象 B が事象 B0 から事象 Bn に変化する過程において，これに関与した事象 A1 は，一定の微分的変化をもたらし（事象 B0→事象 B1），事象 A2 も同様に一定の微分的変化をもたらし（事象 B1→事象 B2），そのような事象 A1 から事象 An までの各事象によるところの事象 B1 から事象 Bn への微分的変化の集積（積分）として，対象 B が事象 B0 から事象 Bn に変化するからである。

図2—4は，事象 B0 から事象 Bn への変化を，直線ではなく，曲線で表示している。その理由は，現実世界における微分的変化は，直線的ではなく曲線的であるからである。

日常生活でいえば，あるいは，法律の世界でいえば，自動車運転手である P が自転車に乗っていた B に衝突し B を転倒させて頭蓋骨骨折による硬膜動脈損傷を発生させたとしても，これによって，直ちに B の死亡という結果が発生するものではなく，その後の医師 Q の措置や B の母 X の措置などもあって，B の死亡という結果が発生することになる。

したがって，因果関係の判断にあっては，訴訟や統計的因果推論において提示される課題は，図2の1ないし3のようなものではあるが，その判断の基礎には，図2—4のような客観的な事象経過があることを看過してはならない。

3　『あれなければこれなし』公式の不適切性

(1) 条件関係

民法の領域では，行為と損害の発生との間に事実的因果関係が必要である

というものの，条件関係という言葉に触れない考え方が多い[48]。そして，条件関係に触れることなく，「不法行為の要件としての因果関係とは，「あれなければこれなし（conditio sine qua non）の関係」とされ」るというものもある[49]。

しかし，刑法の領域では，「行為と結果との間の因果関係を肯定するためには，いわゆる条件関係が必要であることについては異論がない」といわれている[50]。しかし，その条件関係という言葉の意味は，必ずしも明確ではない。

例えば，法律学小辞典［第5版］（有斐閣・2016年）648頁は，条件説について「因果関係に関する主要な見解の1つ。行為と結果との間に，その行為がなかったならばその結果が発生しなかったであろうという条件関係があれば，刑法上の因果関係があるとする説」と説明しているところ，ここでいう条件関係とは，「行為と結果との間に，その行為がなかったならばその結果が発生しなかったであろうという」関係であると定義していることになるから，結局，条件説の下での条件関係とは，「あれなければこれなし（conditio sine qua non）の関係」を意味していることになる。

なお，条件関係という言葉のうちの「条件」という言葉が，必要条件を意味しているのか，十分条件を意味しているのか，蓋然的条件を意味しているのかについても，必ずしも明確ではない。

そして，山口厚教授は，「この条件関係は，わが国においては，「その行為がなかったならば，その結果は発生していなかったであろう」という関係（conditio sine qua non）であると通常理解されている。すなわち，条件関係は，右のようないわば仮定的消去法により判断される関係であると考えられているといえよう。したがって，このような立場からは，行為が行われ，その後，結果が発生していても，その行為がなくても結果が発生したであろうという場合には，条件関係が否定されることになる。」と述べ，条件関係の有無の判断は，『あれなければこれなし』公式によってされるものとしている[51]。

これに対し，林陽一教授は，「行為者に結果についての刑事責任を問うために，行為と結果の間に存在すべき事実的因果関係が，通常，「条件関係」と呼ばれている。現在主張されている因果関係理論および客観的帰責理論[52]のほとんどが，帰責の前提として条件関係を要求している。条件関係を判断する公式として，conditio sine qua non 公式（以下，csqn 公式と略称する。）と合法則

的条件公式[53]の二つが主張されている。これらの公式は事実的因果関係の存否を判断する道具であったのだが，今日では逆にこれらの公式，ことに csqn 公式を充たす行為・結果の関係を「条件関係」と名づけることが多い。しかし，これは妥当でないであろう。刑事責任の基礎となる事実的因果関係を適切に判断し得るかに従って，公式を取捨選択しなければならないのである。」と述べ，条件関係の有無の判断は，必ずしも，『あれなければこれなし』公式によってされるものとはいえないとしている[54]。

　刑法の世界における論者が「条件関係」という言葉にどのような意味を付与して使用しているのかは，論者の見解が左右しているようである。しかし，ここでは，条件関係という言葉の吟味はさておき，民事刑事を通じて，因果関係の存否を判断するための道具として通常いわれているところの『あれなければこれなし』公式について検討することにする。

(2) 因果関係存否判断のための『あれなければこれなし』公式
ア　定義

　『あれなければこれなし』公式 (conditio sine qua non 公式) とは，過去に発生した事柄として，Pの行為があり（事象A），その後にVに損害が発生した（事象B）場合に，「Pの行為がなければVの損害が発生しなかった」といえるか否かを検討し，これが肯定されるときには，Pの行為とVの損害発生との間に因果関係があると判断し，これが否定されるときには，その因果関係がないと判断する思考方法をいう。

　この公式は，反事実条件法，反事実的条件法，反事実仮定法，反事実理論 (counterfactual theory)[55]，仮定的消去法などといわれることもあり，また, csqn 公式と略称されることもある。

　また，この公式は，"but for" テストといわれることもある[56]。

イ　由来

　この『あれなければこれなし』公式は，その原型又は由来がどこにあるのかは，文化人類学，古代思想史などの課題のように思われる。

　アリストテレスにも，原因概念の分析があったことは，既にみたとおりである。

プラトンの『パイドン』には，この公式に則った記述があるという指摘がある[57]。

また，何らかの事実又は現象を，他の事実又は現象による結果とみる思考方法は，有史以前からあるように思われる[58]。

古代中国にも，古代インドにも，因果応報の考え方があったと思われる。

そうすると，因果関係の存否の判断方式としての『あれなければこれなし』公式又はその原型が相当に古い文献に見いだされるかも知れない。

ウ　新約聖書における記述

新約聖書のコリント信徒への手紙1の第13章[59]は，「愛がなければ，わたしはなんの価値もありません。……愛がなければ，わたしにはなんの役にも立ちません。」と記述し，最終的に，「最もたいせつなのは，愛です。」と記述する。

この記述は，直接的には，因果関係を論ずるものとは言い難いが，『あれなければこれなし』公式と同様に，「あれなければこれなし」という構造を有する記述である。

すなわち，「愛があれば，わたしは価値を有することができる。」「愛があれば，わたしは役に立つことができる。」という事柄を確認し，あるいは，強調するための反事実仮定法による表現といえる。

エ　ヒュームの記述

ヒュームは，『人間知性探究』[60]において，次のように，直接的には原因の定義としてではあるが，間接的には因果関係判断の思考方法として，『あれなければこれなし』公式があることを述べている。

「第一の対象がなかったならば，第二の対象は存在しなかったであろう」[61][62]

因果関係論についての近代における最初の詳細な論考（treatise）又は研究（enquiry）を重ねたヒュームは，既に，この『あれなければこれなし』公式について触れていたということになる。ただし，上記公式について触れた文章は，初版（1742年）にはなく，その後の版（1753―4年）において追加されたものである[63]。

(3) 『あれなければこれなし』公式の実際上の不適切性
ア 基本

しかし、『あれなければこれなし』公式は、因果関係の存否を判断する思考方法としては、次の諸点において、実際上、不適切である。

① 過去の関連事象を因果関係のあるものとしてすべて肯定してしまうこと
② 過去の遠い事象を因果関係のあるものとして肯定してしまうこと
③ 唐突な仮定事象を因果関係のあるものとして肯定してしまうこと

イ 過去の関連事象を因果関係のあるものとして肯定してしまうこと

過去に発生した事柄について『あれなければこれなし』公式を適用すると、過去に発生した関連事象のすべてを因果関係のあるものとして肯定してしまうことになる。

例えば、アダムの卵割り事例でみれば、回顧的な (retrospective) 観点から分析すると、1の(6)のウの①から⑧までの事象のすべて、とりわけ、⑦の「その床には、丁度、アダムの飼い猫のミケが腹を上にして寝転がっていたが、台所の隅にいたゴキブリを見つけて、そちらの方に突進していき、その卵の落下地点から、動いてしまったこと」という偶然的な事象さえも、その卵が割れたことについて因果関係のあるものとされてしまう。

そこで、この事例について、一般法則又は予測的な (prospective) 観点から分析するとしても、分析評価の多様性はあるものの、①から⑧までの事象の多くが、その卵が割れたことについて因果関係のあるものとされてしまう。もちろん、分析評価の多様性があるから、評価を厳しくすれば、多くの事象が因果関係のあるものとされないとしても、②アダムが、台所において冷蔵庫から鶏卵1個を左手で掴み、取り出したこと、③アダムは、元来、右利きであったが、その当時、右手に怪我をして包帯を巻いていたことから、その卵を左手でつかんだこと、⑥台所の床は、絨毯が敷いてない板の床であったこと、⑧地球の重力は、$9.8\,\mathrm{m/s^2}$であったことなどは、その卵が割れたことについて因果関係のあるものと評価されるであろう。

ウ 過去の遠い事象を因果関係のあるものとして肯定してしまうこと

アダムの卵割り事例でいえば、その事例が発生するより前の過去の遠い事

象，例えば，アダムの父母が結婚したことも，その卵が割れたことについて因果関係があるものと評価しうる。なぜならば，アダムの父母が結婚せずアダムが誕生しなければ，その卵は割れなかったであろうから，「アダムの父母が結婚しなければ，その卵は割れなかったであろう。」ということになり，アダムの父母が結婚したことは，その卵が割れたことについて因果関係があることになる。

　さらにいえば，この宇宙が誕生しなければアダムも存在しないしその卵も存在しないであろうから，「この宇宙が誕生しなければ，その卵は割れなかったであろう」ということになり，この宇宙が誕生したことは，その卵が割れたことについて因果関係があることになる。

　PがVを殺した場合に，Pが「太陽がなければ，私は人を殺さなかった。」と言えば，その言明は，自然科学的には否定できないものがある。なぜならば，太陽がなければ，PもVも存在しえないし，PのVに対する殺人行為もありえないからである。しかし，そうであるとしても，通常は，「太陽が生まれたことが，その殺人の原因である。」とは考えない。つまり，『あれなければこれなし』公式は，通常の因果関係判断，あるいは，通常の原因結果の関係についての判断を大きく逸脱することを許容する思考方法であるといえる。

エ　唐突な仮定事象を因果関係のあるものとして肯定してしまうこと[64]

　さらには，アダムの卵割り事例でいえば，アダムのいた台所にイチローがいて床に落ちそうになったその卵をキャッチすればその卵は割れなかったであろうから，「そこにイチローがおらず，床に落ちそうになったその卵をキャッチしなかったこと」は，その卵が割れたことについて因果関係があることになる。

　これをイチローではなく，オバマ大統領にしてもよいし，ヒラリー・クリントンにしてもよい。

　このように，この場面でも，『あれなければこれなし』公式は，通常の因果関係判断，あるいは，通常の原因結果の関係についての判断を大きく逸脱することを許容する思考方法であるといえる。

オ　まとめ

『あれなければこれなし』公式を因果関係の存否の判断のための思考方法として採用すると，過去に発生した関連事象のすべてを因果関係のあるものとして肯定してしまううえ，現実的ではない事象をも，因果関係のあるものとする判断を許容してしまうことになる。

それは，この公式には，次に述べるような根本的な問題があるからである。

(4) 『あれなければこれなし』公式の根本的な問題
ア　基本

『あれなければこれなし』公式の実際上の不適切性は，次の点において，根本的な問題があることに起因する。

① その公式を過去に発生した事柄に適用することが無意味に近いこと
② 蓋然的関係の適切な把握がないこと
③ 客観的な事象経過の基礎を考慮しないこと

イ　その公式を過去に発生した事柄に適用することが無意味に近いこと

a　一般法則又は将来発生する事柄への適用

『あれなければこれなし』公式は，一般法則又は将来発生する事柄に関する原因分析に使用する場合には，有意味である。

アダムの卵割り事例についていえば，次のとおりである。

一般法則の観点からすれば，人がミルクセーキを作ろうと思うと卵が割れるとはいえない。そして，『あれなければこれなし』公式によれば，「人がミルクセーキを作ろうと思わなければ，卵は割れない」とはいえないから，「人がミルクセーキを作ろうと思うこと」と「卵が割れること」との間には，因果関係を肯定できないという判断になるところ，この判断は，一般法則と合致して，正しい。

『あれなければこれなし』公式を，一般法則又は将来発生する事柄に関する原因分析に使用する場合には，ヒュームの分析に従えば，原因と目される事象Aと結果と目される事象Bとの間の「恒常的結合」又は「恒常的連接」を検証するものといえるから，その意味で，有意味な思考方法であるといえる。

b 過去に発生した事柄への適用

しかし,『あれなければこれなし』公式は,過去に発生した事柄に関する原因分析に使用する場合には,無意味に近い。

なぜならば,現在は,過去の上に成立するからである。

「現在は,過去の上に成立する」という命題は,抽象的であり,かつ,文学的な言明であって,あいまいさの入る余地があるが,一般的に是認されているといってよいであろう。現在は,過去の延長線上にあり,過去のできごとがなければ,現在はないからである。

この命題に「事象」をはめこみ,かつ,「現在」を「過去のある時点」に置き換え,さらには,「上に成立する」という文学的な表現を,物理的な表現に置き換えると,次のようになる。

「過去のある時点での事象は,それより前の関連事象によって決定される。」

この命題は,一般的に是認されているといってよいであろう。

そうすると,『あれなければこれなし』公式を,過去に発生した事柄に関する原因分析に使用する場合には,過去のある時点で発生した事象は,それより前にあった関連事象のすべてについて,因果関係があることを肯定することになる。

アダムの卵割り事例についていえば,次のとおりである。

アダムがミルクセーキを作ろうと思わなければ,アダムがその後に冷蔵庫から鶏卵1個を取り出すということはないし,その後に,アダムがその卵を取り落とすということもないし,その卵が割れるということもなかったことになる。

それゆえに,『あれなければこれなし』公式によれば,「アダムがミルクセーキを作ろうと思わなければ,卵は割れなかった」といえることになるから,「アダムがミルクセーキを作ろうと思ったこと」と「その卵が割れたこと」との間には,因果関係を肯定できるという判断になる。

その上,アダムの父母が結婚しなければアダムは生まれなかったであろうから,その卵が割れるということもなく,「アダムの父母が結婚したこと」は,「その卵が割れたこと」との間には,因果関係を肯定できるという判断になる。

このように,『あれなければこれなし』公式を過去に発生した事柄に適用す

る場合には，過去に発生したある事象Bに関し，その関連する事象A1ないし事象Anのすべてとの間で，因果関係を肯定し，さらには，事象Bからはるか昔の事象についてさえも，因果関係を肯定するということになる。

したがって，『あれなければこれなし』公式は，これを過去に発生した事柄について適用する場合には，全く関連性のない事象を排斥することはできるものの，わずかでも関連性のある事象については，因果関係を肯定することになり，そのような思考方法は，現実的で有用な因果関係を判断するための思考方法としては，適切でないことが明らかである。

ウ　蓋然的関係の適切な把握がないこと

a　『あれなければこれなし』公式の論理構造が包摂関係判断構造であること

『あれなければこれなし』公式の論理構造は，時間的要素を除去すると，『あれでなければこれでない』というものになる。

『あれでなければこれでない』という考え方は，例えば，「人間(B)は，動物(A)である。」という言明が正しいところ，この主語を引っ繰り返すと，「動物(A)でなければ，人間(B)ではない。」という言明となり，この言明も，正しい。これらの言明が正しいとされる基礎には，AもBも，生物のうちの特定のグループを指し示す言葉であって，これらの言明は，いずれも生物という大きな概念の中で，どちらの概念が広い（大きい）ものか狭い（小さい）ものかを比較していることにある。

これらの言明は，図1—1のような関係を示すものとして理解できる。すなわち，上記いずれの言明も，人間（ホモ・サピエンス）という「種」は，動物という「界」に包摂されていることを表現している。すなわち，包摂関係判断をする構造となっている。

しかし，現実世界での因果関係は，図1—1のような関係ではない。

この点は，既に，1の(5)のウで確認したとおりであるが，この点をさらに敷衍すると，次のとおりである。

b　現実世界での因果関係が交錯関係にあること

現実世界での因果関係は，原因が結果の蓋然的条件であり，「原因と結果とが一対一対応の関係にはない」という理解が正しい。

因果関係には時間的要素があるが、これを除去した2つの異なる事象についての言明でいえば、次のとおりである。

例えば、「人間(B)は、理性的な動物(A)である。」という言明は正しくなく、この主語を引っ繰り返した「理性的な動物(A)でなければ、人間(B)ではない。」という言明も正しくない。なぜならば、人間には、理性的ではない人も多いからである。

論者によっては、「人間(B)は、常時発情しうる動物(A)である。」という考え方を提示する。この言明も正しくはないが、この言明は、人間が他のほ乳類と異なり、季節に限定されることなく生殖活動が可能になったことが現在の種の発展を基礎づけたともいえることを主張している。しかし、人間は、生殖可能な一定の年齢層の多くの人にあっては、常時発情しうるといえても（ちなみに、猫や犬や熊はそうではなく、季節による制限がある。）、そうでない年齢層の人、あるいは、その年齢層に該当する人であっても一部の人にあっては、常時発情しうるとはいえない。

これらの言明は、2つの事象が、図1—3のような関係にあることを示すものと理解できる。すなわち、上記いずれの言明も、AとBとが交錯関係にあるものであって、一方が他方を包摂する関係にはない。

現実世界での因果関係は、原因と目される事象と結果と目される事象とが交錯関係にあるのであって、原因が結果を包摂する関係にはない。

　c　蓋然性の計量がないこと

『あれなければこれなし』公式は、「事象Aがあった後に、事象Bがあった」場合に、事象Aが事象Bの原因であるか否かを、すなわち、事象Aと事象Bとの間に因果関係を肯定できるか否かを判断する際に、はい（Yes）又はいいえ（No）という二者択一的な判断をするものである。

アダムの卵割り事例についてみれば明らかなとおり、ミケが動かなかったら卵は割れなかったことになるから、ミケが動いたことが卵の割れた原因であるとされることになってしまう。すなわち、はい（Yes）という判断をする。

しかし、ミケが動いたこと（事象A）が卵の割れたこと（事象B）に関与していることは否定できないものの、その2つの事象の関係は、図1—3のように、交錯関係にあるものであり、かつ、その交錯の程度は、一般法則又は予測的

な(prospective)観点からは極めて小さいものであると評価されるものである。別の言い方をすると、ミケが動いたことは、一般法則又は予測的な(prospective)な観点からすれば、卵が割れるという事象の発生に関して、「偶然」的な事象であるということになる。

しかるに、『あればこれなし』公式は、そのような交錯の程度の小さいものであっても、その交錯の程度、すなわち、蓋然性の程度を計量することなく、因果関係の存否について肯定する判断をすることになる。

因果関係の存否の判断にあっては、それが現実的で有用なものといえるためには、蓋然性の程度を計量することが不可欠である。しかるに、『あればこれなし』公式による因果関係の存否の判断という思考方法は、蓋然性の程度の計量という要素を含まないものであるため、その判断は、現実的で有用な因果関係判断としては、適切でないことになる。

　　d　まとめ
現実世界での因果関係は、原因が結果の蓋然的条件であり、「原因と結果とが一対一対応の関係にはない」ものであって、図1―3のような関係、すなわち、「事象Aがあった後に事象Bがあることもある」という交錯関係にあるものである。

しかるに、『あればこれなし』公式は、原因が結果の必要条件であり、「原因と結果とが一対一対応の関係にある」ものであって、図1―1のような関係、すなわち、「AがなければBがない」という包摂関係にあるという理解をしたうえで、二者択一的な因果関係の判断をしようとする思考方法である。

したがって、『あればこれなし』公式は、現実世界における、現実的で有用な因果関係を判断する思考方法として、そもそも、適切なものとはいえない。

　エ　客観的な事象経過の基礎を考慮しないこと
　　a　『あればこれなし』公式の適用図式構造
『あればこれなし』公式は、図2―1のような直線型因果関係が問題となる事例について、因果関係の存否を判定する思考方法である。

すなわち、『あればこれなし』公式は、過去に発生した事柄でいえば、「事象Aがあった後に、事象Bがあった」場合に、「事象Aがなければ事象B

がなかった」といえるか否かという思考方法をすることにより，その判断が肯定されれば，2つの事象の間に因果関係があると判断し，その判断が否定されれば，2つの事象の間に因果関係がないと判断するものである。

しかし，現実世界での因果関係は，図2―1のような構造ではない。

この点は，既に，2の(3)で確認したとおりであるが，この点をさらに敷衍すると，次のとおりである。

　b　客観的な事象経過と因果関係

客観的な事象経過は，図2―4のようなものであり，すなわち，対象Bが，ある時点（T0）では事象B0の状態であったにもかかわらず，別の時点（Tn）では事象Bnの状態になったという事象変化に関して，これに事象A1ないし事象Anの事象が関与しているという構造を有しているものであり，事象A1ないし事象Anのうちの1つの事象Axが直ちに事象Bnをもたらすという構造を有しているものではなく，それゆえに，因果関係とは，この事象B0から事象Bnへの事象変化について，事象A1ないし事象Anがどのように寄与したのかあるいは影響したのかを計量・評価する判断といえる。

ラッセルの言い方でいえば，事象Axは，対象Bのその直前の状態である事象Bx-1に対して事象Bxに変化させるという微分的変化をもたらすものである。

したがって，現実世界での因果関係の判断は，事象Axが事象Bnにどの程度寄与し又は影響したものかを微分的変化として計量・評価することが相当であって，事象Axが直ちに事象Bnをもたらしたものか否かを判断すべきものではない。

　c　過去に発生した事柄への適用と判断の偏り

アダムの卵割り事例についていえば，ミケが動いたこと（事象Ax）が卵の割れたこと（事象Bn）に微分的変化をもたらしたことは否定できないものの，その微分的変化は，Bx-1からBxへの変化であって，この微分的変化の計量・評価が必要であり，その程度が問題となるということになり，この程度が，他の事象A1ないし事象Anのもたらした微分的変化，例えば，アダムがその卵を取り落としたという事象Aαがもたらした微分的変化と対比して小さいものといえる場合には，ミケが動いたことは，卵が割れたという事象Bn

に対して小さい寄与又は影響をしているものと評価されることになる。

『あれなければこれなし』公式は、このような客観的な事象経過の構造を無視し、事象 Ax と事象 Bn のみを取り上げて、その間の因果関係の存否を判断しようとする思考方法であり、そのような思考方法を採用すれば、因果関係を肯定せざるをえないところ、そのような思考方法は、客観的な事象経過の構造を無視したものであって、相当ではないことになる。

　d　まとめ

現実世界での客観的な事象経過は、対象 B が事象 B0 から事象 Bn に変化するにあたって無限に多様な事象 A1 ないし事象 An が関与しているものであるから、この事象経過の構造を無視し、ある事象 Ax が事象 Bn をもたらしたか否かを検討する思考方法は、そもそも、適切なものとはいえない。

(5)　まとめ

第1に、『あれなければこれなし』公式は、一般法則又は将来発生する事柄の原因分析に適用する場合には、全く関連性のない事象を因果関係のないものとして原因から排斥することができ、一定の有効性を肯定することができるが、過去に発生した事柄の原因分析に適用する場合には、結果より前に発生した関連事象のすべてを因果関係のあるものとする判断をしてしまう構造を有するものであって、適切ではない。

第2に、事象 A があった後に事象 B が発生した場合に、現実的な世界では、事象 A と事象 B との関係は、図1—3のような交錯関係にあり、事象 A が事象 B の発生の原因であるとしてもそれは事象 B の蓋然的条件であるに過ぎないものであるにもかかわらず、『あれなければこれなし』公式は、事象 A と事象 B との関係を、図1—1のような包摂関係にあるものとみなし、かつ、事象 A が事象 B の発生に必要なものと判断し、さらには、はい（Yes）又はいいえ（No）という二者択一的な判断をするものであり、蓋然性の計量をしない思考方法であって、適切ではない。

第3に、客観的な事象経過としては、図2—4のように対象 B が事象 B0 から事象 Bn に変化した場合に、これに無限に多様な事象 A1 ないし事象 An が関与し、そのうちの事象 Ax は、事象 Bx-1 から事象 Bx への微分的変化を

もたらすに過ぎないものであるにもかかわらず、『あれなければこれなし』公式は、事象 Ax と事象 Bn のみを取り上げて、その間に因果関係があるか否かを判断しようとする思考方法であって、客観的な事象経過を捨象し、恣意的に選択された2つの事象のみについて判断しようとするものであるから、現実的かつ有用な因果関係の判断の方法として、適切ではない。

4　択一的原因競合に関する議論

(1)　択一的原因競合事案の定義

択一的原因競合事案とは、一定の結果の発生について少なくとも2つの原因があり、そのいずれの原因によっても結果の発生が肯定される事案をいう。

例えば、Pがワイングラスに致死量の毒を入れたという事象Aがあり、その後、Qも同様にそのワイングラスに致死量の毒を入れたという事象Cがあり、さらにその後、そのワイングラスにあるワインを飲んだVが死亡したという事象Bがあったような事案である。なお、ここでは、民法の領域ではなく、刑法の領域で検討する。

(2)　『あれなければこれなし』公式を適用した場合の因果関係の判断

このような事案について、『あれなければこれなし』公式という因果関係の判断に関する思考方法を適用すると、Pの行為がなくてもVの死亡という結果が発生したとみることができるため、「Pの行為がなければ、Vは死ななかった」とはいえず、また、Qの行為がなくてもVの死亡という結果が発生したとみることができるため、「Qの行為がなければ、Vは死ななかった」ともいえないことになる。

そうすると、Pの行為も、Qの行為も、Vの死亡という結果について因果関係が肯定できないことになる。

これを原則意見ということにしよう。

(3)　修正意見

しかし、原則意見は、常識的には相当ではないという意見もある。

そこで、第1の修正意見[65]は、Pの行為とVの死亡との間に因果関係があ

るか否かを検討するにあたって，Qの行為を付け加えることを禁止し（付け加え禁止），そのうえで，Pの行為とVの死亡との間に因果関係が肯定できるとする。Qの行為とVの死亡との間に因果関係があるか否かを検討するにあたっても，Pの行為を付け加えることを禁止し（付け加え禁止），そのうえで，Qの行為とVの死亡との間に因果関係が肯定できるとする。

第2の修正意見[66]は，P及びQの両方の行為を一緒にし，これを共に取り去って，Vの死亡との間に因果関係があるか否かを検討し，それが肯定できる場合には，P及びQの行為が共に，Vの死亡との間に因果関係が肯定できるとする。

(4) 分析

しかし，上記の原則意見も，第1及び第2の修正意見も，いずれも，相当ではない。

なぜならば，『あれなければこれなし』公式は，そもそも，図2—1のような構造を有する事案，すなわち，「あれ」と「これ」という2つの事象しかない直接型因果関係の類型について，原因と目される事象A（あれ）が結果と目される事象B（これ）を発生させたか否かを検証する思考方法であって，図2—2のような構造を有する事案，すなわち，「あれ」「それ」「これ」という3つの事象がある合流型因果関係の類型について，原因と目される事象A（あれ）及び事象C（それ）が結果と目される事象B（これ）を発生させるか否かを検証する思考方法ではないところ，択一的原因競合の事案は，合流型因果関係の類型のものであって，そもそも，『あれなければこれなし』公式を適用する前提を欠いていることになるからである。

したがって，原則意見は，『あれなければこれなし』公式を適用する前提を欠いているにもかかわらず，これを適用しようとする点において，公式の適用範囲を逸脱しているから，誤りというほかないことになる。

また，修正意見は，「付け加え禁止」あるいは「共に取り去る」という現実の客観的な事象経過とは異なる観念操作をすることにより，「あれ」「それ」「これ」という3つの事象がある合流型因果関係の類型を「あれ」と「これ」という2つの事象しかない直接型因果関係の類型に変更することによって，

『あれなければこれなし』公式の適用範囲内に押し込もうとするものであるが，客観的な事象経過を否定したところで因果関係判断をしようとするその姿勢が誤りというべきである。

このような択一的原因競合の事案は，素直に，客観的な事象経過を観察すれば，Ｖには特段の異常がなく（事象 B0），また，ワインにも毒がなかったところ（事象 C0），Ｐがワイングラスに致死量の毒を入れたという事象 A1 があり，これによって，ワインに致死量の毒が含まれることになったという事象が発生し（事象 C0→事象 C1），その後に，Ｑがそのワイングラスに致死量の毒を入れたという事象 A2 があり，これによって，ワインに２倍の致死量の毒が含まれることになったという事象が発生し（事象 C1→事象 C2），その後，Ｖがそのワイングラスにあるワインを飲んだという事象 A3 があり，その結果，Ｖが死亡したという事象 B3 が発生したということになる。

そうすると，事象 A1 及び事象 A2 は，直ちには，Ｖに対する事象変化を起こしていないものの，ワイングラスのワインには，事象 A1 によって事象 C1 が発生し，事象 A2 によって事象 C2 が発生し，その後，Ｖがそのワイングラスにあるワインを飲んだという事象 A3 によって，Ｖが死亡したという事象 B3 が発生したということになる。

この客観的な事象経過は，Ｐの行為である事象 A1 は，ワインに事象 C0→事象 C1 という微分的変化をもたらし，Ｑの行為である事象 A2 は，ワインに事象 C1→事象 C2 という微分的変化をもたらし，Ｖの行為である事象 A3 が，Ｖに事象 B0→事象 B3 という微分的変化をもたらしたことになる。

これらの微分的変化を基礎として，Ｐの行為及びＱの行為とＶの死亡との間の因果関係の存否を判断することは，（事実的）因果関係としても，評価を避けられないものであり，また，法的因果関係としても，評価を避けられないものであり，一義的に決定できるものではない。

すなわち，原因とは，ある事象(B)を発生させる（させた）他の事象(A)をいうものであるところ，この原因は，評価を避けられないものであり，このような択一的原因競合の事案にあっては，客観的な事象経過を微分的変化の積分として認識することはできても，Ｐの行為及びＱの行為がＶの死亡の原因であるという評価は，これを肯定することもできるし，否定することもで

きるというものであって，一義的に決定できるものではない。

　筆者の見解は，(事実的) 因果関係としては，Pの行為及びQの行為とVの死亡との間の因果関係はこれをいずれも肯定して差し支えないと評価するが，法的因果関係としては，これと異なる評価をすることも差し支えないと考えるものである。要するに，厳密な科学ではない領域における，現実的で有用な因果関係判断は，社会生活上の常識又は一定の価値若しくは目的の観点からされるものであるから，社会生活上の常識的な判断としては，Pの行為及びQの行為とVの死亡との間の因果関係はこれをいずれも肯定して差し支えないし，法的因果関係の判断としては，罪刑法定主義の観点あるいは犯罪予防などの刑事政策的な観点などから，これと異なる判断も可能であろうと考えるものである。

　しかし，(事実的) 因果関係についても，所詮は，評価であり，筆者の評価は，評価の選択肢のうちの一つでしかなく，この評価が正しいという自然科学的な論証はできないものである。論証できるものは，客観的な事象経過しかなく，それ以上のものは，評価者の考え方によらざるをえないからである。

　どのような評価が正しいものであるのかは，法的なものとしては，国民の健全な常識や社会の秩序維持の必要や国民の司法システムに対する信頼を確保する観点などから決定されるものであり，論理的に，あるいは，自然科学的な判断によって，決定できるものではない。

　したがって，この択一的原因競合の事案について，どのような評価が正しいものであるのかは，自然科学的にあるいは論理的に述べることによって明らかにできるものではなく，国民の健全な常識や社会の秩序維持の必要や国民の司法システムに対する信頼を確保するという要素などを考慮することによって判断されるべきである。

(5) まとめ

　択一的原因競合事案とは，図2—2のような合流型因果関係の類型に属するものである。

　しかし，『あれなければこれなし』公式は，図2—1のような直接型因果関係の類型に属するものについての因果関係判断をするための思考方法である

から，もともと，択一的原因競合の事案は，この公式を適用する前提を欠いているものであり，この公式をそのまま適用することによって得られる因果関係判断は，誤りを導き出すほかないものであり，その誤りを修正しようとして，「付け加え禁止」をしたり，「共に取り去る」という観念的操作をすることは，図2—2のような合流型因果関係の類型を図2—1のような直接型因果関係の類型に変更することにほかならないものであり，図2—4のような構造を有する客観的な事象経過を否定したところで因果関係判断をしようとする姿勢であって，やはり，誤りである。

　択一的原因競合事案についての因果関係判断は，客観的な事象経過の分析によってすべきところ，その分析結果によれば，この事案における原因結果あるいは因果関係は，自然科学的なあるいは論理的な方法によって判断される事実ではなく，国民の健全な常識や社会の秩序維持の必要や国民の司法システムに対する信頼を確保するという要素などを考慮することによって判断される評価にほかならないといえる。

　この意味で，択一的原因競合の事案は，『あれなければこれなし』公式の有する前記3で指摘した問題を浮き彫りにするものといえる。

5　不作為と因果関係

(1) 不作為と因果関係についての一般的理解

　刑法理論においては，作為と不作為が区別され，事実のレベルでは，作為は身体の「動」であり，不作為は身体の「静」であると定義される[67]。

　そのうえで，かつては，不作為は，「無」であり，「無から有は生じない」として，不作為の因果性を否定する見解が主張されたことがある[68][69][70]。

　しかし，その後は，刑法理論における不作為は，「期待された行為をしないこと」であるという法的評価をすることにより，不作為の法的因果関係を肯定することについて，何らの問題はないとする解釈が定着したといえる[71][72][73][74][75]。

(2) 分析
ア 基本
　刑法理論においては，かつても，また，現在でも，不作為の（事実的）因果関係は，肯定できないが，法的因果関係は肯定できるという理解が一般的であるといえよう。
　刑法理論における（事実的）因果関係の一般的な理解は，かつてのものもそうであったし，現在でもそうであるように，（事実的）因果関係が事実であるとし，無から有は生じないとし，それゆえに，本来の不作為の定義である身体の「静」について，「期待される作為をしない」すなわち，「法的に要求される作為をしない」という法的評価を加えることによって，はじめて，因果関係，すなわち，法的因果関係を肯定できるとするものである。
　しかし，この一般的な理解は，採用できない。
　なぜならば，本節の１から３までにおいて既に検討したとおり，（事実的）因果関係は，事実を判断の基礎とするとはいえ，評価であって，しかも，その評価は，図２―４のような客観的な事象経過の分析のうえに成立する評価であるから，不作為の（事実的）因果関係は，問題なく肯定できるものであるからである。
　イ　説明その１――不作為の（事実的）因果関係の意味
　不作為の（事実的）因果関係とは，１の(1)のアの定義に従えば，「不作為という事象(A)がその後に発生する（した）他の事象(B)との間に，その事象(A)が原因であり他の事象(B)が結果であるという関係があることをいう」と定義できる。
　そして，この因果関係の定義において，原因及び結果の定義がなければ無意味であるところ，その原因とは，「ある事象(B)を発生させる（させた）他の事象(A)をいう」と定義でき，その結果とは，「ある事象(A)によって発生する（した）他の事象(B)をいう」と定義できるところ，その原因も結果も，客観的に存在するものではなく，評価によってはじめて存在が認められるものである。
　そうすると，不作為の（事実的）因果関係の問題とは，その不作為（身体の「静」）が，結果との関係にあって，原因と評価できるか否かという問題である

ウ　説明その2——不作為の因果関係が肯定できる具体的な事例

「天ぷら油家屋全焼事案」でいえば，Aがガスコンロの火を「消さずに」外出したという過失行為は，外出したという点では作為であり，火を「消さずに」という点では不作為（つまり，火を「消す」という身体の「動」をしなかったこと）であるが，その火を「消さなかった」行為が，ガスコンロの火が鍋を加熱し続けるという事象B1→事象B2の微分的変化を発生させ，その微分的変化が他の事象変化も加わって，家屋の全焼という事象Bnという積分を発生させたものであるから，その火を「消さなかった」という不作為が，家屋の全焼という事象Bn（結果）について原因となりうることは，客観的な事象経過の分析に基づく評価として，問題なく肯定できる。

「交通医療事故事案」でいえば，医師Qの行為には，「Bを診察し，レントゲン写真撮影をして検討した」という作為及び「B及びXに対し，「明日は学校へ行ってもよいが，体育は止めるように。明日も診察を受けに来るように。」「何か変わったことがあれば来るように。」との一般的指示をした」という作為があるとともに，「頭部CT検査をしたり，病院内で相当時間経過観察をしなかった」という不作為及び「B及びXに対し，頭部打撲による脳内出血（硬膜外血腫）の可能性もあり，脳内出血によって，おう吐，眠気（傾眠），いびき，よだれを流すなどの現象が発生することがあるので，そのような現象があったら，直ちに，医師に受診するように指示しなかった」という説明及び指示についての不作為があり，これによって，Bの脳内出血が続くという事象B3→事象B4の微分的変化を発生させ，また，Xも，Qからそのような説明及び指示を受けていなかったこともあって，Bにおう吐，眠気，いびき，よだれを流すなどの現象があっても，医師に受診させなかったという不作為があり，これによって，Bの脳内出血が続くという事象B4→事象B5の微分的変化を発生させ，これらの不作為による微分的変化の積分として，Bの死亡という事象Bnが発生したものであるから，Qの不作為も，Xの不作為も，Bの死亡という事象Bn（結果）について原因となりうることは，客観的な事象経過の分析に基づく評価として，問題なく肯定できる。

エ　説明その3――刑法理論における一般的な理解の誤り

　不作為の因果関係を肯定することはできないが，不作為を「期待された行為をしないこと」という法的評価をすることにより，不作為の法的因果関係を肯定することはできるという言明（以下「本言明」という。）は，次の点に照らして誤りである。

　論理学の基本として，上位概念（例えば動物）に該当するあるもの（例えばサメ）が下位概念（例えば哺乳類）に該当しないことはありうるが，上位概念（例えば動物）に該当しないあるもの（例えばシクラメン）が下位概念（例えば哺乳類）に該当することはないという規則が肯定できる。この規則は，記号論理学による解析をまつまでもなく，明らかな事柄である。

　これを不作為の因果関係についていえば，因果関係という概念は，法的因果関係という概念の上位概念であるから，不作為の因果関係が肯定できても，不作為の法的因果関係が肯定できないことはありうるが，不作為の因果関係が肯定できないときには，不作為の法的因果関係が肯定できることはない。

　別の例でいえば，次のとおりである。「人は動物とはいえないが，理性的動物であるといえる。」という言明がある。この言明は，人によっては，一見もっともらしい言明として受けとめるであろう。なぜならば，人は動物の中でも理性的であるという特別な性質を有するから，動物ではないと言ってもよいという考え方である。しかし，この言明は，文学的ではあるが，論理的ではないし，事実にも反するものである。論理的ではないというのは，生物学的にみれば，人間という「種」は，動物という「界」に包摂されているからである。したがって，「人は動物ではない。」という言明は論理的ではない。また，事実にも反するというのは，人間には理性的な人もいるが，理性的でない人もいるからである。したがって，「人は理性的動物である。」という言明は事実に反する。

　結局，ある不作為Aと結果Bとの間に因果関係が肯定できないが，法的因果関係が肯定できるという本言明は，論理的でなく，かつ，事実にも反するということになる。

オ 説明その4——不作為の因果関係が肯定できるが法的因果関係が肯定できない事例

「交通医療事故事案」についてみると，医師Ｑの不作為とＢの死との間の因果関係を検討するにあたって，医師Ｑの不作為について「期待された行為をしなかった」という法的評価が可能であるから，医師Ｑの不作為とＢの死との間に法的因果関係が肯定できるという説明は，可能である。しかし，Ｂの母Ｘの不作為とＢの死との間に因果関係が肯定できることは，前記ウで説明したとおりであるところ，Ｂの母Ｘの不作為については，「期待された行為をしなかった」という法的評価はできない（厳密には，弱いものではあるがそのような法的評価ができる可能性もあるが，ここでは，そのような法的評価ができない事案であるものとしておく。）。すなわち，Ｂの母Ｘは，医学的知識もなかったし，医師Ｑから，「頭部打撲によって脳内出血（硬膜外血腫）の可能性があり，脳内出血によっておう吐，眠気（傾眠），いびき，よだれを流すなどの現象が発生することがあるので，そのような現象があったら，直ちに，医師に受診するように」との説明及び指示を受けていなかったから，Ｂの母ＸがＢに発生した現象を知っても直ちに医師に受診させなかったという不作為について，「期待された行為をしなかった」という法的評価をすることはできない。それゆえに，Ｂの母Ｘの不作為については，Ｂの死との間に因果関係を肯定できるが，法的因果関係を肯定することはできない。このように，「交通医療事故事案」は，Ｂの母Ｘの不作為についてみると，不作為の因果関係は肯定できるが法的因果関係は肯定できないという具体的な事例であるといえる。そして，この事例は，因果関係と法的因果関係が上位概念と下位概念の関係にあること，そして，その上位概念と下位概念との間にあって，上位概念に該当するあるものが下位概念に該当しないことはありうるという規則の存在を例証するものであるといえる。

カ 説明その5——子どもが川で溺れたという事例での検討

8歳の男の子が川で溺れて死亡したところ，その際，その現場でその子を見ていたものの救助しなかった者が，①その子とは無関係の水泳のオリンピック選手であった場合，②大学時代に水泳選手であったその子の父の場合，③水泳のできないその子の母であった場合について，検討してみよう。

第1に，水泳のオリンピック選手の場合には，その者がその子を救助しなかったという不作為は，その子の死亡との間に因果関係があるものの，その者には，その子の救助義務がないから，刑法上の責任（遺棄致死罪）を問われないということになろう。この場合に，その者に救助義務がないから「期待された行為をしなかった」とはいえないとして，因果関係を否定することは，不自然であろう。つまり，不作為の因果関係は，救助義務の存在という責任要素とは無関係に肯定できるとするのが自然である。この場合には，オリンピック選手が救助行為をすれば，その子が救命される蓋然性が高いから，オリンピック選手が救助行為をしなかったことは，その子の死亡の原因であると評価すること，すなわち，不作為と死亡との間に因果関係があると評価することができる。

　第2に，大学時代に水泳選手であった父の場合には，父がその子を救助しなかったという不作為は，その子の死亡との間に因果関係があり，かつ，父には，その子の救助義務があるから，刑法上の責任（保護責任者遺棄致死罪）を問われうることになろう。この場合に，父の救助義務の存否を考慮する前に，すなわち，その者の責任要素とは無関係に因果関係を肯定し，その上で，責任要素があるために，刑法上の責任を問われうるとすることが論理的であろう。

　第3に，水泳のできない母の場合には，考え方が3つに分かれうる。1つの考え方（A説）は，母がその子を救助しなかったという不作為は，その子の死亡との間に因果関係があるものの，母は，水泳ができなかったので，その子の救助義務を肯定することができず，刑法上の責任を問われないとするものである。もう1つの考え方（B説）は，母が救助行為をしたとしてもその子を救命しえなかったであろうから，母がその子を救助しなかったという不作為は，その子の死亡との間に因果関係があるとはいえないとするものである。さらにもう1つの考え方（C説）は，水泳ができない者には，救助行為を期待することができないから，その者が「期待された行為をしなかった」とはいえないとして，因果関係を否定するものである。困難な問題であるが，私見は，次のとおりである。まず，C説は，採用できない。なぜならば，「期待された行為をしなかった」とはいえないから因果関係を否定するという考え方

では，水泳のオリンピック選手の場合にも，「期待された行為をしなかった」とはいえないから因果関係を否定すべきことになるところ，第1で検討したとおり，水泳のオリンピック選手の場合には，因果関係は肯定すべきであると考えることが相当であり，これと平仄が合わないからである。次に，A説も，採用できない。水泳のできない母が救助をしなかったという不作為がその子の死亡との間に因果関係があると判断することは不相当であるからである。なぜならば，因果関係の判断は，蓋然性を計量する評価判断であり，結果を回避する蓋然性の低い事象には，原因という評価を与えるべきではないからである。仮にA説を肯定するとすれば，その現場に，10人の水泳のできない者がいれば，それらの者が救助をしなかったこととその子の死亡との間に因果関係を肯定することになるが，そのような因果関係判断は，不自然というべきであろう。そして，B説を採用すべきであると考える。水泳のできない母が救助をしたとしても，それによってその子が死亡しなかったという蓋然性が低いから，その母が救助をしなかったことは，その子の死亡との関係で，原因という評価を与えるべきではないからである。

以上のように，不作為の因果関係は，作為義務の存否とは無関係に，これを認めることができる。

(3) まとめ

不作為（身体の「静」）は，無であり，無から有が生まれることはないから，不作為から結果が発生することはないという考え方は，（事実的）因果関係を，評価ではなく，事実であると理解することから発生する誤りである。

（事実的）因果関係が，そもそも，評価であり，その評価は，客観的な事象経過の分析に基づく微分的変化についての評価であるという理解をすれば，不作為と結果との間の（事実的）因果関係を肯定すること，あるいは，不作為を結果との関係で原因と評価することには，何らの問題もない。

不作為の因果関係を肯定することはできないが，不作為を「期待された行為をしないこと」という法的評価をすることにより，不作為の法的因果関係を肯定することができるという言明は，論理的な観点からも，事実に反する観点からも，誤りである。

6　法的因果関係

(1)　**基本**
ア　定義

法的因果関係は，法律の適用の場面において検討課題となる因果関係である。

その法律は，民事法（民法，商法など）及び刑事法（刑法，自動車の運転により人を死傷させる行為等の処罰に関する法律，軽犯罪法など）に限定されるわけではなく，行政法（内閣法，所得税法，土地収用法など），労働法（労働契約法，労働基準法，労働組合法など），社会保障法（生活保護法，社会福祉法など），経済法（私的独占の禁止及び公正取引の確保に関する法律，不正競争防止法など），知的財産法（特許法，著作権法，実用新案法，商標法，意匠法など）など，あらゆる法分野にわたるものである。

しかし，ここでは，民事法においては不法行為による損害賠償の場面，刑法においては結果犯の処罰の場面に限定して，法的因果関係を検討する。

法的因果関係は，第1節の1において述べたとおり，民法においては，不法行為による損害賠償請求権の成立のために，加害者の行為と被害者の受けた損害との間に必要とされる因果関係であり，刑法においては，犯罪（結果犯）の成立のために，犯人の行為と結果との間に必要とされる因果関係である。

イ　**不法行為による損害賠償請求権の成立の関係**

不法行為による損害賠償請求権の成立の関係では，次のような諸点が課題となる。

① 被害者の受けた損害（結果）が加害者の行為（原因）によるものといえるか否か，② 被害者の受けた損害のうちのどの範囲のものが加害者の行為によるものといえるか，③ その損害額は，いくらと評価すべきか，④ その損害の発生について，加害者の行為以外の要素（被害者の行為，第三者の行為あるいは自然現象など）を，どの程度斟酌して，加害者の被害者に対する具体的な損害賠償額を算定するのかなどの諸点である。

これらの諸点は，いずれも法的因果関係の問題であるともいえるし，また，①及び②の点のみが法的因果関係の問題であるともいえる。以下においては，①及び②の点のみを法的因果関係の問題とする。

ウ 結果犯の成立の関係

結果犯の成立の関係では、次のような諸点が課題となる。

① 発生した犯罪（構成要件に該当する結果）が犯人の行為（原因）によるものといえるか否か、② その発生した犯罪のうちのどの範囲のものが犯人の行為によるものといえるか、③ その発生した犯罪について、犯人の行為以外の要素（被害者の行為、第三者の行為あるいは自然現象など）を、どの程度斟酌して、犯罪の成立を否定するのかなどの諸点である。

これらの諸点は、いずれも法的因果関係の問題であるといえる。

エ 法的因果関係と事実的因果関係

それでは、法的因果関係と事実的因果関係（以下においては、これまでに述べてきた因果関係を、法的因果関係と区別するため、事実的因果関係と表記する。）とは、どのような概念関係にあるものであろうか。

これまでに述べてきたとおり、事実的因果関係とは、事実を判断の基礎とするとはいえ、評価であり、評価なくして事実的因果関係の存否の判断をすることはできないし、事実的因果関係の概念は、原因の概念及びこれと相補的な関係にある結果の概念に依存するものであるから、原因であるか否かの評価をすることによって、事実的因果関係の存否の評価をすることができるものである。

そして、法的因果関係も、事実的因果関係と同様に評価にほかならない。

しかし、不法行為による損害賠償請求権の成立の関係では、法的因果関係は、被害者の受けた損害に関して加害者にどの範囲での賠償をさせるのが相当であるのかという視点からされる評価であり、その評価は、事実的因果関係があるとの評価を前提としながらも、実際に発生した損害の公平な分担を考慮するほか、将来において同種事案が発生することを防止するという目的をも考慮し、もって、市民法秩序の安定を維持し、かつ、その発展を企図するという視点を不可欠の要素とする評価であるといえる。

例えば、2011年3月11日の東日本大地震による津波を受けて発生した東京電力福島原子力発電所における事故の後、ある酪農家が、生活設計の目途がたたず将来に絶望して自殺した場合に、統計的には、その酪農家の居住する一定の地域内に1000人の農家及び酪農家がいながら、自殺した者がその

者1人だけであったとしても，原子力発電所の有する便利さ及び重大な危険性並びにその危険防止の必要性（政策的目的）を考慮すると，特段の事情のない限り，その原子力発電所の事故の発生とその酪農家の自殺との間に，法的因果関係があると評価することが相当であると思われる。

結果犯の成立の関係では，法的因果関係は，発生した犯罪に関して犯人をどの範囲で処罰することが相当であるのかという視点からされる評価であり，その評価は，事実的因果関係があるとの評価を前提としながらも，罪刑法定主義の観点（この観点からは，一般に，法的因果関係を否定する方向に傾く。）あるいは犯罪予防などの刑事政策的な観点（この観点からは，一般に，法的因果関係を肯定する方向に傾く。）など刑事法の基礎にある諸観点を考慮するほか，最終的には，国民の健全な常識や社会の秩序維持の必要や国民の司法システムに対する信頼を確保するという要素などを考慮することによってする評価であるといえる。

例えば，PがVに対して多数回殴打するなどの暴行を加え，Vに内因性高血圧性橋脳出血の傷害を負わせて意識障害に陥らせ，その後，Vを自動車で別の場所に搬送して放置したところ，QがVの頭部を角材で殴打するという暴行を加え，その結果，Vが死亡した場合に，Pが傷害罪の限度で処罰されるべきか，傷害致死罪として処罰されるべきかが問題となった事案があったところ[76]，事実関係依存的な部分もあるが，Pの行為によって受けたVの傷害が重大なものであってVの死亡の蓋然性が極めて高い場合には，Pについて傷害致死罪として処罰するのが相当であるという判断が可能であると思われる。

このように，法的因果関係は，評価としての事実的因果関係が肯定できることを前提としながらも，法の趣旨・目的を考慮し，一定の価値又は目的の観点からするさらなる評価を加えてする因果関係判断であるといえる。

(2) 刑法における法的因果関係
ア 条件説
条件説とは，既に3の(1)で述べたように，行為と結果との間に，その行為がなかったならばその結果が発生しなかったであろうという条件関係があれ

ば，刑法上の因果関係があるとする説である。

しかしながら，条件説のいう条件関係は，『あれなければこれなし』公式によって判断されるものであるところ，同公式は，全く関連性のない事象を原因としないという点では有意味ではあるが，過去に発生した関連事象のすべてを原因としてしまう思考方法であって，現実的かつ有用な因果関係の判断の方法であるとはいえないから，相当ではない。

この点については，3で述べたとおりである。

イ 相当因果関係説

相当因果関係説とは，法律学小辞典［第5版］（有斐閣・2016年）818頁によれば，条件関係の存在だけではなく，因果経過の相当性をも刑法上の因果関係の内容とする見解である。

この相当性の判断は，同小辞典同頁によれば，その判断基底として取り込む事情の範囲について考え方が分かれ，① 主観説（行為者が行為時に認識・予見していた事情及び認識・予見しえた事情を判断基底とする説），② 客観説（行為時に存在した全ての事情及び行為後に生じた客観的に予見可能であった事情を判断基底とする説），③ 折衷説（一般人が認識・予見することのできた事情及び行為者が認識・予見しあるいはしえた事情を判断基底とする説）がある。

この相当因果関係説は，因果経過の相当性を考慮することによって，現実的かつ有用な因果関係判断をしようとする考え方であり，その方向性には，正しいものがあるといえる。

しかし，相当性の判断基底として取り込む事情には，「予見しえた」，「予見可能であった」，「一般人が予見することができた」などという評価を避けられないものがあるとともに，行為者又は一般人の認識・予見という観点からの事情の絞り込みがあり，その絞り込みから外れると評価しうる事情，すなわち，「行為の有する危険性の程度」あるいは「行為によって危険が現実化する程度」を捨象している点に，現実的かつ有用な因果関係判断であるといえるか否かの問題があるといえる。

もっとも，評価を避けられない要素があるから，評価の仕方によって，現実的かつ有用な因果関係判断となりうるともいえる。

ウ　客観的帰属論

　客観的帰属論とは，法律学小辞典［第5版］（有斐閣・2016年）208頁によれば，「ドイツの通説であり，わが国でも近時有力に主張されている」説であり，「因果関係とは別の要件を導入することで」，条件説によると行為者が責任を負わなければならなくなる範囲があまりにも拡張してしまうのを制限する説であり，「その要件の具体的な内容としては，一般的に「法的に許されない危険の創出」，「法的に許されない危険の実現」及び「構成要件の射程」の3つが揚げられ，更に，その内部でも，「危険減少・増加」や「規範の保護目的」，「自己危殆への関与」などの様々な下位の基準が主張されている。」というものである。

　客観的帰属論の詳細は，筆者の確認したものでは，山中敬一『刑法における客観的帰属の理論』（成文堂・1997年），山中敬一（注揭）『刑法総論Ⅰ』237頁以下，山中敬一『ロースクール講義　刑法総論』（成文堂・2005年）134頁以下，小林憲太郎『因果関係と客観的帰属』（弘文堂・2003年）150頁以下，林陽一（注揭）『刑法における因果関係理論』153頁以下などに触れられている。

　客観的帰属論は，膨大な事例について複雑な判断基準を用いて刑事責任の客観的な帰属を論ずるものであり，山中敬一（注揭）『刑法総論Ⅰ』237頁以下によれば，「客観的帰属論（Lehre von der objectiven Zurechnung）とは，結果を行為者のしわざであるとして行為者に帰属しうるかどうか，つまり，行為と結果のつながりを客観的に判断するための理論である。古くから，帰属とは，「客観的なものを主体のせいにする」という意味で刑法学において用いられてきたが，これには客観的な帰属と主観的帰属がありうる。行為者の主観と結果とのつながりを問い，結果を主観のせいにするのが主観的帰属である。したがって，客観的帰属が，行為と結果の因果関係（Kausalität）の問題をその主たる内容とするのに対して，主観的帰属は，「故意」や「過失」の問題を論じる。それゆえに，一般に，客観的帰属論は，結果犯において，結果を行為に帰属し，結果に対する責任を問うための要件について論じるものであるということができる。」というものであり，1つの確立した体系になっているようである。

　因果関係とは異なる視点から，刑事責任の客観的帰属を判断するという方

法論は，首肯しうる方法論であると思われる。

しかし，林陽一教授は，（注掲）『刑法における因果関係理論』202頁以下において，日本の刑法理論において因果関係論とは異なる方法論を採用することには消極的である旨の意見を述べている。

また，井田良教授は，『刑法総論の理論構造』（成文堂・2005年）63頁において，「ドイツの客観的帰属論は，その率直な規範性と実質性のゆえに，①の危険創出の判断において「実行行為性」（および共犯行為性）の判断基準の具体化のために参考にできる内容を持っているし，②の危険実現の判断において相当因果関係説の判断基準の具体化のために参考にできる内容を持っている。」と評価しながらも，「わが学説における実行行為概念と相当因果関係説を2つながらに放棄し，これを一挙に「客観的帰属論」によって代替する必要性まではない。」と述べている。

エ　合法則的条件理論

合法則的条件理論とは，ドイツにおいてエンギッシュが提唱した理論であるが，林陽一（注掲）『刑法における因果関係理論』67頁によれば，次のとおりである。ただし，ドイツ語の部分は省略した。

「結果が（外界）変化の連鎖を通して行為と法則的に結合しているとき，行為は結果の原因である――これが，最も簡明に表現された合法則的条件公式である。」

「エンギッシュの表現は，「ある行為は，それに時間的に後続する形で接続している外界の変化が，行為との関係および連鎖の相互間において（自然）法則的に結合しており，具体的な刑法的結果の構成部分にまで繋っているときに，具体的結果の原因といわれる」というものであった」[7]

エンギッシュの表現には評価文言が多いために，この理論を採用すると宣言する者にあっても多様なヴァリエーションのあることが想定されるし，また，この理論の是非を論ずる者にあっても多様な評価のあることが想定される。

しかし，合法則的条件理論が，事実的因果関係の判断において，ヒュームのいうところの「恒常的結合」あるいは「恒常的連接」を考慮するものであるならば，また，客観的な事象経過における全体像を把握したうえでのラッ

セルのいうところの微分的変化を考慮するものであるならば、その理論の基本的な部分には、賛成できる。

要するに、事実的因果関係判断において、『あれなければこれなし』公式のように消極的な反対事実を仮定して判断を進めるのではなく、積極的な現に存在する事実についてそれが結果発生に合法則的な関係を有するか否かを考察するという思考方法は、適切な思考方法であると考えられる。

オ　まとめ

そもそも、事実的因果関係が事実ではなく評価であるがゆえに、そして、刑法における法的因果関係が、刑法の趣旨・目的を考慮し、一定の価値又は目的の観点からさらなる評価を加えてする判断であるだけに、その判断が現実的で有用なものであるためには困難な作業が必要なものであるところ、相当因果関係理論も、客観的帰属論も、合法則的条件理論も、その困難な作業に取り組む1つの試みのように思える。

ただし、刑法におけるそれらの理論の枠組みが、その前提として、事実的因果関係及びその基礎となる原因結果の概念が事実であるという理解を前提としているとすれば、あるいは、事実的因果関係の存否の判断について『あれなければこれなし』公式が適用できるという理解を前提としているとすれば、無用の思弁的な概念操作を必要とすることになるという点を指摘しておきたい。

刑法理論における択一的原因競合に関する問題、あるいは、不作為の因果関係に関する問題は、事実的因果関係の概念及びその基礎となる原因結果の概念が事実ではなく評価であるという理解を前提とし、かつ、事実的因果関係の存否の判断について『あれなければこれなし』公式が実際的にも理論的にも不適切な思考方法であるという理解を前提とすれば、それらの因果関係に関する問題について適切な判断をすることができると思われる。

(3)　民法の不法行為法における法的因果関係

ア　相当因果関係説

a　一般的な理解

民法の不法行為における相当因果関係説とは、法律学小辞典［第5版］（有

斐閣・2016年）817頁，818頁の記述を適宜要約すると次のとおりである。なお，丸括弧内に，筆者の注記を入れた。

相当因果関係とは，不法行為と因果関係のある損害のうち，賠償されなければならない範囲を表すのに用いられる語である。

賠償の対象となる損害は，不法行為を生じさせた事実と因果関係のあるものでなければならないが，因果関係は，Aという事実がなかったならばBという事実もなかったであろうという関係が認められれば原則として存在するから，不法行為と因果関係のある損害は無限に考えられる（以下，「『あれなければこれなし』公式の適用による帰結命題」という。）。

そこで，相当と考えられる範囲に因果関係を限定するために用いられるのがこの語である。

何が相当であるのかについては，通説・判例は，債務不履行に基づく損害賠償の範囲を定める民法416条が相当因果関係を定めたものであって（以下，「民法416条相当因果関係規定説」という。），同条は不法行為にも類推適用されると解しているので，結局，この問題は同条の解釈に帰着する。

民法416条は，「特別の事情」によって生じた損害については当事者がその事情を予見し又は予見することのできたこと（予見可能性）の立証を要求しているが，「通常生ずべき損害」については，予見可能性の立証を要求していないので，損害賠償の範囲は当事者の予見可能な事情によって生じた損害の範囲に限定されることになる（以下，「相当性判断基準」という。）。

b　補足その1

上記のような一般的な理解が，後記イの平井説より前においては，通説・判例であったといえる。

判例は，現在でも，上記のような相当因果関係説を採用しているように思われる。

学説は，平井説より後には，平井説に賛同する説が多くなっているようである。とりわけ，現在では，「民法416条相当因果関係規定説」は，平井説による批判によってもはや多くの学説において採用されなくなったように思われる。

c　補足その2

　相当因果関係理論が、不法行為と損害との間の因果関係の存否の判断を『あれなければこれなし』公式の適用によるものとしている点は、全く関連性のない行為又は損害を因果関係のないものとして排斥する点では有意味であるが、わずかでも関連性のある行為又は損害を因果関係のあるものとして肯定してしまうことになって不適切であり、それゆえに、「『あれなければこれなし』公式の適用による帰結命題」(損害の範囲の無限の拡大) を一応の結論として措定することは、そもそも、因果関係の存否の判断について『あれなければこれなし』公式が有効であるという誤った前提に立つところの不必要な措定であるといえる。

　また、「民法416条相当因果関係規定説」は、平井説のいうとおり、同条の文言からみても、立法沿革からみても、そのまま肯定することは、理論的に難しい。

　しかし、相当因果関係説が、損害賠償の範囲を相当性の判断によって画していこうとする態度は、現実的かつ有用なものであるといえる。

　また、相当因果関係説の採用している「相当性判断基準」は、当事者の予見又は予見可能性という評価文言によるものであるところ、この評価文言を、具体的・個別的事件に対して柔軟かつ合理的に運用すれば、現実的かつ有用な損賠賠償の範囲を決定できるともいえる。

　そういう意味では、相当因果関係説は、理論的な難点を有するとはいっても、その運用を誤らなければ、1つの現実的かつ有用な考え方であるといえる。

イ　平井説

　a　概要

　平井宜雄教授は、(注掲)『損害賠償法の理論』において、債務不履行及び不法行為による損害賠償請求権について、日本法のみならず、英米、ドイツ、フランスなどの各国の法律、その立法沿革、判例、学説などを検討し、損賠賠償請求権については、① 事実的因果関係、② 保護範囲、③ 損害の金銭的評価の3つの分析概念道具によって判断すべきである旨を提唱し (135頁)、従前の通説・判例における相当因果関係概念は、判断の指標となる概念道具と

して不適切である旨を論じている。

　　b　補足その1

　筆者は，平井宜雄教授の見解について，基本的に賛同するものである。平井宜雄教授の提起した損害賠償法理論におけるパラダイムの転換の視座及びその実証的な展開には，感動を伴いつつ，敬意を表するものである。

　しかし，本稿のテーマである因果関係については，本稿のこれまでの内容との整合性の観点から，若干の指摘をしておきたい。

　　c　補足その2——原因結果及び因果関係が目的関係的評価概念であること

　『損賠賠償法の理論』38頁，39頁には，次のとおりの記述がある。

　「厳密な意味においても，因果関係は人間の意思を離れて客観的に存在する事実関係なのであろうか。具体的にいえば，ある損害賠償請求事件において，賠償を求められている当該損害を生ぜしめた原因は，客観的な事実関係の探究によって決定されるのであろうか。実は決してそうではない。厳密にいえば客観的な原因・結果の関係は解決されるべき事件の事実関係そのもののうちには存在しないのである。いかなる事実を，ある事件の原因と考えるかは，その事件の観察者の目的・立場によって異なり，究極においてはその者の価値判断に関わっている。」

　「因果関係という概念が使用される意味は，一定の目的との関係において——もっと一般的に言えばそれが使用される文脈の抽象のレベルとの相関関係において——考えられるべきである。」

　これらの記述の正確な意味はその前後の文脈を参照すべきではあるが，平井宜雄教授は，原因結果及び因果関係が，① 評価概念であること，② その判断にあたっては帰責という目的の観点を欠くことができないことを正しく指摘している。

　しかし，平井宜雄教授がここでいう「因果関係」は，「ある損害賠償請求事件」に関して論じているところからしても，「事実的因果関係」ではなく，「法的因果関係」を意味していると解される。この点は，次に確認する。

　　d　補足その3——事実的因果関係が事実概念であること

　『損賠賠償法の理論』136頁には，次のとおりの記述がある。

「事実的因果関係の存否は conditio sine qua non すなわち「被告の行為がなかったならば賠償を求められている当該損害は生じなかったであろう」という公式によって決定される。そうしてこの「あれなければこれなし」の関係が存在するかどうかは，法的価値判断を含まないところの事実関係の科学的探究によって明らかにされなければならない。」（以下「第1言明」という。）

「事実的因果関係が事実の問題であるのは後に述べる賠償の範囲を制限するための政策的価値判断（保護範囲）と対立する意味において用いているからである。すなわち，事実認定と法律判断という対比がなされるのと同様の言語使用の一定のレヴェルにおいて，事実的因果関係を事実の問題だと解するわけである。」（以下「第2言明」という。）

「因果関係がより抽象度の低い言語使用のレヴェルでは価値判断を——そうして法の分野で問題となるときは帰責の観点を——離れるものではないことはすでに述べたとおりである。」（以下第3言明」という。）

平井宜雄教授は，第1言明において，事実的因果関係の存否の判断は，『あれなければこれなし』公式によって決定されるし，その事実的因果関係の存否は科学的探究によって明らかにされうるかのような見解を述べている。しかし，この点の理解は，本稿の考え方からは，正当ではない。事実的因果関係の存否の判断は，『あれなければこれなし』公式によってすべきではなく，また，法的価値判断ではないが，一定の価値又は目的からの評価としての判断にほかならないからである。

平井宜雄教授の第2言明は，事実的因果関係と保護範囲とを区別し，事実的因果関係の判断にあっては法的判断をしてはならない旨を述べるところ，この言明は，提唱するところの3つの分析道具概念の役割を適切に機能させるために正当な提言である。

平井宜雄教授の第3言明は，前記cで引用したところで使用している「因果関係」は，「より抽象度の低い言語使用のレヴェル」におけるものであることを説明している。ここで言う「より抽象度の『低い』」という言葉は，歴史段階が進むにつれて，事実的な因果関係と帰責という価値判断をも考慮した因果関係とが概念的に区別されていくところ，それより前の歴史段階においては，事実と帰責という価値判断との区別をすることなく，「因果関係」とい

う言葉が使用されていたことを指摘するものであろう。つまり，前記 c で引用したところで使用している「因果関係」は，事実的因果関係ではなく，帰責という価値判断を含むところの「法的因果関係」を意味していることを明らかにしていると解される。

　e　補足その4——択一的原因競合についての考え方

『損賠賠償法の理論』136頁，433頁には，次のとおりの記述がある。

「複数者の行為が一定の損害をもたらしかつ一つの行為だけでも当該損害を惹起することが，事実関係の科学的探究の結果可能であることが判明した場合には，右の「あれなければこれなし」の公式を適用すると，事実的因果関係がいずれの行為の間にも存在しないという不当な結果をもたらす。ここでこの場合には，「あれなければこれなし」の例外として事実的因果関係の存在を認めるべきものと考える。」(136頁)

「事実的因果関係の存否は，原則として「あれなければこれなし」(conditio sine qua non) の関係が存在するかどうかによって判断されること，契約不履行の場合について述べたのと同様である (一六四頁)。すなわち，被告の行為という事実と賠償を求められているところの損害の事実との間に，前者が存在しなかったならば後者もまた存在しなかったであろう，という思考の上での条件関係が存在するならば，両者の間に事実的因果関係の存することが肯定されるのである。」(433頁)

「もっとも，「あれなければこれなし」の関係が存在しなくてもなお事実的因果関係を肯定しなければならない例外的な場合の存することも，契約不履行について述べたのと同断である。すなわち，A の行為と B の行為とが合して損害が生じ，かつ A の行為のみでも当該損害が生じる場合には，右の条件関係をもって判断するならば A の行為も B の行為もともに損害との間に事実的因果関係を有しなくなるという不当な結果を導くために，この場合においては「あれなければこれなし」の公式は働かないと解さざるを得ない。」(433頁)

「事実的因果関係という概念もより高い抽象のレヴェルにおいては，一つの価値判断にほかならないことは前述のとおりであり (四〇頁)，したがって右の公式も結局は一応の価値判断の基準を与えるものにすぎないことを考え

れば，かような例外が生ずることは当然である。事実的因果関係の存否の判断は大体において「あれなければこれなし」の公式によって与えられる，ということで満足するほかない。」(433頁)

平井宜雄教授は，事実的因果関係が「原則として」『あれなければこれなし』公式によって判断されるものであるとしているが，択一的原因競合事案についてこの公式を適用した場合には「不当な結果」をもたらすことになると判断したため，択一的原因競合事案については「例外として」『あれなければこれなし』公式を適用しないことにし，その理由を，事実的因果関係という概念も，より『高い』抽象のレヴェルにおいては，一つの価値判断にほかならないからであるとしている。

しかし，この説明は，説得的ではない。「より『高い』抽象のレヴェル」という言葉が何を意味しているのかは直接的には不分明であり，先に出現している「より抽象度の『低い』言語使用のレヴェル」とは異なる意味のように思われる。

この点はさておき，本稿で述べたとおり，事実的因果関係の概念及び原因結果の概念は，評価にほかならないことを率直に認め，かつ，事実的因果関係の存否の判断は，『あれなければこれなし』公式によってはできないことを認め，しかし，そうは言っても，事実的因果関係は，法的因果関係の前提となるものであるという理解をすることが相当であると考えられる。

平井教授の『損賠賠償法の理論』が発行された1971年においては，事実的因果関係の概念が，そして，原因結果の概念が，事実に基づくものとはいえ，事実のみによっては認めることができず，評価によってはじめて認められるものであり，『あれなければこれなし』公式は，事実的因果関係の存否を判断するための思考方法として不適切であるという理解が一般的なものでなかったであろう。

しかし，少なくとも，要件事実論における先進的な研究者が，事実的因果関係について評価的要件であるとする見解を固めつつある現在においては，平井宜雄教授の事実的因果関係についての理解は，修正を要する段階にきているように思われる。

f　補足その5——不作為の因果関係についての考え方

　『損賠賠償法の理論』436頁，437頁には，次のとおり，「事実的因果関係存否の判断にあたって前提とされる行為とは，不作為を含まない」との記述がある。

　「行為には不作為が含まれるか。「不作為の因果関係」の問題はドイツの因果関係論において好んで論じられたものであり，わが国の学者も同様の発想の下にこれをとりあげることが少なくない。しかし，この発想自体の意味がわが国では乏しい上に，右に述べた意味での「行為」を考えるならば，この問題を論ずる意味は少ない。少なくとも不作為に対して責任を問うためには一定の事態に対する法的評価（作為義務違反）が要求されることが広く認められている以上，それは事実的因果関係と平面を異にしており，したがって，事実的因果関係存否の判断にあたって前提とされる行為とは，不作為を含まないと解すべきである。」

　平井宜雄教授もまた，刑法理論におけるのと同様に，不作為については事実的因果関係の存否の判断対象となる行為ではないとしている。

　しかし，この見解が，事実的因果関係を事実概念とすることから生まれるものであり，事実的因果関係を評価概念であるとする本稿の立場からは採用できないことは，既に，5で述べたとおりである。

ウ　水野説

　a　概要

　水野謙教授は，（注掲）『因果関係概念の意義と限界』において，不法行為による損害賠償請求権について，日本法のみならず，英米の法律，その立法沿革，判例，学説などを検討し，平井説を前提としながらも，平井説のいう「事実的因果関係（事実認定判断）と保護範囲（法的評価）」との2段階の区別に基づく法的判断が必要かあるいは可能かを問題とし，また，平井説のいう「事実的因果関係は，『あれなければこれなし』公式によって判断できる」という命題が妥当か否かなどを検討する。

　そして，結論として，次のとおり述べる。

　「(1)　まず，①「あれなければこれなし」という言明は形式論理学とは無縁であり，原因と結果との間に成立する反復可能性を前提に，因果関係を確証

する機能あるいは帰責判断を開始するに値する特別なつながりを主張する役割を担っている。また，②「あれなければこれなし」という言明の根底には，自分の行為が何らかの作用を外界に及ぼしてしまったことについて加害者が抱く「自己感覚」が存在する……ため，たとえ予測が及ばない損害展開についても，いったんは事後的な観点から事実的因果関係の有無を検討せざるをえないと考えられる。

(2) このように事実的因果関係の内実を捉えたうえで，次に問題となるのは，事実的因果関係の問題を政策的判断と切り離して議論する「事実と政策との二元論」がどのような場合に妥当するかである。これは，次の二つの損害類型（③④）で妥当すると考えたい。まず，③ 加害行為と損害との間に原因が介在したとは評価できず，かつ加害行為を抽象的危険防止義務の違反と評価できない場合である。……この場合は義務射程説が有効に機能する。また，④ 加害行為と損害との間に原因が介在したと評価できる場合でも，原因の介在の仕方が偶然と言える場合には，二元論が妥当する。このときは危険性関連説ないしドイツの相当因果関係説が機能する。

(3) これに対して，⑤ 原因介在事例とは評価できず，かつ抽象的危険防止義務の違反が認められる場合には二元論を貫く必要性に乏しい。……また，⑥ 原因介在事例と評価でき，しかも原因の介在の仕方が偶然とは言えないケース…の中で，加害行為と損害との間に反復可能性がある通常の類型……も，二元論に固執する必要はない。

(4) もっとも，⑦ 人間相互の交渉事例の中でも反復可能性が観念しえない損害類型……では，義務射程説も危険性関連説も，またふくらみのある因果関係説も無力である。ここでは「区別」論のもう一つの側面である「事実的因果関係概念の普遍性」を見いだすことはできないからである。この場合は被害者の心の状態に対して，加害者の帰責を肯定するに足りる法的評価を与えることができるかどうかを直截に探求するほかはない。法的空間における因果関係概念の一つの重要な限界は，ここにあると解される。

(5) このように，「区別」論の検討を通じて因果関係概念の意義や限界を探求するとき，われわれは不法行為帰責論の再構成に向けて，(2)から(4)までの，いわば三層構造的なアプローチが可能になる。本書の検討結果は，以上

のように圧縮することができる。」(344頁から346頁)

　b　補足その1

　水野謙教授のaの①及び②は、「事実的因果関係は、原則として『あれなければこれなし』公式によって判断することができる」という平井宜雄教授の理解を前提としながらも、その『あれなければこれなし』公式の適用の制限（①）及びその制限の解除（②）をいうものであろう。

　すなわち、aの①は、『あれなければこれなし』公式の適用にあっては、「反復可能性」を前提とすべきであるという制限をいうところ、これは、ヒュームのいうところの「恒常的結合」又は「恒常的連接」、あるいは、刑法における合法則的条件理論のいうところの「合法則性」を考慮すべきであるということであろう。そして、aの②は、被害者の自殺の事案のように「反復可能性」（「恒常的結合」「恒常的連接」「合法則性」）が肯定できない場合であっても、加害者が抱く「自己感覚」を媒介として、『あれなければこれなし』公式の適用可能性を肯定する（上記①の制限を解除する）というものであろう。

　このようにして、水野謙教授は、「事実的因果関係は、原則として『あれなければこれなし』公式によって判断することができる」という平井宜雄教授の理解を維持しようとする。

　そして、事実的因果関係は、以上のような『あれなければこれなし』公式によって判断できるものとしたうえで、「事実と政策との二元論」すなわち、「事実的因果関係は事実によって判断し、保護範囲は政策によって判断するという二元論」が妥当し、あるいは、妥当しない類型論を検討し、③ないし⑦の類型区分による判断基準を提唱する。

　c　補足その2

　水野謙教授の（注掲）『因果関係概念の意義と限界』は、平井宜雄教授の提唱したところの損害賠償請求権に関する分析概念道具、すなわち、①事実的因果関係、②保護範囲、③損害の金銭的評価の3つの分析概念道具の使い勝手をよりよくするための、そして、民法における不法行為による損害賠償請求権の成立の判断についての類型的な判断基準を提供するための、1つの試みとして高く評価することができよう。

　本稿は、「事実的因果関係は、もともと、事実概念ではなく、評価概念であ

ること」,「『あれなければこれなし』公式は,事実的因果関係の存否の判断の思考方法としては,不適切なものであること」,「法的因果関係は,事実的因果関係を基礎としながらも,法の趣旨・目的という観点からする,さらなる評価であること」を指摘するものである。

そういう意味では,水野謙教授の(注掲)『因果関係概念の意義と限界』と本稿とは,その視座を異にするものではあるが,民法における不法行為による損害賠償請求権の成立についての判断基準を模索するという点では,同じ志向を有するものともいえる。

エ 米村説
 a 概要

米村滋人准教授は,(注掲)「法的評価としての因果関係と不法行為法の目的(一),(二・完)」において,不法行為による損害賠償請求権の成立要件としての因果関係について,ドイツ法及び日本法の学説,判例・裁判例を検討し,要旨,次のとおり述べる(535頁から536頁,892頁から893頁)。

① 不法行為における因果関係は,事実概念ではなく,評価概念である。
② その因果関係が不法行為の成立要件として必要となる根拠(正当化原理)は,α 個別的正義の実現の側面(政策的救済法の側面)と,β 一般的規範の実現の側面(政策的規制法の側面)とがある。
③ そのような評価概念であり,かつ,そのような正当化原理を根拠とする因果関係の存否の判断は,個別事例に応じて柔軟かつ多面的に考慮して行うべきであり,その判断は,原則として,評価的に再定式化された『あれなければこれなし』公式の適用によって実現される。

 b 補足

米村滋人准教授の上記論文は,ドイツ法における諸学説の紹介及び分析,日本法における平井説及びそれ以後の学説の紹介及び分析並びに日本法における判例・裁判例の分析を知るだけでも,非常に有意義なものである。

また,米村滋人准教授が結論として示した見解であるところのaの①の点(因果関係が評価概念であること)及び②の点(因果関係の正当化原理が,個別的正義の実現の側面のみならず一般的法規範の実現の側面にもあること)は,因果関係についての正当な理解を示している。

しかし，米村滋人准教授が結論として示した見解であるところのaの③の点（因果関係の存否の判断が，原則として評価的に再定式化された『あれなければこれなし』公式の適用によって実現されること）は，本稿の立場からは，賛成できない。

なお，日本法における平井説及びそれ以後の学説の紹介及び分析にあたって，次のように述べている点は，平井説を正しく理解し，分析したものであり，その理解及び分析が上記論文の基底に流れている（840頁から841頁）。

「平井教授の「事実的因果関係」論は，因果関係判断に介在しうる「価値判断」の一部を賠償範囲論等に追いやる形で排除しえたに過ぎず，その判断構造は事実的・没価値的なものとは言いがたい。言い換えれば，ここでは事実判断と法律判断の分割という形式を採りつつも，実質的には多様な評価的判断を抽象度などに応じて複数の評価的概念に振り分けたにとどまり，これは本稿の定義による評価的因果関係理解の立場（後述する〈Va〉の類型）にほかならない。」

「以上のことから，平井教授の提唱する「事実的因果関係」概念を単純に事実的判断として位置づけることは適切でなく，それはある種の評価的判断として理解すべきことが明らかになったと言えよう。ただしそこでは，評価的視点の内容の分析が不十分であり，また評価的判断の介入の根拠や態様が明らかにされていない点において，なお理論的に未完成なものであった。このような平井説における「事実的因果関係」概念の不明確さは，次に述べる平井説以後の学説における「事実的因果関係」の意味の多様さや曖昧さを引き起こす一つの要因ともなったと考えられるのである。」

オ　ハート・オノレ説

a　概要

H.L.Aハート及びトニー・オノレの『Causation in The Law』[78]，邦訳『法における因果性』[79]の概要は，次のとおりである[80][81]。

本書は，3部から構成され，第1部において，因果関係一般についての考察をし，第2部において，コモン・ローにおける原因結果及び因果関係の分析をし，第3部において，主にドイツ法を中心としたヨーロッパ大陸での条件説及び相当因果関係説について触れている。

第1部において述べている因果関係及び原因結果についての論述は多岐に

わたるものであるが，本稿に関係する限度でその主張の基本のいくつかを確認すると，次のとおりである。

① 因果関係の判断において重要な事柄は，原因（cause）と単なる条件（a mere condition），機会（occasion），状況の一部（part of the circumstances）との区別をすることである。（原著2頁，11頁）

② 哲学者及び科学者のいう因果関係又は原因結果の概念は，歴史家，法律家及び普通の人（a plain man, an ordinary man）のいうそれらの概念と異なる。少なくとも，後者は，過去に発生した個別の事象（one particular event）についての因果関係又は原因結果を探求するものであり，単一因果言明（a singular causal statement）であるといえる。（原著9頁，10頁）

③ 歴史家，法律家及び普通の人のいう結果の概念は，結果（effect）のみならず，結末（results），帰結（consequences）をも含むものとして使用されているし[82]，その原因の概念は，原因となること（causing）のみならず，させること（making），仕向けること（inducing），誘惑すること（enticing），機会を提供すること（providing an opportunity）などを含むものとして使用されている[83]。（原著2頁）

④ 民事責任又は刑事責任を肯定するために，しばしば，法的因果関係があるとの判断がされているが，実際には，その判断において，その行為の責任（liability or responsibility）を検討していることがあり，それは，帰責的因果言明（attributive causal statement）の性質を有する。（原著3，4頁，25頁）

⑤ 因果関係を肯定するか否かの判断をするための考え方として，『あれなければこれなし』公式（本書では，「あれ」をシネクワノン条件といい，「これ」を結果，出来事，害悪などとする。）は，次の2つの点を考慮すれば，一般的に有効であるといえる。その2点の一つは，シネクワノン条件であるといえてもその条件が因果的に重要でない場合があることを認めることであり，そのもう一つは，シネクワノン条件であるとはいえなくてもその条件が因果的に重要である場合があることを認めることである。

　第1の点に関しては，2つの場合がある。その一つは，『あれなければこれなし』公式に該当する文章形式をとっていても，その文章が論理的

な記述をしているに過ぎない場合であり，本書は，それを分析的関連という。例えば，「彼女は結婚してさえいなければ，やもめになることはならなかったであろう。」という文章は，論理的な記述にほかならない。もう一つは，ある条件が付随的な事実に過ぎない場合であり，本書は，それを付随的関連という。例えば，Ｐが銃を使用してＶを射撃して殺した事案において，Ｐが黒い皮手袋をしていた事実やその射撃をした日が日曜日であった事実などは，因果的に重要な事実ではない。

　第２の点に関しては，重畳的原因がある場合であり，例えば，Ｐ及びＱという２人の人間が同時に銃を発砲し，被害者であるＶの頭をうちぬいて殺した事案であり，この事案では，Ｐの行為もＱの行為も，シネクワノン条件とはいえないが，因果的に重要な事実であるといえる。それゆえに，この事案では，Ｐ及びＱがともに，殺人既遂罪に該当するといえる。そして，この重畳的原因がある場合の変容態として，理由と機会が重複する態様や不作為が重複する態様もある。（第５章。原著109から129頁）

　b　補足その１

　ハート・オノレの本書は，因果関係一般についての考察の点でも，コモン・ローの判例の実際を知るうえでも，また，ドイツ法を中心とする大陸法における因果関係論を知るうえでも，記念碑的な重要性のあるものである。

　本書は，因果関係，原因，そして結果という言葉について，哲学者（デイヴィッド・ヒューム及びジョン・スチュアート・ミル）の見解を参照しながらも，法律家や歴史家及び普通の人が使用している実態を素直に見つめ，日常言語分析という手法に基づいて検討したところの実証的な因果関係論であるといえる。

　c　補足その２

　本書の基本的なスタンスは，因果関係あるいは原因結果の概念の内容の多様性を確認し，それゆえに，法における因果関係あるいは原因結果の概念が，一義的には決定できないことを前提として，その定義をすることなく，コモン・ローなどにおける現実の法の適用の実態を分析するところにある。

　このスタンスは，本稿のスタンスとは異なる。すなわち，本稿は，因果関係あるいは原因結果の概念が評価概念であり，評価の多様性があることを前提としながらも，むしろ，因果関係及び原因結果の概念を一義的に定義し，

かつ，因果関係概念が原因結果の概念に還元され，さらに，原因が結果との関係において必要条件であるものでも，十分条件であるものではなく，蓋然的条件であるに過ぎないものであり，客観的な事象経過を観察することによってその蓋然性の計量・評価をすることを基礎として適切な因果関係判断が可能となるものであることを主張し，その結果として，『あれなければこれなし』公式が因果関係判断のための思考方法として実際上も理論的にも不適切であることを指摘し，択一的原因競合事案について『あれなければこれなし』公式を適用することが構造的に誤りであることや不作為の因果関係についてはこれを問題なく肯定しうることを指摘するものである。

　私は，本書の内容について基本的に賛成するものである。しかし，本書中の『あれなければこれなし』公式に関する記述部分，すなわち，上記 a の⑤の記述部分が，結論としては現実的に正しいものとして肯定できるものの，『あれなければこれなし』公式の理論的な問題点を明らかにしていないことに，そして，択一的原因競合の事案（なお，本書では重畳的原因競合の事案という。）について『あれなければこれなし』公式の適用できない理論的な理由を述べていないことにも，いささかの不満を禁じえない。

　d　補足その3――マクローリン設例について
　ⅰ）マクローリン設例

　本書の豊富な判例や設例の紹介は，知的好奇心を奮い起こすものがある。法的な因果関係の判断を必要とする多様な事案があり，それを裁判所が実際にどのように取り扱い，あるいは論者がどのような結論を提示し，そして，ハート・オノレがどのように考察しているのかを知ることは，それだけでも，一つの知的冒険であるといえる。

　その中でも，際だって興味を引くものの一つが，マクローリン設例である[84]。

　その設例は，マクローリンが提示した原型とは多少異なるが[85]，次のようなものである。

　「Aは砂漠にはいろうとしているとしよう。Bが致死量の毒をAの水桶にひそかに入れる。Aがその桶をたずさえて砂漠に出る。そこに，清水が入っていると思ったCが現れ，その桶を盗む。Aは渇きのため死ぬ。彼を殺した

のは誰か？」

　ⅱ）ハート・オノレの解

　ハート・オノレは，Cの行為がAの死を惹起したとはいえないという。これは，後記ⅲ）のマッキーの解に対する反対意見の表明である。その理由は，Cの行為は，Aから生命の本質的要素をなんら奪っておらず，たまたま，生命をわずかに引き延ばしたというのが自然なコメントであるからであるという。

　さらに，判例法によれば，合理性はあまりないのだが，Bの行為がAの死の原因であるとするであろうという。そして，他の考え方では，BもCも，殺人未遂罪となるが，既遂罪にはならないともいえるとする。

　以上のように，その見解は，いささか不分明なところがある。すなわち，ハート・オノレは，Cが殺人既遂罪に該当することを否定してはいるが，B及びCの罪責については自らの見解を明らかにしていない。しかし，明言しているものではないが，B及びCの罪責は，いずれも，殺人未遂罪となることに賛同しているようである。

　ⅲ）マッキーの解[86]

　マッキーは，Aの死の原因は，Cの行為にあるという。その理由は，Cが水桶を盗んだこと→水がなくなったこと→Aが渇き→死んだことという因果の鎖が，実際の事実であり，Aが毒水を飲んだこと→死んだことという因果の鎖が事実として実現しているものではないし，また，Aが一般的に死んだものでもないからであるという。

　つまり，マッキーは，Cが殺人既遂罪に該当するという。しかし，マッキーは，Bの罪責については，何ら触れていない。

　ⅳ）井上祐司教授の解

　井上祐司教授は，Bが殺人既遂罪に該当し，Cは無罪であるという[87]。その理由は，Bが殺人既遂罪に該当するという点については，難解であるので，注記に記載するにとどめる[88]。Cが無罪であるという点については，不可罰的未遂（幻想犯）であるからというものである。

　ⅴ）私見

　私見は，事実関係依存的なところもあるが，標準的な事実関係を想定した

場合には、結論として、井上祐司教授の解と同一であり、Bが殺人既遂罪に該当し、Cは無罪（ただし、厳密には、水桶を盗んだという点は、窃盗罪に該当するが、この点は別論とする。）であると考える。その理由は、次のとおりである。まず、Bについては、①Aが砂漠にはいろうとしていることをBが認識したこと、②Aが砂漠を安全に通過するためにはきれいな水の入った水桶を必要としたこと、③Bがその水桶に致死量の毒をひそかに入れたこと、④Aが砂漠においてきれいな水を飲むことができなければ渇き死ぬことになったこと、⑤Bは、それを予見でき、かつ、それを認容したと推認されることという事情からすれば、Bには、Aを毒殺する故意があったほか、Aが渇き死ぬことについての未必の故意があったことになり、Bの行為は、そのような複合的な殺人の故意に基づくものであり、その複合的な故意のうちの一つの選ばれた結果が発生した以上、Bの行為とCの渇死との間には相当因果関係があり、それゆえに、Bは殺人既遂罪となる。また、Cには、殺人の故意があることは否定できないものの、その客観的な行為は、毒水の入った水桶を盗んだというものであり、この行為は、客観的に、殺人罪の構成要件に該当する行為であるとはいえないから、無罪となる。

なお、具体的な事実関係によっては、Bには、Aが渇き死ぬことについての未必の故意があったとは推認できないこともあるから、その場合には、Bは、殺人未遂罪となり、Cについては、相変わらず、その行為が構成要件該当行為といえないゆえに、無罪となる。

この問題について、検察官を約20年経験した後に弁護士となった者に尋ねたところ、その弁護士は、「なかなか難しい問題であるが、普通は、Bは、殺人未遂罪というしかないのではないか、Cも、殺人未遂罪といえるのではないか」という見解を示し、その理由を説明してくれた。Bが殺人未遂罪にとどまる理由は、Aが毒によって死ぬというBの意図が実現されず、そのBの意図がCの行為（毒の入った水桶を盗むという行為）によって妨げられたという事実を重視するものである。また、Cが殺人未遂罪に該当すると判断する理由は、次のような別の設例、すなわち、PがVを殺そうと考えて、薬品棚に置いてある毒の表示のある物を、Vの飲もうとしているコーヒーのカップに入れたが、その物は、実は、砂糖であったためにVが死亡しなかった場合

にも、殺人の実行の着手があると考えられるという設例を参考として、マクローリン設例におけるＣの行為も同様に殺人の実行の着手があったと考えることができるというものであった。しかし、私は、Ｃを殺人未遂罪とする見解に賛成することができない。やはり、殺人の構成要件該当行為は、客観的な事実に基づいて「人を殺す可能性が十分にある行為」といえるか否かという観点から評価すべきところ、砂糖をコーヒーのカップに入れる行為は、人を殺す可能性が十分にある行為とは評価できないからである。

いずれにせよ、マクローリン設例は、事実関係依存的な部分もあるため、一義的には決定できないものの、Ｂ及びＣの行為がＡの死の結果についての原因といえるか否か、あるいは、Ｂ及びＣにＡの死についての帰責事由があるといえるか否かについては種々の考え方がありうる。私見は、日本の刑法理論に基づきながらも、Ａの渇死についてのＢの未必の故意の有無という視点（標準的な事実関係の下ではこれがあると推認されると判断する。）及びＣの行為についての構成要件該当性の有無の視点（客観的にみて殺人罪の構成要件該当行為ではないと判断する。）からの分析を基本とするものであるが、ハート・オノレ、マッキー及び井上祐司教授の見解は、いずれも、もう少し抽象的な観点からの分析であるといえる。

　カ　まとめ

不法行為による損害賠償請求権の成立要件としての因果関係について、日本法の関係では、相当因果関係説、平井説、水野説、米村説を概観し、また、英米法の関係では、ハート・オノレ説を概観した。

日本法の関係では、相当因果関係説は、（事実的）因果関係についての考え方は明らかではないものの、相当因果関係については評価概念であるとしていることが明らかであろう。

また、平井説が提示した①事実的因果関係、②保護範囲、③損害の金銭的評価という３つの分析道具概念のうち、①の事実的因果関係については、平井説も、事実概念であるかのような記述をしながらも、評価概念であるとする理解を示しているところがあり、水野説及び米村説は、平井説のいう事実的因果関係も評価概念であることを明確にしたものであるといえる。そして、最近の要件事実についての先進的な研究者は、事実的因果関係が評価概

念であるとしていることは，1の(4)のイで述べたとおりである。

　ハート・オノレは，主にコモン・ローにおける原因結果及び因果関係の分析を通じて，原因結果及び因果関係が多義的な内容を有する評価概念であることを確認しているといえる。

　以上のとおり，不法行為による損害賠償請求権の成立要件としての因果関係について，法的因果関係が評価概念であるということについては，異論がないところといえる。

7 論理学的因果関係及び哲学的因果関係

(1) 問題の提示

　法律家が因果関係を論ずるに際して，事実的因果関係及び法的因果関係という言葉のほかに，論理学的因果関係（「論理的因果関係」，「論理学上の因果関係」などともいう。）という言葉，あるいは，哲学的因果関係（「哲学における因果関係」，「哲学上の因果関係」などともいう。）という言葉が使用され，これらの論理学的因果関係あるいは哲学的因果関係という言葉に対応する因果関係というものがあるかのような記述がある。

　しかし，果たして，そのような因果関係というものがあるものか否かは，検討の余地がある。

(2) 親子関係についての検討

　論理学的因果関係及び哲学的因果関係の概念を検討する前提として，親子関係について検討してみる。

ア 親子関係の基本

　親子関係という言葉がある。

　親子関係とは，「ある者Ａと他の者Ｂとの間において，Ａが親であり，Ｂが子であるという関係があることをいう。」と定義できる。そして，親という言葉も，子という言葉も，事実を基礎とするものの，事実そのものではなく，評価によってはじめて肯定できるものであり，また，お互いに補い合う関係にあるセットとなったものであって，相補的対概念に属する言葉である。そして，親あるいは子という評価には，多様なものがありうる。

親子関係には，自然的な親子関係，事実上の親子関係，法的な親子関係などの区別が可能であり，また，親子関係は，親の性別によって，父子関係及び母子関係に区別される。

自然的な親子関係とは，血縁上の親子関係ともいわれ，現在では，子とされる者の遺伝子が親とされる者の遺伝子を承継していることをいう。自然的な親子関係があっても，後記の事実上の親子関係があるとはいえない場合があるし（親が子を捨てるなどして養育を放棄している場合など），後記の法的親子関係があるとはいえない場合がある（婚姻していない母が出産した子について父が認知していない場合など）。

事実上の親子関係とは，同居，養育，監護などの共同生活を通じて，社会通念上，親と子との関係があるものをいう。例えば，病院で出生した子の取違えがあった場合には，親とされる者が自然的な親子関係のない子とされる者を養育することになるが，その両者の関係は，事実上の親子関係といってよいであろう。また，子の両親が養育できないような場合に，祖父母が子の養育をすることもあり，それも，事実上の親子関係といえるであろう。また，養子縁組届出をしていないため法律上の養親子関係はないものの，実際には，同居して年少者が年長者の療養監護をするという場合にも，事実上の親子関係があるといえることがある。このような事実上の親子関係のうち最後の事例のような場合には，その年長者が相続人なくして死亡したときに，その年少者が特別縁故者として相続財産の分与を受けることが可能となる[89]。

法的な親子関係は，養親子関係及び実親子関係に区別される。養親子関係は，自然的な親子関係がなくても，養子縁組という契約又は審判を通じて親子関係が形成される[90]。実親子関係は，日本法では，父子関係についていえば，嫡出子である場合の父子関係と，非嫡出子である場合に父が認知したときの父子関係がある。婚姻中に妻が懐胎して出産した子については，一定の要件の下に，嫡出子である場合の父子関係があるとされ[91]，その父子関係は，実際には，妻が他の男性との間にもうけた子（すなわち，夫の遺伝子を承継していない子）であっても，嫡出否認訴訟などによってその父子関係が否定されない以上，法的な父子関係を否定することができなくなる[92]。日本法では，母子関係についていえば，母が出産した場合に，その子との間で母子関係があると

される[93]。自然的な母子関係のない場合，すなわち，その子がその母の遺伝子を承継していない場合(例えば，別の女性の卵子を使用して懐胎出産した場合)であっても，法的な母子関係があるとされる。

　以上のとおり，日本法においては，自然的な親子関係，事実上の親子関係，法的な親子関係は，それぞれ，異なるものがあるとともに，事実に基づいて，その概念区別が可能となっている。

イ　論理学的親子関係

　法律家は，論理学的親子関係という言葉を使用しない。論理学的親子関係という言葉が何を意味するのかは不明であるし，また，どのような事実を基礎としてその判定をするのかも不明であるし，さらには，論理学的親子関係という言葉は，実際の法律判断にあたって現実的で有用な機能を果たすことはないと思われる。

　したがって，論理学的親子関係という言葉は，事実を基礎とするものではなく，かつ，現実的で有用な言葉ではなく，あえていえば，空想上の言葉でしかない。

　論理学は，多様な理解が可能ではあるが，一般的には，言葉と言葉との関係，あるいは，記号と記号との関係，ひいては，言明又は論理式の関係を探求する学問であろう。

　しかし，親子関係は，親又は子という言葉の示唆する実体があり，その実体についてどのような事実に基づき，どのように理解し，どのように取り扱うのが相当かという観点から検討されるべき事柄であって，論理学的な親子関係というものを想定する意味に乏しい。論理学的親子関係という言葉を提示するとすれば，少なくとも，その言葉の意味内容を明らかにし，かつ，そのような言葉を使用する必要又はメリットを明らかにすることが相当であろう。既に検討したとおり，自然的な親子関係，事実上の親子関係，法的な親子関係という言葉については，前記のとおりの意味内容及び概念区別の必要又はメリットが確認できるものであるが，論理学的親子関係という言葉については，その意味内容及び概念区別の必要又はメリットについて明らかではない。

ウ　哲学的親子関係

　法律家は，哲学的親子関係という言葉を使用しない。哲学的親子関係という言葉が何を意味するのかは不明であるし，また，どのような事実を基礎としてその判定をするのかも不明であるし，さらには，哲学的親子関係という言葉は，実際の法律判断にあたって現実的で有用な機能を果たすことはないと思われる。

　したがって，哲学的親子関係という言葉は，事実を基礎とするものではなく，かつ，現実的で有用な言葉ではなく，あえていえば，空想上の言葉でしかない。

　哲学は，多様な理解が可能ではあるが，一般的には，物事を深く考察する学問であろう。

　しかし，親子関係は，親又は子という言葉の示唆する実体があり，その実体についてどのような事実に基づき，どのように理解し，どのように取り扱うのが相当かという観点から検討されるべき事柄であって，哲学的な親子関係というものを想定する意味に乏しい。哲学的親子関係という言葉を提示するとすれば，少なくとも，その言葉の意味内容を明らかにし，かつ，そのような言葉を使用する必要又はメリットを明らかにすることが相当であろう。既に検討したとおり，自然的な親子関係，事実上の親子関係，法的な親子関係という言葉については，前記のとおりの意味内容及び概念区別の必要又はメリットが確認できるものであるが，哲学的親子関係という言葉については，その意味内容及び概念区別の必要又はメリットについて明らかではない。

(3)　論理学的因果関係及び哲学的因果関係の無意味性
ア　因果関係，事実的因果関係，法的因果関係

　法律家は，因果関係，事実的因果関係，法的因果関係という言葉を使用する。そして，その意味内容及び概念区別は，既に，詳細に検討したところである。

イ　論理学的因果関係

　法律家の中には，ときに，論理学的因果関係という言葉を使用する者がいる。

しかし，論理学的因果関係という言葉は，何を意味するのかは不明であるし，また，どのような事実を基礎としてその判定をするのかも不明であるし，さらには，論理学的因果関係という言葉は，実際の法律判断にあたって現実的で有用な機能を果たすことはないと思われる。

　したがって，論理学的因果関係という言葉は，事実を基礎とするものではなく，かつ，現実的で有用な言葉ではなく，あえていえば，空想上の言葉でしかない。

　因果関係は，原因又は結果という言葉の示唆する実体（事象）があり，その実体についてどのような事実に基づき，どのように理解し，どのように取り扱うのが相当かという観点から検討されるべき事柄であって，論理学的な因果関係というものを想定する意味に乏しい。論理学的因果関係という言葉を提示するとすれば，少なくとも，その言葉の意味内容を明らかにし，かつ，そのような言葉を使用する必要又はメリットを明らかにすることが相当であろう。しかし，既に検討したとおり，因果関係，事実的因果関係，法的因果関係という言葉については，前記のとおりの意味内容及び概念区別の必要又はメリットが確認できるものであるが，論理学的因果関係という言葉については，その意味内容及び概念区別の必要又はメリットについて明らかではない。

　ウ　哲学的因果関係

　法律家の中には，ときに，哲学的因果関係という言葉を使用する者がいる。

　確かに，哲学においては，因果関係は，一つの重要なテーマであり，実際にも，多くの哲学者が，因果関係について論じてきたという歴史的な事実もある。

　しかし，哲学が，物事を深く考察する学問であるとすれば，その深く考察した結果は，バートランド・ラッセルの見解に到達するものと思われる。すなわち，因果関係とは，厳密な科学には不必要なものであり，過去の遺物であって，哲学の世界から追放すべき言葉であるといえる。そして，本稿は，バートランド・ラッセルが明示的には言及しなかった因果関係，すなわち，厳密ではない科学や法律の世界や日常生活における因果関係は，現実的で有用なものであること，その因果関係とは，事実に基づくとはいえ，評価によっ

てはじめて認められる評価概念であること，そして，その因果関係は，事実から遊離したところで論究すべき事柄ではないということを明らかにすることを意図したものである。

法律家が哲学的因果関係という言葉を使用する場合に，その言葉が何を意味するのかは不明であるし，また，どのような事実を基礎としてその判定をするのかも不明であるし，さらには，哲学的因果関係という言葉は，実際の法律判断にあたって現実的で有用な機能を果たすことはないと思われる。

第4節　まとめ

1　因果関係についての検討の経緯

私が，因果関係について最初の関心を抱いたのは，大学生であった1970年ころ，中山研一教授の「因果関係」『刑法講座〈第1巻〉犯罪一般と刑罰』（有斐閣・1963年）を読んだことに始まる。

そこでの関心は，①因果関係は，事実か評価か，②択一的原因競合事案について『あれなければこれなし』公式を適用すると不合理な結論となる理由は何か，③不作為の因果関係はあるかという3つの問題であり，率直なところ，中山研一教授の上記論文の内容については，疑問を抱いたものの，明確な見解を形成することはできなかった。

私は，2007年から東洋大学法科大学院において不法行為法に関する判例を学生に話をする授業があったこともあって，それが，約45年前の私の抱いた関心・疑問に対する解を示したいという考えにつながっていったという経緯がある。

本稿が，上記の関心・疑問に適切に応えるものであるか否かは，分からない。

しかし，本稿は，それに応える一つの解であると考える。

2　まとめ

法律の世界では，因果関係は，主要な概念の1つである。

民法においては，不法行為による損害賠償請求権の成立のためには，加害者の行為と被害者の受けた損害との間に因果関係のあることが必要とされているし，また，刑法においては，犯罪（結果犯）の成立のためには，犯人の行為と結果との間に因果関係のあることが必要とされている。
　因果関係及び原因結果の概念は，厳密な科学には不必要なものであるが，厳密ではない科学や法律の世界や日常生活にとっては，現実的で有用なものでありうる。
　因果関係とは，ある事象(A)がその後に発生する（した）他の事象(B)との間に，ある事象(A)が原因であり他の事象(B)が結果であるという関係があることをいう。しかし，この定義は，原因及び結果の定義がなければ，無意味なものである。
　原因とは，ある事象(B)を発生させる（させた）他の事象(A)をいう。
　結果とは，ある事象(A)によって発生する（した）他の事象(B)をいう。
　原因結果は一対一対応の関係にあるものではない。
　因果関係及び原因結果は，事実を基礎として判断するものではあるが，評価によってはじめて認められるものである。つまり，因果関係及び原因結果という言葉は，評価概念に属する言葉である。
　法律の世界では，過去に発生した事柄について因果関係を論ずる。しかし，その因果関係の判断にあっては，回顧的（retrospective）観点からのみ検討するのではなく，一般法則あるいは将来発生する事柄の予測的（prospective）観点からも検討すべきである。
　原因は結果の蓋然的条件であり，必要条件でも十分条件でもない。その蓋然性は，客観的な事象経過の分析によって計量・評価される。
　『あれなければこれなし』公式は，因果関係判断のための思考方法として広く認められているものであるが，過去に発生した事柄に適用することは，実際上も，理論的にも，問題が多い。
　択一的原因競合の事案について『あれなければこれなし』公式を適用することは，同公式が前提としている適用範囲の外の領域に適用をすることにほかならないため，不適切なものといえる。
　不作為の因果関係は問題なく肯定できる。

法的因果関係は，事実的因果関係が肯定できるという評価を前提としたさらなる評価によって認められる。

　不法行為による損害賠償請求の関係では，その評価は，実際に発生した損害の公平な分担を考慮するほか，将来において同種事案が発生することを防止するという目的をも考慮し，もって，市民法秩序の安定を維持し，かつ，その発展を企図するという視点を不可欠の要素とする評価であるといえる。

　結果犯の関係では，その評価は，罪刑法定主義の観点あるいは犯罪予防などの刑事政策的な観点など刑事法の基礎にある諸観点を考慮するほか，最終的には，国民の健全な常識や社会の秩序維持の必要や国民の司法システムに対する信頼を確保するという要素などを考慮することによってする評価であるといえる。

　論理学的因果関係及び哲学的因果関係という言葉は，現実的で有用な言葉であるとはいえない。

(1)　民法709条が，「故意又は過失によって他人の権利又は法律上保護される利益を侵害した者は，これによって生じた損害を賠償する責任を負う。」と定めていることから，民法の定める不法行為の成立要件として加害行為と損害発生との間の因果関係が必要であることは，条文上明らかであると解されている。なお，『注釈民法(19)』38頁以下［加藤一郎執筆担当］は，不法行為の成立要件として加害行為と損害発生との間の因果関係が必要であるとしている。
(2)　民法においては，債務不履行による損害賠償請求権の成立のためには，債務者の債務不履行と債権者の受けた損害との間に因果関係のあることが必要とされている。しかし，本章では，この点については，触れない。
(3)　『注釈刑法第1巻』（有斐閣・2010年）297頁以下［小林憲太郎執筆担当］は，「因果関係とは処罰の対象となる振舞いと，構成要件上要求される結果との間に必要な一定の関係を指し，これが欠ければ構成要件該当性がないことになる。」としている。
(4)　瀧川幸辰『犯罪論序説』（有斐閣・1947年）は，因果関係は，行為における故意又は過失によってその限界が画されるから，刑法理論において因果関係論を独自に考察しなければならないものではなく，故意又は過失の限界という責任理論において考察すれば足りる旨を述べている。しかし，瀧川幸辰教授も，犯罪処罰のためには行為と結果との間に因果関係が必要であることは認めている。その記述は，次のとおりである。なお，漢字及び撥音便は現代用語に変換して引用した。「因果関係は甲乙の現象間における，甲がなければ乙もなかったとゆう必然関係を示す概念である。」(37頁)，「法律上の行為概念は意欲または意欲可能性に基く態度である。ここに刑法的評価の枠が画せられ，一切の刑法的評価のそとにあるものを排除する。刑法上因果関係はこの枠内において定めなければならない。枠のそとに出てこれを論ずることは必要でないばかりか，むしろ無益である。而もそれは結果の予見または予見可能性を前提とする限り

において故意または過失と限界を同じくするから，行為の因果関係の理論は責任の理論の或場面にほかならない。刑法において特に行為の因果関係を論ずる必要はないとゆわなければならない。」(39頁)，「刑法において特に因果関係を論ずることを不必要と考える。」(40頁)，「刑法上の因果関係の範囲が行為概念において当然の制限に服するとすれば，それは意欲または意欲可能性，従ってその前提である予見又は予見可能性の範囲に限定せられねばならない。その範囲はまさに行為者の責任範囲を一致する。この見解が正しいとすれば因果関係理論は責任理論の或場面にほかならないのであって，責任理論と独立して因果関係理論を取り上げる必要はないことになる。」(40頁)

(5) 事実的因果関係は，直接的には，事実に関する因果関係を意味するが，この言葉は，法的因果関係，疫学的因果関係，あるいは相当因果関係などのように，一定の個別科学あるいは価値又は目的などに基づいて評価される因果関係と区別することを明らかにした表現であるといえる。

(6) 法的因果関係は，前記のとおり，民法においては不法行為による損害賠償請求権の成立要件として必要とされ，刑法においては犯罪成立のために必要とされている。これらの法的因果関係は，一般に，事実的因果関係と異なるところがあると解されている。例えば，刑法においては，不作為の事実的因果関係はありえないが，不作為の法的因果関係はありえるとする説が，その当否はさておき，古典的にも，現代においても見受けられる。

(7) アリストテレス（出隆訳）『形而上学』第1巻第3章983a25以下（岩波書店・アリストテレス全集12巻・1968年・12頁以下），同第5巻第2章1013a24以下（133頁以下）。アリストテレス（出隆＝岩崎允胤訳）『自然学』第2巻第3章194b17以下（岩波書店・アリストテレス全集3巻・1968年・53頁以下）

(8) アリストテレスがアポロンの銅像を例として説明しているわけではない。しかし，アリストテレスが例をあげて説明しているものをまとめ，アポロンの銅像を例とするとすれば，以下のような説明となるという趣旨である。

(9) アリストテレス前掲『自然学』369頁の訳者注参照

(10) アリストテレス前掲『形而上学』第1巻第3章983b6，984a5以下（13頁，15頁）

(11) 山中敬一『刑法総論Ⅰ』（成文堂・1999年）238頁は，「従来，因果関係論として犯罪論の中で取り扱われてきた」ところの「因果関係概念は，自然科学や社会科学で用いられる範疇的な概念と法律学上の目的論的な概念とが渾然一体となったものであった」とし，従来因果関係論として議論されていたものは，法律学上の目的論的な概念であるところの客観的帰属論に置き換えられるべきことを主張している。すなわち，山中敬一教授は，因果関係の問題は，行為者に責任を帰属させるという目的の観点から考察されるべきことを指摘しているといえる。この客観的帰属論については，本稿では後に，法的因果関係のところで触れることとする。

(12) 辰井聡子「因果関係論」刑法雑誌45巻3号（有斐閣・2006年）369頁以下。辰井聡子准教授は，「帰責の関係としての因果関係は，行為者が，結果を支配的に発生させたという事実，行為者が結果発生をコントロールしたという事実によって初めて基礎づけられる」(370頁)，「因果関係を肯定するためには，条件関係に加えて，当該結果の発生が行為者の意思的なコントロールの範囲内にあったという事実を確認しなければならない」(375頁)と述べる。すなわち，辰井聡子准教授は，因果関係を肯定するためには，客観的な行為（作用因）のみでは足りず，行為者がその行為をするに当たってコントロールをするという意思（目的因）のあることが必要であるとしている。

(13) 米村滋人「法的評価としての因果関係と不法行為法の目的㈠，㈡・完」法学協会

雑誌 122 巻 4 号 534 頁以下，同 5 号 821 頁以下（有斐閣・2005 年）は，多くの箇所で，因果関係判断には，政策の判断が必要である旨を述べている。

(14) 山中前掲『刑法総論Ⅰ』243 頁は，「因果関係の概念については，それが，物理的・実在的な関係なのか，観念的・論理的な関係なのかについて，基本的な考え方の対立がある。……私見によれば，因果関係とは，第 1 次的には，われわれの認識とは独立の，現実的所与の間の現実的作用連関を意味するのであり，その意味で存在論的な関係であって，たんなる観念的・論理的連関ではない。」と記述している。ちなみに，本稿の見解は，結論的にいえば，因果関係の概念は，ヒュームのいうように，経験的な概念であり，ラッセルのいうように，物理的・実在的なものとして確認できるものではなく，また，論理的なものでもなく，経験的事実に基礎をおきながらも，一定の価値又は目的の観点からの評価としての概念であるということになる。

(15) 元々は，ラッセルが 1912 年 11 月に，アリストテレス協会の会長就任に際しての演説であり，同協会の 1912-13 年度の会報に発表されたものである。『神秘主義と論理』のまえがき（Preface）に，その旨の記述がある。

(16) 江森訳では，ここで引用した部分の英文の「event」という言葉に，「事件」という言葉をあてていたが，本稿では，その全体の関係で，「事象」という言葉をあてた。

(17) 野家啓一「科学のナラトロジー ──「物語り的因果性」をめぐって」『岩波講座哲学 1』（岩波書店・2008 年）60 頁以下は，ラッセルの見解を引用しながら，微視的（ミクロスコピック）な観点からは，ラッセルのいうとおり，因果関係は法則に還元されてその存在を否定されるが，中視的（メゾスコピック）な観点からは，因果関係はその存在を肯定してよいという。

(18) 髙山守『因果論の超克』（東京大学出版会・2010 年）36 頁以下は，ラッセルの見解を引用している。

(19) 須藤靖＝伊勢田哲治『科学を語るとはどういうことか…科学者，哲学者にモノ申す』（河出書房新社・2013 年）は，宇宙論などを専門分野とする須藤靖東京大学大学院理学系研究科教授が，科学哲学を専門分野とする伊勢田哲治京都大学大学院文学研究科准教授との対談を基本として編集したものであるが，この中で，須藤靖教授は，「物理屋は，ある結果に対してどれが原因か，といった意味づけはあまりしないと思います」（10 頁），「『すべての結果に対して，一対一対応的に理由を説明し尽くせるような原因が存在する』という単純な価値観を持っている物理屋はいないのではあるまいか。というかこのような問いかけを真面目に考察したことすらないであろう。」（10 頁），「『すべての』結果に原因を特定し尽くすことが事実上不可能であり，そのような問いかけが不毛であることは自明である」（10 頁），「原因と結果という一対一的な描像そのものが存在しない」（10 頁），「すべての物事において原因を特定することは不可能である。そもそも物事を原因と結果に分離することすら自明でない」（11 頁），「そもそも原因と結果という概念は，我々が何を重要だと思うかという価値観に依存しているように思えます」（122 頁），「原因という言葉を具体的に定義しない限りそれ以上の議論は不可能です」（125 頁）などと述べ，原因結果の概念及び因果関係の概念が，物理屋にとっては日常的におよそ念頭に浮かぶことがない事柄であるという論述をしている。これは，ラッセルの言うように，厳密な科学にとっては，法則又は公式を見出すことが課題であって，その日常的な研究の過程にあっては，原因結果や因果関係というようなあいまいな評価概念が，全く不必要であり，むしろ，妨害となるものであることを述べているものであろう。

(20) 津田敏秀『医学と仮説──原因と結果の科学を考える』（岩波書店・2011 年）は，疫

学などを専門分野とする津田敏秀岡山大学大学院環境学研究科教授が、主に疫学の観点から因果関係について説明したものであるが、その中で、「自然科学の因果関係について、ガリレオを起源とする必要十分な原因（原因と病気が一対一対応）と考える人もいるだろう。これは、ラッセルが言うように、論理学における根拠と帰結の関係と因果関係を同一視する誤りだ。」と述べ（80頁）、また、因果関係について「どれだけ頑張って観察しても、見えないものは見えない。」と述べ（80頁）、「因果関係は言語世界である。だから因果関係は要素還元主義では解決できず、科学的推論の問題として示すのが目標だ。」と述べている（81頁）。

(21) 碧海純一『法と言語』（日本評論社・1965年）207頁は、「数学的・定量的な厳密さをもって操作する科学、たとえば、物理学や数理経済学、においては、周知のように「AはBをひきおこす」とか「AがBの原因である」というような表現が函数的依存関係（functional dependence；functionale Abhängigkeit）をあらわす等式でおきかえられることが多い。」と記述している。

(22) 平井宜雄『損害賠償法の理論』（東京大学出版会・1971年）137、138頁は、碧海前掲『法と言語』を引用しながら、「言うまでもなく、自然科学上、因果関係という概念は現在すでにその座を失っている概念であって、用いられるとすれば、経験世界のあり方を一定の目的との関連において記述する一つの仕方にすぎない」と記述している。このように、法律家の間でも、厳密な科学にあっては因果関係概念が不必要なものとなっていることが、広く、認識されているようである。

(23) この点は、ラッセルが直接に言及しているものではない。本稿は、そういう意味では、ラッセルが直接には言及しなかった含意を描き加える役割を果たすことを課題としているともいえる。

(24) 例えば、マイケル・S・ガザニガ（藤井留美訳）『〈わたし〉はどこにあるのか　ガザニガ脳科学講義』（紀伊國屋書店・2014年）によれば、認知神経科学を専門とするカリフォルニア大学サンタバーバラ校教授である著者は、ミクロレベルでの現象とマクロレベルでの現象とを区別し、システム制御の専門家の意見を引用して、因果関係は、「物理法則レベルでは（筆者注：ミクロレベルでは）説明要素としての価値を持たない」が、「それより高い組織レベルでは（筆者注：マクロレベルでは）価値がある」と述べ、具体例として、「たとえば鉄分不足が貧血をおこすことは知っておいたほうがいい。日常生活において因果関係は実用的な意味を持ち、制御可能な事象に役だてられている。鉄分を積極的に摂取すれば、貧血は改善するだろう。物理法則は変えられなくても、鉄分量は変えられる。」と述べている（172頁）。要するに、厳密科学では、法則又は公式があるのみであり、因果関係という概念は、不必要であり、むしろ迷妄を招く危険性のあるものではあるが、実用科学（ここではシステム制御に関する科学）あるいは日常生活では、因果関係概念は、必要なものであることを述べている。法律の世界あるいは、法律学を科学というとすればそのような実用科学においては、因果関係概念は、やはり、必要であるといえよう。しかし、それゆえに、実用科学にあっても、ラッセルの見解を踏まえて、因果関係の意味、内容及び限界を適切に理解しておくことが必要であるといえる。

(25) 林陽一『刑法における因果関係理論』（成文堂・2000年）235頁以下は、ラッセルの見解を引用しているものではないが、ミクロレベル（近代科学が想定している原子・分子レベル）では決定法則が支配しているが、マクロレベル（人の認識・操作可能な大きさのレベル）では蓋然性法則しか認識できないとしたうえで、刑法における因果関係理論の再構成を試みている。林陽一教授のこの見解は、現代科学の基礎的な理解

(26) 須藤＝伊勢田前掲『科学を語るとはどういうことか…科学者，哲学者にモノ申す』の中で，須藤靖教授も，「物事を具体的にモデル化したならば，観測結果からその中の重要な成分を抽出するような統計的手法は数多く開発されていますから，個々の問題に即して近似的なモデルを仮定すればこれは実行可能です。そうすれば，無意味に一般論で因果関係とは何かと悩んだりすること無く原因を定量的に論じられますし，理学・工学では広く用いられています。」(127頁)と述べ，統計的にあるいは定量的に原因を探求することの実用性を肯定している。

(27) 多くの文献があるが，筆者が直接に確認したものとして，次のような著作がある。宮川雅巳『統計的因果推論—回帰分析の新しい枠組み—』(朝倉書店・2004年)，岩崎学『統計的因果推論』(朝倉書店・2015年)，J・パール(黒木学訳)『統計的因果推論モデル・推論・推測』(共立出版・2009年)

(28) この定義は，因果関係という言葉の基本的な説明である。それは，「落馬するとは，馬から落ちることである。」という単なる言い換えと同様なものであって，この定義は，原因及び結果の定義がなければ，無意味なものである。しかし，因果関係という言葉について，無定義で使用することは，因果関係という言葉にどのような意味を持たせるのかについての共通の認識を形成することができないから，このような定義であっても，有益であるといえる。逆にいえば，因果関係という言葉が，原因及び結果の定義を明確にすることなくしては無意味な言葉，あるいは，危険な言葉であるということを明らかにする役割がある。因果関係を論ずるに当たって，因果関係という言葉に不適切なイメージ，幻想又は意味を持たせないためには，因果関係という言葉の定義を明らかにすることは，出発点として必要な事柄である。

(29) この定義は，原因という言葉には，2つの事象が必要であること，その2つの事象間に「発生させる」又は「発生させた」という関係があることを明らかにするものであって，単なる言い換えの域を超えた説明であるといえる。

(30) 原因の定義において，「発生させる」又は「発生させた」という言葉ではなく，「惹起させる」又は「惹起させた」という言葉を使用する人もいる。また，「引き起こす」という言葉を使用する人もいる。ここでは，最も平易簡明な言葉として，「発生させる」又は「発生させた」という言葉を使用することとした。

(31) ヒューム本文掲記『人性論』139頁は，「結果とは，原因を相関語とする相対名辞である。従って，一切の結果は必然的に原因を予想する。」と記述し，原因及び結果という言葉が，互いに他方の言葉を想定していることを指摘している。

(32) それゆえに，ヒューム本文掲記『人性論』においては，因果関係あるいは因果性という言葉に伴っていた「必然性」あるいは「必然的結合」という観念を否定するために多大の記述を費やしている。

(33) 津田前掲『医学と仮説——原因と結果の科学を考える』80頁以下は，因果関係は事実ではなく評価であるが，原因及び結果は事実である旨の記述をしている。しかし，この記述は，厳密には，「原因又は結果と目される事象は事実であるが，その事象について，原因又は結果であるというのは，評価にほかならない」という意味に解される記述であろう。そのように解されることは，同書の全体から窺うことができる。

(34) 法律実務家は，従来から，これを規範的要件ということが多い。規範的要件という言葉は，規範の1つであるところの法律による評価が必要な要件というものである。しかし，法律効果をもたらすところの法律要件には，事実的要件と評価を必要とする要件とがあり，評価を必要とする要件には，法律的な評価というよりは，日常的な評

価を含むより広い意味での評価によってはじめて認めることができる要件（例えば，瑕疵，欠陥などがそうである。）があるから，評価的要件という方が簡明であるし，やはり，事実的要件という言葉の対語としても，評価的要件という言葉が相応しい。

㉟　伊藤滋夫『要件事実の基礎―裁判官による法的判断の構造』（有斐閣・2000 年）126 頁以下，難波孝一「規範的要件・評価的要件」『民事要件事実講座第 1 巻』（青林書院・2005 年）197 頁以下，田村伸子「評価的要件の判断構造についての考察」『民事要件事実講座第 6 巻』（青林書院・2010 年）81 頁以下，河村浩「民事裁判の基礎理論・法的判断の構造分析⑵㊦㊣―要件事実論の基礎的な概念・知識の検討―」判例時報 2149 号 21 頁以下などが，規範的要件ではなく，評価的要件という言葉の使用が適切であると述べている。最後に掲げた文献では，通常の理解よりも若干広めではあるが，「占有」「準占有」「履行に着手する」「瑕疵」「よって＝事実的因果関係」「欠陥」などが評価的要件であるとしている（同 23 頁）。

㊱　伊藤滋夫編著『要件事実講義』（商事法務・2008 年）243―244 頁は，因果関係が評価であるとは明言していないものの，事実ではなく，評価であることを示唆している。すなわち，伊藤滋夫裁判官は，米村前掲「法的評価としての因果関係と不法行為法の目的㈠，㈡・完）」を引用しながら，米村准教授が「「ある原因がなかったならば，ある結果は生じなかったであろう」という意味の因果関係の性質を法的評価と考えているものと思う。」と述べ，また，「「あることがなかったから」その結果がこうなった，といった因果関係の問題は，……いわば消極的な事実の連鎖の関係を観念することによって思考上はじめて可能となる性質のものと思われる。こうした因果関係の場合には，この因果関係そのものを要件事実のうえで記述すること（具体的な事実で記述すること）は，不可能であるように思われる。」と述べている。

㊲　河村浩「民法における因果関係の要件事実とその構造―評価的要件という視点から」『民事要件事実講座第 6 巻』（青林書院・2010 年）243 頁以下は，因果関係という言葉を事実的因果関係という意味で使用することを前提としたうえで（243 頁），「因果関係の法律要件としての性質は，評価を含むものであり，単純な事実的要件ではない。」（250 頁）と述べ，また，「因果関係の法律要件としての性質は，評価的要件であると考えるのが相当である。」（251 頁）と述べ，さらに，「これまで裁判実務では，（相当因果関係とは区別される）因果関係の事実的要件性を当然の前提にしてきたものと思われ，因果関係を評価要件と捉えることには，裁判実務上，種々の懸念が予想されるが，その懸念は，運用次第で，解決可能な問題であると考える。」（252 頁）と述べている。

㊳　河村浩＝中島克巳『要件事実・事実認定ハンドブック』（日本評論社・2015 年）121 頁は，「因果関係（事実的因果関係）は客観的帰責の前提として問題となる規範的枠組みである。因果関係は「連結点と蓋然性」の連鎖からなる複合的構造を有する評価的要件であると解すべきである。」と記述し，因果関係が評価であることを明言するに至ったといえる。

㊴　ただし，厳密にいえば，「コントロールされた通常の実験環境の下においては必要条件であるといえる。」ということであって，そのような実験環境を前提としなければ，「人が 150 ml 以上の水を注ぐこと」が「テーブルの上に最低限 50 ml の水がこぼれる」ことの必要条件とはならない。例えば，地震があった場合を想定されたい。

㊵　ただし，厳密にいえば，「コントロールされた通常の実験環境の下においては十分条件であるといえる。」ということであって，そのような実験環境を前提としなければ，「人が 150 ml の水を注ぐこと」が「テーブルの上にわずかでも水がこぼれる」ことの十分条件とはならない。例えば，国際宇宙ステーションにおける実験の場合，室温が

零下20度や摂氏90度という状況における緩慢な注水の場合を想定されたい。
(41) 上記イ①，②は，コントロールされた通常の実験環境の下にあることを前提として必要条件であるとか十分条件であると判断しているものであるが，現実的な世界は，コントロールされた実験環境とは異なり，多様で多元的な要素によって事象推移が決定されるものである。
(42) 須藤＝伊勢田前掲『科学を語るとはどういうことか…科学者，哲学者にモノ申す』の中で，須藤靖教授は，科学者は「ある実験結果が得られたときにその原因は何か，といった一対一対応的な解釈はしないはずだ。」(10頁)，「原因と結果という一対一対応的な描像そのものが存在しない」(10頁)と述べている。
(43) 津田前掲『医学と仮説──原因と結果の科学を考える』42頁は，「原因と結果は違う出来事（現象）なので一対一対応しない」と明確に述べている。
(44) 平井前掲『損害賠償法の理論』434頁には，「或る事実の原因は常に複数であることは言うまでもない」という記述がある。この記述は，平井宜雄教授が，後述の択一的原因競合の事案に関して，その結果について複数の原因のいずれについても事実的因果関係を肯定できるという見解を採用し，その理由の説明のためにしているものであるが，そのような文脈を離れても，同教授において原因と結果とが一対一対応の関係にないという理解をしていたことを表現している。
(45) 河村浩「確率論と要件事実─因果関係を題材として─」判例時報2089号3頁
(46) 林前掲『刑法における因果関係理論』273頁には，類型の名称を付してはいないものの，同様の因果関係の類型がある旨を図示し，説明している。
(47) 宮川『統計的因果推論─回帰分析の新しい枠組み─』59頁以下，津田敏秀・山本英二「疫学的因果関係」『岩波講座現代法の動態6』(岩波書店・2014年) 114頁以下，津田前掲『医学と仮説──原因と結果の科学を考える』103頁以下
(48) 例えば，『注釈民法(19)』38頁以下［加藤一郎執筆担当］には，条件関係に触れていない。また，内田貴『民法Ⅱ［第3版］債権各論』(東京大学出版会・2011年) も，条件関係に触れていない。
(49) 内田前掲『民法Ⅱ［第3版］債権各論』386頁
(50) 多くの文献があるが，例えば，山口厚「因果関係論」『刑法理論の現代的展開─総論Ⅰ』(日本評論社・1988年) 45頁，林前掲『刑法における因果関係理論』33頁参照
(51) 山口前掲「因果関係論」45頁
(52) 客観的帰責理論については，法的因果関係のところで触れる。とりあえずは，ここでは，次のように説明しておく。客観的帰責理論とは，ドイツにおける刑法理論に端を発した最近の刑法理論であり，犯罪の成立に関して，従来の因果関係概念に代えて，客観的帰責 (objective Zurechnung，客観的帰属ともいう。) という概念を使用して問題を整理しようとする考え方である。
(53) 合法則的条件公式については，法的因果関係のところで触れる。とりあえずは，ここでは，林陽一教授の説明を援用して，次のように説明しておく。すなわち，合法則的条件公式とは，ドイツにおける刑法学者であるエンギッシュに端を発した最近の刑法理論であり，条件関係の有無の判断を，『あれなければこれなし』公式によってするのではなく，「結果が（外界）変化の連鎖を通して行為と法則的に結合しているとき，行為は結果の原因である」とする考え方である。
(54) 林前掲『刑法における因果関係理論』33頁
(55) L.A. Paul 'Counterfactual Teories' The Oxford Handbook of Causation (Oxford University Press 2009) 158頁

⒃　水野謙『因果関係概念の意義と限界』（有斐閣・2000 年）2 頁以下
⒄　水野前掲『因果関係概念の意義と限界』24 頁以下
⒅　ハンス・ケルゼン（長尾龍一訳）『神と国家』（木鐸社・1977 年）収録の「Ⅴ　応報律と因果律（1941 年）」169 頁以下参照
⒆　以下の翻訳は，共同訳聖書実行委員会『新約聖書　共同訳』（財団法人日本聖書協会・1978 年）による。
⒇　デイヴィッド・ヒューム（斎藤繁雄＝一ノ瀬正樹訳）『人間知性研究　付人間本性論摘要』（法政大学出版会・2004 年）69 頁
㉑　引用した部分の前後の文章は，その文脈が長いので省略した。その文脈は，原因の定義をするものであり，ここで引用した部分は，原因の定義を別の言い方でいえば，このようになるという趣旨のものである。
㉒　原文は，次のとおりである。"if the first object had not been, the second never had existed"
㉓　デイヴィッド・ヒューム前掲『人間知性研究　付人間本性論摘要』174 頁
㉔　The Cambridge Dictionary of Philosophy second edition（Cambridge University Press 1999）126 頁に，この実際上の問題点の指摘がある。そこでの例は，次のとおりである。「もし，ラリーが約束どおりに，私の植物に水やりをしていれば，その植物は枯れなかったであろう。そこで，私は，その植物が枯れてしまったことの原因は，ラリーが水やりをしてくれなかったことだと主張できる。しかし，ジョージ・ブッシュが水やりをしてくれていたら，その植物は枯れなかったであろうともいえる。そうだとしても，ブッシュが水やりをしなかったことがその植物が枯れた原因であると主張できるであろうか？」というものである。
㉕　シュペンデルの修正意見。林前掲『刑法における因果関係理論』43 頁以下参照
㉖　トレーガーの修正意見。林前掲『刑法における因果関係理論』46 頁以下参照
㉗　山口厚『刑法総論［第 3 版］』（有斐閣・2016 年）43 頁，44 頁
㉘　中山研一「因果関係」『刑法講座〈第 1 巻〉犯罪一般と刑罰』（有斐閣・1963 年）83 頁
㉙　山口前掲『刑法総論［第 3 版］』78 頁，79 頁
㉚　前田雅英『刑法総論講義［第 6 版］』（東京大学出版会・2015 年）92 頁
㉛　中山前掲「因果関係」83 頁は，「不作為には作為に見られるような自然的因果関係は存在しないが，作為義務違反があった場合には，法的因果関係またはこれに準ずる準因果関係があるとする」というドイツの学説を引用している。
㉜　山口前掲『刑法総論［第 3 版］』78 頁は，「不作為は「何もしない」ことではなく，「期待された作為をしない」ことを意味する。」と説明し，ここでは，法的な意味での不作為が身体の「静」とは異なる意味であるとしている。
㉝　前田前掲『刑法総論講義［第 6 版］』92 頁は，「近時は，不作為を「絶対的な無」ではなく，一定の期待された作為をしないことと解することにより，結果との間に因果性が認められるとされている。」と記述している。
㉞　西田典之『刑法総論　第二版』（弘文堂・2010 年）は，「次に，不作為の因果関係が問題となる。この点についても，さまざまな議論があったが，現在では「ある期待された作為がなされていたならば，高度の蓋然性をもって結果が回避されたであろう」という場合に因果関係を肯定するのが通説である。」と記述している。
㉟　山中敬一『ロースクール講義　刑法総論』（成文堂・2005 年）116 頁は，「不作為それ自体と結果との自然的な因果関係は存在しないということは肯定されている。した

がって，問題は，価値的な意味での因果関係の存在をどのように確定するかである。ここにおいては，社会的に期待された行為を付け加えて考えたとき，結果が生じていたかどうかが，不作為における条件関係の公式であるとされる。」と記述しているが，これに続けて，「しかし，これは，結果を帰属するにはほとんど役割を果たさないといえる。」とも記述している。

(76) この事案は，いわゆる大阪南港事件＝最高裁決定平成2年11月20日・刑集44巻8号837頁以下を参考としたものである。

(77) 山中敬一『刑法における因果関係と帰属』(成文堂・1984年) 111頁以下も，また，小林憲太郎 (本文掲記)『因果関係と客観的帰属』191頁も，訳文は異なるが，同様に紹介している。

(78) H. L. A. Hart and Tony Honoré Causation in The Law second edition (Oxford University Press 1985)

(79) 井上祐司・真鍋毅・植田博翻訳『法における因果性』(九州大学出版会・1991年)

(80) 吉田信一「H.L.A. ハートとT. オノレの法的因果関係論」(国際教養学部紀要 VOL 1・2005年3月) は，本書を分かりやすく概説している。

(81) なお，以下においては，主に井上祐司ほかの翻訳に従って引用する。もっとも，'causation' の訳語を「因果性」とするのか，「因果関係」とするのかは，議論のあるところであろう。英語及び日本語のいずれについても，種々のニュアンスのあるところではあるが，通常の語感からすると，'causation' は「因果関係」と，'causality' は「因果性」と翻訳するのが相当なように思われる。

(82) 英語では，'effect'（結果），'result'（結末），'consequence'（帰結）は，同じような意味ではあるが，それぞれ，その言葉の適用領域をもっている。例えば，逮捕拘禁されている者が無罪放免される場合に，これは裁判の 'result'（結末）であるが，裁判の 'effect'（結果）ではないし，その裁判の 'effect'（結果）として公衆の驚きをもたらすこともあろうし，その成り行きとしての法律の変更は，その裁判の 'consequences'（帰結）の一つであるといえるなどというように，これらの言葉には，それぞれその言葉の適用領域を異にしている。(原著28, 29頁)

(83) それゆえに，本書では，原因と結果（cause and effect）という言葉にとらわれ過ぎると，歴史家，法律家及び普通の人のいう因果関係の判断を誤ることになることを詳細に説明している。

(84) 井上ほか翻訳前掲『法における因果性』464頁

(85) マクローリンの設例は，元々は，Bが水桶に毒を入れるのではなく，水桶を空にして塩を入れるというものであったようである。井上ほか翻訳前掲『法における因果性』464頁。なお，マクローリンの設例とハート・オノレの設例では，事実関係に基づく評価によって，結論に若干の差異が生じる可能性がある。

(86) J.L. Mackie The Cement of the Universe (Oxford University Press 1980) 44-45。なお，マッキーは，ハート・オノレの設例のうち，Cが水桶を盗んだという部分を，Cが水筒の底に穴を開けて毒水を流してしまったと置き換えている。しかし，この置き換えによって，ハート・オノレの設例との結論における差異は生じていないと解される。そこで，マッキーの直接の解では，「水筒に穴を開けた」という記述になっている部分を，ここでは，ハート・オノレの設例での記述に従って，「水桶を盗んだ」という記述に置き換えることとする。

(87) 井上ほか翻訳前掲『法における因果性』911, 912頁

(88) 井上ほか翻訳前掲『法における因果性』911, 912頁には，井上祐司教授の見解とし

て，次のとおり記述されている。「この第一行為者の条件設定は，特定された行為状況の下では，行為者の目的関連からみれば，「中毒死」にむけられているものであるが，その目的関連は，本件行為状況の下では，旅人が錯誤におちて，他に飲み水のない砂漠の真只中に進出するという客観的意味をも伴いつつ，因果経過は進行していくという点に，法的観点から意味づけされているのであって，それゆえ現実の「渇死」という側面は，右の条件設定（投毒行為）のもつ，より基本的な因果経過と比較すれば，偶然の，ないし，「凌駕されてしまう」因果的意義しか担い得ないと考えているからである。それは，事実上も依然として「無効の条件設定」にすぎず，本質的因果経過にとって因果的に無意義なものにとどまる。筆者らが，現に起こった通りの出来事の実現が，「中毒死」ではなく「渇死」であった点に力点をおいて，二つの十分条件が互いにその因果経過上における「原因力」を「中和する」とする見方は，法的観点―『誰が死を惹起したか』という本質的観点から，はずれていると思われる。」

(89) 民法958条の3
(90) 民法792条以下。なお，日本法では，普通の養子縁組は契約によって成立し，特別養子縁組は，家庭裁判所の審判によって成立する。
(91) 民法772条
(92) 民法774条から778条。最高裁平成12年3月14日判決・家裁月報52巻9号85頁など参照
(93) 最高裁平成19年3月23日決定・家裁月報59巻7号72頁

著者紹介

橋本　昇二（はしもと　しょうじ）

1950年12月　東京都生まれ
1969年3月　東京都立日比谷高校卒業
1973年3月　京都大学法学部卒業
1976年4月　司法研修所入所（30期）
1978年4月　裁判官任官（京都地方裁判所）
2005年3月　依願退官（東京高等裁判所）
2005年4月　弁護士登録（第二東京弁護士会）
2007年4月　東洋大学大学院法務研究科教授（現在に至る）

主要著作

『遺産分割事件をめぐる諸問題』〔共著〕（司法研究報告書第45輯第1号）（法曹会・1994年）
『実務家族法講義　第2版』〔共著〕（民事法研究会・2012年）

要件事実の基本問題

2018年3月1日　初版第1刷発行

著　者　橋　本　昇　二
発行者　阿　部　成　一

〒162-0041　東京都新宿区早稲田鶴巻町514
発行所　株式会社　成　文　堂
電話 03(3203)9201代　Fax 03(3203)9206
http://www.seibundoh.co.jp

印刷　三報社印刷　　　　　製本　佐抜製本
© 2018 S. Hashimoto　Printed in Japan
☆乱丁・落丁本はおとりかえいたします☆

ISBN 978-4-7923-2711-8　C 3032　検印省略

定価（本体7000円＋税）